Stollberg-Rilinger
Jahrhundert der Aufklärung

W0075792

Barbara Stollberg-Rilinger

Europa im Jahrhundert der Aufklärung

Mit 23 Abbildungen

Philipp Reclam jun. Stuttgart

Umschlagabbildung:
Natur – Afectation
Radierung von Daniel Chodowiecki, 1779

RECLAMS UNIVERSAL-BIBLIOTHEK Nr. 17025
Alle Rechte vorbehalten
© 2000 Philipp Reclam jun. GmbH & Co., Stuttgart
Gesamtherstellung: Reclam, Ditzingen. Printed in Germany 2006
RECLAM, UNIVERSAL-BIBLIOTHEK und
RECLAMS UNIVERSAL-BIBLIOTHEK sind eingetragene Marken
der Philipp Reclam jun. GmbH & Co., Stuttgart
ISBN-13: 978-3-15-017025-0
ISBN-10: 3-15-017025-7

www.reclam.de

Inhalt

II

Aspekte
Widersprüche und Ambivalenzen
der Aufklärung

III

Quellen

Zum Thema

Was bedeutet es, von einem »Jahrhundert der Aufklärung« zu sprechen? Was heißt das überhaupt – Aufklärung? Ist es gerechtfertigt, ein ganzes Jahrhundert mit diesem Begriff zu kennzeichnen? Es ist keine Erfindung der Historiker, das 18. Jahrhundert so zu nennen. Vielmehr waren schon prominente Zeitgenossen der Überzeugung, in einem Zeitalter der Aufklärung zu leben. Im späten 18. Jahrhundert wurde dieser Begriff zu einem Modewort. Mit »Aufklärung« meinte man: Licht in das Dunkel der Unvernunft bringen, den Nebel des Aberglaubens, der Vorurteile und der geistigen Bevormundung vertreiben, eigene, klare, überprüfbare Begriffe von allen Gegenständen entwickeln. In vielen europäischen Sprachen benutzte man ähnliche Metaphern und sprach von »lumières«, »to enlighten«, »illuminismo« oder »ilustración«. Nach der berühmten Definition Kants von 1784 war Aufklärung »der Ausgang des Menschen aus seiner selbstverschuldeten Unmündigkeit«, was den Mut voraussetzte, »sich seines Verstandes ohne Leitung anderer zu bedienen« (vgl. Quelle 1). Kennzeichnend für das Zeitalter, an dessen Ende Kant dies formulierte, war der Optimismus, dass die allen gemeinsame Vernunft die Menschen prinzipiell dazu befähige, Vorurteile, Aberglauben und angemaßte Autorität zu durchschauen und die menschlichen Verhältnisse in vernunftgemäßer Weise neu zu ordnen. An diesem Fortschritt wollte man praktisch mitwirken und sich nicht mehr allein auf die Glückseligkeit im Jenseits vertrösten lassen.

Mit seiner Definition schaltete sich Kant in eine öffentliche Debatte ein, die von der *Berlinischen Monatsschrift* angeregt worden war und die auch viele andere renommierte Autoren zu ähnlichen Definitionsversuchen veranlasste. Nicht nur die Antwort, sondern schon die Tatsache dieser

Debatte und die Form, in der sie geführt wurde, kennzeichnen das »Zeitalter der Aufklärung«, »siècle des lumières« oder »age of reason«. Mit anderen Worten: Den Inhalten dieses Denkens entsprachen neue Formen der Vermittlung, der öffentlichen Kommunikation und des sozialen Umgangs; beides wirkte wechselseitig aufeinander ein. Dass man gerade im 18. Jahrhundert solche Vorstellungen entwickelte, war kein Zufall, sondern hing aufs engste zusammen mit den spezifisch sich wandelnden gesellschaftlichen Rahmenbedingungen in dieser Zeit. Diese Umstände schufen den Nährboden zur Verbreitung bestimmter Gedanken, zugleich wirkten diese neuen Gedanken aber ihrerseits auf die strukturellen Rahmenbedingungen ein und veränderten sie. Wenn hier von dem Jahrhundert der Aufklärung die Rede ist, so sollen daher stets beide Seiten der Medaille in den Blick genommen werden, sowohl die Vorstellungswelt der Zeitgenossen, ihre Art, die Welt zu interpretieren, als auch die gesellschaftlichen und politischen Strukturen, die neuen Medien und Geselligkeitsformen, die sozialen Gruppenbildungen usw., ohne die die Ideen gar nicht hätten wirksam werden können.

Die Methoden und Themen, die das 18. Jahrhundert beherrschten, waren vielfach schon im 17. Jahrhundert entwickelt worden: das Prinzip des methodischen Zweifels und der systematischen Kritik, die Emanzipation der Wissenschaften von der Theologie oder die naturrechtliche Lehre vom Gesellschaftsvertrag, um nur einige zu nennen. Mit »Aufklärung« soll daher hier diejenige kulturelle und soziale Bewegung bezeichnet werden, in deren Verlauf diese Methoden und Themen von einer stetig wachsenden Gruppe von Gebildeten diskutiert, systematisch verbreitet und in die Praxis umzusetzen versucht wurden. Alle Lebensbereiche sollten planmäßig vervollkommnet werden. Dem menschlichen Handeln schien sich ein bisher ungeahnter Gestaltungsspielraum zu öffnen, indem es sich auf die Zukunft und das Diesseits richtete und sich nicht mehr ausschließlich an einer idealen Vergangenheit oder am Jenseits orientierte. Bei der neuen Ausrichtung auf praktische Nützlichkeit allen Wissens bediente man sich eines stetig wachsenden Netzwerks von Akademien, Salons, Vereinen und Gesellschaften, eines explodierenden Buch- und Zeitschriftenmarktes und nicht zuletzt eines engen Geflechts persönlicher Beziehungen und Korrespondenzen. Das aufklärerische Bemühen dieser Gruppen richtete sich zum einen darauf, die Zentren der Kultur und der politischen Macht für ihr Programm zu gewinnen, und zum anderen darauf, die ungebildeten Schichten der Gesellschaft zu erreichen, von deren kulturellen Traditionen sich die Kultur der Gebildeten seit Jahrhunderten immer weiter entfernt hatte. Das Wirken dieser Aufklärungszirkel hob sich als zunehmend dominierende, neue Tendenz ab von den älteren Strukturen, auf deren Boden es gewachsen war und die sehr beharrlich fortbestanden: die Fürstenhöfe, die traditionellen ständischen Korporationen, die Konfessionen und kirchlichen Hierarchien. Ihr Verhältnis zu diesen Institutionen darf allerdings nicht über einen Kamm geschoren werden; es war keineswegs prinzipiell so feindlich, wie gemeinhin angenommen wird. Alle diese Veränderungsprozesse gingen mit einem Mentalitäts- und Stilwandel einher, der herkömmlich sehr vereinfachend als »Verbürgerlichung« bezeichnet worden ist: eine schlichtere, teils nüchternere, teils aber auch gefühlsbetontere, jedenfalls aber als »natürlicher« betrachtete Art zu sprechen, zu schreiben, sich zu kleiden, zu wohnen, miteinander zu verkehren, als sie in der bisher dominierenden höfischen Kultur üblich war. Alle diese grundlegenden Wandlungsvorgänge der gesellschaftlichen Wirklichkeit sind nicht unabhängig von ihrer Wahrnehmung durch die Zeitgenossen zu beschreiben.

Wenn die Menschen im 18. Jahrhundert von ihrer eigenen Gegenwart als dem Zeitalter der Aufklärung sprachen, taten sie dies indes in einem anderen Sinne als die meisten Historiker, die das 18. Jahrhundert heute so nennen. Die Zeitgenossen damals meinten damit einen offenen, unabgeschlossenen Prozess, eine Aufgabe, die ihnen und der Menschheit ganz allgemein gestellt war, als stets zu erstrebendes, aber nie vollständig zu erreichendes Ziel, als »regulative Idee« (Kant). Sie betrachteten es in der Mehrzahl als hervorragendes Verdienst ihrer Zeit, auf diesem Wege des Menschheitsfortschritts ein gutes Stück vorangekommen zu sein, hielten diesen Prozess aber keineswegs für beendet, sondern erwarteten von der Zukunft, dass er zielgerichtet weiter fortschreiten werde.

Die Ereignisse der Französischen Revolution und der Prozess der Industriellen Revolution, die beide zuerst als Einlösung dieser Verheißungen erschienen waren, führten jedoch schon bald zu einer nachhaltigen Irritation dieser Hoffnungen. Der Einschnitt war in allen Lebensbereichen so tief, und der immer schneller verlaufende Wandel wurde so intensiv als solcher empfunden, dass das vorrevolutionäre Zeitalter des »ancien régime« und der Aufklärung bald als etwas unwiederbringlich Vergangenes erschien. Das heißt: Man trat in historische Distanz zu diesem Zeitalter. Im Laufe des 19. Jahrhunderts, zuerst in Deutschland unter dem Einfluss der Hegelschen Philosophie, würde »Aufklärung« allmählich zu einem (geistesgeschichtlichen) Epochenbegriff, der eine abgeschlossene, vergangene und fremd gewordene Phase der geschichtlichen Entwicklung bezeichnete. Mit dem Siegeszug des »historischen Denkens«, das alle vergangenen Phänomene in ihrer Eigenart, spezifischen Zeitbedingtheit und Einzigartigkeit zu verstehen sucht, bürgerte sich diese *historische* Sicht der Aufklärung ein. Heute hat sich der Begriff unter den Historikern nicht nur in Deutschland, sondern auch in anderen europäischen Ländern und zuletzt auch im angelsächsischen Raum als Epochenbezeichnung für das 18. Jahrhundert weitgehend etabliert – wenn auch nicht unumstritten, denn auch heute verstehen die Historiker unter Aufklärung keineswegs alle das Gleiche.

Selbstverständlich kann man auch heute noch in einem normativen Sinne von Aufklärung sprechen, um damit an die uneingelösten Vermächtnisse des 18. Jahrhunderts anzuknüpfen: die Forderung nach universeller Durchsetzung der Menschenrechte etwa, die auf das Zeitalter der Aufklärung zurückgeht, aber bekanntlich nichts von ihrer Aktualität verloren hat. Viele Strukturen, in denen wir heute noch leben, und Gedanken, die uns noch vertraut sind oder die erst jetzt allmählich verblassen, haben einige (nicht alle) Wurzeln im 18. Jahrhundert: der souveräne, weltanschaulich neutrale Staat, die Vorstellung von der Autonomie des Individuums, das Postulat der Gleichheit vor dem Gesetz, die Forderung nach intersubjektiver Überprüfbarkeit wissenschaftlicher Aussagen, um nur einige zu nennen. Der Glaube oder die Hoffnung allerdings, dass die ganze Menschheit fortschreitend »vernünftiger« werden und sich immer mehr aus den Fesseln von Irrationalität und angemaßter Herrschaft lösen könnte, ist angesichts der Entstehung neuartiger Zwänge und Denkgewohnheiten nachhaltig erschüttert. Unter dem Eindruck der menschenverachtenden Barbarei unseres Jahrhunderts ist der Begriff von der »Dialektik der Aufklärung« (Horkheimer/Adorno) geprägt worden: Damit brachte man zum Ausdruck, dass die Aufklärung, indem sie der Herrschaft der instrumentellen, technischen Vernunft den Weg bahnte, aus sich selbst heraus ihr Gegenteil hervorgebracht habe.

Die Hoffnung auf fortschreitende menschliche Vernünftigkeit lässt sich darüber hinaus mit einer spezifisch historischen Sicht der Dinge schwer vereinbaren. Aufgabe des Historikers ist es ja, das Denken und Handeln der Menschen zu anderen Zeiten aus seinen spezifischen Bedingungen heraus zu verstehen und es nicht an Maßstäben zu messen, über die die Zeitgenossen selbst noch gar nicht verfügten. Mit der Wirklichkeit ändern sich zugleich auch die Begriffe, Normen und Wahrnehmungsweisen. Das heißt: Man wird den Menschen früherer Epochen nicht gerecht, wenn man die einen als mehr und die anderen als weniger »vernünftig« beurteilt und dabei stets den eigenen Begriff von Vernunft anlegt. Auch das Denken des 18. Jahrhunderts war zu vielschichtig, als dass man es hinreichend erfassen könnte, wenn man darin nur nach den Wurzeln unseres heutigen Denkens sucht. Wenn man die Menschen anderer Zeiten als irrational, unfähig zum Gebrauch ihrer Vernunft und beherrscht von dunklem Aberglauben betrachtet, wie das viele (nicht alle!) Aufklärer im 18. Jahrhundert zu tun neigten, dann setzt man voraus, selbst im Besitz überzeitlich gültiger Maßstäbe des Wahren, Richtigen und Vernünftigen zu sein. Das ist heute nicht mehr so leicht wie im 18. Jahrhundert (und auch damals waren sich dessen viele schon nicht mehr so sicher). Vor allem verbietet sich ein solches Denken dem Historiker, weil es verhindert, die Menschen anderer Zeiten in ihrer eigenen Rationalität, ihrer eigenen Wahrnehmung der Wirklichkeit angemessen zu verstehen.

Wenn hier im Folgenden von »Aufklärung« die Rede ist, so also ausschließlich im Sinne eines bestimmten historischen Phänomens, einer geistigen und sozialen Bewegung, die zeitlich – grob vereinfacht – mit dem 18. Jahrhundert zur Deckung kommt und als dessen Eigentümlichkeit gelten kann (vgl. Quelle 2). Mit anderen Worten: Diese Überblicksdarstellung beruht auf der Auffassung, dass man mit dem Begriff Aufklärung, so wie er eingangs umrissen worden ist, die ganz spezifischen Züge dieser Epoche, die sie von anderen Zeiten am deutlichsten unterscheiden, auf den Punkt bringen kann.

Das heißt aber nicht, dass damit die ganze Vielschichtigkeit und Widersprüchlichkeit der vergangenen Realität erfasst wäre. Zum einen kann man nicht alle Phänomene des 18. Jahrhunderts unter »Aufklärung« subsumieren. Auch Widerstände und Gegensätze gehören zu dem Bild der Epoche: die Hofkultur des Rokoko etwa, neue Frömmigkeitsbewegungen oder die Neigung zu Okkultismus und Geheimbünden (vgl. Teil II). Zum anderen war aber auch

QUITTUNG
Buchhandlung Walthari Wissenschaften
Bertoldstr. 28   D-79098 Freiburg
Tel. 0761/387772210 Fax. 0761/387772219
Mail: service@bookworld.de

05.05.09/0058 17.43   Kasse: 53 EUR

Artikel Mg.	Preis	MwSt.	Summe

Stollberg-Rill/Europa im Jahrh
WGR 1021 3-15-017025-7

1	9,60	7,00%	9,60

TOTAL	0,63	9,60

Nettoentgelt: EUR 8,97

GEGEBEN Bar	10,00
RÜCKGELD	0,40

das, was sich in dieser Zeit selbst unter dem Etikett »Aufklärung« versammelte, alles andere als einheitlich. Nehmen wir den eingangs angeführten Anspruch vieler Zeitgenossen, Aufklärung heiße, alle Gegenstände der eigenen Vernunft zu unterwerfen, so ist zu fragen: Was war mit »Vernunft« gemeint? Worauf gründete sich dieser Anspruch? Worauf zielte er? Wogegen richtete er sich? Bei der Suche nach Antworten auf diese Fragen wird man schnell feststellen, dass sich zwar viele Wortführer der Zeit darin einig waren, dass es ihr Verdienst und zugleich ihre Aufgabe sei, zu immer weiterer Aufklärung beizutragen, dass sie sich aber erbittert untereinander stritten, was »wahre« und was »falsche« Aufklärung sei. Vor allem: Wie weit sollte und durfte die jeweils in Anspruch genommene »wahre« Aufklärung gehen, welche Grenzen sollte sie (noch) respektieren? Was die einen noch als Licht der Vernunft feierten, war für die anderen bereits der Funke, der alles in Brand stecken konnte. Vor allem gab es erhebliche Unterschiede und zeitliche Verschiebungen zwischen Nord und Süd, Ost und West, katholischen und protestantischen Ländern. Aufklärung nahm sehr unterschiedliche Formen an, je nachdem, welche politischen, religiösen und sozialen Bedingungen sie antraf und gegen welche Art von Widerständen sie zu kämpfen hatte. Vor einem harmonischen, einheitlichen Bild »der« Aufklärung, das bestimmte Strömungen zugunsten anderer unterschlägt, muss man sich also hüten.

Auch die zeitlichen Grenzen des historischen Phänomens Aufklärung sind mit dem 18. Jahrhundert nur ganz grob angedeutet. Selbstverständlich stellen die hundert Jahre zwischen 1700 und 1800 an sich keine historische Epoche von einheitlichem Charakter dar. Wo fängt die Epoche an, wo hört sie auf? Ein Einschnitt ist unübersehbar, nämlich der, der die Epoche im doppelten Sinne vollendet, d. h. sowohl ihren Höhepunkt als auch ihr Ende bedeutet: die Französische Revolution von 1789, die nicht nur für Frankreich, sondern für ganz Europa eine tiefe politische, soziale und geistige Zäsur bedeutete und von den Zeitgenossen auch in extremer Weise als Zäsur wahrgenommen wurde.

Wo die Epoche anfängt, ist erheblich schwerer zu bestimmen. Das Zeitalter der Aufklärung begann nicht, wie es endete, mit einem großen Paukenschlag. Politische Zäsuren, die man in der Regel zur Epochengliederung heranzieht, gab es in den verschiedenen Ländern sehr verschiedene: im Heiligen Römisch-deutschen Reich etwa schon 1648 der Westfälische Friede, der den föderativen Verfassungszustand des Reiches als lockeren Rechtsverband einzelner Territorien festschrieb; in England die Glorious Revolution von 1688/89, die die Souveränität des Parlaments faktisch durchsetzte und die Verfassungsgrundlagen für das folgende Jahrhundert und darüber hinaus fixierte; in Frankreich das Edikt von Fontainebleau 1685, das eine neue Ära der konfessionellen Repression einleitete, und so fort; jede nationale Geschichtsschreibung hat hier ihre eigenen Konventionen der Periodisierung.

Indessen ist mit diesen Einschnitten noch nicht viel über den Beginn der Aufklärung gesagt, sondern allenfalls etwas über deren politische und verfassungsrechtliche Rahmenbedingungen. Um den Beginn einer so komplexen geistigen und sozialen Bewegung zeitlich zu fassen, lassen sich keine Jahreszahlen anführen. Einzelne große, einflussreiche Werke sind bekanntlich schon im 17. Jahrhundert entstanden – Descartes' *Discours de la méthode* etwa 1637, Hobbes' *Leviathan* 1651 oder Newtons *Philosophiae naturalis principia mathematica* 1687. Versteht man aber Aufklärung als die Bewegung, die diese intellektuellen Anstöße auf einer breiten sozialen Grundlage aufnahm und praktische Konsequenzen daraus zog, so lässt sie sich mit diesen Daten noch nicht fassen. Die allmähliche Veränderung des intellektuellen Klimas ist eher an unscheinbaren Symptomen abzulesen. Ein solches Symptom, das auf den ersten Blick nicht sehr spektakulär wirkt, sich aus der Rückschau aber als Indikator für eine allgemeine Tendenzwende entpuppt, ist das Phänomen, dass seit der Wende vom 17. zum 18. Jahrhundert Bücher über wissenschaftliche und philosophische Themen nicht mehr ausschließlich auf Latein geschrieben wurden, sondern entweder auf Französisch oder in der jeweiligen Volkssprache. John Locke etwa war einer der ersten unter den großen Philosophen, die ihr ganzes Werk zuerst in der Muttersprache verfassten und allenfalls noch nachträglich ins Lateinische übersetzen ließen. In Deutschland war es ein unerhörter Vorgang, dass Christian Thomasius, Naturrechtslehrer an der Universität Leipzig, 1687 zum ersten Mal eine Vorlesung auf Deutsch hielt. Auch die beginnende Popularisierung der Newtonschen Naturwissenschaft in den Pariser Salons durch ein Werk wie die *Entretiens sur la pluralité des mondes* von Fontenelle (1686) ließe sich anführen oder die *Querelle des anciens et des modernes*, ein in den 1680er und 90er Jahren öffentlich ausgetragener Streit, in dem zum ersten Mal die zeitlos gültige Überlegenheit der antiken Klassiker über die moderne Kunst und Literatur in Frage gestellt wurde. 1709 erschien in England die erste Moralische Wochenschrift; 1717 begann mit der Gründung der Großloge von London die überregionale Organisation der Freimaurerei. In all diesen Phänomenen kündigte sich ein grundlegender Wandel des Kommunikationsstils, der Wissenschaftsauffassung, des Charakters von Öffentlichkeit an, der für das Zeitalter vor der Revolution kennzeichnend werden sollte.

Selbstverständlich kann nicht die ganze Breite der Phänomene hier zur Sprache kommen. Eine Einführung in das Jahrhundert der europäischen Aufklärung kann weder den einzelnen Ausprägungen dieser Bewegung in den verschiedenen Ländern gerecht werden noch den einzelnen Bereichen der Kultur – Philosophie, Religion, Literatur, bildende Kunst, Musik, Politik oder Alltagsleben. Deshalb ist eine Reduzierung auf große Linien erforderlich – und damit eine in hohem Maße individuelle Interpretation. Das gilt nicht nur für die Darstellung, sondern auch für die Quellenauswahl. Die Leser werden von der Lektüre hoffentlich dazu ermutigt, sich ihres eigenen Verstandes zu bedienen, weiterzulesen und sich ein eigenes Bild von der Epoche zu machen.

I
Darstellung

1
Ein europäisches Jahrhundert
Konflikte und Grundstrukturen
des europäischen Staatensystems

Staaten und Dynastien

Regierungsdaten europäischer Monarchen

Heiliges Römisches Reich Deutscher Nation (Kaiser)

1658–1705	Leopold I.
1705–1711	Joseph I.
1711–1740	Karl VI.
1742–1745	Karl VII.
1745–1765	Franz I.
1765–1790	Joseph II.
1790–1792	Leopold II.
1792–1806	Franz II.

Österreichische Erblande

1658–1705	Leopold I.
1705–1711	Joseph I.
1711–1740	Karl VI.
1740–1780	Maria Theresia
1740–1765	Franz I. Stephan (Mitregent)
1765–1780	Joseph II. (Mitregent)
1780–1790	Joseph II. (Alleinregent)
1790–1792	Leopold II.

Brandenburg-Preußen

1688–1713	Friedrich (III.) I. (König 1701)
1713–1740	Friedrich Wilhelm I.
1740–1786	Friedrich II., der Große
1786–1797	Friedrich Wilhelm II.

Frankreich

1643/61–1715	Ludwig XIV.
1715–1723	Regentschaft Philipps von Orléans für Ludwig XV.
1723–1774	Ludwig XV. (Selbstregierung)
1774–1792	Ludwig XVI.

Großbritannien

1689–1702	Wilhelm III. (Haus Oranien) (und Maria 1689–1694)
1702–1714	Anna
1714–1727	Georg I. (Kurfürst von Hannover)
1727–1760	Georg II. (Kurfürst von Hannover)
1760–1820	Georg III. (Kurfürst von Hannover)

Spanien

1700–1724	Philipp V.
1703–1715	Karl III. (seit 1711 Kaiser)
1724	Ludwig I.
1724–1746	Philipp V.
1746–1759	Ferdinand VI.
1759–1788	Karl III.
1788–1808	Karl IV.

Schweden

1697–1718	Karl XII.
1718–1720	Ulrike Eleonore
1720–1751	Friedrich I. (Landgraf von Hessen)
1751–1771	Adolf Friedrich
1771–1792	Gustav III.

Dänemark

1699–1730	Friedrich IV.
1730–1746	Christian VI.
1746–1766	Friedrich V.
1766–1808	Christian VII.

Russland

1682–1725	Peter I., der Große
1725–1727	Katharina I.
1727–1730	Peter II.
1730–1740	Anna
1740–1741	Iwan VI.
1741–1762	Elisabeth
1762	Peter III.
1762–1796	Katharina II., die Große

Polen

1704	August II. (Kurfürst von Sachsen)
1704–1709	Stanislaus I. Leszczyński
1709–1733	August II. (Kurfürst von Sachsen)
1733–1763	August III. (Kurfürst von Sachsen)
1764–1795	Stanislaus II. August Poniatowski

Was heißt im 18. Jahrhundert Europa? Zunächst einmal: Es handelt sich nicht um einen Gegenstand, der klar markierte Grenzen hätte, oder um einen Begriff, der eindeutig zu definieren wäre. Seit dem 17. Jahrhundert bürgerte sich diese Selbstbezeichnung zunehmend ein und trat an die Stelle dessen, was man früher als abendländische Christenheit verstanden hatte. Dass man von »Europa« sprach, bedeutete, dass man sich gewisser Gemeinsamkeiten bewusst war und sich dadurch gegenüber anderen Erdteilen und Völkern abgrenzte – ohne im Einzelnen präzise angeben zu können, wo diese Grenzen verliefen. Europa – das war nach dem Selbstverständnis gebildeter Zeitgenossen die zivilisierte

Welt schlechthin. Was für Gemeinsamkeiten man dabei im
Auge hatte, hing vom Standpunkt ab: Die einen meinten
damit die immer noch gemeinsame christliche Religion, die
anderen die unerhörten Fortschritte in Wissenschaft und
Technik, die einen meinten die verfeinerten Sitten und die
blühenden Künste, die anderen die Ähnlichkeit der Herr-
schaftsstrukturen und das politische Mächtesystem. Das
milde Klima der mittleren Breiten, so glaubte man, habe all
diese Errungenschaften begünstigt. Europa war so gewissermaßen eine Formel für den Stolz der Gebildeten auf die
Hervorbringungen ihres Kulturkreises in der jüngsten Vergangenheit (vgl. Quelle 3). Aber auch wenn man diese Kultur kritisch sah, so betrachtete man sie doch als eine Einheit:
Um sie zu kritisieren und ihr einen Spiegel vorzuhalten,
versetzte man sich mit Vorliebe in die Perspektive fiktiver
außereuropäischer Beobachter, die staunend in Europa her-
umreisten und sich über die sonderbaren Sitten wunderten
– so wurde es spätestens seit den *Lettres persanes*, Montesquieus Bestseller von 1721, literarisch Mode. Dass man sich
im 18. Jahrhundert zunehmend für die Eigenarten außereuropäischer Kulturen interessierte – für China etwa oder
für Persien, für die amerikanischen Ureinwohner oder die
Südseeinsulaner –, steht dazu nicht im Widerspruch. Gerade durch die Berührung mit dem Fremden wurde die
Wahrnehmung der Gemeinsamkeiten des eigenen Kulturkreises geschärft.

Politisch war Europa keine Einheit, sondern ein vielfälti-
ges Konglomerat von Monarchien, Fürstentümern, Repub-
liken und Föderationen – ohne übergeordnete politische Institutionen. Trotzdem sprach man von einem »corps politique de l'Europe«, einem politischen Körper Europas, und
meinte damit gewisse gemeinsame Strukturen, Spielregeln
und Konventionen (vgl. Quelle 4). Davon soll in diesem
Kapitel die Rede sein, aber auch von den Konflikten, die
in diesem Rahmen immer wieder gewaltsam ausgetragen
wurden.

Die einheitstiftende universelle Ordnung der abendländischen Christenheit mit Papst und Kaiser an der Spitze war inzwischen unwiderruflich zerbrochen. Die komplizierte mittelalterliche Hierarchie der verschiedenen Herrschaftsträger war auf dem Weg, sich in eine Gemeinschaft prinzipiell gleichberechtigter, unabhängiger, nach außen und innen souveräner Staaten zu verwandeln. Das 18. Jahrhundert war nur eine Etappe in diesem langwierigen Prozess der modernen Staatsbildung. Er folgte einer immanenten Dynamik, die dafür sorgte, dass die Entwicklungen der verschiedenen europäischen Länder einige strukturelle Gemeinsamkeiten aufwiesen.

Eine dieser Gemeinsamkeiten war der nach wie vor dynastische Charakter der Politik. Die einzelnen Gemeinwesen, aus denen Europa bestand, waren noch keineswegs identisch mit den heutigen europäischen Staaten, auch wenn viele von ihnen schon genauso hießen. Die meisten dieser »Staaten« waren noch immer in erster Linie dynastische Gebilde, d. h. vor allem durch das Herrscherhaus zusammengehaltene, mehr oder weniger geschlossene Ansammlungen von Territorien und Hoheitsrechten. Die umfangreichen Titel, mit denen sich die Fürsten schmückten, machen das anschaulich klar.

Einige große Hochadelsfamilien, untereinander oft wiederum verwandt und verschwägert, teilten sich im Wesentlichen die Herrschaft in Europa: die Habsburger und Hohenzollern, die Bourbonen und Braganza, die Wettiner und Wittelsbacher, die Welfen und Oranier, die Wasa und Romanov. Politik war noch immer in hohem Maße eine Sache von Verwandtschaftsbeziehungen. Länder wurden getrennt und wieder vereint, weil es dynastische Erbregelungen zum Fortbestand der Familie so wollten. Heiraten und Erbverträge waren machtpolitische Instrumente, bei denen es um die Größe und den Ruhm des Hauses in Vergangenheit, Gegenwart und Zukunft ging. Dabei schuf die europaweite verwandtschaftliche Verflechtung der Familien ein unüber-

Tab. XI.

»Elementarische
Landkarte
von Europa«
Radierung, um 1770

sehbares Konfliktpotential: Bei dem im 18. Jahrhundert immer wieder vorkommenden Aussterben einer Linie wurden
allenthalben konkurrierende Erbansprüche angemeldet und
meist militärisch ausgefochten. Um die Länderansammlun-
gen der Familien abzurunden und zu erweitern, wurden
Territorien nicht nur geerbt und erobert, sondern auch ge-
tauscht, gekauft und aufgeteilt. Die politischen Gebilde waren daher noch immer heterogene Länderkomplexe, in denen sich schwer Ansätze zu überregionaler, nationaler Identität entwickeln konnten. Dynastische Verbindungen lagen
oft völlig quer zu kulturellen und historischen Gemeinsamkeiten. So waren z. B. einzelne Fürsten des Römisch-Deutschen Reiches zugleich Könige anderer europäischer Länder
(der Kurfürst von Brandenburg war seit 1701 König in
Preußen, der Kurfürst von Braunschweig-Lüneburg seit
1714 König von Großbritannien; der Kurfürst von Sachsen
seit 1697 König von Polen); der russische Zar Peter III. war
ein deutscher Fürst aus dem Hause Holstein-Gottorp, seine
Frau, die Zarin Katharina II., die ihn beseitigte und seine
Nachfolge antrat, war eine deutsche Prinzessin aus dem
Hause Anhalt-Zerbst. Das österreichische Haus Habsburg
und das französisch-spanische Haus Bourbon teilten sich
die Herrschaft über die vielen italienischen Fürsten- und
Königtümer; der polnische Magnat Stanislaus Leszczyński
erhielt als Ersatz für sein verlorenes Königtum das Herzogtum Lothringen; der Herzog von Savoyen das Königreich
Sardinien. Solche Beispiele zeigen, dass das mächtepoliti-
sche Karussel von dynastischen, nicht nationalen Interessen
in Gang gehalten wurde.

   Die Form der dynastischen Staatswesen war monarchisch; daneben gab es aber auch republikanische Gemeinwesen, die von einem aristokratischen Rat regiert wurden
und ihrerseits Herrschaft über ein Territorium ausübten,
wie Venedig oder die deutschen Reichsstädte. Eine Zwischenstellung nahm die »Adelsrepublik« Polen ein: Sie besaß zwar einen gewählten König, doch dieser war dem vom

Adel gebildeten Reichstag (Sejm) untergeordnet. Schließlich gab es föderale Gebilde wie die Schweizer Eidgenossenschaft oder die Republik der Vereinigten Niederlande, die sich wiederum aus sehr unterschiedlich strukturierten Teilen von großer Eigenständigkeit zusammensetzten. Auch das Heilige Römische Reich Deutscher Nation in der Mitte Europas war als Ganzes ein solcher lose integrierter Rechtsverband mit einem gemeinsamen Oberhaupt, dem Kaiser, und gemeinsamen Institutionen, nämlich dem seit 1663 kontinuierlich tagenden Reichstag in Regensburg, zwei höchsten Gerichten und einer Exekutivorganisation, der Kreisverfassung. Dieses Reich bildete den altehrwürdigen und wenig flexiblen rechtlichen Rahmen für eine heterogene Vielzahl von großen und kleinen, geistlichen und weltlichen Fürstentümern und selbständigen Städten – ein Gebilde, dessen eigentümliche Integrationskraft durchaus größer war, als die Historiker lange Zeit glaubten. Allerdings hatten sich die größeren seiner Glieder, die Territorien der mächtigen Reichsfürsten, auf der Grundlage der eigenen »Landeshoheit« seit langem zu weitgehend unabhängigen Staatswesen entwickelt. Im Laufe des 18. Jahrhunderts entfaltete sich im Innern dieses Reichsverbands der machtpolitische Gegensatz zwischen Österreich und Brandenburg-Preußen, deren Territorienkomplexe teils innerhalb, teils außerhalb des Reiches lagen. Da die Stärke der Reichsinstitutionen mit der Einigkeit seiner einzelnen Glieder stand und fiel, war das Reich diesem Gegensatz auf die Dauer nicht gewachsen.

Dass die Monarchie die vorherrschende Staatsform war, sagt allein aber noch wenig aus über die tatsächliche politische Struktur dieser Gemeinwesen, den Grad ihrer territorialen Vereinheitlichung, ihrer Unabhängigkeit, die internen Bedingungen politischer Partizipation. Den meisten Gemeinwesen war ein struktureller Grundzug gemeinsam: Sie waren ständische Monarchien, d. h., in den einzelnen Ländern, aus denen sie sich zusammensetzten, gab es unabhän-

gige Körperschaften, die zur Teilnahme an der Herrschaft
traditionell berechtigt waren und die sich in der Regel aus
den adligen Familien, den geistlichen Korporationen und
den Stadtgemeinden (in Ausnahmefällen auch Bauernge-
meinden) des Landes zusammensetzten: Reichs- oder Generalstände, États, Parlamente, Cortes usw. In vielen Ländern
war es den Monarchen gelungen, die traditionellen Mitbe-
stimmungsrechte dieser ständischen Körperschaften auf der
Ebene der zentralen Politik zurückzudrängen – was allerdings keineswegs bedeutet, dass diese ursprünglich selbständigen Herrschaftsträger auf der regionalen und lokalen
Ebene nicht weiterhin aus eigenem Recht wesentliche politische und soziale Funktionen ausgeübt hätten. In Großbritannien allerdings war es umgekehrt das Parlament, eine teils
vom Adel erblich besetzte, teils gewählte ständische Körperschaft, die im 18. Jahrhundert (gemeinsam mit der königlichen Regierung) eine effiziente zentralstaatliche Hoheitsgewalt ausübte (vgl. Kap. 9). Die äußere Handlungsfähigkeit dieser politischen Gebilde hing wesentlich davon ab,
wie weit sie im Innern eine solche einheitliche Hoheitsgewalt ausgebildet hatten – gleich ob diese nun bei einer ständischen Körperschaft oder einem Monarchen lag. Wo die politische Integration des Ganzen nur lose war und die ständischen Partikularinteressen stark, wie im Römisch-Deutschen
Reich, in Polen oder auch zunehmend in den Vereinigten
Niederlanden, da mangelte es strukturell an der Fähigkeit zu
gemeinsamer Verteidigung, und es drohte die Gefahr, zum
Spielball der Großmächte zu werden.

  In einem jahrhundertelangen Prozess hatte sich heraus-
kristallisiert, welche der europäischen Herrschaftsträger zu
souveräner Gewalt aufsteigen konnten und welche nicht.
Wenn im 18. Jahrhundert vom »corps politique de l'Europe« die Rede war, so meinte man damit einen inzwischen
weitgehend abgeschlossenen Kreis von Mächten, die sich
gegenseitig als handlungsfähige, ebenbürtige Vertragspart-
ner ansahen, weil sie über unabhängige Herrschaftsgewalt

verfügten. Manche Mitglieder in diesem Kreis hatten ihre Zugehörigkeit gerade erst erlangt: so der König in Preußen, der als Kurfürst von Brandenburg ursprünglich ein Reichsmitglied und kein souveräner Potentat war, oder der russische Zar, dessen souveräne Herrschaft zwar nicht in Frage stand, der aber erst seit Beginn des 18. Jahrhunderts allmählich als *europäischer* Monarch angesehen wurde. Manche blieben mehr oder weniger deutlich davon ausgeschlossen: so die Vielzahl der deutschen Reichsfürsten, die zwar im Westfälischen Frieden ihre »Landeshoheit« verbrieft bekommen hatten, aber immer noch dem übergeordneten Reichsverband angehörten und außerdem in der Mehrzahl zu klein und unbedeutend waren, um selbständig Machtpolitik zu betreiben.

Das Streben nach bzw. die Sicherung von politischer Unabhängigkeit und Handlungsfähigkeit nach innen und nach außen – staatlicher Souveränität also – beherrschte das politische Geschehen des Zeitalters. Der Begriff, den Jean Bodin schon im 16. Jahrhundert geprägt hatte, bezeichnete die Eigenschaften der staatlichen Hoheitsgewalt, nämlich zugleich die höchste, einheitlich und unteilbar zu sein. Der Begriff hatte zwei Seiten: Er bezeichnete zum einen die Unabhängigkeit eines Gemeinwesens nach außen, gegenüber einer übergeordneten Gewalt – wie vor allem der römisch-katholischen Kirche, die ja nach wie vor einen religiösen Universalanspruch erhob. Zum anderen bedeutete Souveränität die Existenz einer unbestritten höchsten Gewalt im Innern eines Staates, auf die sich alle anderen Gewalten zurückführen ließen. Das richtete sich gegen die autonomen Rechte und Herrschaftsansprüche des Adels und der Städte, die jetzt nur noch als von der Zentralgewalt abgeleitete gelten gelassen wurden. Es richtete sich aber ebenso gegen die Papstkirche, die ja noch mit zahlreichen Rechten und Freiheiten in die einzelnen (katholischen) Staaten hineinreichte.

Wesentliches Merkmal einer souveränen Herrschaft war (und ist), dass sie allein über legitime physische Zwangsgewalt verfügt. Die weitgehende Durchsetzung dieses Gewaltmonopols war einer der Grundpfeiler des europäischen Staatensystems, wie es sich seit dem Westfälischen Frieden darstellte: Krieg galt als prinzipiell legitimes Mittel der Interessendurchsetzung, aber nur zwischen unabhängigen Staaten. Während sich in den Religionskriegen der vergangenen Epoche Mitglieder *eines* Gemeinwesens als selbständige Kriegsparteien gegenübergestanden hatten, wurden Kriege nun zwischen Staaten geführt, die im Innern (weitgehend) obrigkeitlich befriedet waren. Während man zuvor auf fallweise angeworbene Truppen und autonome adlige Kriegsunternehmer angewiesen gewesen war, konnten sich die Regierungen nun ständig verfügbarer, »stehender«, staatlich organisierter Heere bedienen. Und vor allem: Während es in den Konfessionskriegen noch um die Definitionsmacht über die geistliche und weltliche Ordnung schlechthin gegangen war, ging es nun nur noch um einzelne strittige Rechtstitel und Machtansprüche. Die gemeinsame Grundlage des Konfliktaustrags hingegen war kaum mehr strittig: nämlich dass alle Staaten als solche prinzipiell voneinander unabhängig seien und alle rechtmäßigen Beziehungen unter ihnen auf vertraglicher Übereinkunft beruhten (vgl. Kap. 8). Daraus ergab sich auch die Rechtmäßigkeit des konfessionellen Pluralismus zwischen den Staaten (noch nicht allerdings in ihrem Inneren). Seit dem Westfälischen Frieden war dieses Nebeneinander von Staaten verschiedener Konfessionen ein völkerrechtlich sanktioniertes Faktum, gegen das der Papst nur noch ohnmächtig protestieren konnte.

Auf dieser Grundlage spielte sich die europäische Mächtepolitik des 18. Jahrhunderts ab, die im Folgenden nur ganz knapp skizziert werden kann.

Mächtepolitische Auseinandersetzungen

Chronologische Übersicht

1683–99	Großer Türkenkrieg (beendet im Frieden von Karlowitz)
1688–97	Eroberungskrieg Frankreichs gegen die Pfalz (Frieden von Rijswijk)
1689	Große Allianz gegen Frankreich
1688/89	Glorious Revolution in England
1700–21	Nordischer Krieg Schwedens gegen Dänemark, Sachsen, Polen und Russland (Frieden von Nystad)
1701–13/14	Spanischer Erbfolgekrieg (Frieden von Utrecht / Frieden von Rastatt und Baden)
1707	Englisch-schottische Union (»Großbritannien«)
1713	Pragmatische Sanktion (Erbfolgegesetz des Hauses Österreich)
1716–18	Türkenkrieg (Frieden von Passarowitz)
1723–25	Kongress von Cambrai
1727–29	Kongress von Soissons
1733–35	Polnischer Erbfolgekrieg (Frieden von Wien)
1735/36–39	Russisch-österreichisch-türkischer Krieg (Frieden von Belgrad)
1739–41	Englisch-spanischer Kolonialkrieg
1740–42	Erster Schlesischer Krieg zwischen Österreich und Preußen
1740–48	Österreichischer Erbfolgekrieg (Frieden von Aachen)
1741–43	Schwedisch-russischer Krieg (Frieden von Abo)
1744–45	Zweiter Schlesischer Krieg (Frieden von Dresden)
1755–63	Englisch-französischer Kolonialkrieg (Frieden von Paris)
1756	Westminster-Konvention zwischen England und Preußen
1756–63	Siebenjähriger Krieg (Frieden von Hubertusburg)
1768–74	Russisch-türkischer Krieg (Frieden von Kütschük-Kainardschi)
1772	Erste Teilung Polens

1775–83   Amerikanischer Unabhängigkeitskrieg (Frieden von
           Paris)
1778/79   Bayerischer Erbfolgekrieg (Frieden von Teschen)
1785   Gründung des Deutschen Fürstenbundes
1789   Ausbruch der Revolution in Frankreich
1792   Beginn des ersten Koalitionskrieges gegen
           Frankreich
1793/95   Zweite und dritte Teilung Polens

Das Jahrhundert wurde eröffnet von der Konfrontation der
konkurrierenden Großmächte Habsburg und Bourbon. Die
langjährige Expansionspolitik Ludwigs XIV. kulminierte
zur Jahrhundertwende im Kampf um das weltumspannende
spanische Imperium, dessen Thron beim Tod des kinderlo-
sen spanischen Königs Karl II. vakant werden würde. Als
Prätendenten standen sich der Habsburger Erzherzog Karl,
Joseph Ferdinand, der Sohn des Kurfürsten von Bayern,
und Philipp von Anjou, der Enkel des französischen Königs, gegenüber. Bereits lange vor dem Erbfall hatten die
Seemächte England und Holland, deren Handels- und Ko-
lonialinteressen betroffen waren, verschiedene Teilungspläne mit Ludwig XIV. diskutiert, um eine geschlossene
Erbschaft des ganzen Imperiums zu verhindern. Kurz vor
seinem Tod setzte indessen Karl II. den französischen
Thronfolger zu seinem Alleinerben ein. Ludwig XIV. mar-
schierte in Spanien, Italien und den Niederlanden ein, um
das spanische mit dem französischen Königreich zu vereinen. Damit provozierte er den Widerstand einer großen Allianz der europäischen Mächte, allen voran des Kaisers und
der Seemächte, die eine solche Hegemonialmacht unter allen
Umständen zu verhindern suchen mussten (1701–13/14).
Nach über zehnjährigem Kampf wurde im Frieden von
Utrecht (dem ein Jahr später im Frieden von Rastatt und
Baden sich auch das Reich anschloss) ein »Gleichgewicht
der Mächte« festgeschrieben: Der Habsburger Karl war in-

zwischen Kaiser geworden (1711), Philipp von Anjou behielt die spanische Krone und verzichtete für alle Zeiten auf eine Vereinigung mit dem französischen Königreich, und Habsburg erhielt die spanischen Niederlande, Mailand, Neapel und Sardinien. England trat im Utrechter Frieden erstmals als führende Macht in Erscheinung, während Spanien seine Großmachtstellung einbüßte und die Vereinigten Niederlande fortan nur noch eine Nebenrolle als Bundesgenossen Englands spielten.

Gleichzeitig mit dem Spanischen Erbfolgekrieg wurden im großen (2.) Nordischen Krieg auch die Machtverhältnisse im Ostseeraum völlig umgestaltet (1700–21). Dort war es die Expansionspolitik Schwedens unter Karl XII., gegen die sich Dänemark, Russland und Sachsen-Polen, später auch Preußen und Hannover zu einer Allianz zusammenschlossen. Der Sieg der Alliierten über Schweden nach zwanzigjährigem Krieg bedeutete vor allem einen erheblichen Machtzuwachs für Russland, das sich unter Peter dem Großen als neue Großmacht etablierte und planmäßig der europäischen Kultur öffnete. Im Laufe des Jahrhunderts gelang es dem Zarenreich, seinen territorialen Umfang kontinuierlich zu steigern, indem es im Westen auf Kosten Polens expandierte und im Süden durch Erfolge gegen die Osmanen (1768–74) in den Balkan und zur Krim vorstieß.

Die beiden großen Kriege zu Beginn des Jahrhunderts schufen ein relativ stabiles Mächtegleichgewicht, das durch ausgeklügelte Kongressdiplomatie (Cambrai 1725, Soissons 1729) für eine Weile aufrechterhalten werden konnte. Doch jede offene Thronfolge rief in der Folgezeit wieder alle größeren Mächte mit ihren konkurrierenden »Prätensionen« auf den Plan – so 1733, als die Wahl eines neuen Königs in Polen anstand. Die polnische Wahlmonarchie war wegen ihrer völligen inneren Desintegration zum Spielball auswärtiger Mächte geworden. Nun kam es – wie schon zuvor während des Nordischen Krieges – zum Konflikt zwischen dem Kurfürsten von Sachsen, der die polnische Krone in seinem Haus erblich zu machen suchte und von Österreich und Russland unterstützt wurde, und Frankreich und Spanien, die den mit Ludwig XV. verschwägerten polnischen Magnaten Stanislaus Leszczyński protegierten. Im Frieden von Wien, der den Polnischen Thronfolgekrieg 1735 beendete, verzichtete dieser zugunsten des Sachsen auf die Krone und wurde dafür mit dem Herzogtum Lothringen abgefunden (das nach seinem Tod an Frankreich fiel). Das zog wiederum territoriale Veränderungen in Italien nach sich, dessen Fürstentümer schon seit Jahrhunderten von den Großmächten als Dispositionsmasse behandelt wurden. Nun kristallisierte sich eine Aufteilung heraus, durch die das Haus Habsburg über den Norden (Lombardei, Toskana, Mantua, Parma und Piacenza) bis zum Kirchenstaat verfügte, während dem Haus Bourbon mit den Königreichen Neapel und Sizilien der Süden zufiel.

Die Habsburger-Dynastie stellte seit zweieinhalb Jahrhunderten das Reichsoberhaupt. Die Würde eines erwählten Kaisers des Römisch-Deutschen Reiches war keinesfalls nur ein Ehrentitel; sie machte den Wiener Hof vielmehr zum Zentrum eines umfassenden Klientelsystems, das die mindermächtigen deutschen Reichsstände und große Teile des europäischen Hochadels umspannte und das Joseph I. und vor allem Karl VI. – nach dem Tiefpunkt kaiserlicher Macht im Westfälischen Frieden – wieder erheblich verstärken konnten. Außerdem verfügte die Dynastie über einen riesigen Länderkomplex im südöstlichen Europa mit den österreichischen Ländern als Kern und den Königreichen Böhmen und Ungarn (das den Türken in den Kriegen 1683–99 und 1714–18 nach und nach wieder abgerungen worden war), über die südlichen Niederlande (das spätere Belgien) und über die schon genannten oberitalienischen Territorien. Um diesen Besitz nicht auseinander fallen zu lassen, hatte Karl VI. 1713 ein dynastisches Erbfolgegesetz aufgestellt und von den anderen Mächten garantieren lassen: die »Pragmatische Sanktion«, die die Unteilbarkeit der

Länder und die Erbfolge auch in der weiblichen Linie bestimmte. 1740 wurde die Tragfähigkeit dieser Regelung auf
die Probe gestellt. Der Tod Kaiser Karls VI. war der Auf-
takt zu einer nicht abreißenden Reihe kriegerischer Konflikte. Die Kurfürsten von Sachsen und von Bayern melde-
ten gegen die Alleinerbin Maria Theresia eigene Erbfolge-
ansprüche im Haus Habsburg an und wurden darin von
Frankreich unterstützt. Die Kurfürsten wählten – einzigar-
tig in der frühneuzeitlichen Reichsgeschichte – einen Nicht-
Habsburger, nämlich den Wittelsbacher Karl Albrecht von
Bayern, zum Kaiser (Karl VII.). Zugleich nutzte der in
demselben Jahr auf den Thron gestiegene Friedrich II. von
Preußen die Gelegenheit, machte Gebrauch von der außer-
gewöhnlichen Militärmacht, die ihm sein Vater, der »Soldatenkönig«, hinterlassen hatte, und überfiel und annektierte
Schlesien. Da Frankreich die Gegner Habsburgs unterstützte, kam Großbritannien Maria Theresia zu Hilfe, und
der Konflikt weitete sich zu einem europaweiten Kriegs-
geschehen aus. Als der Wittelsbacher schon wenig später
starb (1745), wählten die Kurfürsten nun Franz Stephan
von Lothringen, der Ehemann Maria Theresias, zum Kaiser
(Franz I.). Maria Theresia setzte ihre Erbfolge im Haus
Österreich gemäß der Pragmatischen Sanktion durch, musste allerdings im Aachener Frieden (1748) auf Schlesien verzichten, das sie auch später im Siebenjährigen Krieg nicht
wiederzuerlangen vermochte.

Schon der Österreichische Erbfolgekrieg war mit den
1739 offen ausgebrochenen Kolonialkonflikten zwischen
Frankreich und England um amerikanische und indische
Besitzungen verknüpft. 1754 entbrannten diese Konflikte
aufs Neue und trugen zu einer völligen Umorientierung der
bisherigen Bündniskonstellation bei. Bisher war der habs-
burgisch-bourbonische Gegensatz ein konstanter Faktor
der europäischen Mächtepolitik gewesen. Mit zunehmender
Bedeutung des kolonialen Handelsimperialismus zeichnete
sich allmählich ab, dass der weltpolitisch mächtigste Kon-

kurrent Frankreichs nicht länger das Haus Habsburg war, sondern vielmehr Großbritannien. Nachdem Preußen sich in der Westminster-Konvention 1756 mit England verbündet hatte, um Unterstützung gegen Russland zu gewinnen, leitete der österreichische Staatskanzler Kaunitz seinerseits das grundlegende »renversement des alliances« ein: Im Vertrag von Versailles verbanden sich Österreich und Frankreich miteinander, um Preußen wieder auf den Stand einer mittleren Macht zu reduzieren. Um dem zuvorzukommen, begann Friedrich II. den Krieg mit einem Überfall auf Sachsen und veranlasste damit auch Russland, Schweden und mehrere Reichsfürsten zum Kriegseintritt. Es gilt als »Mirakel des Hauses Brandenburg« und begründete den Ruhm Friedrichs in der Militärgeschichtsschreibung, dass es ihm gelang, sich in dem »Siebenjährigen Krieg«, der nun folgte, gegen die Übermacht seiner Gegner zu behaupten (nicht zuletzt weil Russland aus der Allianz vorzeitig austrat) und im Frieden von Hubertusburg 1763 Schlesien schließlich endgültig zu behalten.

Aus weltpolitischer Perspektive war der österreichisch-preußische Konflikt nur ein Nebenkriegsschauplatz der Auseinandersetzung zwischen Frankreich/Spanien und Großbritannien um die Kolonialherrschaft. 1763 ging die britische Seemacht als der große kolonialpolitische Gewinner aus dem Krieg hervor, während Frankreich mit dem Verlust Kanadas und der Karibikinseln seine Kolonialmacht weitgehend einbüßte. Der französische Staatshaushalt war durch die Kriege vollständig zerrüttet und vermochte sich bis zum Ende des Jahrhunderts nicht mehr zu erholen. Als 1775 die dreizehn nordamerikanischen Kolonien sich gegen das britische Parlament auflehnten, weil sie sich nicht mehr ohne eigene Zustimmung besteuern lassen wollten, und einen Krieg gegen das Mutterland begannen (vgl. Kap. 9), fanden sie schnell die Unterstützung Frankreichs, zuerst durch Waffen und Geld, später (1778) durch französische Truppen. Doch auch der Sieg der Kolonien und ihre Anerkennung als Vereinigte Staaten von Amerika im Frieden von Paris 1783 vermochte die wirtschaftlich begründete Überlegenheit Großbritanniens gegenüber Frankreich nicht mehr rückgängig zu machen.

Die mächtepolitischen Rivalitäten hielten die großen Potentaten nicht davon ab, sich gemeinsam über die Aufteilung oder den Tausch mindermächtiger Länder zu verständigen. So kamen Russland, Preußen und Österreich 1772 überein, sich jeder eines Teils der Adelsrepublik Polen-Litauen zu bemächtigen – insgesamt rund ein Viertel des polnischen Territoriums. Sie konnten dies ungehindert tun, weil alle von einem schwachen Pufferstaat in der Mitte Osteuropas profitierten und Polen selbst aufgrund seiner partikularistischen Verfassung seit langem strukturell handlungsunfähig war. Dass dies die Polen zu einer grundlegenden Reform ihrer Verfassung veranlasste (vgl. Kap. 9), lag nicht im Interesse der mächtigen Nachbarn. In einem zweiten (1793) und schließlich einem dritten Akt (1795) teilten Russland, Preußen und Österreich sodann das gesamte Territorium der Adelsrepublik restlos untereinander auf.

Auch das Aussterben des bayerischen Hauses Wittelsbach 1777 provozierte Tausch- und Teilungspläne. Vor allem der reformfreudige Kaiser Joseph II. betrieb eine rational kalkulierende Politik, die auf altehrwürdige, traditionelle Rechtsstrukturen keine Rücksicht mehr nahm, und suchte sich von dem Wittelsbachischen Erbe einen Teil zu sichern, ja es war sogar erwogen worden, mit dem Kurfürsten von der Pfalz Bayern gegen die Habsburgischen Niederlande zu tauschen. Solche Pläne vermochte Friedrich II. im »Bayerischen Erbfolgekrieg« (1778–79) gegen Österreich erfolgreich zu vereiteln. Fortan gab er sich als Wahrer der Reichsverfassung gegenüber dem Kaiser aus und initiierte 1785 einen deutschen Fürstenbund, dem sogar einige geistliche Fürsten beitraten. Doch das machtpolitisch schwache, auf die Kooperation der Stände angewiesene Reichssystem

hatte als Ganzes dem politischen Kalkül seiner mächtigsten
Glieder wenig entgegenzusetzen. Während Österreich und
Preußen als Großmächte ins 19. Jahrhundert eintraten,
brach das Heilige Römisch-Deutsche Reich unter dem An-
sturm der französischen Revolutionstruppen zusammen
und hörte 1806 auf zu existieren.

Spielregeln und Rechtsnormen

Bei aller Konflikträchtigkeit folgte die europäische Mächtepolitik des 18. Jahrhunderts doch gewissen strukturellen
Regelmäßigkeiten. Die souveränen Potentaten fanden untereinander zu einigen Grundregeln, die indessen nicht
rechtlich oder moralisch begründet waren, sondern sich aus
pragmatischen Erwägungen im Sinne der jeweiligen »Staatsräson« ergaben. Die großen Mächte kamen nicht umhin,
sich gegenseitig die Wahrung gewisser staatlicher Interessen
zuzugestehen, zu deren Verfolgung auch militärische Mittel
grundsätzlich als legitim galten. So kam es z. B. zur Maxime
des »europäischen Gleichgewichts«. Damit war das von vielen Mächten geteilte und insbesondere von der englischen
Politik aktiv verfolgte Kalkül gemeint, die extreme Hege-
monie einer einzelnen Macht mit vereinten Kräften zu verhindern und stattdessen die Interessen der verschiedenen
Großmächte möglichst optimal auszubalancieren – was
allerdings unter Umständen auf Kosten kleinerer Mächte
ging, wenn diese nicht zur Klientel einer der großen gehörten. Die Kabinettskriege, die die Potentaten untereinander
in wechselnden Bündnissen führten, waren indessen keine
Vernichtungskriege auf der Grundlage ideologischer Unver-
söhnlichkeit, sondern – jedenfalls im Vergleich zu den Konfessionskriegen des 16./17. Jahrhunderts oder den Weltkrie-

gen des 20. Jahrhunderts – kühl kalkulierte Kriege, die exakt berechneten Zwecken dienten.

Das europäische Mächtesystem beruhte also auf gemeinsamen pragmatischen Normen unabhängiger souveräner Staaten, die in der Mehrzahl von einem überschaubaren Kreis hochadliger Familien regiert wurden. Diese gemeineuropäische aristokratische Gesellschaft der Höfe bildete seit langem ein eigenes Kommunikationsnetz, das sowohl aus schriftlichen Medien als auch vor allem aus einem dichten ständigen Gesandtschaftswesen bestand. Die Gesandten trafen nicht nur bei den großen multilateralen Friedenskongressen aufeinander, sondern hielten sich permanent an allen größeren Residenzen auf und bildeten so eine spezifisch höfische Öffentlichkeit, durch die alle Potentaten wechselseitig übereinander auf dem Laufenden waren. Ihre gemeinsame Sprache war das Französische. Ein wichtiges Medium, in dem der genaue Stand der wechselseitigen Beziehungen zum Ausdruck gebracht wurde, war überdies das differenzierte diplomatische Zeremoniell – ein Zeichensystem, das kleinste atmosphärische Veränderungen präzise abzubilden erlaubte. Der Charakter der Politik als eines persönlichen, dynastischen Bezugsgeflechts bedeutete auch, dass die hohen Potentaten selbst kein privates Leben im modernen Sinne führten, sondern immer und überall ihren Status repräsentierten, immer öffentliche Personen waren, deren Verhalten bis ins Detail den Zwängen dieses zeremoniellen Systems zu gehorchen hatte.

Die Masse der zwischenstaatlichen Verträge und Friedensschlüsse, der dynastischen Hausgesetze und Erbregelungen wuchs allmählich zu einem immer komplizierteren Corpus von Rechtsmaterien zusammen, das nun als »Ius publicum Europaeum«, »Öffentliches Recht Europas«, sorgfältig gesammelt und in großen Kompendien publiziert wurde. Zugleich wurde aber auch versucht, das zwischen den Staaten geltende Recht auf ein geschlossenes System rationaler Grundsätze zurückzuführen, ohne sich dabei noch auf eine göttlich begründete Ordnung zu stützen. Das Thema wurde zum Gegenstand des modernen Naturrechts. Dessen bedeutendste Vertreter im 18. Jahrhundert – von Samuel Pufendorf bis Emer de Vattel – gingen davon aus, dass Staaten untereinander sich im Zustand natürlicher Freiheit und Gleichheit befänden, d. h., dass es zwischen ihnen ursprünglich keine *erzwingbaren* Rechte und Pflichten gebe – sondern nur einige Grundregeln, die die Vernunft selbst diktiere. Die erste davon laute: *pacta sunt servanda* – Verträge müssen gehalten werden. Aus diesem Vernunftgrundsatz ließ sich dann ein ganzes System völkerrechtlicher Normen deduzieren.

Die meisten Aufklärer standen der mächtepolitischen Realität und dem Krieg eher distanziert gegenüber. Der dynastische »Länderschacher«, der in den fürstlichen Kabinetten betrieben wurde, war schwer vereinbar mit der Vorstellung, dass der Staat eine von den einzelnen Bürgern ins Leben gerufene, d. h. auf freier Übereinkunft beruhende Veranstaltung sei, in deren Dienst und Auftrag der Regent sein Amt auszuüben habe (vgl. Kap. 8). Die Macht eines Staates, so wurde außerdem aus ökonomischer Perspektive eingewandt, beruhe nicht so sehr auf der Größe und Vielzahl der Länder als vielmehr auf deren innerer Organisation und auf dem Wohlstand der Bevölkerung. Zwar wurde ein wohlgeordnetes Heer als notwendiges Mittel staatlicher Verteidigung keineswegs abgelehnt. Anders als im Zeitalter der Revolutionskriege identifizierte sich aber die Gesellschaft der Bürger noch nicht mit dem Krieg, so wie er war, eben weil er als primär dynastische und nicht als nationale Veranstaltung erschien. So wurde kritisiert, dass die Soldaten der stehenden Heere nicht aus edlen patriotischen Motiven kämpften, sondern bloße Instrumente fürstlicher Vergrößerungsbegierde seien, ja sogar wie Sklaven vermietet und verkauft würden. Das Militärwesen sollte vielmehr so beschaffen sein, dass auch Soldaten als tugendhafte Bürger ihren Beitrag zum Gemeinwohl leisten könnten.

Art Militaire, Exercice.

Exerzierreglement
Kupferstich aus der »Encyclopédie«, 1762

Aber nicht nur rationalisierende Reformen des an sich ehrenvollen »Kriegshandwerks« oder »Veredelung« der gemeinen Soldaten wurden gefordert. Es gab auch – seit dem 17. Jahrhundert schon – grundsätzliche Überlegungen, vom Abbé de Saint-Pierre über Rousseau und Bentham bis zu Kant, wie mit den Mitteln rationaler politischer Organisation ein »Ewiger Friede« zwischen den Staaten zu etablieren wäre (vgl. Quelle 5). Der gemeinsame Grundgedanke war: Die Souveräne sollten sich zu einer übergeordneten Gemeinschaft zusammenschließen, d. h. gemeinsame Institutionen der Willensbildung, der Schiedsgerichtsbarkeit und Kontrolle schaffen und sich diesen dann freiwillig, aber rückhaltlos unterwerfen. Man nahm also den Begriff »corps politique de l'Europe« wörtlich und schlug die Bildung eines »politischen Körpers« höherer Ordnung vor – ganz in Analogie dazu, wie man sich auch die Bildung des einzelnen Staates vorstellte, nämlich auf der Grundlage eines Vertragsschlusses. Alle diese Projekte existierten im 18. Jahrhundert nur auf dem Papier; aber bei der Gründung von Völkerbund und UNO hat man sich wieder an sie erinnert. Gerade weil das 18. ein Jahrhundert zahlreicher Kriege war, brachte es auch die zukunftsträchtigsten Pläne zu deren Überwindung hervor.

2

Ein Jahrhundert des Hungers?
Wirtschaftliche Entwicklungstendenzen und Theorien

Die Landwirtschaft

Von einem »Jahrhundert des Hungers« zu sprechen heißt nicht, dass die Menschen im 18. Jahrhundert in außergewöhnlicher Weise gehungert hätten. Aber die ständige Unsicherheit der Ernährung war immer noch – oder vielmehr gerade jetzt – ein den Alltag und die Mentalität der meisten Menschen beherrschendes Phänomen (vgl. Quelle 6), und das, obwohl viele Zeitgenossen es doch erstmals in der Geschichte für möglich hielten, die großen Geißeln der Menschheit – Hunger, Seuchen, Krieg und Fanatismus – grundsätzlich in den Griff zu bekommen. Mit einer gewissen Regelmäßigkeit traten wie in den Jahrhunderten zuvor schwere Hungerkrisen auf. Die überwiegende Mehrzahl der Menschen lebte nach wie vor von der Landwirtschaft. Ihr Nahrungsspielraum war noch grundsätzlich begrenzt: Weder die Arbeitskraft der Menschen noch die Erträge von Ackerbau und Viehzucht ließen sich beliebig steigern. Klimatische Schwankungen und mehrjährige Missernten, meist gefolgt von Epidemien, führten deshalb immer wieder zu katastrophalen Versorgungsmängeln.

In der frühen Neuzeit verlief die demographische und wirtschaftliche Entwicklung in großen säkularen Wellen: Langfristige Aufschwungphasen, die durch Bevölkerungsvermehrung und konjunkturelles Wachstum gekennzeichnet waren, endeten stets schließlich in Stagnation und Krise, weil sich die Faktoren des Aufschwungs aufgrund der be-

grenzten Ressourcen irgendwann in Faktoren des Nie-
dergangs verwandelten. Das 18. Jahrhundert war ein Jahrhundert des konjunkturellen Aufschwungs und der Bevölkerungsvermehrung. Im Laufe dieses Jahrhunderts trat
allerdings eine Reihe miteinander zusammenhängender
grundlegender Wandlungsvorgänge ein, die diese ältere
Wellenentwicklung erstmals außer Kraft setzten und
schließlich dazu führten, dass eine ungebremste Wachs-
tumsdynamik sich entfaltete: die Industrielle Revolution
des 19. Jahrhunderts. Dazu bedurfte es allerdings des Zu-
sammenfallens verschiedener Faktoren, die keineswegs europaweit in gleicher Weise gegeben waren, sondern sich zuerst nur in England fanden. Doch auch für die anderen
europäischen Länder lassen sich – sehr grob vereinfacht –
einige gemeinsame Entwicklungstendenzen beschreiben,
die zur endgültigen Ablösung der traditionellen bedarfs-
deckenden so genannten »Subsistenzökonomie« durch die
kapitalistische Marktökonomie führten. Die einander wechselseitig verstärkenden Faktoren dieser Entwicklung waren
das Bevölkerungswachstum, die Kommerzialisierung der
Landwirtschaft, die Expansion des ländlichen Gewerbes
(»Protoindustrialisierung«), die »Finanzrevolution« und die
Etablierung eines weltweiten Handelssystems.

Nach der so genannten »Krise des 17. Jahrhunderts« leitete das 18. Jahrhundert in ganz Europa wieder eine Phase
des Bevölkerungswachstums ein, das sich etwa seit der Jahrhundertmitte so deutlich beschleunigte, dass man geradezu
von einer Bevölkerungsexplosion spricht. Regional verlief
dieser Prozess sehr unterschiedlich: Besonders ausgeprägt
war er etwa in Ost- und Ostmitteleuropa (unter anderem
durch die vom Zaren beförderte Immigration nach Russland und die Einwanderung in das aus der türkischen Herrschaft schrittweise zurückeroberte Ungarn); schwächer ausgeprägt dagegen etwa in den italienischen Staaten oder im
Römisch-Deutschen Reich, wo es lange dauerte, bis die
katastrophalen Bevölkerungsverluste des Dreißigjährigen

Kriegs wieder ausgeglichen waren. Die Ursachen für diese europaweite Tendenz, die auch durch die periodischen Hungerkrisen und die nach wie vor hohe Kindersterblichkeit nicht aufgehalten wurde, sind vielfältig, und ihr Gewicht ist im Einzelnen umstritten.

Zum einen wuchs die durchschnittliche Lebenserwartung, zum anderen stieg die Geburtenrate. Die Kriege kosteten nicht mehr so viele Menschenleben wie im Jahrhundert zuvor; Seuchen wie die Pest gingen zurück (letzte große Pestwellen gab es in Österreich 1713, in Südfrankreich 1720), moderne medizinische und hygienische Maßnahmen der Seuchenbekämpfung und der Vorsorge wurden eingeführt, die Pockenimpfung erfunden – all das erklärt allerdings nicht das ganze Ausmaß der Entwicklung. Wesentlicher war wahrscheinlich die steigende Geburtenrate, die auf einen allmählichen Wandel des »Reproduktionsverhaltens« zurückgeführt wird. Traditionell hatten übermäßiges Bevölkerungswachstum und die damit verbundene Verknappung der Nahrungsgrundlagen stets dazu geführt, dass die Menschen ihr Verhalten änderten, indem sie durchschnittlich später oder seltener heirateten, so dass weniger Kinder zur Welt gebracht wurden. Im 18. Jahrhundert, so scheint es, griffen solche hergebrachten Ausgleichsmechanismen immer weniger, und zwar vor allem in den unterständischen Schichten der Bevölkerung, die nun im Verhältnis zu den anderen Gruppen besonders deutlich anwuchsen. Das wiederum hängt zusammen mit wirtschaftlichen Strukturveränderungen, die es diesen Schichten ermöglichten, ihren Unterhalt auf andere Weise als durch die Bearbeitung des Bodens zu finden.

Die zweite langfristige Tendenz wird überspitzt als »Agrarrevolution« bezeichnet. Hinter diesem Begriff verbirgt sich eine komplexe wirtschaftliche Entwicklungstendenz.

Bevölkerungswachstum führt allgemein zu einer Steigerung der Nachfrage, und dies wiederum zur Steigerung der

Preise. Dadurch sinkt der Geldwert, d. h. der Realwert der
Geldeinkommen. Dies hat zur Folge, dass unverzichtbare
Grundnahrungsmittel, also Agrarprodukte, stärker nachge-
fragt werden als andere Waren und entsprechend schneller
im Preis steigen. Der Wert des Bodens und seiner Erträge
wächst (so stiegen etwa die Pachterträge des Bodens in
Frankreich zwischen 1730 und 1780 um rund 200 %). Das
Bevölkerungswachstum wird dadurch zu einem wichtigen
Stimulus für agrarische Innovationen und Investitionen. Im
18. Jahrhundert kam es daher zur dritten großen Expan-
sionsperiode der Anbauflächen seit dem Mittelalter: Sümpfe
wurden trockengelegt, Wälder gerodet, Küstengebiete ein-
gedeicht und auch unfruchtbare Landstriche bebaut. Es
waren weniger technische Innovationen (z. B. Sense statt Si-
chel), die die Erträge steigerten, als vor allem Veränderungen in der Bewirtschaftungsweise. So wurde bei der Dreifel-
derwirtschaft die Brachphase durch den Anbau von Rüben,
Klee, Hülsenfrüchten, Luzerne oder Flachs genutzt, oder
man wechselte zwischen Getreide- und Futterpflanzenan-
bau (Fruchtwechselwirtschaft, z. B. in England) oder zwischen Getreidebau und Weide (Koppelwirtschaft, z. B. in
Osteuropa). Die Viehwirtschaft ging nicht mehr – wie in
früheren Perioden des Bevölkerungszuwachses – zugunsten
des Ackerbaus zurück, was auf die Dauer stets zu Dünger-
mangel und Überstrapazierung der Böden geführt hatte.
Mit der Innovation und Kapitalinvestition im Agrarbereich
ging eine zunehmende Spezialisierung einher; d. h., man
produzierte gezielt für bestimmte Absatzmärkte und kaufte
umgekehrt seinerseits die Produkte auf dem Markt, die man
nicht mehr selbst für den Eigenbedarf hervorbrachte.

Wer allerdings in der frühneuzeitlichen Feudalgesellschaft
von dieser Kommerzialisierung der Agrarwirtschaft profi-
tierte, d. h. Kapital ansammeln und investieren konnte,
das hing von mehreren, regional überaus unterschiedlichen
Faktoren ab: Zunächst einmal setzte es voraus, dass man
überhaupt Überschüsse erwirtschaftete und diese auf einem

entsprechenden Markt auch absetzen konnte. Wer aber über den Marktzugang für die Überschüsse verfügte, das hing wiederum von den Rechts- und Eigentumsverhältnissen, d. h. von der jeweiligen Agrarverfassung ab. Die Landwirtschaft war in den meisten europäischen Regionen traditionell herrschaftlich, »feudal« organisiert. Das heißt: Ein Teil der bäuerlichen Arbeitskraft und der Erträge ihrer Produktion wurde – in unterschiedlicher Höhe und unter unterschiedlichen rechtlichen Bedingungen – zunächst von den Herren und Eigentümern des Bodens in Anspruch genommen, bevor die Zentralgewalt und die Kirche ihrerseits Abgaben davon erhoben. Diese (teils adligen, teils geistlichen und teils auch bürgerlichen) Grundherren profitierten nicht nur von den landwirtschaftlichen Erträgen, sie übten zugleich traditionell Herrschaft über diejenigen aus, die den Boden bebauten.

Art und Ausmaß dieser grundherrlichen Herrschafts- und Eigentumsrechte und der darauf beruhenden Produktionsverhältnisse waren nun in Europa höchst verschieden. Idealtypisch unterscheidet man zwischen der osteuropäischen Gutsherrschaft und der westeuropäischen Grundherrschaft mit der Elbe als Grenze, wobei es tatsächlich zahllose Misch- und Übergangsformen gab. In den großen, eher gering besiedelten und städtearmen Territorien des Ostens war die Entwicklung der Gutsherrschaft im 18. Jahrhundert abgeschlossen. Dort war es den adligen Landeigentümern gelungen, die bäuerliche Bevölkerung in die so genannte »zweite Leibeigenschaft« hinabzudrücken, sich ihre Wirtschaftskraft anzueignen und zugleich weitreichende Herrschaftsrechte über sie auszuüben. Die drückendsten Formen hatte die Leibeigenschaft in Russland angenommen, wo die adligen Gutsherren nahezu gar keine Einmischung der Krone in ihre Herrschaft befürchten mussten und z. B. uneingeschränkte Strafgewalt bis hin zu Verbannung, Zwangsarbeit und Todesstrafe über ihre »Seelen« ausübten. Mit Hilfe der bäuerlichen Frondienste be-

wirtschafteten die reichen unter den osteuropäischen Gutsherren ausgedehnte Eigengüter und konnten so deren Ertrag selbst abschöpfen und vermarkten. Die kapitalistische
Dynamik machte allerdings diese gutsherrschaftlichen Abhängigkeitsverhältnisse zunehmend anachronistisch; wirtschaftlicher für die Gutsunternehmer war die von allen pa-
trimonialen Bindungen befreite, als Ware verfügbare Lohnarbeit – ein Erfordernis, dem die Bauernbefreiung zu Ende
des Jahrhunderts entgegenkam.

In den westeuropäischen Ländern hingegen, wo dichtere
Besiedlung und kleinräumige, vielfach zersplitterte Eigen-
tums- und Herrschaftsverhältnisse vorherrschten, dominierte die bäuerliche Familienwirtschaft, und die Grundherren bezogen die bäuerlichen Leistungen vor allem in Form
von Grundrenten, ohne selbst die Produktion zu organisieren. Im 18. Jahrhundert hatten sich die Herrschaftsverhältnisse dort weitgehend gelockert und auf Geldabgaben reduziert. Allerdings schwankten die Abhängigkeitsverhältnisse
der Bauern in den verschiedenen Regionen zwischen völli-
ger persönlicher Freiheit und freiem bäuerlichem Eigentum
(Küstengebiete, Alpenländer) über verschiedene Formen
der Pacht (Frankreich, England) bis hin zu persönlicher Abhängigkeit.

Die bäuerlichen Haushalte waren traditionell zu Dorfge-
meinden zusammengeschlossen, die ebenfalls regional sehr
unterschiedliches Gewicht besaßen. Insgesamt ging aber die
Tendenz dahin, die genossenschaftliche Nutzung des Bodens, des Waldes, der Gewässer, die gemeinsame Organisation der Feldarbeit usw. zunehmend zurückzudrängen
zugunsten individuellen Grundbesitzes und individueller
Nutzung. Diese Entwicklung, die beispielsweise in England
mit massiver Unterstützung durch das Parlament vorange-
trieben wurde, wirkte sich vor allem zugunsten der kapitalkräftigen Landeigentümer aus, d. h., sie führte zu Besitz-
konzentration und sozialer Polarisierung. In England profitierten davon die adligen Großgrundbesitzer, während die

ehemaligen Bauern entweder zu Pächtern oder zu landlosen Lohnarbeitern wurden. In anderen Regionen konnten aber statt der Grundherren durchaus auch die (größeren) Bauernbetriebe selbst aus der Kommerzialisierung und Individualisierung der Landwirtschaft Nutzen ziehen, etwa wenn ihre Feudalleistungen in feste Geldzahlungen umgewandelt waren, die nicht gesteigert werden durften. Entscheidend war, wer aufgrund der Rechtsverhältnisse und Marktstrukturen eigenständigen Zugang zum Markt fand und wer nicht. Allgemein jedenfalls kennzeichnet es die Entwicklung der Landwirtschaft im 18. Jahrhundert, dass sie immer stärker von der Dynamik des Marktes ergriffen wurde und dass sowohl die hergebrachte genossenschaftliche Kollektivwirtschaft als auch die feudalen Abhängigkeiten immer mehr zu Wachstumshemmnissen wurden.

Mit dieser Entwicklung der Landwirtschaft hing die Entwicklung von Handwerk und Gewerbe aufs engste zusammen. Das Bevölkerungswachstum setzte immer mehr Arbeitskräfte frei, die von der Bodenbewirtschaftung nicht mehr leben konnten. Dies und die steigende Nachfrage führten zur Intensivierung der gewerblichen Warenproduktion, der so genannten »Proto-Industrialisierung«.

Die gewerbliche Produktion

In der frühen Neuzeit gab es im Wesentlichen drei verschiedene gewerbliche Betriebsformen: Handwerk, Hausgewerbe und Manufaktur; gegen Ende des Jahrhunderts kamen in England die Anfänge der Fabrik hinzu. Das städtische Handwerk war dadurch gekennzeichnet, dass nicht nur die Berufsausbildung und die Produktion selbst, sondern auch das ganze soziale, politische und religiöse Leben der

Handwerker und ihrer Familien korporativ, von den Zünften nämlich, geregelt war. Die Ausübung des familienbetrieblich organisierten Handwerks war strengen Restriktionen unterworfen, die Expansion und Konkurrenz möglichst verhindern und für alle Korporationsmitglieder gleichermaßen eine »auskömmliche Nahrung« – nicht mehr und nicht weniger – sichern sollten. Allerdings waren diese Zunftschranken durch das Einströmen fremden Kapitals und die Auswirkungen überregionaler Konkurrenz im 18. Jahrhundert schon vielfach ausgehöhlt; viele Handwerker arbeiteten im Auftrag auswärtiger Geldgeber oder sanken unter die Armutsgrenze.

Die Konkurrenz für das zünftische Handwerk ging vor allem von der gewerblichen Produktion auf dem Land aus, wo es keine Zunftbeschränkungen gab, Ressourcen wie Holz und Wasserkraft leichter zur Verfügung standen und die Rechtsverhältnisse ganz anders beschaffen waren. Hier konnte das im Handel angesammelte Kapital investiert und das immer größere Arbeitskräftepotential besser genutzt werden. Dafür griffen die Unternehmer vor allem auf das ländliche Hausgewerbe zu. Dabei handelte es sich zunächst einmal um eine familienwirtschaftlich organisierte Heimindustrie, bei der alle Familienmitglieder zusammen gerade so viel erwirtschafteten, wie sie zum Lebensunterhalt brauchten. Die einzelnen Familien produzierten entweder in eigener Regie und auf eigene Rechnung – vom Kauf des Rohmaterials über die Herstellungsprozesse bis zum Verkauf –, oder sie begaben sich in die Abhängigkeit von Kapitaleignern, die ihnen all dies abnahmen, organisierten und den Gewinn abschöpften (Verlagssystem). Vor allem im Bereich der Massenproduktion, im Textil- und Metallgewerbe, wo die Qualitätsstandards nicht so hoch waren wie bei Luxusgütern, verdrängte das protoindustrielle Gewerbe das Zunfthandwerk immer mehr. Die Großkaufleute spezialisierten sich immer stärker auf bestimmte Waren und verwandelten sich tendenziell in Unternehmer, indem sie die heimgewerbliche Herstellung dieser Waren im großen Stil koordinierten und dirigierten. Die Produktion erfolgte zunehmend auf Bestellung nach Musterbüchern, wurde also auf den Bedarf genau abgestimmt, so dass das kaufmännische Risiko sich minimierte. Auf diese Weise entwickelten sich große Gewerberegionen, vor allem in Mittel- und Westeuropa, z. B. am Niederrhein, in Flandern, England, Schottland, Irland oder in den deutschen Mittelgebirgen. Die Regionen mit Gutswirtschaft waren der Ausbreitung des Heimgewerbes nicht günstig, weil die Landbevölkerung dort nicht über genug freie Arbeitskraft verfügte.

Einen Schritt weiter in der Organisation der gewerblichen Produktion ging die Manufaktur, die ebenfalls keinen Zunftzwängen unterlag. Hier wurde die Herstellung in verschiedene Arbeitsgänge zerlegt und räumlich zusam-

Tuchmanufaktur in Amiens
Zeitgenössischer Kupferstich

mengefasst. Das erlaubte die Spezialisierung der einzelnen Arbeiter, die Erhöhung der Produktivität und der Produktqualität. Die Herstellung folgte dabei aber immer noch vorwiegend handwerklichen Fertigungsmethoden – im Gegensatz zur Fabrik, bei der der Herstellungsvorgang mechanisiert und die menschliche Arbeitskraft durch äußere Energiequellen vervielfacht wurde. Manufakturarbeit herrschte vor allem in den Produktionszweigen vor, die große kapitalintensive Anlagen und die Zusammenfassung vieler Arbeiter erforderten, so vor allem in der Eisenerzeugung und -verarbeitung, bei der Glasherstellung, der Salzsiederei oder der Bierbrauerei. In der Manufakturproduktion ließ sich die Qualität besser standardisieren und kontrollieren als im Verlagsgewerbe. Viele Manufakturen waren daher fürstlich subventionierte Prestigeanlagen zur Herstellung von Luxuswaren wie Porzellan, Tapisserien oder Möbeln.

Die beiden Entwicklungen – Kommerzialisierung der Landwirtschaft und Protoindustrialisierung – beförderten sich wechselseitig; die zunehmende marktwirtschaftliche Verflechtung war ein sich selbst verstärkender Vorgang. Je mehr die Landwirtschaft sich spezialisierte und für interne oder externe Märkte produzierte, desto mehr Kaufkraft und zugleich Bedarf an gewerblichen Waren entstand auf dem Land. Und umgekehrt: Je mehr Menschen nun ausschließlich oder überwiegend von der gewerblichen Produktion lebten, desto mehr Nachfrage entstand nach landwirtschaftlichen Produkten, die nicht mehr jeder Haushalt selbst erzeugte. Das heißt: Immer mehr Haushalte in Stadt und Land wurden in den marktwirtschaftlichen Austausch einbezogen und von dessen Konjunkturen abhängig. Die Subsistenzwirtschaft, bei der jeder Haushalt nach Maßgabe seines (jeweils standesgemäßen) Bedarfs produzierte, wurde immer mehr verdrängt von der modernen Marktwirtschaft, die von Konkurrenz, Expansion und Konsum gekennzeichnet war. Das 18. Jahrhundert war paradoxerweise ein Jahrhundert des Hungers *und* zugleich ein Jahrhundert des Konsums: Indem

immer mehr Menschen immer stärker über das Marktge-
schehen voneinander abhängig wurden, konnten sie zum einen mehr Waren konsumieren, waren aber zum anderen
noch mehr als in früheren Zeiten vom Hunger bedroht.

Die Expansion des Handels

Diese Dynamik wäre allerdings nicht zu erklären ohne einen weiteren entscheidenden Faktor, der sich im 18. Jahrhundert immer stärker geltend machte: die Außenhandels-
expansion. Das 18. Jahrhundert erlebte geradezu eine Ex-
plosion des außereuropäischen Handels, nachdem sich
das Schwergewicht vom Mittelmeer- auf den Atlantikhandel verlagert hatte. Atlantikhäfen wie Amsterdam, London,
Bordeaux, Nantes, Le Havre und seit den 1780er Jahren auch Hamburg lösten die Führungsstellung von alten
Handelsmetropolen der Nord-Süd-Achse wie Antwerpen,
Augsburg, Nürnberg, Venedig oder Genua ab. Bei der Entwicklung dieses neuen Weltwirtschaftssystems errang England auf Kosten der Niederlande und Frankreichs die
führende Rolle, die es durch mehrere erfolgreiche Handels-
kriege sicherte und auch durch den Abfall seiner nordamerikanischen Kolonien nicht mehr verlor. Vor allem war es den
Engländern gelungen, den Handel mit Sklaven von Afrika
nach Amerika unter ihre Kontrolle zu bekommen – den Le-
bensnerv des atlantischen Handelssystems, auf dem die
Plantagenwirtschaft in der Karibik und den südlichen Kolonien Nordamerikas beruhte. Von dort importierte man billige Rohstoffe wie Zucker und Baumwolle, aber auch Edel-
metalle, Kaffee, Tabak. Umgekehrt wurden die amerikanischen Kolonialgebiete nun als große neue Absatzmärkte für
gewerbliche Waren aus Europa erschlossen.

Das neue koloniale Weltwirtschaftssystem unterschied sich in einem wesentlichen Punkt von den traditionellen europäischen Fernhandelsbeziehungen, etwa mit China. Diese bestanden ursprünglich im Wesentlichen im Küstenhandel mit ausländischen Waren, die die Europäer meist mit Edelmetall bezahlen mussten. Im Gegensatz dazu beruhte das neue Welthandelssystem darauf, dass man die überseeischen Gebiete unter koloniale Kontrolle brachte und so die dortige Produktion ganz im Sinne der europäischen Bedürfnisse dirigieren konnte. So ließ man dort nun zum einen im großen Stil Rohstoffe für den europäischen Import produzieren und setzte zugleich in erheblichem Umfang europäische Fertigwaren ab. Dieses System funktionierte vor allem in den amerikanischen Kolonialgebieten, und man suchte es zunehmend auch in Ostasien zu realisieren. Die niederländische Ostindien-Kompanie hatte damit schon im 17. Jahrhundert in Indonesien begonnen; die Kaufleute der englischen Ostindien-Kompanie schickten sich nun auch an, den indischen Subkontinent durch eine territoriale Herrschaftsorganisation zu erschließen, um die Produktion von Baumwolle, Tee und Kaffee zu steuern und den Exportmarkt zu kontrollieren. Auf diese Weise wurden die Kolonialgebiete in das europäische Wirtschaftssystem integriert, ohne indessen davon in der gleichen Weise zu profitieren; vielmehr wurden die Kolonien rigoros den wirtschaftlichen Bedürfnissen der europäischen Handelsmächte unterworfen. Dort sammelten sich ungeheure Handelsgewinne an, die wieder in die heimische Wirtschaft der Kolonialmächte – insbesondere Englands, aber auch Frankreichs und der Niederlande – zurückflossen, dort investiert wurden und die gewerbliche Warenproduktion massiv anregten.

Eine wichtige Voraussetzung für das Funktionieren dieses Handelssystems und für großangelegte landwirtschaftliche und gewerbliche Investitionen war die leichte Verfügbarkeit von Kapital, d. h. sichere und bequeme Zahlungs-

Zollabfertigung am Dock der East India Company
im Londoner Hafen
Gemälde von Samuel Scott, Mitte des 18. Jahrhunderts

verfahren und die schnelle Bereitstellung von Krediten. All
das gab die Impulse zur Entwicklung des modernen Finanzwesens. Die Zahlung mit Edelmetall – ursprünglich
das wichtigste Zahlungsmittel und der allgemeine Wert-
maßstab der Waren – war ein extrem aufwendiges und risi-
koreiches Zahlungsverfahren. Im überregionalen Verkehr
hatte sich daher schon seit langem die bargeldlose Zahlung
mit Wechseln durchgesetzt. Kredite wurden entweder von
Privatbankiers oder durch die Bildung von Handelskompa-
nien zur Verfügung gestellt. Das wesentlich Neue war nun
im späten 17. Jahrhundert die Gründung von Staatsbanken:
Nach einem zunächst gescheiterten Versuch in Schweden
1656 war die erste, überaus erfolgreiche Gründung die der
Bank of England 1694, der dann Staatsbanken in Edinburgh, Berlin und Madrid folgten. Der Erfolg der Bank of
England beruhte darauf, dass durch sie die Interessen des
Finanzmarktes, des Fernhandels und der englischen politischen Elite im Parlament aufs engste miteinander verknüpft
wurden. Die Grundlage des Londoner Finanzmarktes war
die große englische Staatsschuld. Staatsanleihen zu zeichnen
war nun eine sichere und Gewinn bringende Kapitalanlage,
weil das Parlament selbst für die Zinszahlungen einstand.
Diese sichere Kreditgrundlage ermöglichte große Gewinne
für die Investoren, und die Gewinne des englischen Han-
delskapitals verstärkten umgekehrt wieder die Sicherheit
des Kredits. So entstand im Lauf des 18. Jahrhunderts ein
umfangreiches Netz von *country banks*, die untereinander
und mit der Bank of England verbunden waren und wechselseitig voneinander profitierten. Im Gegensatz dazu scheiterte in Frankreich das großangelegte Projekt einer königlichen Staatsbank durch den Schotten John Law. Dessen
Finanzsystem, das auf den Handel der französischen Loui-
siana-Kompanie gesetzt und deren Erfolg extrem überbe-
wertet hatte, brach 1720 spektakulär zusammen und zog die
gesamten französischen Staatsfinanzen in Mitleidenschaft,

so dass sie sich bis zur Revolution davon nicht mehr erholten. Der Finanzmarkt blieb vielmehr in der Hand mächtiger privater Finanziers, die sich auf Kosten des immer tiefer bei ihnen verschuldeten Staates massiv bereichern konnten.

Die vorindustrielle Entwicklung in England

Das 18. Jahrhundert erlebte also eine allmähliche Dynamisierung des Wirtschaftssystems und legte die Grundlagen für die industrielle Expansion des folgenden Jahrhunderts. Allerdings kamen nur in England verschiedene Faktoren in spezifischer Weise zusammen, verstärkten sich gegenseitig und brachten einen Prozess industriellen Wachstums in Gang, der den bisherigen Rahmen eines periodischen konjunkturellen Auf und Ab völlig sprengte. Die entscheidenden Impulse dabei waren nicht schon, wie man meinen könnte, die technischen Innovationen wie Dampfmaschine, Spinnmaschine oder mechanischer Webstuhl. Es mussten vielmehr bestimmte Marktbedingungen hinzukommen, die dafür sorgten, dass neue Maschinen nicht – wie früher – als bloß amüsante Spielereien betrachtet oder gar als bedrohliche Neuerungen unterdrückt wurden. Es war vielmehr ein komplexes Bündel von Faktoren, die im 18. Jahrhundert in England zum »take-off« der industriellen Revolution führten.

Die englische Landwirtschaft war bereits seit dem 16./17. Jahrhundert hochgradig spezialisiert und kommerzialisiert; der Großgrundbesitz weitgehend von feudalen und gemeinwirtschaftlichen Fesseln befreit; statt Leibeigener oder abhängiger Kleinbauern gab es ein großes Arbeitskräftereservoir von landlosen Lohnarbeitern; das Lohnniveau auf dem Land war relativ hoch. Die sozialen Schranken zwischen grundbesitzendem Adel und Handel treibendem Bürgertum waren niedriger als auf dem Kontinent, so dass auch adliges Vermögen in den expandierenden Markt floss (vgl. Kap. 3). Die Verstädterung war verhältnismäßig weit fortgeschritten (um 1750 lebten z. B. schon rund 11 % der englischen Bevölkerung in London, während in Paris nur 2,5 % der Franzosen wohnten). Die Transportverhältnisse waren günstiger als anderswo: Die Küsten- und Flussschifffahrt wurde durch ein gut ausgebautes Fernstraßennetz ergänzt. Zu den großen ländlichen und städtischen Binnenmärkten kamen die expandierenden kolonialen Absatzmärkte hinzu; von den günstigen politischen und finanziellen Rahmenbedingungen für den Fernhandel war schon die Rede.

All das wirkte zusammen und ließ eine Reihe wichtiger technischer Innovationen auf fruchtbaren Boden fallen. Am Beispiel einer Schlüsselindustrie, nämlich der Textilherstellung, lässt sich das besonders deutlich machen. Zunächst wurde die Metallverarbeitung dadurch erheblich verbessert, dass man seit 1709 bei der Eisenerzverhüttung Holzkohle durch Koks ersetzte. Damit ließ sich das Eisen besser verarbeiten, und es konnten größere Teile daraus gegossen werden. Immer mehr Werkzeuge und Maschinenteile wurden nun statt aus Holz aus Eisen angefertigt. Die höhere Qualität der Eisenverarbeitung war wiederum die Voraussetzung dafür, dass James Watt 1769 eine erheblich verbesserte, weniger Energie verbrauchende Dampfmaschine entwickelte (im Bergbau wurden Dampfmaschinen schon seit dem ausgehenden 17. Jahrhundert zur Entwässerung verwendet). Dies wiederum führte dazu, dass Dampfkraft nun auch im Bereich der Textilherstellung eingesetzt werden konnte. Rohbaumwolle war eine der wichtigsten Importwaren, und die Erzeugnisse der Baumwollindustrie, die billiger waren als Wolle und Leinen, trafen auf eine rasch steigende Nachfrage. Das stimulierte Verbesserungen in der Herstellung. Schon seit 1733 gab es das »Fliegende Weberschiffchen«, das

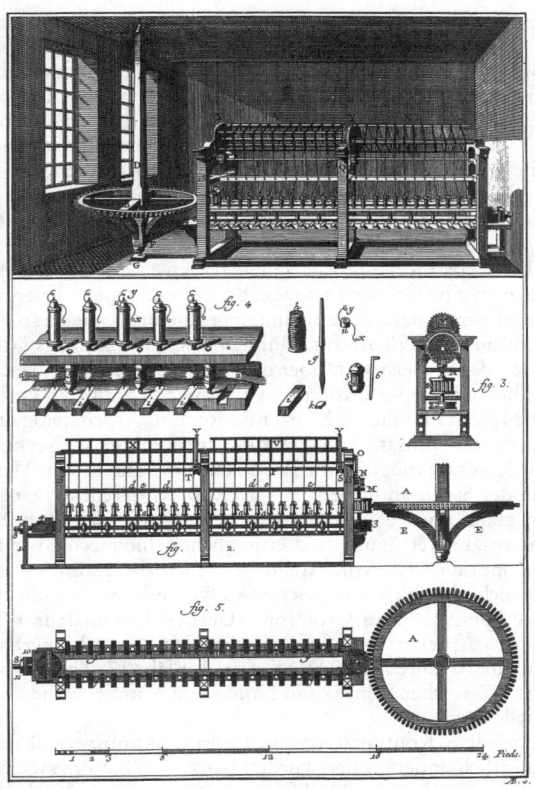

Fil, Moulin Quarré

Spinnmaschine
Kupferstich aus der »Encyclopédie«, 1765

die Produktivität der Weber verdoppelt und ihren Bedarf an Garn erhöht hatte. Darauf reagierte man mit der Erfindung der »Spinning Jenny« 1768, einer Spinnmaschine, bei der ein Arbeiter 100 Spindeln zugleich bedienen konnte. Mit der Umstellung der Spinnmaschine auf Dampfkraft 1779 wurden nun diese beiden wesentlichen Innovationen miteinander verbunden. Das dadurch hervorgerufene Überangebot an Garn stimulierte wiederum die Innovation in der Webereitechnik und führte 1787 zur Entwicklung des automatischen Webstuhls.

Die Expansion des traditionellen Gewerbes war stets dadurch an eine Grenze gestoßen, dass es von seinem Energiebedarf her an natürliche Bedingungen gebunden war: so vor allem an Wasserläufe für Mühlen. Die Produktionsstätten waren daher meist weit über das Land verstreut, verursachten hohe Transportkosten und ermöglichten nur ein geringes Maß an räumlicher Konzentration und Arbeitsteilung. Durch den Einsatz von Dampf- anstelle von Wasserkraft wurde es nun möglich, die Produktion in ganz neuem Maße – in der Stadt, an der Küste – zu konzentrieren. An einem Ort stand nun genug Energie für eine große Zahl von Arbeitern zur Verfügung und ermöglichte eine mechanisierte, hochspezialisierte Arbeitsteilung: die Fabrik. Damit entfaltete sich eine bisher ungekannte Dynamik: So begann die erste Spinnfabrik in Cromford (Derbyshire) im Jahr 1771 mit 300 Arbeitern und verdreifachte den Bestand innerhalb von nur 10 Jahren auf 900 Arbeiter. Im Jahr 1790 gab es bereits 150 solcher Fabriken in Nord- und Mittelengland (vgl. Quelle 7).

Auf dem Kontinent waren die Produktionsverhältnisse wesentlich andere. Hier wurden trotz Bevölkerungswachstum und steigender Nachfrage, trotz landwirtschaftlicher Innovationen, Ausweitung des protoindustriellen Gewerbes und zunehmender weltwirtschaftlicher Verflechtung die traditionellen Wirtschaftsstrukturen noch nicht gesprengt. Allerdings nehmen die Historiker heute zunehmend Abstand davon, die englische Entwicklung zum Maßstab zu nehmen und alle anderen Verhältnisse demgegenüber als »rückständig« zu bewerten. Vielmehr gilt es, den verschiedenen Verhältnissen in den einzelnen europäischen Wirtschaftsregionen mit ihren ganz verschiedenen sozialen und politischen Rahmenbedingungen erst einmal als solchen gerecht zu werden, statt sie allein an einem starren Entwicklungsschema englischen Typs zu messen. So war vor allem das Verhältnis der Staatsgewalt zur Wirtschaft sehr unterschiedlich. Es hing nicht nur von den ökonomischen Interessen der politischen Elite ab, sondern auch von den theoretischen Vorstellungen, die man über das Funktionieren wirtschaftlicher Zusammenhänge hatte. Im 18. Jahrhundert unterlagen diese Vorstellungen – wie die wirtschaftlichen Verhältnisse selbst – grundlegenden Veränderungen und wurden zum Gegenstand erbitterten Streits.

Staatliche Wirtschaftslenkung und ökonomische Theorien

Seit dem 17. Jahrhundert hatten die Regierungen der meisten europäischen Staaten damit begonnen, die Wirtschaft ihrer Länder aktiv und gezielt zu beeinflussen. Weil man wusste, in welchem Maße die Macht eines Staates von dessen verfügbaren Finanzmitteln (und das hieß damals noch: von einem großen Staatsschatz an Edelmetallen) abhing, suchte man nach Mitteln, die Steuerleistung der Untertanen zu erhöhen. Zunächst richtete man sein Bemühen also darauf, von dem wirtschaftlichen Ertrag des Landes auf verschiedenen Wegen so viel wie möglich in die fürstliche bzw. königliche Kammer umzuleiten. Mit der Zeit wurde allerdings deutlich, dass dies der Produktivität schadete und

man vielmehr streben musste, die Wirtschaft der Untertanen selbst zu fördern, denn wohlhabende Untertanen füll-
ten die Staatskasse auf die Dauer nachhaltiger als arme. Die
Maxime dieser Wirtschaftspolitik, die in Deutschland »Ka-
meralismus« genannt wurde, lautete, dass der Wohlstand einer umfangreichen Bevölkerung der sicherste Garant für die
Macht des Staates sei, Monarch und Volk folglich identische
Interessen hätten.

In Frankreich hatte im 17. Jahrhundert, zur Blütezeit
Ludwigs XIV., dessen Wirtschaftsminister Colbert ein solches System staatlicher Wirtschaftslenkung ins Leben gerufen, das in der Folgezeit von zahlreichen europäischen Regierungen zum Vorbild genommen wurde – das System des
»Merkantilismus«, wie es später von seinem Kritiker Adam
Smith genannt wurde. Dieses System ging nicht mehr vom
einzelnen Haushalt, sondern vom Staat, gewissermaßen
dem erweiterten Haushalt des Fürsten, als wirtschaftlicher
Einheit aus, die es nach außen abzuschirmen und im Innern
zu fördern galt. Sein erstes Dogma war das Streben nach einer positiven Handelsbilanz, d. h., eingeführt werden sollte
so wenig wie nötig, ausgeführt hingegen so viel wie möglich. Man war nämlich der Überzeugung, dass die Summe
der Reichtümer statisch und begrenzt sei: Was der eine Staat
gewinne, gehe zu Lasten des anderen und umgekehrt. Während man der Landwirtschaft relativ wenig Aufmerksamkeit schenkte, wurden Handel und Gewerbe intensiv gefördert. Das geschah zum einen dadurch, dass die einheimische
Produktion gegen die Konkurrenz auswärtiger Importe abgeschirmt wurde, etwa durch Zollschranken, Import- oder
Konsumverbote, z. B. gegenüber ausländischen Kolonial-
waren wie Kaffee oder Kakao. Zum anderen unterstützte
man die eigene Produktion positiv durch Steuererleich-
terungen und andere Privilegien, Absatzmonopole, An-
werbung von Arbeitskräften u. Ä. Dabei durchbrach die
staatliche Gewerbeförderung gezielt die städtischen Zunftschranken, die der Expansion der Gewerbe im Wege stan-

den. Der Staat selbst trat als wichtigster Unternehmer auf: Er richtete Manufakturen ein, etwa für Luxuswaren, deren wichtigster Abnehmer die Hochadelsgesellschaft des Hofes war, und vor allem für den Bedarf des Militärs: Waffen, Uniformen, Schiffe usw.: Die Rüstungsindustrie war ein wichtiger, innovationsträchtiger Wirtschaftszweig. Der Staat nahm zunehmend auch die Verbesserung der Infrastruktur in seine zentrale Regie und ließ Landstraßen und Kanäle bauen, Sümpfe trockenlegen, Poststationen einrichten usw. Da eine zahlreiche Bevölkerung als wichtigste Voraussetzung einer florierenden Wirtschaft angesehen wurde, galt eine besondere Vorliebe der so genannten »Peuplierung«: Auf jede erdenkliche Weise sollte die Vermehrung der Einwohner befördert werden. Das begann bei der Ansiedlung und Privilegierung fremder Glaubensflüchtlinge und reichte bis hin zur vermehrten Sorge für uneheliche Kinder.

Dieses System der protektionistischen staatlichen Wirtschaftslenkung stieß nun in der zweiten Hälfte des 18. Jahrhunderts zunehmend auf Kritik. Dahinter stand eine revolutionär neue Sicht der Wirtschaft: Man erkannte nämlich, dass das wirtschaftliche Geschehen Gesetzmäßigkeiten folgte, die sich bewusster Steuerung weitgehend entzogen. Der französische Hofarzt François Quesnay formulierte erstmals eine Theorie des Wirtschaftskreislaufs auf arithmetischer Grundlage, das *Tableau économique*, das zunächst 1758 handschriftlich zirkulierte, bevor es 1767 (in überarbeiteter Form) veröffentlicht wurde, eine erregte öffentliche Debatte auslöste und die französische, ja später nahezu die ganze europäische Öffentlichkeit in zwei Lager spaltete. Da die Schule Quesnays und seiner Anhänger (Mirabeau der Ältere, Dupont de Nemours, Le Mercier de la Rivière, Johann August Schlettwein, Isaak Iselin u. a.) davon ausging, dass die Wirtschaft ihrer eigenen natürlichen Ordnung, dem »ordre naturel« folge, nannte man sie in Deutschland »Physiokraten«; in Frankreich hießen sie schlicht »économistes«. Im Gegensatz zur merkantilistischen Lehre betrachteten sie nicht Handel und Gewerbe, sondern die Landwirtschaft als einzige Quelle allen Reichtums und stellten so die herkömmliche soziale Hierarchie theoretisch auf den Kopf, indem sie die Gesellschaft nach ihrem Beitrag zum wirtschaftlichen Wohlstand in »produktive« und »sterile Klassen« einteilten. Eine politische Konsequenz dieser Lehre lautete, dass das Steuersystem revolutioniert werden müsse: So sollte nur der landwirtschaftliche Nettoertrag, dieser aber gleichmäßig und ohne alle Privilegierungen besteuert werden. Der empfindlichste Punkt ihres Programms war die Forderung nach Freigabe des Getreidehandels. Nur wenn die Landwirtschaft von allen Entfaltungshindernissen befreit werde, könne sie sich »natürlich« entfalten, wovon dann alle anderen Wirtschaftszweige ebenfalls profitieren müssten.

Diese Theorie entfachte nicht nur erbitterte theoretische Diskussionen, man versuchte sie auch in verschiedenen Anläufen – nicht nur in Frankreich – in die Praxis umzusetzen. 1774 gab der physiokratische Theoretiker Turgot als Generalkontrolleur der Finanzen in Frankreich erstmals die – traditionellerweise staatlich gestützten – Getreidepreise frei, was nach einer Reihe von Missernten zu extremer Hungersnot und Aufständen in der Bevölkerung führte. Der Streit zwischen staatlichem Dirigismus und physiokratisch inspiriertem frühem Liberalismus gewann eine neue Dimension; bis zum Vorabend der Revolution wechselten Anhänger der konkurrierenden wirtschaftspolitischen Lehren einander an der Spitze der französischen Regierung ab, ohne dass eine Seite die Überlegenheit ihrer Theorie hätte nachhaltig unter Beweis stellen können.

Parallel zu den Physiokraten, aber weitgehend von ihnen unabhängig entwickelte der schottische Moralphilosoph und Naturrechtslehrer Adam Smith eine ökonomische Theorie, die zur Grundlage des modernen Wirtschaftsliberalismus werden sollte. In seiner *Inquiry into the Nature and Causes of the Wealth of Nations* (1776) beschrieb Smith die »Naturgeschichte« der menschlichen Kulturentwicklung vom Jäger- und Sammlerstadium bis zur hochgradig arbeitsteiligen Marktwirtschaft seiner Zeit und führte sie auf das Wirken immanenter Gesetzmäßigkeiten zurück. Smith erkannte die Produktivität der menschlichen Arbeitskraft, nicht nur des Bodens, und kritisierte die Fixierung der Physiokraten auf die Landwirtschaft. Die Forderung nach der Freiheit der Wirtschaft von staatlicher Reglementierung gewann bei Smith eine neue Qualität: Der Markt sei gleichsam von einer »unsichtbaren Hand« gelenkt, er folge seinen eigenen Gesetzlichkeiten und entziehe sich gezielter Kontrolle. Vielmehr bewirkten diese Marktmechanismen, dass das eigennützige und von Leidenschaften geleitete Handeln der Individuen ohne deren Absicht und gewissermaßen hinter deren Rücken zur Harmonie des Ganzen zusammenwirke. Aufgabe des Staates sei es lediglich, die Rahmenbedingungen für die friedliche Konkurrenz der Bürger zu garantieren: nach außen durch das Militär und nach innen durch ein Rechtssystem, das Leib, Leben und Eigentum der Bürger schütze (vgl. Quelle 7).

Diese Theorie enthielt nicht nur eine Fülle neuer Einsichten in die Zusammenhänge der arbeitsteiligen Marktwirtschaft, sie reflektierte auch einen tiefgreifenden Wertewandel. Die traditionelle vormoderne Ökonomik, die Lehre vom Haushalt, war seit der Antike von den Normen einer ländlichen Adelswelt geprägt gewesen. Ihr Ideal war das der wirtschaftlichen Selbstgenügsamkeit und der »standesgemäßen Nahrung«. Individuelles Erwerbsstreben und gegenseitige Konkurrenz wurden moralisch geringgeschätzt. Gegenüber dieser traditionellen Wirtschaftsethik hatte sich nun eine radikal andere Wirtschaftsgesinnung etabliert, die in Smiths Werk theoretisch untermauert wurde: Eigeninteresse und schrankenloser Erwerbstrieb waren danach keine moralisch verwerflichen Leidenschaften; sie standen nicht mehr im Gegensatz zum Gemeinwohl, sondern das Gemeinwohl erschien vielmehr umgekehrt als Ergebnis des freien Spiels antagonistischer Interessen. Die menschlichen

Leidenschaften wurden von Smith – wie von anderen
Aufklärungsphilosophen in anderen Zusammenhängen
auch – grundsätzlich rehabilitiert: Das individuelle Streben nach Reichtum und Annehmlichkeit wurde zur wohl-
fahrtsfördernden Tugend. Diese neue Wirtschaftsmentali-
tät, die Smith nur besonders scharfsinnig legitimierte, entsprach den tiefgreifenden sozialen Wandlungsprozessen des
18. Jahrhunderts. Sie spiegelte zum einen die Gefährdung
der traditionellen Normen sowohl der zunftbürgerlichen
als auch der bäuerlichen Gesellschaft und stieß deshalb dort
auf erbitterte Abwehr. Sie stellte aber zum anderen auch die
kulturelle Dominanz der überlieferten *adligen* Wertvorstellungen in Frage. Die traditionelle adlige Lebensform der
Muße, gegründet auf arbeitsfreies Renteneinkommen, hörte
endgültig auf, das soziale Wertesystem zu dominieren, und
an ihre Stelle traten bürgerliche Arbeit, wirtschaftlicher Erwerb und individuelle Leistung.

3
Ein Jahrhundert des Bürgertums?
Soziale Strukturen und ihr Wandel

Die ständische Gesellschaftsstruktur

Inwiefern kann man das 18. Jahrhundert ein Jahrhundert
des Bürgertums nennen, obwohl doch die politische Macht
noch immer in den Händen des Hochadels lag? Obwohl
es das Jahrhundert des Hochbarock und des Rokoko war,

also eine Blütezeit der höfischen Kultur? Gilt nicht das
19. Jahrhundert als das klassische Zeitalter des Bürgers? Im
18. Jahrhundert existierte beides gleichzeitig – eine bürgerliche und eine höfisch-adlige Lebenswelt. Aber kann man
die Aufklärung eine »bürgerliche« Bewegung nennen? Was
heißt »Verbürgerlichung« der Kultur? Was ist das überhaupt im 18. Jahrhundert: das Bürgertum?

Um diese keineswegs leichten Fragen zu beantworten,
muss man sich zunächst vor Augen führen, dass die sozialen
Strukturen des 18. Jahrhunderts immer noch wesentlich andere waren als heute: Es handelte sich noch immer um eine
»ständische Gesellschaft«. Andererseits entwickelten sich
bereits konkurrierende Strukturen, die diese ständisch-korporative Welt allmählich veränderten bzw. in der Revolution schließlich gewaltsam sprengten.

Schon der Begriff »Gesellschaft« ist, bezogen auf das
18. Jahrhundert, irreführend. Unser Begriff von Gesellschaft ist durch die Verfassungsverhältnisse geprägt, die sich
durch die Französische Revolution erst herausbildeten: Unter Gesellschaft versteht man heute gemeinhin die Gesamtheit der Privatleute und deren Organisationen, vor allem
die Sphäre des wirtschaftlichen Austauschs, der die hoheit-
liche Sphäre des Staates gegenübersteht. Der Staat ist der
einzige Hoheitsträger, während die Gesellschaft aus prinzipiell rechtlich gleichen Bürgern besteht. Ein solches klares
Gegenüber von Staat und Gesellschaft, öffentlicher und privater Sphäre gab es in der frühen Neuzeit noch nicht. Man
ging vielmehr von einer Stufenfolge verschiedener »Gesellschaften« aus, in denen in verschiedener Weise Herrschaft
ausgeübt wurde: im Verhältnis zwischen Mann und Frau,
zwischen Eltern und Kindern, zwischen Herr und Knecht
(d. h. auch zwischen adligem Grundherrn und Bauern) und
schließlich zwischen Regent und Untertanen. Auf allen diesen ineinander verschachtelten Ebenen – nicht nur der des
Staates – gab es Herrschaft. Darüber hinaus existierte eine
Vielzahl von genossenschaftlichen Verbänden, »Korporatio-

nen«, die in ihrem Innern – immer noch – weitgehend autonome Rechte innehatten (auch wenn die Tendenz insgesamt
dahin ging, alle diese Herrschaftsrechte der staatlichen Gewalt unterzuordnen). Daraus folgte, dass es eine Vielzahl unterschiedlicher Rechtskreise und eine Vielzahl unterschiedlicher persönlicher Rechtsstellungen gab. Der Bürger
einer Stadt genoss andere Rechte als der bloße Einwohner,
der bäuerliche Untertan eines adligen Grundherrn andere
als der freie Bauer, der Hofdiener eines Landesherrn andere
als der Professor einer Universität, der adlige Herr andere
als der städtische Patrizier; der Geistliche andere als der
Laie, der Mann andere als die Frau. Der Rechtsstatus des
Einzelnen war sein »Stand«. Dieser Begriff hatte viele Di-
mensionen, entsprechend den vielen Kriterien, nach denen
sich der Rechtsstatus eines Menschen bemaß. Zunächst einmal bestimmte sich der Status nach dem »Hausstand«, d. h.
danach, welche Rolle man in einem Haus einnahm (Herr,
Frau, Kind, Knecht usw., vgl. Kap. 6). Zum anderen bemaß
sich der Stand nach der Zugehörigkeit zu einem übergeordneten Verband: zu einem Dorf, einer Stadt, einer adligen
Korporation, einer Universität, einem Kloster usw. Die ge-
läufige Vorstellung von *drei* Ständen, also einer schlichten
Dreiteilung der Gesellschaft – Adel, Bürger, Bauern etwa
oder Klerus, Adel, Dritter Stand – ist der komplexen Wirklichkeit zu keiner Zeit gerecht geworden. Es handelt sich
dabei vielmehr um ein auf das Hochmittelalter zurückge-
hendes Deutungsschema, ein Modell, mit dem die Zeitgenossen die soziale Wirklichkeit zu vereinfachen suchten.

Die ständische Gesellschaftsstruktur unterschied sich also
von der modernen wesentlich dadurch, dass die vielfältigen
sozialen und wirtschaftlichen Unterschiede – Unterschiede
der wirtschaftlichen Erwerbsform, der politischen Partizipation, der Bildung und Lebensführung – aufs engste mit
der Ungleichheit der Rechte verbunden waren. Rechtlich fixierte soziale Unterschiede lassen sich aber erheblich leichter über die Generationen hinweg weitergeben (man wurde

in einen Stand »hineingeboren«); deshalb erscheint uns die ständische Gesellschaft wesentlich statischer als die moderne. Der Unterschied an Statik ist aber lediglich ein gradueller. Völlig statische Gesellschaftsstrukturen gibt es nicht, und nicht erst im 18. Jahrhundert wurden die ständischen Grenzen von der wirtschaftlichen Entwicklung vielfach verschoben oder ausgehöhlt. Ein grundsätzlicher Unterschied zwischen der ständischen Gesellschaft und der modernen ist hingegen, dass damals die fundamentale Rechtsungleichheit zunächst als völlig selbstverständlich und legitim galt. Gleich waren die Menschen allenfalls vor Gott, aber nicht vor dem Recht. Es kennzeichnet den tiefgreifenden gesellschaftlichen Wandlungsprozess des 18. Jahrhunderts, dass man die ständische Rechtsungleichheit nun grundsätzlich in Frage zu stellen begann.

Im 18. Jahrhundert waren die sozialen Verhältnisse noch wesentlich kleinräumiger als heute. Sie lassen sich daher besser beschreiben, wenn man nicht von »einer« Gesellschaft ausgeht, sondern von verschiedenen »Gesellschaften«. Die verschiedenen Lebenswelten des Dorfs, der Stadt, des Hofes usw. waren – im Vergleich zu heute – noch relativ klar voneinander abgegrenzt, aber diese Grenzen hatten bereits begonnen, sich aufzulösen. Zum einen im wirtschaftlichen Sinne: Die Marktwirtschaft verflocht alle sozialen Gruppen und Regionen zunehmend miteinander. Zum anderen im räumlichen Sinne: Die überregionalen Kommunikationsstrukturen wurden immer enger und überwanden immer größere Distanzen. Und schließlich im rechtlich-politischen Sinne: Die staatliche Gewalt strebte danach, alle Gemeinschaften gleichermaßen zu durchdringen und sie damit zu nivellieren.

Die ländliche Gesellschaft

Zunächst zur ländlichen Gesellschaft, die im 18. Jahrhundert noch immer die überwiegende Mehrzahl der Menschen umfasste. Die übergroße Vielfalt der ländlichen Sozialstrukturen in Europa erlaubt es kaum, Allgemeingültiges darüber zu sagen; die großen Linien, die hier gezogen werden, müssen also für jede europäische Region im Einzelnen modifiziert werden. Traditionell lebte die bäuerliche Bevölkerung in dörflichen Siedlungsgemeinschaften, die tendenziell zugleich zu Kirchengemeinschaften (Pfarreien, Kirchspielen) zusammengefasst waren. Der wichtigste Bezugspunkt der dörflichen Gesellschaft war der Grund- oder Gutsherr (das konnte ein adliger Herr sein oder ein Kloster, es konnte auch der Landesherr selbst sein, der in der Regel der größte Grundeigentümer seines Landes war; es konnten sich aber auch verschiedene Herrschaften in einem Dorf überlagern und durchkreuzen). An der Spitze der ländlichen Hierarchie stand jedenfalls der Inhaber der Herrschaft und Eigentümer des Bodens, der in der Regel die lokalen Herrschaftsfunktionen ausübte bzw. von seinen Amtsträgern ausüben ließ. Nicht immer lebten die adligen Familien selbst auf dem Land; viele zogen es vor, in die zentrale Residenz überzusiedeln und dort in der Umgebung des Herrscherhofes – ganzjährig oder nur in der winterlichen Festsaison – ein Stadtpalais zu bewohnen. Auf die unterschiedlichen Formen der Agrarverfassung ist oben schon hingewiesen worden: Je nach Region war es üblich, dass die adligen Herren ihre Güter in eigener Regie bewirtschafteten, sie an Pächter vergaben oder von den Bauern nur eine Grundrente bezogen. Die Unterschiede in der rechtlichen und wirtschaftlichen Abhängigkeit der Bauern waren erheblich: Welten lagen zwischen den Lebensbedingungen eines ostelbischen Vorwerkbauern, der seine Arbeitskraft fast vollständig in den Dienst des Gutsherrn stellen musste, ohne dessen Erlaubnis nicht heiraten konnte, seine Kinder zu ihm in Dienst geben musste, seine Stelle nicht verlassen durfte und obendrein der gutsherrlichen Gerichtsbarkeit unterstand, und denen eines Bauern z. B. in Nordwestdeutschland oder in Frankreich, der seinen Hof nach Gutdünken bewirtschaften, frei vererben, die Produkte selbst vermarkten konnte und dessen Abhängigkeit vom Grundherrn sich auf jährliche Geldleistungen und einmalige Besitzwechselabgaben reduziert hatte.

Die dörfliche Sozialstruktur war wesentlich geprägt durch den Besitz. An der Spitze standen die Vollbauern mit großen, ungeteilten Hofstellen. Je nach regionsspezifischem Erbrecht wurde entweder der ganze Hof von einem Nachfolger allein weitergeführt (so z. B. in Nordwestdeutschland), oder die Hofstellen wurden unter den Nachkommen geteilt (so z. B. weitgehend in Frankreich), oder alle Nachkommen lebten gemeinsam unter einem Familienoberhaupt auf demselben Hof (so z. B. in Südosteuropa). In Regionen mit Realteilung führte das Bevölkerungswachstum dazu, dass die Höfe in immer kleinere Stellen aufsplitterten: in Viertel-, Achtel-, Sechzehntelstellen usw. In den anderen Regionen blieben zwar große Höfe bestehen, aber nicht alle fanden dort ihren Unterhalt und mussten sich in fremden Dienst begeben oder andere Erwerbsquellen suchen. Daher bestand die ländliche Gesellschaft nur zu einem geringen Teil aus Vollbauern und ihren Familien. Zahlreicher waren die Bauernfamilien mit eigenen, aber kleinen Hofstellen, die in Notzeiten kaum zum Überleben ausreichten. Daneben wuchs die Zahl der Familien, die nur eine Kate mit einem kleinen Stück Land oder Garten besaßen oder gar nur von einem Bauern gepachtet hatten und ständig auf einen Zusatzerwerb angewiesen waren. Und schließlich gab es die immer größere Zahl derjenigen, die überhaupt kein Land selbst bewirtschaften konnten, sondern entweder als Tagelöhner ihre Arbeitskraft frei verkauften, Kleinhandel trieben, einem Gewerbe nachgingen oder bettelnd über das

Land zogen. Von all diesen Gruppen zu unterscheiden ist
das bäuerliche Gesinde, die Knechte und Mägde: Sie gehörten zum Haushalt eines Bauern, waren unverheiratet
und hatten einen ähnlichen Status wie dessen unverheiratete
Kinder. Der Gesindestatus war in der Regel zeitlich begrenzt, mit der Eheschließung gab man ihn auf – entweder,
um selbst einen Hof zu übernehmen, oder um die Familie
durch Heimgewerbe, Lohnarbeit oder anderes zu ernähren.
Alle diese unterbäuerlichen Gruppen stellten zusammen die
überwiegende Mehrzahl der ländlichen Bevölkerung. Hier
lag das wachsende Arbeitskräftepotential des Landgewer-
bes, das – je nach Region und Marktlage – durchaus ein gutes Auskommen auch ohne Grund und Boden versprach.
Die Gründung und Erhaltung einer Familie wurde daher
immer unabhängiger von dem Erbe einer Hofstelle. Da indessen die traditionellen Normen und Werte der ländlichen
Gesellschaft ganz wesentlich von der generationenübergreifenden Identifikation mit dem Land und dessen Bewirt-
schaftung geprägt waren, führte das rasche Anwachsen der
unterbäuerlichen Schichten zu erheblichem Konfliktpotential im Dorf.

Vor allem wurde die ländliche Gesellschaft im 18. Jahrhundert ganz massiv von oben mit neuen Normen konfrontiert. Zum einen versuchte die – ursprünglich für den
einzelnen Untertanen eher ferne – staatliche Zentralgewalt
nun in verschiedener Weise, über die lokalen grundherr-
schaftlichen Zwischengewalten hinweg ihre Herrschaft auf
die einzelnen Untertanen auszudehnen und deren Verhalten
zu beeinflussen (vgl. Kap. 8). In engem Zusammenhang damit nahm sich die Bewegung der Aufklärung der bäuerlichen Bevölkerung an und suchte ihr die neuen wissenschaftlichen und moralischen Errungenschaften zu vermitteln. Beide Tendenzen wirkten zusammen und stießen bei
der ländlichen Bevölkerung weithin auf Widerstand.

Die bäuerliche Gesellschaft war für die aufklärerischen
Bildungsbemühungen und obrigkeitlichen Gesetze keines-

wegs so dankbar, wie deren Befürworter erwarteten. Sie verfügte vielmehr über ein eigenes Normensystem, das nicht weniger rigide war als das neu verordnete, aber anderen Leitlinien folgte. Da die bäuerliche Kultur noch vorwiegend schriftlos war, ist es schwierig, diese Normen zu rekonstruieren, und die Historiker sind gezwungen, sie weitgehend aus den obrigkeitlichen Quellen herauszupräparieren. Dort erscheint der »Landmann« als abergläubisch und magischen Praktiken zugetan, wenig leistungsbereit, zu Müßiggang und Verschwendung neigend, unbeherrscht, gewalttätig und von lascher Sexualmoral, vor allem aber rückwärtsgewandt und allen Neuerungen abgeneigt. Solche abwertenden Beschreibungen übersahen aber, dass in der dörflichen Gesellschaft ein spezifisches Normengefüge galt, das den Eigenarten der bäuerlichen Lebenswelt Rechnung trug: Es war geprägt von der grundsätzlichen Begrenztheit der natürlichen Ressourcen, die zu nachbarschaftlicher Hilfe, Solidarität und Beschränkung auf die »auskömmliche Nahrung« zwangen. Der harten, entbehrungsreichen Arbeit entsprach aber zugleich das aufwendige Feiern. Die bäuerliche Ehre erforderte es z. B., dass man die anderen nach bestimmten Regeln an seinem Wohlstand teilhaben ließ und etwa zu Taufe, Hochzeit und Begräbnis das ganze Dorf verschwenderisch bewirtete. Auch die Sexualmoral war pragmatisch an den Erfordernissen des Alltagslebens orientiert: Voreheliche Sexualität etwa wurde weitgehend toleriert, wenn das eingegangene Eheversprechen gehalten und das schwangere Mädchen geheiratet wurde. Die große Vielfalt magischer Praktiken, die mit christlichen Glaubensformen und -inhalten eng verquickt waren, entsprach der Erfordernis, das Wirken der Naturkräfte, von denen man existenziell abhängig war, verständlich zu deuten und unter Kontrolle zu bringen. Insgesamt war die bäuerliche Kultur von der mündlichen Weitergabe der Normen und des Wissens von einer Generation zur nächsten geprägt; d. h., Normen galten gewohnheitsrechtlich und »von alters her«. Legitim war das (vermeintlich) alte Recht, das »löbliche Herkommen«; allen Neuerungen war zunächst einmal zu misstrauen, sie entbehrten der Legitimität. All das war im Rahmen der traditionellen bäuerlichen Lebenswelt durchaus rational; irrational war es aus der Sicht einer Obrigkeit, der es um Steigerung der Einkünfte und zentrale Steuerung ging, und irrational war es in den Augen der Aufklärer, die über neue wissenschaftliche Maßstäbe der Naturerkenntnis und -beherrschung verfügten.

Bei der Durchsetzung der neuen Normen war die Obrigkeit auf Vermittler angewiesen. Die obrigkeitlichen (sei es grundherrlichen, sei es staatlichen) Amtsträger hatten im Dorf eine soziale Zwischenstellung. Sie übten zwar obrigkeitliche Funktionen aus, entstammten aber meist selbst der dörflichen Gesellschaft und standen deren Normen näher als denen der Obrigkeit. Nicht wenige von ihnen verschleppten oder ignorierten daher die obrigkeitlichen Neuerungsversuche, um ihre eigene Autorität in der Dorfgesellschaft nicht aufs Spiel zu setzen.

Anders war es mit den Pfarrern, deren kirchliche Aufgaben sich von obrigkeitlichen Funktionen in der Gemeinde kaum trennen ließen: Sie registrierten die Geburten, Hochzeiten und Sterbefälle, verkündeten von der Kanzel Erlasse und Gesetze, überwachten die Sittenzucht usw. Hier gab es grundsätzliche Unterschiede zwischen katholischen und evangelischen Landgeistlichen. Die katholischen Kleriker hoben sich zwar durch das Sakrament der Weihe und die Ehelosigkeit von der Dorfgesellschaft ab, meist aber kaum durch Herkunft und akademische Ausbildung. Katholische Dorfpfarrer waren oft selbst Bauernsöhne und hatten – trotz verstärkter Bildungsbemühungen der Kirche – selten eine vollständige Priesterausbildung genossen. Ganz anders verhielt es sich mit protestantischen Pfarrern: Sie unterschieden sich nicht durch Weihe und Ehelosigkeit von den Laien, hoben sich in der Regel aber durch theologisches Studium und bürgerliche Herkunft viel stärker von der Dorfgesellschaft ab, als es die Weihe erlaubt hätte. Das protestantische Pfarrhaus war eine Enklave bürgerlicher Lebensweise innerhalb der dörflichen Gesellschaft; und die Pfarrer waren die Vorhut der wohlmeinend-fürsorglichen »Volksaufklärung« auf dem Land, von deren Inhalten und Absichten noch die Rede sein wird.

Festzuhalten ist also: Die ländliche Gesellschaft war im 18. Jahrhundert zwei großen Wandlungstendenzen ausgesetzt: Zum einen bedrohte das immer raschere Wachstum des ländlichen Gewerbes und der unterbäuerlichen Schichten den Zusammenhalt der bäuerlichen Lebenswelt. Zum anderen griffen obrigkeitliche Gestaltungsprogramme und aufklärerische Erziehungsversuche massiv in die ländliche Gesellschaft ein und konfrontierten sie mit einem fremden Wertesystem.

Adel und höfisches Leben

Auch dem Adel war dieses neue Wertesystem ursprünglich fremd. Die Grundlage seiner Herrschaftsstellung und seiner ökonomischen Lage waren ja ebenfalls in erster Linie Grund und Boden. Er teilte daher mit der bäuerlichen Lebenswelt gewisse Werte, die sich aus der generationenübergreifenden Kontinuität des Landbesitzes ergaben. Zum anderen unterlag auch der Adel, sofern er nicht selbst zu den regierenden Hochadelsfamilien gehörte, der fortschreitenden Tendenz zur Unterordnung unter die zentrale staatliche Herrschaft.

Der Adel hatte – bei aller Vielfalt der Erscheinungsformen in den europäischen Ländern – doch gemein, dass seine herausgehobene Position auf der Ausübung von bzw. Teilhabe an Herrschaft und militärischer Gewalt und auf der

Verfügung über Grund und Boden beruhte. Dem entsprachen bestimmte Normen der Lebensführung, wie Muße
und demonstrativer Konsum, »ritterliche« Tätigkeiten wie
Reiten, Fechten, Jagen usw. Seine soziale Stellung war »erb-
fest eingefroren« (H.-U. Wehler), d. h., die Vielzahl seiner
unterschiedlichen Privilegien, Rechte und Freiheiten wurde
auf die Nachkommen vererbt.

Zu diesen Vorzugsrechten, die den Adel auch ökono-
misch massiv begünstigten, gehörten vor allem die Freiheit
von zahlreichen Steuern, persönliches Sitz- und Stimmrecht
auf Ständeversammlungen, der privilegierte Gerichtsstand,
Monopole auf einträgliche Kirchenpfründen, bevorzugte
Heranziehung zu Hof-, Militär- und Regierungsämtern, das
Jagdrecht und vieles andere mehr, bis hin zu zeremoniellen
Vorrechten wie etwa dem, bei Hof bestimmte Ränge zu bekleiden, einen Degen zu tragen usw. Der standesgemäßen
Lebensführung entsprachen aber andererseits auch gewisse
Beschränkungen; so galt es in den meisten Ländern als un-
standesgemäß oder war gar ausdrücklich verboten, einem
bürgerlichen Gewerbe nachzugehen oder Handel zu trei-
ben. Zur Wahrung all seiner Rechte und zur Sicherung der
Standesgrenzen bildete der Adel feste Heiratskreise und
hielt so die Gruppe derer, die von den Privilegien und Ressourcen profitierten, möglichst klein.

Höchster Wert einer adligen Familie war die Erhaltung
von »Stamm, Rang und Namen« über die Generationen
hinweg. Das Selbstverständnis des Adels stand und fiel mit
der generationenübergreifenden Kontinuität und Exklusi-
vität des Abstammungsverbandes. Die Familientradition
prägte die adlige Identität, sie wurde durch eine hochent-
wickelte Erinnerungskultur – Familienchroniken, Ahnen-
galerien, Genealogien, Wappen usw. – gepflegt. Legitimiert
wurde die eigene Vorrangstellung mit den hervorragenden
Tugenden der Ahnen, deren sich die Nachkommen immer
aufs Neue würdig erweisen sollten. Diese generationen-
übergreifende Identität entsprach der generationenüberdau-

ernden ökonomischen Grundlage, dem Landbesitz, der nicht als individuelles Eigentum dem jeweiligen Besitzer frei verfügbar war, sondern als Familieneigentum bestimmten Verfügungsbeschränkungen unterlag. Der Strategie adliger Familien, ihren Status über die Generationen hinweg zu erhalten, hatten sich die Interessen der einzelnen Mitglieder unterzuordnen.

Zwar war der Adel der Geburtsstand par excellence; das heißt aber nicht, dass es keine Auf- oder Abstiegsmobilität gegeben hätte. Einzelne Familien oder ganze Gruppen konnten in den Adelsstand aufsteigen oder ihn auch wieder verlieren. In allen europäischen Ländern war der Adel in sich wiederum vielfältig gegliedert und nach Rängen gestuft und bot zahlreiche interne Aufstiegsmöglichkeiten. Nobilitiert wurde man in den meisten europäischen Ländern durch die (teuer zu bezahlende) Verleihung eines Adelsbriefes vom Monarchen. Voraussetzung dafür war in der Regel der Besitz eines herrschaftlichen Gutes. In Frankreich verlieh außerdem die Ausübung bestimmter (käuflicher) hoher Ämter in Justiz, Verwaltung und am Hof den Adelsrang. Meist musste allerdings auch die jeweilige adlige Standeskorporation des betreffenden Landes den Emporkömmling »rezipieren«, d. h. in ihren Kreis aufnehmen, was sie an bestimmte Bedingungen knüpfen konnte.

Unabhängig von dem formalen Rang konnten aber auch adlige Gruppen ihre wirtschaftliche Vorrangstellung einbüßen, konnten mit anderen Gruppen verschmelzen usw. Gerade das 18. Jahrhundert zeichnete sich dadurch aus, dass einerseits viele wirtschaftlich erfolgreiche Bürger nobilitiert wurden und dass andererseits der Adel sich demgegenüber teilweise stärker abzuschließen, teilweise aber auch an bürgerlichem Kapital und bürgerlichen Erwerbsweisen zu partizipieren suchte. Zwei wesentlichen Herausforderungen sah sich der Adel im 17. und 18. Jahrhundert in den meisten Ländern gegenüber: zum einen dem wirtschaftlichen Wandlungsprozess hin zur kapitalistischen Marktwirtschaft, zum

anderen dem Prozess der staatlichen Herrschaftsintensivie-
rung, der auch die alten adligen Rechte zum Opfer fallen
konnten. Die adligen Strategien, auf diese Wandlungsvorgänge zu reagieren, waren von Land zu Land äußerst unterschiedlich.

Die wirtschaftliche Selbstbehauptung glückte dem Adel
da, wo es ihm gelang, selbst in die Kommerzialisierung der
Landwirtschaft und den Groß- und Fernhandel einzustei-
gen; so etwa in der ostelbischen Gutswirtschaft oder im
französischen Seehandel. Das gelang am leichtesten dem
reich begüterten, kapitalkräftigen Hochadel, der in allen europäischen Ländern nur eine kleine Spitzengruppe bildete.
Der niedere Landadel, dessen Grundrenten womöglich an
Realwert verloren und der den Anschluss an die marktwirtschaftliche Entwicklung verlor, war hingegen oft kaum in
der Lage, allein von seinen Gütern standesgemäß zu leben,
so z. B. die zahlreichen polnischen oder die spanischen
Kleinadligen. Neben dem Landbesitz boten sich dem Adel
als Einkommensquellen vor allem die traditionellen Ämter
an: am Hof, in Regierung und Justiz, Diplomatie und Militär, für den katholischen Adel darüber hinaus die reichen
Pfründen der Kirche. Bei der Besetzung der hohen Regie-
rungs-, Verwaltungs- und Justizämter sah sich der Adel seit
dem späten Mittelalter der professionellen Konkurrenz
wissenschaftlich ausgebildeter bürgerlicher Gelehrter gegenüber. Doch im Laufe der Zeit hatte er darauf reagiert
und sich ebenfalls gelehrte Bildung angeeignet; das Studium
vor allem der Jurisprudenz war zunehmend »aristokrati-
siert« worden. Im 18. Jahrhundert waren die Führungsstel-
len in den Regierungsgremien und Obergerichten wieder
weitgehend vom Adel beherrscht – zum einen, weil sich der
alte Adel entsprechend qualifiziert hatte, zum anderen, weil
bürgerliche Aufsteiger, die diese Ämter bekleideten, zügig
nobilitiert wurden.

Besonders gut war der englische Adel in der Lage, von
den gewandelten wirtschaftlichen Verhältnissen zu profitie-

ren, und zwar weil er sich in verschiedener Hinsicht strukturell von seinen kontinentalen Standesgenossen unterschied. Im englischen Hochadel der Peers, vom Duke bis zum Baron, vererbten sich Rang, Titel und Privilegien immer nur jeweils auf den ältesten männlichen Nachkommen. Daher war es für alle anderen Söhne selbstverständlich, sich als Offiziere, Kleriker, Anwälte, Ärzte, Kaufleute oder Unternehmer zu betätigen. So war einerseits die Erhaltung von Status und Vermögen der Familie durch die Ältesten gesichert, während andererseits die Jüngeren nicht durch Standesgrenzen daran gehindert waren, sich bürgerliche Erwerbsquellen zu erschließen. Zum anderen war in England der Niederadel, die Gentry, weder durch einen spezifischen Rechtsstatus definiert, noch genoss er Steuerprivilegien. Zur Gentry gehörte vielmehr derjenige, der ein entsprechendes Leben führte, d. h. auf seinem eigenen Landgut lebte, wirtschaftlich unabhängig war und gebildet, ein lokales Ehrenamt ausübte und entsprechendes Ansehen unter seinesgleichen genoss. Alle diese Umstände bewirkten, dass in England die Lebenswelten von Adel und Bürgertum nicht schroff voneinander getrennt waren. Landbesitzer, Unternehmer und Kaufleute folgten weitgehend gemeinsamen Interessen; Lebensart, Werte und Normen von Landedelleuten und Bürgern waren eng miteinander verwandt.

In den meisten Ländern auf dem Kontinent war die Grenze zwischen Niederadel und Bürgertum schärfer gezogen; doch auch hier konnte es der Adel auf Dauer nicht verhindern, dass reiche Bürger in seine Domänen eindrangen: durch den Kauf herrschaftlicher Güter, den Erwerb nobilitierender Ämter und/oder die Verleihung eines königlichen Adelsbriefes. Zwar suchte sich der Adel dagegen abzuschirmen, indem er die Aufnahme der Neugeadelten in die adligen Standeskorporationen und Heiratskreise zunächst einmal verweigerte bzw. an den Nachweis einer bestimmten Zahl adliger Ahnen band und so die unstandesgemäßen Heiraten der Söhne mit Privilegienverlust bestrafte. In

Frankreich und Spanien umgab sich der »Geblütsadel« gar
mit einer eigenen Rassenideologie. Doch der Faktor Zeit
entfaltete seine eigene Wirkung: Hatte sich die ehemals bürgerliche Familie die adlige Lebensführung erst einmal zu
Eigen gemacht und über mehrere Generationen erfolgreich
gepflegt, so ließ sich auf Dauer nicht ausschließen.

Die gleichen Abwehrstrategien wie die Niederadel gegenüber den Bürgerlichen verfolgten die Familien höherer
gegenüber denen niederer Adelsränge. So verschärfte sich
im 18. Jahrhundert die allgemeine Titel-Inflation: Jede ältere
und höherrangige Gruppe suchte sich immer aufs Neue von
der Schar der Emporkömmlinge durch eine immer höhere
Titulatur, weitere zeremonielle Vorrechte usw. abzugren-
zen. Am erfolgreichsten gelang die Abschließung den Magnatenfamilien, aus deren Kreis die europäischen Throne besetzt wurden. In diese hochadlige Spitzengruppe war im
18. Jahrhundert kaum mehr aufzusteigen. Im Römisch-
Deutschen Reich waren die Reichsfürsten insofern noch besonders herausgehoben, als es ihnen gelungen war, in ihren
Territorien die Landeshoheit und damit eine nahezu souveräne Stellung zu erringen und die Niederadligen in ihre Un-
tertanenverbände einzugliedern.

Die bedeutendsten Orte standesgemäßen adligen Lebens
waren im 17. und 18. Jahrhundert die Höfe, ursprünglich
die erweiterten Haushalte der Monarchen und Fürsten,
inzwischen Zentren der staatlichen Regierung und Verwaltung, der aristokratischen Kultur und monarchischen
Selbstdarstellung. Aus verschiedenen Gründen war es für
den Adel immer attraktiver geworden, sich zeitweise oder
dauernd in der Residenz des eigenen oder eines fremden
Monarchen aufzuhalten. Dort wurden nicht nur Ämter und
Pensionen vergeben, Titel und Würden zugeteilt, dort war
man nicht nur der Macht am nächsten und konnte den
größten Einfluss gewinnen, sondern dort entfaltete auch das
adlige Leben seinen strahlendsten Glanz, dort musste man
anwesend sein, wenn man im vollen Sinne dazugehören

wollte. Große und kleine Fürsten wetteiferten in ganz Europa miteinander um die großartigsten Schlossbauten, die aufwendigsten Feste, die glänzendsten Künstler und die berühmtesten Wissenschaftler. Künste und Luxushandwerke entfalteten sich durch das großzügige Mäzenatentum der Höfe zu äußerster Blüte. Auch Dichter und Musiker standen im Dienst der Fürsten und versorgten die höfische Gesellschaft zu allen Anlässen mit den passenden Reden und Gedichten, Schauspielen und Opern. Die größte Ausstrahlung ging in dieser gemeineuropäischen höfischen Kultur auch im 18. Jahrundert immer noch von Frankreich aus. Doch das ehemals unangefochtene Zentrum, der Hof des Sonnenkönigs in Versailles, büßte seit Beginn des 18. Jahrhunderts an Ausstrahlung ein; die Autorität in allen Fragen des Kunstgeschmacks und des guten Tons verlagerte sich mehr und mehr zurück nach Paris, in die adligen Stadtpalais und Salons.

Das höfische Leben erlaubte keine Privatheit; der Monarch, seine Familie und seine ganze Umgebung standen ständig unter dem Zwang, den eigenen Status angemessen zu repräsentieren – vor einander, vor den anderen Höfen und vor den Untertanen. Die strenge Zeremonialisierung des Alltags, der permanente Müßiggang, die stetige Konkurrenz der Höflinge um den größten Einfluss auf den Monarchen, all das beförderte ein Klima der Intrige, der Verstellung und der Heuchelei – so sahen es jedenfalls die Hofkritiker, und zwar nicht erst im 18. Jahrhundert. Dem Ideal des Höflings, der seine Gefühle klug zu verbergen weiß und dem die Kunst der Verstellung zur anmutigen zweiten Natur geworden ist, wurde das Ideal des zurückgezogenen, selbstgenügsamen und aufrichtigen Landedelmanns schon seit der Renaissance entgegengehalten. Im 18. Jahrhundert allerdings machten sich manche Monarchen solche Kritik selbst zu Eigen; Friedrich der Große und Joseph II. sind die berühmtesten Beispiele. An ihren Höfen wurde der repräsentative Aufwand reduziert und der zere-

Natur

Affectation

Geschmack
Gout

Geschmack
Gout

Die Unterredung
La conversation

Die Unterredung
La conversation

»Natürliche und affectirte Handlungen des Lebens«
Radierungen von Daniel Chodowiecki, 1778/79

monielle Zwang gelockert. Wertmaßstäbe machten sich geltend, die gemeinhin als bürgerliche gelten.

Aus der Sicht der Kritiker erschien das Hofleben sowohl
wirtschaftlich als auch moralisch verwerflich. Müßiggang
und demonstrative Verschwendung, erotische Libertinage,
getrennte Sphären der Eheleute, Kinderaufzucht durch Bedienstete, verfeinerte und zeremoniell stilisierte Formen des
Umgangs, ja schon das äußere Erscheinungsbild des Höflings, all das wurde nun als un*vernünf*tig und un*natür*lich
verworfen. Die Werte, die dem entgegengehalten wurden,
hießen Fleiß, Sparsamkeit und Gewissenhaftigkeit des
Wirtschaftens, Keuschheit und Intimität des Familienlebens, Aufrichtigkeit und Ernsthaftigkeit des Umgangs, Be

scheidenheit und Schlichtheit des äußeren Auftretens (vgl. Quelle 8). Die Repräsentationskultur des Hofes galt als falscher, bloß äußerlicher Schein, dem man allerdings eine politische Funktion zubilligte – die einfachen Untertanen müssten sinnlich beeindruckt werden, um desto williger zu gehorchen, so hieß es. Im Selbstgefühl »wahrer«, »innerer« Tugenden glaubte man hingegen auf solch äußeres »Blendwerk« verzichten zu können. Die Kritik am höfischen Lebensstil diente den Bürgern zur moralischen Aufwertung ihrer eigenen Lebensweise, die ganz andere Tugenden erforderte.

Damit sind wir wieder beim Ausgangspunkt dieses Kapitels: Wer war das Bürgertum?

Stadt und Bürgertum

In der ursprünglichen Bedeutung des Wortes waren Bürger die Mitglieder einer städtischen Rechtsgemeinschaft. Stadt und Land waren noch grundsätzlicher voneinander unterschieden als heute: Die Städte waren ursprünglich nicht nur räumlich durch Mauern, sondern auch rechtlich durch Privilegien, Rechte und Freiheiten gegenüber dem sie umgebenden Land abgegrenzt. Die Bürger waren also Mitglieder dieses Rechtskreises einer Stadt, Inhaber bestimmter Rechte und Pflichten. Die Städte zeichneten sich – von ihren mittelalterlichen Ursprüngen her – dadurch aus, dass sie autonome Rechte der Selbstverwaltung besaßen und zu deren Ausübung korporativ, d. h. genossenschaftlich, organisiert waren. Die Korporation der Stadt setzte sich wiederum aus zahlreichen einzelnen Korporationen, den Zünften und Gilden, zusammen, die nicht nur die wirtschaftliche Tätigkeit ihrer Mitglieder, sondern deren gesamtes soziales und religiöses Alltagsleben regelten und auch die Grundlage der politischen Organisation darstellten. Die städtische Hierarchie bestand, zumindest in größeren Städten, meist aus einem kleinen, abgeschlossenen Kreis von Familien an der Spitze, den »Geschlechtern«, die die politischen Ämter und Führungspositionen monopolisiert hatten, dem wohlhabenden Handelsbürgertum und schließlich dem »gemeinen« Zunfthandwerk. Ebenso wie die Dorfgemeinde nicht in der Mehrzahl aus Hofbesitzern bestand, so bestand auch die Stadtbevölkerung nur zum kleineren Teil aus Vollbürgern und deren Familien und Gesinde. Hinzu kamen vielmehr die verschiedenen unterbürgerlichen Gruppen, so vor allem die Tagelöhner, Dienstboten und Gelegenheitsarbeiter, die ihre Arbeitskraft frei verkauften, aber auch Einwohner mit rechtlichem Sonderstatus, so die Juden oder die »unehrlichen«, d. h. sozialer Ehre ermangelnden, Berufsgruppen wie Scharfrichter, Abdecker, Schauspieler usw.

Die beherrschende Tendenz der Stadtentwicklung im Laufe der frühen Neuzeit war nun die, dass das städtische Bürgerrecht und mit ihm die traditionelle korporative Organisationsstruktur der Stadt immer mehr an Bedeutung verlor. Schon am äußerlichen Erscheinungsbild vieler Städte war das zu erkennen: Die Mauern wurden abgetragen, die Vorstädte expandierten, Stadt und Land wuchsen zusammen. Auf dem Reißbrett entworfene Residenzstädte wie Karlsruhe, Garnisons- und Festungsstädte wie Potsdam oder Stade, Exulantenstädte wie Freudenstadt oder Frankenthal und vor allem Städte, die aus ländlichen Gewerbezentren erwuchsen, wie Saint-Etienne, Solingen oder Leeds, hatten in Sozialstruktur und Erscheinungsbild nicht mehr viel mit der gewachsenen korporativen Bürgergemeinde mittelalterlichen Ursprungs gemeinsam. Hier genossen die Bürger von vornherein wenig politische Autonomie, dafür aber wirtschaftliche Privilegien und größere Gewerbefreiheit.

Aber auch in den alten Städten verlor das korporative Bürgerrecht zunehmend an Bedeutung, und zwar aus einer

Reihe von Gründen. Zum einen in politischer Hinsicht, weil die Zentralgewalt immer mehr in die herkömmlichen Autonomierechte eingriff und die Stadt immer straffer ihrer zentralen Verwaltungsorganisation unterordnete (Ausnahmen davon waren die freien Stadtrepubliken im Reich oder in Italien, die ihrerseits obrigkeitliche Gewalt über ihre Untertanen ausübten). Zum anderen in ökonomischer Hinsicht: Mit dem kapitalistisch organisierten Gewerbe konnte das alte Zunfthandwerk nicht konkurrieren; viele ehemals selbständige Handwerker sanken deshalb in mehr oder weniger verdeckte ökonomische Abhängigkeit von kapitalkräftigen Unternehmern ab. Während herkömmlicherweise die Gruppen ohne Bürgerstatus die wirtschaftliche Unterschicht bildeten, so gab es nun immer mehr arme Bürger, nämlich die lohnabhängigen oder völlig verarmten Handwerkerfamilien. Aber auch die unterbürgerlichen Schichten wuchsen immer mehr an: stellungslose Handwerksgesellen, Lohnarbeiter, Vaganten, Bettler. Gegenüber dem wachsenden Armutsproblem waren die traditionellen städtischen Institutionen der Armenfürsorge, die sich vor allem den bürgerlichen »Hausarmen« widmeten, völlig überfordert. Zugleich gab es aber auch immer mehr reiche Nichtbürger, die in der Stadt nur wohnten, aber nicht in die städtischen Korporationen integriert waren, sich anderen sozialen Gruppen zugehörig fühlten und deshalb z. B. in der Stadt keine politischen Ämter mehr anstrebten; so etwa Adlige, die in die Stadt übergesiedelt waren, Manufaktur- und Verlagsunternehmer, Beamte.

Das traditionelle Stadtbürgerrecht war also im 18. Jahrhundert in vieler Hinsicht ausgehöhlt. Immer größere bürgerliche Gruppen überschritten die wirtschaftlichen und politischen Grenzen der Stadt. Im 18. Jahrhundert war das Bild des Bürgertums nur noch zu einem geringen Teil vom traditionellen Stadtbürgertum geprägt. Mit dem Begriff »Bürgertum« verdeckt man eher, dass es sich um eine sehr heterogene soziale Formation handelte, überdies von sehr unterschiedlicher Zusammensetzung und Prägung in den verschiedenen europäischen Ländern. Sie lässt sich eigentlich nur negativ fassen, nämlich dadurch, dass sie sich nach oben vom Adel unterschied und nach unten vom »gemeinen Volk« absetzte. Innerhalb dieser rasch expandierenden, an wirtschaftlicher Macht und kultureller Ausstrahlungskraft immer mehr gewinnenden Schicht, die eben kein rechtlich einheitlicher »Stand« mehr war, lassen sich sehr grob zwei Gruppen unterscheiden, die man vereinfachend als Besitz- und als Bildungsbürger bezeichnet (was nicht bedeutet, dass diese Gruppen nicht in der Realität miteinander verschmolzen sein konnten).

Besitzbürger, das waren die Großkaufleute und Unternehmer, die jenseits der alten Zunftschranken operierten und sich den Zwängen der städtischen Korporationen längst entzogen hatten. Sie gewannen ihr Vermögen vor allem in kapitalintensiven und exportorientierten Gewerben, so in der ländlichen Protoindustrie, in Manufakturen und in neuen Gewerben, die nicht zunftgebunden waren, wie z. B. die Tabakverarbeitung. Sie unterwanderten auch das städtische Handwerk in zunehmendem Maße, indem sie ehemals selbständige Handwerksmeister gegen Lohn für sich arbeiten ließen. In Frankreich gehörten zu dieser Gruppe auch die Staatspächter, die die Ausübung staatlicher Aufgaben wie der Steuererhebung von der Krone gepachtet hatten und auf eigene Rechnung betrieben, mit oft märchenhaften Gewinnen. Das erfolgreiche Besitzbürgertum entwickelte zum Teil ein eigenes soziales Selbstbewusstsein, wie etwa in England oder auch in Großstädten wie Hamburg oder Frankfurt, zum Teil suchte es sich aber auch dem Adel zu assimilieren. Insbesondere in Frankreich war das der Fall; hier wurden die in Fernhandel, Gewerbe oder Staatspacht erwirtschafteten Gewinne zum großen Teil in herrschaftlichen Grundbesitz, nobilitierende Ämter und Adelsbriefe investiert.

Die andere bürgerliche Gruppe, die den Rahmen der Stadtgemeinden zunehmend sprengte, waren die »Bildungs- bürger«: die akademisch Gebildeten und ihre Familien. Sie übten entweder frei ihre gelehrte Profession aus oder be- kleideten ein Amt: Juristen, Ärzte, Apotheker, Pfarrer, Pro- fessoren, Lehrer – mit oder ohne akademischen Abschluss oder Grad. Ihre Tätigkeitsfelder waren seit jeher nicht an die Stadt gebunden: Sie konnten auch an Höfe und Univer- sitäten berufen werden, im Dienst eines Adligen oder einer Korporation stehen, vor allem aber Verwaltungs- und Jus- tizämter auf allen Ebenen der staatlichen und kirchlichen Organisation ausüben. Diese Gruppe, die in sich keines- wegs homogen war, wuchs stetig an, und zwar noch schnel- ler als der ebenfalls wachsende Stellenbedarf, so dass sich im Laufe des 18. Jahrhunderts ein Potential an stellungslosen Akademikern herausbildete, die zeitweise oder lebenslang ihren Unterhalt mit Gelegenheitstätigkeiten verdienen mus- sten. So verdingten sich Theologen, Juristen und Philoso- phen als Hauslehrer oder suchten sich mit Schriftstellerei für den expandierenden Buchmarkt über Wasser zu halten. Der Kern dieser gebildeten Schicht war indessen das wach- sende Heer der »Staatsdiener« und ihrer Familien, die kei- ner der traditionellen Korporationen mehr angehörten. Das Wachstum der staatlichen Gewalt und die Intensivierung der staatlichen Tätigkeiten erforderte eine neue Funktions- elite, die sich durch Fachqualifikation und Loyalität aus- zeichnete: im Militärwesen, in der Justiz, im höheren Bil- dungswesen der Universitäten, Hochschulen, Ritterakade- mien, auf den verschiedenen Ebenen der Verwaltung, von der Zentrale am Hof über die Provinzen bis hin zur Lokal- ebene, von der Organisation des Finanzwesens (wo die traditionellen Ständekorporationen noch immer Mitwir- kungsrechte ausübten) bis hin zu den zahlreichen neuen Gestaltungsbereichen der staatlichen »Policey« wie Wirt- schaftsförderung, Schulwesen, Armenfürsorge, Medizinal- wesen usw. (vgl. Kap. 8). In protestantischen Staaten war auch die Geistlichkeit in diese staatliche Ämterhierarchie einbezogen, weil die Landesherren zugleich die Kirchenhoheit innehatten. In katholischen Staaten hatte der Klerus hingegen immer noch einen sozialen und rechtlichen Sonderstatus und war von der staatlichen Steuererhebung und Gerichtsbarkeit ganz oder teilweise ausgenommen. Während in England die Zentralgewalt mit einem vergleichsweise geringen Bestand an Staatsdienern auskam, weil die Lokalverwaltung noch immer weitgehend ehrenamtlich von den ländlichen Honoratioren der Gentry ausgeübt wurde, war ihre Zahl im Römisch-Deutschen Reich außerordentlich groß, weil dort jeder der vielen großen und kleinen Landesfürsten seinen eigenen Beamtenstab hielt. Eine Tendenz zur Vervielfältigung dieses staatlichen Personals ist aber in allen europäischen Ländern zu beobachten.

Die Professionalisierung sowohl der Beamten als auch der anderen akademischen Berufe hatte indessen im 18. Jahrhundert erst langsam begonnen. In Frankreich stand dem vor allem die Käuflichkeit zahlreicher Ämter im Weg. Aber auch in den anderen Staaten gab es noch keine geregelten Ausbildungs- und Prüfungsordnungen für akademische Berufe. Staatsdiener konnten noch kaum mit festen Ämterlaufbahnen, klaren hierarchischen Kompetenzen und Beförderungsregeln, Besoldungsordnungen oder sicheren Pensionsansprüchen rechnen; ihre Entlohnung bestand zum Teil noch in Naturalien, Gebühren, Sporteln oder Gnadengeldern. Privat- und Amtsvermögen, Privatwohnstätte und Amt waren oft noch nicht voneinander getrennt. Die Fluktuation zwischen verschiedenen Ämtern, Disziplinen und Brotgebern war noch äußerst hoch. Im Laufe seines Lebens konnte ein erfolgreicher Jurist z. B. vom Verwaltungs- zum Justizamt, von der Universitätsprofessur zur Regierung wechseln oder auch mehrere solcher Ämter zugleich innehaben.

Je weiter die Staatsdiener auf dem Weg der Professionalisierung fortgeschritten, je fester sie in eine Ämterhierarchie

eingebunden und je weiter sie aus der ständisch-korporativen Umwelt herausgelöst waren, desto mehr konnte die
Zentralgewalt auf ihre Loyalität zählen. Das von anderen
Staaten imitierte Vorbild war in dieser Hinsicht Brandenburg-Preußen, das sehr früh schon an der neugegründeten
Universität Halle eine ganz auf die staatlichen Verwaltungs-
erfordernisse ausgerichtete Fachelite heranzog und ihr ein
spezifisches Beamtenethos vermittelte. Das soziale Selbstverständnis solcher gebildeter Beamten-Eliten speiste sich
nicht mehr aus der Zugehörigkeit zu einer ständischen Korporation, sondern aus der Nähe zur Staatsgewalt, als deren Instrument man sich empfand: als Diener am Gemeinwohl, jenseits aller Partikularinteressen. Dieses Selbstbewusstsein hat gerade große Teile der deutschen Aufklärung
nachhaltig geprägt. Die gebildeten staatlichen Funktions-
eliten waren es, die die Symbiose von Aufklärung, Menschheitsfortschritt, staatlicher Modernisierung und Herrschafts-
steigerung verwirklichen zu können glaubten.
  Bei aller inneren Heterogenität dieser verschiedenen
bürgerlichen Gruppen lassen sich doch gewisse Gemeinsamkeiten feststellen. Individuelle Leistung – sei es als
Bildungsqualifikation, sei es als Erwerb von Reichtum – ersetzte zumindest tendenziell die geburtsständische Qualifikation als Grundlage für den sozialen Status; frei eingegangene Bindungen ersetzten die Bindungen von Stand und
Korporation. Das soziale Selbstbewusstsein gründete sich
daher stärker auf individuelle als auf kollektive Vorzüge,
stärker auf die einzelne Persönlichkeit als auf die generatio-
nenübergreifende Gemeinschaft. Gemeinsam waren diesen
Gruppen auch die neuen Formen des geselligen Umgangs
und des kulturellen Austauschs: Frei gewählte Freund-
schaftszirkel, Clubs und Vereine traten nun gegenüber den
traditionell vorgegebenen Geselligkeitsformen der Ständekorporationen in den Vordergrund (vgl. Kap. 5).
  Die Bildung, der man seinen Status verdankte, und die
Kultur, die man gemeinsam pflegte, wirkten nun in neuer

Weise verbindend, aber sie grenzten zugleich auch in neuer Weise ab. Geselligkeit und Kultur dieser neuen Schicht waren einerseits tendenziell ständeüberschreitend: Nicht nur bürgerliche Kaufleute und Unternehmer, Beamte und Geistliche, Lehrer, Juristen und Ärzte nahmen daran teil, sondern auch adlige Offiziere und Grundbesitzer. Wesentlich war eben die Verfügung über entsprechende Bildung, Lebensformen und Wertvorstellungen, nicht über Privilegien. Andererseits wurden neue Grenzen gezogen: Eine soziale Kluft trennte die »gebildeten Stände« nicht nur von der Landbevölkerung, sondern auch von dem kleinbürgerlichen Zunfthandwerk der Städte, deren Mitglieder man zum »gemeinen Volk« rechnete, weil sie an den neuen Formen kultivierter Geselligkeit und aufgeklärter Bildung nicht teilhatten. Dass die Abgrenzung sowohl nach oben, gegenüber dem Hofadel, als auch nach unten, gegenüber dem »Pöbel«, das Selbstbewusstsein dieser neuen Schicht wesentlich ausmachte, kommt auch darin zum Ausdruck, dass sie sich als »Mittelstand« bezeichnete (auch dieses neue Wort wurde jetzt geprägt). Um einen Stand im alten Sinne handelte es sich aber gerade nicht mehr: Weder eine gemeinsame wirtschaftliche Basis oder berufliche Tätigkeit noch ein gemeinsamer Rechtsstatus verband sie, sondern vielmehr ihr gemeinsames Gruppenbewusstsein und ihre kulturelle Praxis. Dazu gehörte auch das Streben nach Fortschritt und Aufklärung – was auch immer man im Einzelnen darunter verstand. Das 18. Jahrhundert als ein »Jahrhundert des Bürgers« zu bezeichnen kann also nur heißen, dass eine neue, weitgehend nicht mehr adlige Elite sich anschickte, die kulturelle Vorherrschaft des Adels zu brechen, und selbstbewusst neue, zukunftsträchtige Normen verkündete.

4
Ein Jahrhundert der Toleranz?
Kirchenkritik, Vernunftreligion,
neue Frömmigkeit

Staat und Kirche

Die Herrschaft des Staates über den Glauben der Untertanen war das Kennzeichen des »konfessionellen Zeitalters« gewesen. Nachdem in der Reformation die Einheit der Kirche zerbrochen war, hatten sich die meisten (katholischen und protestantischen) Obrigkeiten bemüht, wenigstens in ihren Herrschaftsbereichen religiöse Einheit herzustellen. Politische und religiöse Gemeinschaft sollten miteinander zur Deckung kommen; d. h., die Untertanen eines Staates sollten zugleich eine homogene Glaubensgemeinschaft bilden. Das entsprach einem Alltagsleben, in dem religiöse, soziale und politische Ordnung noch nicht voneinander getrennt waren: Das Kirchenjahr mit seinen Festen bestimmte den Lebensrhythmus; die christlichen Riten begleiteten den Lebenslauf jedes Einzelnen von der Geburt bis zum Tod und darüber hinaus. Eherecht, Sittenzucht, Schulwesen und Armenfürsorge waren nach wie vor kirchliche Aufgabenbereiche. Schließlich war die Herrschaft selbst essentieller Bestandteil der religiös begründeten Ordnung, war traditionell göttlich legitimiert. Aus all diesen Gründen war den Inhabern der Herrschaft an einer einheitlichen Staatsreligion gelegen: Weltliche und geistliche Autorität stützten sich wechselseitig. Die Herausbildung der großen Konfessionsgruppen hatte diesen Zusammenhang noch verstärkt; von dem Prozess der gegenseitigen konfessionellen Abgrenzung war ein starker Impuls zur Kontrolle der Untertanen ausgegangen. Das hatte sich für die Inhaber der Staatsgewalt vielfach ausgezahlt: Konfessionell disziplinierte Untertanen waren in jeder Hinsicht gehorsamere Untertanen.

In den jahrzehntelangen Konfessionskriegen des 17. Jahrhunderts hatte sich allerdings gezeigt, dass sich auch mit Gewalt nicht überall völlige konfessionelle Einheitlichkeit herstellen ließ. Die meisten Obrigkeiten sahen sich genötigt, die Abweichung von der Staatsreligion schließlich zu tolerieren. In der Regel wurden die andersgläubigen Untertanen aber nur geduldet, sie durften ihre Religion nicht öffentlich und nur mit Einschränkungen praktizieren und mussten verschiedene Rechtsnachteile in Kauf nehmen. Ihre Duldung hing von der obrigkeitlichen Gnade ab und konnte womöglich widerrufen werden. Im Römisch-Deutschen Reich garantierte der Westfälische Friede zwar das gleichberechtigte Nebeneinander katholischer, lutherischer und reformierter Reichsstände; doch deren jeweils andersgläubige Landesuntertanen waren mancherorts immer noch von Ausweisung bedroht. In Frankreich beendete Ludwig XIV. mit dem Edikt von Fontainebleau (1685) die seit 1598 praktizierte Toleranz gegenüber den Hugenotten und setzte wieder eine straffe staatskirchliche Politik auf die Tagesordnung. Die französischen Protestanten waren zur Emigration gezwungen, wenn sie sich nicht zum katholischen Glauben bekehren oder zur Galeerenstrafe verurteilen lassen wollten. Immer wieder im Verlauf des 18. Jahrhunderts wurde die französische Öffentlichkeit von Aufsehen erregenden Prozessen erschüttert, in denen die katholische Staatskirche ihre Herrschaft über die Gewissen zu demonstrieren suchte. Erst kurz vor der Revolution, 1787, wurde den Hugenotten in Frankreich ihre Religionsausübung wieder gestattet.

In England hingegen wurde mit der Glorious Revolution von 1689 zugleich die Duldung der verschiedenen abweichenden Glaubensrichtungen rechtlich garantiert (Toleration Act, 1689). Zwar gehörte jeder Engländer prinzipiell der anglikanischen Staatskirche an, doch die Vielzahl der verschiedenen »Dissenter«-Gruppen, darunter vor allem die zahlreichen calvinistischen Presbyterianer, durfte im Schutz des Gesetzes privat ihren Glauben praktizieren. Aber auch diese auf dem Kontinent als vorbildlich gerühmte Toleranz hatte ihre Grenzen; so waren Nicht-Anglikaner bis ins 19. Jahrhundert von den meisten öffentlichen Ämtern ausgeschlossen, und vor den Katholiken, die als Gefahr für die nationale Unabhängigkeit galten, machte die konfessionelle Duldung grundsätzlich Halt.

Die Praxis staatlichen Konfessionszwangs war also auch im 18. Jahrhundert noch keineswegs überwunden, doch sie wurde mehr und mehr zum Anachronismus. Wo es sich als unmöglich erwies, einem der konkurrierenden religiösen Wahrheitsansprüche zum Sieg zu verhelfen, war es für die Staatsgewalt zuträglicher, sich von Fragen der Glaubenswahrheit überhaupt zu entlasten und eine neutrale Position oberhalb der streitenden Parteien einzunehmen. Dieses Plädoyer für die religiöse Neutralisierung des Staates zum Zwecke des inneren Friedens war schon im Zeitalter der Glaubenskriege formuliert worden und gewann im 18. Jahrhundert immer mehr Überzeugungskraft. So orientierte sich z. B. die Politik Brandenburg-Preußens schon seit dem 17. Jahrhundert sehr zu ihrem Vorteil an dem Grundsatz, dass die staatliche Kirchenhoheit sich über alle Konfessionen im Land gleichermaßen erstrecke und für deren auskömmliches Nebeneinander zu sorgen habe. Bei alldem behielt sich die Staatsgewalt aber die Aufsicht über die Religion ihrer Untertanen grundsätzlich vor. Andersgläubige waren und blieben in den allermeisten Ländern Einschränkungen unterworfen, was die öffentliche Religionsausübung und die Zulassung zu zivilen und militärischen Staatsämtern betraf.

Aufgeklärte Kirchen- und Religionskritik

Religiöse Toleranz erschien also – in gewissen Grenzen – zunächst einmal als Gebot der Staatsräson. Sie wurde aber nun darüber hinaus auf eine ganz andere, neue theoretische Grundlage gestellt. So argumentierte John Locke, dass der Staat ein freiwilliger Verein der einzelnen Bürger zur Verfolgung ihrer Interessen sei, dem sie unmöglich eine Gewalt über ihre eigenen Gewissen hätten einräumen können. Niemand *dürfe* also zu einem bestimmten Glauben genötigt werden. Aber mehr noch: Niemand *könne* auch dazu genötigt werden, denn der Glauben der Menschen entziehe sich jedem äußeren Zwang. Dahinter stand ein individualistisches, subjektivistisches, aufklärerisches Verständnis von Religiosität, nämlich die Überzeugung, der Mensch glaube aus eigener, freier Einsicht und vernünftigem Urteil und müsse freiwillig der Konfession beitreten können, von der er sich sein ewiges Seelenheil verspreche (vgl. Quelle 9). Daraus sprach auch eine neue Geringschätzung der Glaubens*praxis*, über die die Obrigkeit allenfalls Zwang ausüben konnte, die aber nurmehr als bloße Äußerlichkeit erschien. Die in der protestantischen Lehre seit jeher angelegte Trennung von Innen und Außen, von individueller Gewissensüberzeugung und äußerlicher Zwangsgewalt, wurde nun zur Keimzelle des Anspruchs auf einen individuellen Freiraum, in den der Staat nicht nur nicht eingreifen dürfe, sondern dessen Wahrung geradezu seine Aufgabe sei.

Hinter den Toleranzforderungen des 18. Jahrhunderts stand also eine gewandelte Auffassung nicht nur vom Staat, sondern auch von Christentum, Kirche und Religiosität schlechthin. Zum einen waren die christlichen Konfessionskirchen durch die blutigen Glaubenskriege moralisch diskreditiert, und zum anderen waren ihre Dogmen zunehmend dem methodischen Zweifel ausgesetzt. In seinem *Dictionnaire historique et critique* von 1696/97 intonierte der französische Hugenotte Pierre Bayle das große Thema des folgenden Jahrhunderts: Er maß die christliche Religion an der Moral ihrer Anhänger, und er konfrontierte die Heilige Schrift mit systematischer Kritik – beides mit niederschmetterndem Ergebnis. Bayle selbst zog zwar aus seinem radikalen Skeptizismus den Schluss, angesichts der zerstörerischen Kraft der menschlichen Vernunft bleibe nichts anderes übrig, als sich bedingungslos dem Glauben anheim zu geben; eine Brücke zwischen beidem gebe es nicht. Doch darin folgten ihm nur wenige. Vielmehr rang man das ganze 18. Jahrhundert hindurch mit dem Problem, wie Vernunft und Glaube miteinander zu vereinbaren seien.

Dabei war das Verhältnis der großen Konfessionskirchen zur Aufklärung verschieden: Die römisch-katholische Kirche, die ja das Seelenheil ihrer Gläubigen von deren Unterwerfung unter die jahrhundertealte Autorität der Institution abhängig machte, bot dem Anspruch der aufklärerischen Vernunft, keine Tradition ungeprüft hinzunehmen, eine besonders große Angriffsfläche. Die evangelische Lehre hingegen verdankte ja schon ihren Ursprung der kritischen Prüfung von Traditionen, der individuellen Schriftauslegung und der Aufkündigung von Autoritäten; sie ließ in ihren theologischen Grundprinzipien mehr Spielraum für subjektive Autonomie (was allerdings keineswegs heißt, dass es nicht auch bei deutschen Lutheranern, Genfer Calvinisten oder englischen Puritanern fanatisch intolerante Eiferer gegeben hätte). Allerdings konnte sich die aufklärerische Kritik innerhalb der protestantischen Kirchen insgesamt leichter entfalten als innerhalb der katholischen. So war etwa die deutsche Aufklärung wesentlich von protestantischen Theologen geprägt, während der Aufklärung innerhalb der katholischen Kirche enge Grenzen gesetzt waren. Das erklärt unter anderem, warum die aufklärerische Kirchen- und Religionskritik im katholischen Frankreich wesentlich zerstörerischer ausfiel als im protestantischen England. Die Intoleranz der katholischen Obrigkeit forderte

Widerstand heraus, während die tolerante anglikanische Amtskirche ihren Mitgliedern großen Spielraum für freigeistige Positionen ließ.

Der »Prozess gegen das Christentum« (Paul Hazard) jedenfalls beherrschte das Denken des 18. Jahrhunderts in einem Maße, wie das in unserer weitgehend säkularisierten Gesellschaft kaum noch vorstellbar ist. Nachdem der Zweifel einmal in der Welt war, ließ er sich nicht mehr daraus verbannen. Man suchte nach einer Antwort auf die Frage, wie sich die christliche Offenbarung oder auch nur der Glaube an einen persönlichen Gott mit den Forderungen der Vernunft in Übereinstimmung bringen lasse. Die Offenbarungswahrheit der Heiligen Schrift musste sich nun am Maßstab der Vernunft messen lassen – und nicht mehr umgekehrt. Denn, so argumentierte man, da Gott dem Menschen die Vernunft geschenkt habe, wolle er auch, dass der Mensch sich ihrer bediene. Mit der göttlichen Gerechtigkeit sei es nicht vereinbar, wenn ein großer Teil der Menschheit von der Heilswahrheit ausgeschlossen bleibe. Deshalb könne die wahre Religion nur eine »natürliche« sein, die dem Menschen grundsätzlich aus eigenem Vermögen offenstehe, d. h., die mit den Mitteln der allen Menschen geschenkten Vernunft erkennbar sei (vgl. Quelle 10). So behaupteten Deisten und Physiko-Theologen, dass die wissenschaftlichen Fortschritte dem Glauben zugute kämen: Ihr Gott ließ sich in der Vollkommenheit seiner Schöpfung erkennen und verehren. Die einen verglichen ihn mit einem Uhrmacher, dessen ganze Weisheit in dem gesetzmäßigen Selbstlauf seiner Schöpfung zu bewundern sei, ja dessen Vollkommenheit gerade darin liege, dass er keinerlei Eingriffe in diese Schöpfung nötig habe. Die anderen betrachteten Gott als das »All-Eine«, das mit der Schöpfung selbst identisch und in allen Einzelwesen präsent sei.

Die Deisten abstrahierten von den spezifischen Merkmalen nicht nur der christlichen Konfessionen, sondern der Hochreligionen schlechthin, reduzierten sie auf einige grundlegende Gemeinsamkeiten und gelangten so zu einer allerdings recht blassen und inhaltsleeren, aber menschenfreundlichen und optimistischen »Vernunftreligion«. Ebenso wie man dem Ideal einer Universalsprache anhing, die – von allen individuellen Besonderheiten gereinigt – ein vollkommenes Instrument des Geistes darstellen könne, so glaubte man auch, dass eine aller zufälligen historisch-konkreten Formen entkleidete Religion der universellen menschlichen Vernunft am gemäßesten sei. Statt der liturgischen Feier des religiösen Mysteriums rückte nun die moralische Leistung der Religion in den Vordergrund. Nicht von einer bestimmten Form der Gottesverehrung könne das ewige Seelenheil abhängen, so argumentierte man, sondern allein davon, ob man sich nach bestem Vermögen um das Gute bemühe. Dieses Gute aber, die vernünftigen Grundsätze der Moral, sei allen Menschen gleichermaßen ins Herz geschrieben und bilde den Kern aller wahren Religion.

Viele Züge des christlichen Glaubens waren mit dem optimistischen Menschenbild der Aufklärer, der wissenschaftlichen Aufbruchstimmung und der Konzentration auf Vervollkommnung im Diesseits schwer zu vereinbaren: so der Glaube an den Fluch der Erbsünde und die grundsätzliche Verderbtheit der menschlichen Natur, an das leibhaftige Wirken des Teufels und die drohende Höllenstrafe, die willkürlichen Züge der göttlichen Herrschaft und die Vertröstung auf das Jenseits. Der Gott der meisten Aufklärer war kein bedrohlicher, strafender Despot, sondern ein vernünftiger, milder, liebender Vater. Nicht zufällig weist die Theologie des 18. Jahrhunderts auffällige Gemeinsamkeiten mit den pädagogischen und den politischen Idealen der Zeit auf (vgl. Kap. 6). Nicht aus Angst vor der physischen, der höllischen Strafe sollte der Mensch gehorchen, sondern aus Einsicht in die Vernünftigkeit der Gebote. Die aufklärerische Moral erlaubte dem einzelnen Menschen keineswegs, zu tun und zu lassen, was er wollte, sondern erwartete vielmehr von ihm, freiwillig und gern zu tun, was er tun musste: Die moralische Instanz wurde in das Innere des einzelnen Menschen verlegt.

Das Hauptargument insbesondere gegen die katholische Kirche lautete, dass sie die Gläubigen mit Hilfe betrügerischer Drohungen geknechtet habe, um ihre eigene Herrschaft auf Angst und Aberglauben der Menge zu errichten. Diese Polemik gegen die geistige Tyrannei, die politische Macht und die materiellen Privilegien der Kirche stand im Zentrum der französischen Religionskritik, deren prominentester Vertreter Voltaire war. Nicht nur die »infame« Papstkirche, sondern alle mächtigen Religionen der Geschichte bis zurück zu den alten Ägyptern sah man als Verschwörungen von Pfaffencliquen mit dem Zweck, die Menschen zu entmündigen und auszubeuten. Allerdings, so räumte Voltaire ein, sei Religion schlechthin für die Aufrechterhaltung einer moralischen Ordnung unentbehrlich – wenn es sie nicht gäbe, so müsste man sie erfinden.

Nicht als erbitterte Polemik, sondern als gelassene psychologisch-historische Analyse trat die langfristig wesentlich wirkungsvollere Religionskritik des Schotten David Hume auf: Er entwarf eine *Naturgeschichte der Religion* (1757), in der er die Entwicklung vom Polytheismus zum Monotheismus nachzeichnete und sie auf anthropologische Bedürfnisse und historische Bedingungen zurückführte. Unausgesprochen verbarg sich dahinter eine tiefgreifende Skepsis gegenüber jeder Möglichkeit vernünftiger Gotteserkenntnis überhaupt.

Protestantische Theologen hingegen suchten die christlichen Glaubenswahrheiten zu retten, indem sie begannen, das Alte und das Neue Testament *historisch* zu interpretieren. Die Unstimmigkeiten beispielsweise zwischen dem biblischen Schöpfungsbericht und den aktuellen geologischen Forschungsergebnissen über das Alter der Erde, der Tiere und Pflanzen erzwangen eine neue Deutung, wenn man nicht entweder auf den Glauben oder auf die wissenschaftlichen Erkenntnisse verzichten wollte. So bahnte sich allmählich die Historisierung der Bibel an: Man erkannte, dass der Sinn der Heiligen Schrift sich nur erschließe, wenn man die historischen Umstände ihrer Entstehung in Rechnung stelle. Die biblische Schöpfungsgeschichte erschien als Ursprungsmythos des jüdischen Volkes, als historisch zu erklärende mythische Einkleidung der Glaubenswahrheiten. Damit war der Schritt zur modernen historisch-kritischen Schriftauslegung getan.

Eine andere Deutung bot Lessing an: Er interpretierte die Entwicklung der jüdisch-christlichen Religion als Erziehungsprozess des Menschengeschlechts. Die Lehren der Heiligen Schriften des Alten und Neuen Bundes seien zwar den früheren Stadien der menschlichen Einsicht angemessen gewesen; der göttliche Erziehungsplan werde aber die metaphorische Einkleidung der Glaubenswahrheiten nach und nach überflüssig machen und die Menschheit schrittweise an die reine göttliche Wahrheit heranführen.

Auch und vor allem die jüdische Religion unterlag dem Verdikt der Aufklärung, sich in äußerlichen Zeremonien und starren Ritualgesetzen zu erschöpfen. Die traditionelle religiöse und lebensweltliche Kultur der jüdischen Gemeinden, die von der christlichen Umwelt weitgehend isoliert waren, zog noch schärfere Kritik auf sich als die traditionelle christliche Volksreligiosität. Allerdings gab es in denjenigen jüdischen Familien, die sich aus der Abgeschlossenheit der Judengemeinden herausgelöst und – etwa als Hofbankiers oder Unternehmer – in der christlichen Umwelt Karriere gemacht hatten, einen Nährboden für die Rezeption aufklärerischen Gedankenguts und zur Umdeutung des mosaischen Glaubens im Sinne einer Vernunftreligion. Der einflussreichste Vermittler zwischen jüdischer Tradition und Aufklärung war Moses Mendelssohn, der traditionell erzogene Sohn einer jüdischen Gelehrtenfamilie, der zugleich mit der christlichen Philosophie vetraut war, in Berliner Aufklärungszirkeln verkehrte und eine enge Freundschaft mit Lessing pflegte. Indem er die Vernünftigkeit und

Menschenfreundlichkeit des jüdischen Glaubens in zahlreichen Schriften und Briefen propagierte, schuf er wesentliche Voraussetzungen für die Überwindung des Grabens zwischen beiden Religionen – zumindest unter den Gebildeten. Es ging ihm darum, die jüdische Kultur im aufklärerischen Geist zu reformieren (so bekämpfte er etwa das Jiddische zugunsten des Hebräischen), ohne dabei doch den Kern der kulturellen und religiösen jüdischen Identität preiszugeben. Der spezifisch jüdischen Aufklärung (»Haskala«), die Mendelssohn maßgeblich prägte, wurde indessen von orthodoxen jüdischen Kritikern vorgeworfen, sie sei der erste Schritt zu Säkularisierung, Assimilation und Selbstaufgabe.

Bei allen Versuchen, Vernunft und Offenbarung zu vereinbaren, stand als Drohung der Atheismus im Hintergrund. Die radikalste Position, zu der der kritische Vernunftgebrauch im 18. Jahrhundert führte, war ein konsequenter Materialismus, der der Existenz Gottes völlig den Boden entzog. So reduzierten französische Atheisten wie Holbach, Helvétius oder La Mettrie den Geist auf eine bloße Funktion der bewegten Materie und machten damit die Annahme eines höchsten geistigen Wesens überflüssig. Solche Positionen wurden zwar von den wenigsten Denkern des 18. Jahrhunderts geteilt, standen aber als mögliche Konsequenz am Horizont und provozierten stets neue Versuche, die aufgerissene Kluft zwischen wissenschaftlichen Erkenntnissen und Offenbarungswahrheit zu überbrücken. Dies war nicht zuletzt deshalb ein so wesentliches Anliegen, weil sich die meisten Aufklärer darin einig waren, dass die Religion das Fundament aller politisch-moralischen Ordnung sei und bleiben müsse.

Gemeinsam war allen Spielarten aufklärerischer Religion und Religionskritik, dass sie sich weit von der kirchlichen Orthodoxie und von der religiösen Lebenswelt der Mehrheit entfernten. Während die »Entzauberung der Welt« (Max Weber) von den einen als Errungenschaft und Befreiung empfunden wurde, löste sie bei den anderen Angst und

Abwehr aus. Die Kluft zwischen Neuerern und Orthodoxen verlief quer durch den Klerus aller Konfessionen und quer durch Adel und Bürgertum. Die breite Bevölkerung sah sich nicht selten mit dem irritierenden Umstand konfrontiert, dass die Vertreter der Obrigkeit einen guten Teil der bisher von ihnen vertretenen Lehren nun selbst als Aberglauben bekämpften. So war beispielsweise Zauberei in den meisten Ländern noch immer ein strafbares Delikt. Doch das geistige Klima in den Behörden hatte sich geändert: Aufgeklärte Obrigkeiten suchten nun nicht mehr die Hexen, sondern den Glauben an sie auszurotten. Die nüchtern-abstrakte Vernunftreligion entsprach indessen kaum den religiösen Bedürfnissen des »gemeinen Volkes«. In der dörflichen Gesellschaft war man nach wie vor gewohnt, mit halb magischen, halb christlichen Praktiken auf das Wirken der undurchschaubaren Naturkräfte Einfluss zu nehmen, um die Ernte zu sichern und Schaden von Mensch und Vieh abzuwehren.

Religiöse Erneuerungsbewegungen

Doch auch in den gebildeten Ständen hatte die aufgeklärte Religionskritik keineswegs nur Anhänger. Die orthodoxe Erstarrung der Konfessionskirchen, ihr Bündnis mit der staatlichen Gewalt, der weltlich-höfische Lebensstil ihrer hohen Amtsträger, all das rief nicht nur aufklärerische Polemik hervor, sondern führte auch zu neuen Formen intensiver Frömmigkeit. Religiöse Erneuerungsbewegungen wie Pietismus und Methodismus im protestantischen und Jansenismus im katholischen Bereich standen sowohl in Opposition zur verweltlichten, in Routine und Zwang erstarrten Amtskirche als auch zu den Säkularisierungstendenzen der

Aufklärung, prägten aber die Religiosität des 18. Jahrhunderts mindestens in ebenso hohem Maße.

Der protestantische Pietismus ist ein überaus vielschichtiges religiöses Phänomen, das weit ins 17. Jahrhundert zurück- und ins 19. und 20. Jahrhundert hineinreicht. Der lutherische Pietismus im engeren Sinne war eine Frömmigkeitsbewegung, die von Deutschland (Sachsen, Brandenburg-Preußen, Württemberg, Wetterauer Grafschaften usw.) ausging und nach ganz Europa, ja darüber hinaus ausstrahlte (Skandinavien, Baltikum, Südosteuropa, Russland, Nordamerika). Sie wurde nach einer Schrift des Frankfurter Theologen und späteren sächsischen Hofpredigers Philipp Jakob Spener von 1675 so genannt, die das Programm schon im Titel führte: *Pia Desideria oder Hertzliches Verlangen nach Gottgefälliger Besserung der wahren Evangelischen Kirchen*. Es ging den Pietisten um die Erneuerung der evangelischen Gemeinschaft aus dem individuellen, subjektiven Glaubenserlebnis heraus. Die so genannten »Stillen im Lande« kehrten gegenüber den evangelischen Amtskirchen in vieler Hinsicht zu der Position zurück, die schon Luther gegenüber der Papstkirche eingenommen hatte: Sie betonten die persönliche Gottesbeziehung gegenüber dem Zwang des Dogmatismus, die Heilige Schrift gegenüber den konfessionellen Bekenntnisschriften und das Priestertum aller Gläubigen gegenüber der Amtshierarchie. Keimzellen der Erneuerung waren die »Collegia pietatis«, die Konventikel der »Wiedergeborenen«, die sich nach zum Teil mystisch-ekstatischen Bekehrungserlebnissen als auserwählte Elite fühlten und durch ihr heiligmäßiges Leben dem bevorstehenden Reich Christi auf Erden den Weg bereiten wollten. Die Mitglieder unterwarfen daher ihr Alltagsleben strengen asketisch-moralischen Maßstäben und betrieben eine intensive tägliche Selbsterforschung zum Ziel der sittlichen Läuterung.

Alle diese Zirkel stellten eine latente oder offene Bedrohung für die Autorität der Amtskirche dar und wurden in mehreren Ländern verboten. Allerdings gab es eine Vielzahl unterschiedlicher Spielarten des Pietismus: Die einen waren radikal separatistisch und stellten sich bewusst außerhalb der Kirche; die anderen ließen sich von der jeweiligen Landeskirche integrieren. Die einen kapselten sich von der als heidnisch verachteten Umwelt ab und konzentrierten sich auf die eigene Auserwähltheit, die anderen verstanden sich als Avantgarde zur Erneuerung der gesamten Christenheit und wandten sich der inneren und äußeren Mission zu. Am einen Ende des Spektrums standen Pietistenzirkel wie der um die Eheleute Petersen in Frankfurt, deren Glaubensinhalte sich weit von der kirchlichen Lehre entfernten und die auch im Alltagsleben die traditionellen Grenzen von Stand, Rang und Geschlecht zu überwinden suchten. Am anderen Ende des Spektrums war der preußische Pietismus um August Hermann Francke angesiedelt: eine Richtung, die sich

August Hermann Francke und das Hallische Waisenhaus
Kupferstich von Johann Christoph Sysang, um 1725

auf das äußere Wirken in der Welt konzentrierte und die dem preußischen »Soldatenkönig« Friedrich Wilhelm I. als Gegengewicht zu der landständisch geprägten lutherischen Orthodoxie äußerst willkommen war. Francke begründete 1694/95 in Glaucha bei Halle ein modernes Waisenhaus, dem eine Reihe von Bildungsanstalten und Manufakturen angegliedert wurden: eine Druckerei, eine Buchhandlung, eine Bibelanstalt, eine Apotheke. Die Franckeschen Anstalten stellten eine völlig neue und äußerst erfolgreiche Verbindung zwischen religiösem Reforminstrument, sozialer Fürsorgeanstalt und rentablem Wirtschaftsunternehmen dar. Über die ebenfalls angegliederten Schulen und die theologische Fakultät der neu gegründeten Universität Halle erreichte der Pietismus Franckescher Prägung eine große Breitenwirkung. Vom König gefördert, stellte er sich seinerseits in den Dienst staatlicher Erfordernisse und sorgte für die Ausbildung loyaler Staatsdiener und Pfarrer. Mit seiner streng asketischen Frömmigkeit, die auf Unterwerfung des äußeren und inneren Menschen zielte, wurde er zum Inbegriff preußischer »Sozialdisziplinierung«.

Eine europaweite Ausstrahlung erreichte auch die pietistische Bewegung des Reichsgrafen Nikolaus Ludwig von Zinzendorf, der in der Lausitz die »Herrnhuter Brüdergemeinen« gründete. Ihm ging es nicht nur um die innere Erneuerung, sondern auch darum, die Spaltung in Konfessionskirchen zu überwinden, den Heiden und Juden das Evangelium zu bringen und so die Voraussetzungen für die Wiederkehr Christi zu schaffen, die erst bevorstehe, wenn dem Christentum auf der ganzen Welt zum Sieg verholfen sei.

Von den Herrnhutern beeinflusst, begründete John Wesley um die Jahrhundertmitte in England die Evangelisierungsbewegung des Methodismus. Ihm ging es um die innere Erneuerung der anglikanischen Kirche, deren weltlich orientierte Amtsträger zum großen Teil mit dem Vernunftchristentum sympathisierten. Er rief eine straffe Organisa-

Religiöser Enthusiasmus: Methodistenprediger in London
Zeitgenössischer Druck

tion ins Leben, die sich schnell verbreitete und vor allem in
den amerikanischen Kolonien zahlreiche Anhänger fand.
Zunächst als innerkirchliche Bewegung angelegt, sprengte
sie doch schließlich den institutionellen Rahmen der anglikanischen Kirche, nicht zuletzt deswegen, weil der Methodismus in den unabhängig gewordenen Kolonien nicht
mehr unter das Dach einer englischen Staatskirche passte.
Als Wesley 1791 starb, war der Methodismus in England
zur zahlenstärksten Dissenter-Gruppe angewachsen und
hatte bereits ungefähr ebenso viele Mitglieder in der Neuen
Welt gewonnen.

Eine Frömmigkeitsbewegung, die sich gegen die Orthodoxie wendete, gab es auch im Judentum: den Chassidismus, eine in Osteuropa verbreitete und auch nach Mitteleuropa ausstrahlende Bewegung der zweiten Jahrhunderthälfte, ursprünglich ausgelöst von dem charismatischen
Wundertäter Israel Ben Elieser aus Podolien. Die »From-

men« (Chassidim) und die »Gerechten« (Saddikim) betonten ihr persönliches Verhältnis zu Gott und stellten das Gebet gegenüber dem gelehrten Talmudstudium in den Vordergrund. Wo sich der Chassidismus durchsetzte – so in
weiten Teilen Osteuropas –, führte er zu einem Autoritäts-
verlust der orthodoxen Rabbiner und zu einer Stärkung der
einfachen, ungelehrten Gläubigen in den Gemeinden, zugleich aber auch zu einer verstärkten Abwehr gegenüber
allen Assimilationstendenzen.

Eine gewisse Analogie zu den protestantischen Erneuerungsbewegungen stellte auf katholischer Seite der Jansenismus dar, dessen Wurzeln ebenfalls im frühen 17. Jahrhundert lagen. Der flämische Theologe Cornelius Jansen, Bischof von Ypern, hatte eine grundsätzliche Kontroverse
über die Gnadenlehre des Kirchenvaters Augustinus ausgelöst, bei der es um die theologische Grundfrage nach dem
freien Willen des Menschen und der Angewiesenheit auf die
göttliche Gnade gegangen war – eine Frage, die schon im
Zentrum der reformatorischen Auseinandersetzung gestanden hatte. Der Jansenismus breitete sich in Frankreich rasch
aus und trat in scharfe Opposition nicht nur zur päpstlichen
Kurie, sondern auch zu deren bedeutendstem Werkzeug,
dem Jesuitenorden, der wiederum aufs engste mit der französischen Staatsgewalt liiert war. Mit den protestantischen
Erneuerungsbewegungen teilte der Jansenismus vieles: das
pessimistische Menschenbild des Augustinus, die subjektive
Frömmigkeit, die strenge asketische Moral, das praktische
soziale Engagement, die Kritik an der Amtskirche und
die Ablehnung der aufklärerischen Vernunftreligion. Hinzu
kam bei den Jansenisten der Kampf gegen den sinnenfrohen
volkstümlichen Barock-Katholizismus, den die Jesuiten förderten: die Wallfahrten, die Heiligenverehrung, die vielen
Feiertage, die prunkvollen Prozessionen – all die ökono-
misch unvernünftigen Äußerlichkeiten, die sich mit der
asketischen Rationalität der Jansenisten nicht vertrugen.

Das geistige Zentrum der Bewegung war das Zisterzien-

serinnenkloster Port-Royal bei Paris. Zu Beginn des 18.
Jahrhunderts spitzte sich der Konflikt zwischen französischer Regierung und Papstkirche einerseits und den Jansenisten andererseits aufs Neue so zu, dass Ludwig XIV. das
Kloster Port-Royal niederreißen ließ (1710). Zum Hauptstreitgegenstand, der das ganze 18. Jahrhundert hindurch
die französischen Gläubigen einschließlich des Episkopats
in zwei Lager spaltete, wurde die päpstliche Bulle »Unigenitus« (1713), die die Lehren des Jansenisten Pasquier
Quesnel als ketzerisch verurteilte. Gegen den erbitterten
Widerstand des Pariser Parlaments, das wie weite Teile des
Bürgertums und Amtsadels vom Jansenismus dominiert
war, wurde die Bulle 1730 zum Gesetz, das die Regierung
mit allen Mitteln durchzusetzen suchte. Zur Bezwingung
der Opposition schreckte die Staatskirche auch nicht davor
zurück, den von jansenistischen Priestern betreuten Gläubigen die Sterbesakramente zu verweigern, d. h. die Angst der
Menschen um ihr ewiges Seelenheil als letztes Druckmittel
zu benutzen. Die radikale Unterdrückung des Jansenismus
in Frankreich führte zum einen dazu, dass sich diese Bewegung in zahlreichen anderen Teilen des katholischen Europa
desto schneller ausbreitete, zum anderen aber auch dazu,
dass Kirche und Staat in Frankreich einem massiven Glaubwürdigkeitsverlust ausgesetzt waren und als Inbegriff all
dessen erschienen, was es zu überwinden galt: Fanatismus,
Aberglaube, angemaßte Autorität und Willkürherrschaft.

Der französische Jansenismus des 18. Jahrhunderts war
nicht mehr in erster Linie eine abweichende theologische
Strömung und eine Frömmigkeitsbewegung, sondern vor
allem eine antipäpstliche und zugleich antimonarchische
Oppositionsbewegung. In Frankreich stützte sie sich daher
nicht nur auf das gebildete Bürgertum, sondern auch auf die
Träger der traditionellen Zwischengewalten, d. h. den Adel
und die höchsten Gerichte, deren Opposition gegen die
Krone durch die religiöse Spaltung der Gläubigen starken
Auftrieb erhielt. Der König sah sich im Kampf gegen die

Jansenisten paradoxerweise auf die Unterstützung durch den Papst verwiesen, während diese sich ihrerseits die Forderung nach einer von Rom unabhängigen französischen Nationalkirche zu Eigen machten – was aber seit langem und auch im 18. Jahrhundert die Politik der Krone selbst war. Das Kirchenverständnis der Jansenisten, die die Gesamtheit der Gläubigen über den Papst stellten, machte sie eigentlich zum Bundesgenossen der katholischen Regierungen, denen es um die Zurückdrängung der kirchlichen Sonderrechte in ihren Staaten gehen musste. In den anderen katholischen Ländern Europas, in denen der Jansenismus Fuß fasste – vor allem in den habsburgischen Territorien – stand er daher keineswegs in Opposition zur Staatsgewalt, sondern beide zogen an einem Strang und wirkten zu einer nationalkirchlichen Reform des Katholizismus zusammen (vgl. zum Josephinismus Kap. 8).

Einen wesentlichen Erfolg konnten diese politischen Bemühungen gegen Ende des 18. Jahrhunderts verzeichnen: die Aufhebung des Jesuitenordens. Aufgrund seiner territorienübergreifenden Organisation, seiner Unabhängigkeit von dem jeweiligen Episkopat und seiner unmittelbaren Unterordnung unter den Papst erschien der Jesuitenorden als größtes Hindernis einer staatlichen Kirchenpolitik, die auf die Eingliederung des Klerus unter die Staatsgewalt und die Ausschaltung des päpstlichen Einflusses zielte. Allgemein war das geistige Klima dem Orden nicht günstig, der das Bildungswesen in den katholischen Ländern nahezu monopolisiert hatte, es nach den hergebrachten, im Zuge der Gegenreformation entwickelten Grundsätzen leitete und den aufklärerisch-säkularisierenden Tendenzen massive Widerstände entgegensetzte. Politische und wirtschaftliche Skandale, in die die Jesuiten in den portugiesischen, spanischen und französischen Kolonien in Amerika verwickelt waren, führten zunächst zu ihrer Ausweisung aus Portugal (1759), dann aus Frankreich (1764), aus Spanien und dem Königreich Neapel (1767). Das politisch geschwächte, von den großen katholischen Monarchen abhängige Papsttum sah sich unter deren Druck schließlich 1773 zur Auflösung des Ordens gezwungen.

Es waren vor allem die höheren und die gebildeten Stände, aus denen die verschiedenen religiösen Erneuerungsbewegungen hervorgingen: das Kaufmanns-, Handels- und Bildungsbürgertum, der Amts- und Landadel, in Deutschland auch der Reichsgrafenstand, der im Rang zwischen Hoch- und Niederadel angesiedelt war – Gruppen also, die sich gegenüber der französisch dominierten Hofkultur des Hochadels abgrenzten und aus denen auch die Mehrzahl der Aufklärer stammte. Das Verhältnis der »Frommen« zur Aufklärung war allerdings sehr gespalten. Verwandt waren beide Bewegungen miteinander darin, dass sie die Intoleranz der jeweiligen Orthodoxien angriffen, dass sie (zum Teil jedenfalls) für die Annäherung der Konfessionen plädierten, dass sie das Individuum und seine subjektiven Glaubensüberzeugungen gegenüber der Institution in den Vordergrund rückten und dass sie sich für praktische soziale Reformen engagierten. Unversöhnliche Gegner waren sie aber in vielen anderen Hinsichten: So hielten die »Frommen« an der Erlösungsbedürftigkeit der grundsätzlich sündigen Menschen durch göttliche Gnade fest und glaubten nicht an deren natürliche Güte; sie stemmten sich gegen die Säkularisierungstendenzen der Aufklärung und gegen die Reduktion des christlichen Glaubens auf ein paar vernünftige Grundsätze. Zwischen Pietisten und Aufklärern gab es spektakuläre Konflikte; der bekannteste führte zur Vertreibung des Aufklärungsphilosophen Christian Wolff von der Universität Halle. Dennoch ist es nicht sinnvoll, das Verhältnis zwischen den beiden Strömungen schlicht als Gegensatz aufzufassen. Beide Bewegungen beeinflussten sich auch gegenseitig; beide hatten den gleichen sozialen Nährboden, beide entstammten einer gebildeten Elite. Es kennzeichnet sie beide auch, dass sie erhebliche Anstrengungen machten, das »gemeine Volk« in ihrem Sinne zu bilden und zu bessern.

In welchem Maße diese Bemühungen tatsächlich fruchtbar wurden, ist schwer zu beurteilen und unter Historikern sehr umstritten. Es war wohl auch regional sehr verschieden und von vielen differierenden Faktoren abhängig. Während z. B. in Württemberg im späten 18. Jahrhundert eine breite pietistische Volksbewegung zu beobachten ist, verzeichnen französische Historiker eine fundamentale »Dechristianisierung«, ein Abrücken von den traditionellen Formen der religiösen Alltagspraxis in der französischen Landbevölkerung etwa seit den 1770er Jahren. Für einzelne deutsche katholische Städte ist Ähnliches nachgewiesen worden: Die Leute bedachten die Kirche nicht mehr so großzügig in ihren Testamenten, ließen nicht mehr so viele ihrer Kinder zu Priestern weihen oder ins Kloster eintreten, kauften nicht mehr so viele geistliche Bücher, und so fort. In welchem Maße sich dies verallgemeinern lässt, steht noch dahin.

Kann man das 18. Jahrhundert nun als »Jahrhundert der Toleranz« bezeichnen? Gewiss nicht in dem Sinne, dass religiöse Toleranz eine überall selbstverständlich geübte Praxis dargestellt hätte. Wohl aber in dem Sinne, dass diese Forderung im 18. Jahrhundert eine Vorreiterrolle spielte: Auf der Ebene des religiösen Glaubens wurde der Anspruch des Einzelnen auf Freiheit von äußerem Zwang und auf individuelle Autonomie zuerst erhoben. Symptomatisch ist, dass der Begriff »Toleranz«, zunächst ein rein kirchenrechtlicher Begriff, im Laufe des 18. Jahrhunderts auf immer mehr Gebiete des Denkens und Handelns ausgedehnt wurde und so allmählich seine heutige allgemeine Bedeutung annahm. Darin spiegelt sich der Prozess, in dessen Verlauf der Anspruch auf Gewissensfreiheit des einzelnen Gläubigen ausgedehnt wurde zu einem Anspruch auf allgemeine, schließlich auch politische Meinungsfreiheit, und diese wiederum mündete in die Forderung nach allgemeiner politischer Partizipation. Dass es dazu kam, setzte allerdings eine Vielzahl anderer struktureller Veränderungen voraus, die in den folgenden Kapiteln zu skizzieren sind.

Ein Jahrhundert der Geselligkeit
Neue Kommunikationsformen und Medien

Neue Formen des sozialen Austauschs

Nicht nur neue Ideen kennzeichnen das Jahrhundert der Aufklärung, sondern auch und vor allem neue Formen des Austauschs von Ideen; beides hing aufs engste zusammen. Kommunikation wurde von den Zeitgenossen als unerlässlich für Aufklärung und Fortschritt angesehen, denn die Wahrheit erschien nicht mehr als sicherer Besitz, etwa in Form eingeborener göttlicher Ideen, sondern als etwas erst zu Erwerbendes, als Ergebnis von Wahrnehmungen, Empfindungen, Forschungen und nicht zuletzt von wechselseitigem Austausch. Der Mensch wurde als geselliges Wesen schlechthin verstanden, als *animal sociale*, das ohne seinesgleichen hilflos ist. Längst galt nicht mehr die *vita contemplativa*, das weltentrückte Sich-Versenken in die Betrachtung ewiger Wahrheiten, als höchste menschliche Lebensform, sondern die *vita activa*, das weltzugewandte, gesellige, praktische Handeln.

Der soziale Austausch sprengte zunehmend die hergebrachten Bahnen und nahm neue Formen an. Traditionell spielte sich der gesellige Umgang des Einzelnen in dem unmittelbaren ständischen Umfeld ab, in das er hineingeboren war: im Haus, in der Verwandtschaft, in der Dorfgemeinde, im Kirchspiel, in der Zunftstube, im Stadtviertel, in der Adelskorporation. Soziale Verbindungen beruhten vorwiegend auf unmittelbaren, persönlichen Kontakten, sie waren kleinräumig und überschaubar. Die Zugehörigkeit zu einer Standeskorporation entschied in der Regel zugleich über die

Zugehörigkeit zu einer Konfession, sie bestimmte die Möglichkeiten politischer Partizipation, sie begrenzte den Kreis möglicher Heiratspartner usw. All das war dem Einzelnen in hohem Maße von Geburt an vorgegeben und nicht willkürlich und frei gewählt.

Diese hergebrachten, ständisch-korporativen Beziehungen wurden nun in immer stärkerem Maße überwölbt oder ersetzt durch andere: An die Stelle innerständischen Umgangs traten ständeüberschreitende Geselligkeitsformen, an die Stelle kleinräumiger Sozialkreise traten überregionale Kommunikationsnetze, neben durch Geburt erworbene traten frei gewählte Sozialbeziehungen, neben die persönliche Kommunikation von Angesicht zu Angesicht trat die unpersönliche Kommunikation über Druckmedien.

Alle genannten Tendenzen setzten allerdings keineswegs erst im 18. Jahrhundert ein. So verfügte der hohe Adel traditionell über ein europaweites Kommunikationsnetz, das aus diplomatischem Austausch, Kavalierstouren und Verwandtschaftsbeziehungen geknüpft war. Auch die Gelehrten pflegten seit den Zeiten des Humanismus ein dichtes Geflecht überregionaler Beziehungen; sie verstanden sich als eine unsichtbare, grenzüberschreitende *respublica litteraria*, die sich im Medium der lateinischen Sprache verständigte und sich gemeinsamen Bildungsidealen verpflichtet fühlte. Schließlich gab es seit dem Mittelalter die Beziehungsnetze der Kaufleute, die mit der überregionalen Marktverflechtung seit jeher einhergegangen waren. Die Entwicklung, die das 18. Jahrhundert prägte, bestand nun darin, dass bestehende Kommunikationsnetze zunehmend untereinander verflochten und intensiviert wurden und dass neue, ständeüberschreitende Formen hinzutraten. Eine immer größere Rolle spielten bei diesem Prozess die sich überaus rasch vermehrenden Druckmedien – Bücher, Zeitungen und Zeitschriften –, die es den Lesern ermöglichten, an ein und demselben Kommunikationsprozess teilzunehmen, ohne einander persönlich zu kennen. Alle diese Entwicklungen führten zur

Herausbildung dessen, was man »bürgerliche Öffentlichkeit« nennt (Jürgen Habermas): Der Begriff bezeichnet sowohl die neue Sphäre der Kommunikation als auch die neue
Gemeinschaft der Menschen, die daran teilnahmen. Nach
Habermas fand im 18. Jahrhundert nicht nur eine quantitative, sondern eine qualitative Veränderung von Öffentlichkeit statt. Die neue »bürgerliche Öffentlichkeit« der
Aufklärung kennzeichnete es nämlich, dass sie auf dem
»Richterstuhl der Vernunft« Platz nahm, d. h. einen kritisch
räsonierenden Diskurs führte, der sich auf alle Gegenstände
des Denkens und Handelns erstreckte und auch vor der
Sphäre der politischen Herrschaft nicht Halt machte.

Die Parallele zwischen der kommunikativen Verflechtung
der Öffentlichkeit (durch des Medium des Drucks) und
der wirtschaftlichen Verflechtung des Marktes (durch das
Medium des Geldes) ist augenscheinlich. Schon die Zeitgenossen haben das zum Ausdruck gebracht, indem sie vom
»marketplace of ideas« sprachen: Wie Waren, so wurden
nun auch Ideen ausgetauscht, und von dem möglichst un-
gehinderten Zirkulieren versprach man sich Wohlfahrt
und Fortschritt. »Marktplatz der Ideen« ist aber auch ganz
wörtlich zu verstehen: Ideen wurden nun ihrerseits buch-
stäblich zur Ware, zum Gegenstand des Marktes. Literarische und künstlerische Hervorbringungen – nicht nur Bücher, sondern auch Bilder, Musik- und Theateraufführungen
– wurden nun in höherem Maße als je zuvor zu Konsumgü-
tern für das (vor allem, aber nicht ausschließlich bürgerliche) Publikum. Auktionshäuser und Gemäldegalerien,
erste öffentliche Konzerthäuser und Theater, Leihbibliotheken und Kunsthandlungen bedienten eine wachsende Nachfrage nach »Kulturkonsum«. Ein neuer sozialer Typus bildete sich heraus: der gebildete Mann (und die Frau) von
Geschmack, der über den notwendigen Wohlstand und hin-
reichende Bildung verfügte, um die schönen Künste zu
genießen, ohne aber einem bestimmten Stand angehören
zu müssen. Vielmehr war es nun gerade der gemeinsame

Kulturgenuss und -geschmack, der ein neues Gefühl ständeübergreifender kultureller Identität schuf (vgl. Kap. 3). Auch die ästhetischen Normen in Literatur und Künsten blieben nicht unbeeinflusst von der Tatsache, dass sie nicht mehr allein von adligen oder kirchlichen Mäzenen abhängig waren, sondern zu Gegenständen des öffentlichen Kommerzes wurden. Neue künstlerische Gattungen wie das Bürgerliche Trauerspiel, der bürgerliche Roman oder die italienische Opera buffa setzten sich von der klassischen Tragödie, dem höfisch-galanten Roman oder der Opera seria ab und trugen den Ansprüchen des veränderten Publikums Rechnung. Während zum Beispiel ernste, heroische Themen traditionell an ein hohes ständisches Personal und an klassische historische oder mythologische Stoffe gebunden gewesen waren, stellte jetzt auch das bürgerliche Personal tragische Helden, auch die zeitgenössische Gesellschaft lieferte ernste Stoffe: Dramen wie Schillers *Kabale und Liebe*, Lessings *Emilia Galotti* oder Diderots *Le Fils naturel*, Romane wie Rousseaus *La Nouvelle Héloïse* oder Richardsons *Pamela* sind berühmte, gattungsbildende Beispiele dafür.

Die beschriebenen Entwicklungen hingen von einer Reihe struktureller Voraussetzungen ab. Kommunikation über große räumliche Entfernungen hinweg war im Gegensatz zu heute nur durch persönliches Reisen oder durch Schriftlichkeit möglich. Beides setzte ein funktionsfähiges Verkehrswesen voraus. Marktwirtschaftliche und politische Erfordernisse hatten schon seit dem 17. Jahrhundert zum Ausbau der Land- und Wasserstraßen geführt. Eine der wichtigsten älteren Errungenschaften war das Postwesen, von dem ein Zeitgenosse meinte, es gehöre »unstreitig zu der kleinen Zahl von Erfindungen, auf denen die ganze Kultur unserer heutigen, so sehr verfeinerten Staaten wie auf einer Grundsäule ruht. Ohne Postwesen wäre [...] alles kaufmännische und literarische Kommerz beinahe unmöglich und die Kreise der Freundschaft, dieses beste Glück der

Menschheit, auf den engen Bezirk unserer körperlichen Gegenwart eingeschränkt« (E. L. Posselt, *Wissenschaftliches Magazin für Aufklärung* 1785, S. 298).

Wollte man nicht – wie es noch vorwiegend geschah – zu Fuß oder zu Pferd reisen, so brauchte man eine Kutsche, die nicht jeder besaß. Eine große Errungenschaft war es daher, dass seit dem späten 17. Jahrhundert in vielen Ländern von den Obrigkeiten neben den Reitposten, die die Briefe beförderten, nun auch Fahrposten zum Transport von Personen, Geld und Waren eingerichtet wurden. Reguläre Postkutschen verkehrten nun mit zunehmender Pünktlichkeit auf immer mehr Strecken zwischen Posthaltereien, an denen die Pferde gewechselt wurden und Personen zu- und aussteigen konnten. Damit gab es erstmals einen organisierten öffentlichen Personenverkehr, der die gesamte Reisekultur veränderte. Das Postwesen war darüber hinaus auch für das Funktionieren des schriftlichen Austauschs unerlässlich: für den Transport der individuellen Briefe ebenso wie für die pünktliche Auslieferung von regelmäßig erscheinenden Druckwerken wie Zeitungen und Zeitschriften. Auch wenn es nach heutigen Maßstäben extrem langsam war – ein Postreiter brauchte für eine Meile (ca. 7,5 km) durchschnittlich eine Stunde, eine Postkutsche noch eine halbe Stunde mehr; ein Brief war von Leipzig nach Paris 11–12 Tage unterwegs –, so wurden Brief-, Waren- und Personenverkehr nun doch dichter, stetiger und pünktlicher als je zuvor.

Welche alten und neuen Geselligkeitsformen und Medien waren es nun, die den überregionalen und überständischen Gedankenaustausch der Aufklärer ermöglichten? Zunächst einmal handelte es sich um mehr oder weniger institutionalisierte Formen des persönlichen Kontakts: private Zirkel und Salons, öffentliche Kaffeehäuser, Lesegesellschaften, Clubs, Organisationen zu verschiedenen »patriotischen« Zwecken, Freimaurerlogen und wissenschaftliche Akademien. Alle diese Gesellschaften bestanden zwar in erster Linie in regelmäßigem persönlichem Zusammentreffen an einem Ort, wurden aber oft durch überregionale Organisationen miteinander verflochten oder unterhielten ein weit verstreutes Netz von Korrespondenzen. Die Druckmedien schließlich machten den Austausch vom persönlichen Kontakt unabhängig. Der Buchmarkt explodierte im 18. Jahrhundert, Zeitungen und Zeitschriften erschienen in immer größerer Zahl, die gesamte Lesekultur veränderte sich. Alle diese Bestandteile der aufklärerischen Öffentlichkeit, die auf vielfältige Weise ineinandergriffen, sollen hier kurz vorgestellt werden.

Salons, Sozietäten, Geheimbünde

Als soziale Keimzellen der Aufklärung schlechthin gelten die französischen Salons, die seit dem 17. Jahrhundert die Geselligkeitsformen der Hofkultur in einem intimeren, privateren Raum fortsetzten. Im Haus meist adliger oder bürgerlicher Frauen, seltener Männer, traf sich zu festgesetzten Zeiten »tout le monde«, um literarischen oder künstlerischen Darbietungen zuzuhören, an wissenschaftlichen Vorträgen oder Experimenten teilzunehmen, vor allem aber um über alle möglichen Themen zu debattieren und die Kunst der geistreichen Konversation zu pflegen (vgl. Quelle 11). Hochgebildete Frauen wie Mme du Tencin, Mme du Deffand, Mme Geoffrin, Mlle de Lespinasse schufen in ihren Salons eine gesellige Sphäre, in der die sonst getrennten Welten aufeinander trafen: höfische Adlige, hohe Amtsträger, Kleriker, Künstler, Schriftsteller, Gelehrte usw., also Menschen sehr unterschiedlichen sozialen Ranges, deren zwangloser Austausch alles andere als selbstverständlich war – an anderen öffentlichen Orten scheiterte so etwas schon an den Zwängen des zeremoniellen Umgangs. Die später berühmten Freundeszirkel der »philosophes«, die die Aufklärung erstmals zum Programm erhoben, wie Voltaire, Diderot, d'Alembert, Rousseau, Helvétius, Holbach, Condorcet, Condillac, Morelly, Mably, Grimm, Galiani und viele andere, konnten in den Salons wenigstens zeitweise unbehelligt von obrigkeitlicher Kontrolle ihre Ideen austauschen, ihre gemeinsamen Projekte planen und Kontakte zu Funktionsträgern anknüpfen, mit deren Hilfe es ihnen nach und nach gelang, die Schlüsselpositionen in den staatlichen Ämtern und wissenschaftlichen Akademien zu besetzen.

Die Pariser Salons wurden – gewissermaßen als Erben des französischen Hofes – zu Meinungsführern in allen Fragen des Geschmacks, der Kunst, der Literatur, der Wissenschaft und der Politik. Sie bildeten das unbestrittene Zentrum eines europaweiten Kommunikationsnetzes von aufklärerisch Gesinnten und waren der größte Anziehungspunkt für alle gebildeten Parisreisenden, die ihrerseits die Diskussion befruchteten und umgekehrt Impulse von dort in ihre Heimatländer mitnahmen: nach Edinburgh und Sankt Petersburg, Berlin und Warschau, Wien und Mailand, Amsterdam und Neapel. Der intellektuelle Glanz der Salons strahlte bis zu den europäischen Höfen aus, und einige Monarchen suchten sich bekanntlich mit der Freundschaft prominenter Aufklärer wie Voltaire und Diderot zu schmücken. Auch die bürgerliche Salonnière Mme Geoffrin unterhielt persönliche Beziehungen zu Friedrich II., Katharina II. und Maria Theresia. Allerdings erwies sich beim Zusammentreffen an den Höfen recht schnell, wo die Grenzen der Kommunikation zwischen Philosophen und Königen lagen (vgl. Kap. 8).

In den anderen europäischen Ländern gab es ebenfalls Frauen, die derartige Salons führten, wenn auch nicht von so eminenter Bedeutung wie in Paris, so etwa der Salon der Mme Necker in Genf oder der Gräfin Thun in Wien. Eine weiblich dominierte Salonkultur von ähnlich inspirierender Bedeutung wie in Paris bildete sich in Deutschland erst gegen Ende des Jahrhunderts im Umkreis der Frühromantik heraus. Der hervorstechende Zug der französischen Salonkultur war die gemischte Geselligkeit von Männern und Frauen (vgl. Kap. 6), die mit ihrem quasi-privaten Charakter zusammenhing. Auch in anderen privaten Freundschaftszirkeln konnten kultivierte und gebildete Frauen im 18. Jahrhundert durchaus eine Rolle spielen. Alle Geselligkeitsformen hingegen, die entweder einen höheren Grad an institutionalisierter Organisation aufwiesen oder die öffentlichen Charakter hatten, schlossen Frauen in der Regel de jure bzw. de facto aus.

Das galt zum Beispiel für die Clubs, die in Großbritannien die wichtigsten Orte des Ideenaustauschs innerhalb der adlig-bürgerlichen Elite darstellten und in denen eine rein männliche Geselligkeit gepflegt wurde. Wo man auf dem Kontinent an diese Club-Kultur anknüpfte, wie etwa im berühmten »Club de l'Entresol« im Paris der 1720er Jahre, einem politischen Debattierzirkel, dem d'Argenson, Montesquieu und der Abbé de Saint-Pierre angehörten, waren Frauen ebenfalls nicht beteiligt. Das Gleiche galt auch für die öffentlichen Kaffeehäuser (»coffee houses«, »cafés littéraires«), die neben den Clubs die britische Geselligkeit prägten und wie viele andere Moden von dort auf dem Kontinent übernommen wurden. Die Kolonialimporte Kaffee und Tee machten als neue Lieblingsgetränke des bürgerlichen »Mittelstands« im 18. Jahrhundert rasch Karriere, weil sie im Gegensatz zu den herkömmlichen Volksnahrungsmitteln Bier und Wein den Geist nicht benebelten, sondern im Gegenteil belebten: Sie galten als die »geistigen« Genussmittel schlechthin, und ihr Konsum diente als Kennzeichen gehobenen Lebensstils. Die Kaffeehäuser, die seit dem 17. Jahrhundert in London und anderen englischen Städten eröffnet wurden und bald auch auf dem Kontinent Einzug hielten, wurden schnell zu Zentren einer bürgerlichen Geselligkeit, die sich mit ihrer Nüchternheit demonstrativ von der traditionellen Geselligkeit der Zunft-

Londoner Kaffeehaus
Radierung, um 1705

trinkstuben, Wirtshäuser und Dorfkrüge absetzte. Hier wurden nicht nur Kaffee und Tee getrunken, sondern vor allem auch ausliegende Zeitungen gelesen, Nachrichten ausgetauscht, Geschäfte abgeschlossen und aktuelle Themen debattiert. Als der Literat Richard Steele die neue literarische Gattung der Moralischen Wochenschriften ins Leben rief, bediente er sich nicht zufällig bestimmter Londoner Kaffeehäuser als Redaktionslokale und Sammelstellen für die verschiedenen Beiträge.

Neben diesen neuen öffentlichen Stätten der Kommunikation sind für die Geselligkeit des 18. Jahrhunderts insbesondere die verschiedenen Formen von »Sozietäten« charakteristisch, die meist aus informellen Freundeszirkeln hervorgingen. Dabei handelte es sich um Vereinigungen von (fast ausschließlich) Männern verschiedenen ständischen

Rangs, die sich aus freien Stücken zur Verfolgung bestimmter selbstgesetzter Zwecke zusammenschlossen, sich selbst Statuten gaben, Beiträge erhoben, bestimmte (gleiche) Rechte und Pflichten der Mitglieder festsetzten und nach dieser Ordnung regelmäßig zusammenkamen. Solche freien »Assoziationen«, deren Vorbilder die wissenschaftlichen Akademien des 17. Jahrhunderts waren, unterschieden sich von den ständischen Korporationen vor allem durch die frei gewählte Mitgliedschaft, die ständeüberschreitende Zusammensetzung und die Konzentration auf einen bestimmten Zweck. Von den klassischen Akademien (vgl. Kap. 7) unterschieden sie sich in vieler Hinsicht nur graduell, vor allem aber dadurch, dass sie keine offiziellen staatlichen Gründungen waren. Die Zwecke der Sozietäten konnten erheblich differieren; so gab es literarische, ökonomische, naturwissenschaftliche oder allgemein »patriotische«, d. h. gemeinnützige Gesellschaften.

Einen vor allem in Deutschland in der zweiten Jahrhunderthälfte besonders verbreiteten Typ von Sozietäten bildeten die Lesegesellschaften. Sie dienten zunächst dem Kauf von Büchern aus den Mitgliedsbeiträgen des Vereins, die man entweder reihum ausleihen oder gemeinsam im geselligen Kreis lesen konnte. Man traf sich aber auch zu Vorträgen und Diskussionen. Die Mitgliedschaft war meist nicht formal beschränkt (mancherorts waren auch weibliche Mitglieder zugelassen), aber die Höhe der Mitgliedsbeiträge und die erforderliche Bildung schloss kleinbürgerliche Handwerker und erst recht Bauern in der Mehrzahl aus. Da es noch kaum öffentliche Bibliotheken gab, sorgten die Lesegesellschaften auch in kleinen Landstädten dafür, dass die immer zahlreicher erscheinenden Bücher und Zeitschriften immer mehr Leser fanden, und sie stellten zugleich ein Forum für die Diskussion des Gelesenen dar.

Einen weiter ausgreifenden Zweck und einen höheren Organisationsgrad wiesen die europaweit gegründeten »Patriotischen«, »Gemeinnützigen« oder »Ökonomischen

Gesellschaften« auf, auch sie ein äußerst charakteristisches Phänomen des 18. Jahrhunderts. Sie zielten auf praktische Reformen, auf wirtschaftlichen Fortschritt und humanitäre Verbesserungen in allen möglichen Bereichen. Die Kluft zwischen den Lebensumständen und Wirtschaftsweisen des »gemeinen Volkes« und den wissenschaftlichen Errungenschaften der Zeit sollte überbrückt, der zunehmenden Verelendung immer größerer Bevölkerungsschichten entgegengewirkt werden. Durch theoretische und praktische Aufklärung suchte man den ungebildeten »Landmann« an den modernen Errungenschaften teilhaben zu lassen und die allgemeine Wohlfahrt zu befördern. Erste richtungsweisende Gründungen waren die Ökonomischen Gesellschaften in Edinburgh (1723), in Dublin (wo einige der englischen Kolonialherren 1731 nach der verheerenden Hungersnot des Vorjahres Entwicklungshilfe zu leisten suchten), in London (1754) und auf dem Kontinent insbesondere in Bern (1759). Bis zum Ende des Jahrhunderts folgten zahllose solcher Gründungen in ganz Europa – die einen kurzlebig, die anderen bis heute existent, die einen lose, die anderen fest institutionalisiert, die einen lokal, die anderen überregional organisiert. Den einen ging es vor allem um landwirtschaftliche Innovationen wie Bodenverbesserung und Schädlingsbekämpfung, Einführung neuer Kulturpflanzen und Technologien, Waldschutz und Allmendaufteilung. Andere Gesellschaften widmeten sich etwa der Gründung, Finanzierung und Unterhaltung von Hospitälern, Volksschulen, Armen- und Waisenhäusern oder kümmerten sich ganz allgemein um die sittliche Besserung und »verhältnismäßige« Aufklärung des »einfachen Volkes«. In den weiteren Umkreis des Assoziationenwesens gehören auch diejenigen Vereine, die sich der Verbreitung des christlichen Glaubens verschrieben hatten, wie die anglikanische »Society for the Promotion of Christian Knowledge« oder die »Deutsche Christentumsgesellschaft« in Basel.

Die Methoden, deren sich die Gesellschaften bedienten, reichten von statistischen Bestandsaufnahmen als erster Voraussetzung jeder Reform über die Anlage von Mustergütern und -betrieben bis hin zur Etablierung von Wohlfahrtseinrichtungen. Der Mitgliederkreis dieser Gesellschaften setzte sich meist aus den lokalen Honoratioren zusammen: obrigkeitliche Amtsträger, Adlige, Geistliche, Offiziere, Kaufleute, Unternehmer, Ärzte, Professoren. Eine Gesellschaft initiierte oft die Gründung mehrerer Tochtergesellschaften oder unterhielt Korrespondenzen mit der weiteren Umgebung. Öffentliche Wirkung gewann man durch Publikationsreihen und durch die Ausschreibung von Preisaufgaben nach dem Vorbild der wissenschaftlichen Akademien.

In Großbritannien gingen diese Gesellschaften vorwiegend auf private Initiativen zurück. Sie waren Ausdruck eines neuen Bürgergeistes, der die Verantwortung für das Gemeinwohl nicht der Obrigkeit überließ und aus großzügiger Wohltätigkeit zugleich soziales Prestige zog. In anderen Ländern standen die Sozietäten stärker unter obrigkeitlicher Kontrolle (die Statuten mussten in der Regel von der Regierung offiziell bestätigt werden) oder gingen sogar auf obrigkeitliche Anregung zurück. Öffentliche und private Sphäre waren allerdings dabei noch gar nicht eindeutig voneinander zu trennen: In den Sozietäten nahm eine neue Elite, die teilweise an der politischen Gewalt selbst Anteil hatte, teilweise aber auch davon ausgeschlossen war, »öffentliche« Aufgaben wahr, d. h. erfüllte Funktionen, die den Bereich der einzelnen Haushalte überschritten oder überforderten, die aber auch (noch) nicht völlig in staatliche Hand übernommen worden waren.

Eine besondere Form der Geselligkeit, paradoxerweise gerade ein Phänomen des Aufklärungsjahrhunderts, war das Geheimbundwesen, das aus England kam, sich seit den 1730er Jahren mit großer Geschwindigkeit auf dem Kontinent ausbreitete und dabei immer differenziertere Formen annahm.[*]Am Anfang stand der Geheimbund der Freimaurer (»free-masons«, »franc-maçons«), der an die Tradition der mittelalterlichen Dombauhütten anknüpfte und deren altertümliche Geselligkeitsformen und Rituale mit neuem Inhalt erfüllte. Mit dem Anspruch, im Geist christlich-brüderlicher Liebe eine bessere Gesellschaft zu verwirklichen, kultivierte man in den einzelnen Logen ein Ordensleben, dessen Einzelheiten strenger Geheimhaltung unterlagen. Die Mitglieder trafen sich regelmäßig, zunächst in Gast- oder Privathäusern, später meist in eigenen Logengebäuden, zu gemeinsamem Essen, Vorträgen und Diskussionen und nicht zuletzt zur Pflege aufwendiger Gemeinschaftsrituale. Das Verhalten bei den Logensitzungen folgte strengen zeremoniellen Regeln, für deren Übertretung man Strafe zu zahlen hatte. Aufgenommen wurde man nur durch Kooptation und nach einer gewissen Prüfungszeit. Mittels eines komplexen Gruppenzeremoniells stieg der Einzelne schrittweise zu höheren Graden auf und wurde in höhere »Geheimnisse« eingeweiht.

Die Logen folgten den Idealen der christlichen Nächstenliebe, der religiösen Toleranz und des Kosmopolitismus. Um jeden Streit über Staats- und Religionsfragen auszuschließen, wurden diese Gegenstände ausdrücklich aus den Gesprächen der Logenbrüder verbannt. Es ging um die moralische Verbesserung der Mitglieder, von denen die sittliche Vervollkommnung der ganzen bürgerlichen Gesellschaft ihren Ausgang nehmen sollte. In den Logen vereinten sich bewusst Mitglieder verschiedener Konfessionen, Geburts- und Berufsstände; in England waren sogar Juden nicht davon ausgeschlossen. Frauen hatten allerdings generell keinen Zugang. In der Regel waren die Freimaurerlogen – wie die anderen Sozietäten auch – aus Angehörigen der jeweiligen lokalen oder territorialen Eliten zusammengesetzt: aus hohen und niederen Adligen, Beamten, Offizieren, Kaufleuten, Professoren, Freiberuflern, Geistlichen; auch einige Monarchen wie Friedrich der Große oder Kaiser Franz I.

Aufnahmezeremoniell während einer Freimaurerversammlung
Kupferstich, Wien 1745

waren prominente Freimaurer. Zwar setzte das Logenritual
ausdrücklich Stand und Rang des Alltagslebens außer Kraft
und ermöglichte so eine Geselligkeit, die die zeremonielle
Hierarchie der Außenwelt durch eine ebenfalls zeremonielle Egalität ersetzte. Das heißt aber keineswegs, dass
die Logen alle sozialen Schranken überschritten hätten.
Mit wem man im Alltag nicht verkehrte, mit dem setzte
man sich auch in der Loge nicht an einen Tisch. Die Freimaurerei spiegelte und förderte vielmehr die Formierung
neuer sozialer Eliten; ihnen bot sie ein Medium des gesellschaftlichen Verkehrs jenseits der alten ständischen Korporationen.

In England, wo eine schon weitgehend homogene adlig-
bürgerliche Kultur existierte, nahm die Bewegung ihren
Ausgang. Die überregionale Organisation begann 1717, als

sich die vier Londoner Logen zur Großloge von England zusammenschlossen. 1723 gab man sich die erste »Verfassung« und formulierte die so genannten »Alten Pflichten« (vgl. Quelle 12). Nach dem Gründungstag, dem Tag des heiligen Johannes, wurde diese ursprüngliche Form (mit den Graden Lehrling, Geselle und Meister) später »Johannismaurerei« genannt. Schon 1725 gab es die erste Loge in Paris, dann folgten Gründungen in fast allen großen und mittleren Städten Frankreichs. 1789 hatte die französische Freimaurerei nach neuerer Schätzung rund 50 000 Mitglieder (R. Chartier) in insgesamt 698 Logen. Von London und Paris verbreitete sich die Maurerei über ganz Europa, vor allem in den Residenz-, Universitäts- und Handelsstädten. In Deutschland wurde die erste Loge 1737 in Hamburg gegründet, am Ende des Jahrhunderts gab es im ganzen Reich rund 450 Logen. Verlässliche Zahlen liegen nicht vor, aber grobe Schätzungen kommen auf eine Gesamtmitgliederzahl von etwa 25 000. Päpstliche Verbote in den Jahren 1738 und 1751 hatten keinen Erfolg; auch in den katholischen Ländern Südeuropas verbreitete sich die Maurerei äußerst rasch, denn sie erfüllte offenbar auch hier ein verbreitetes Bedürfnis nach neuen Formen geselligen Umgangs.

Im Laufe des Jahrhunderts spaltete sich die Freimaurerei in eine schwer überschaubare Vielzahl konkurrierender »Systeme« auf, und ganz neue Ordensgründungen traten hinzu. Die neuen Richtungen rückten insgesamt das esoterische Moment stärker in den Vordergrund und versprachen den Zugang zu ungeahnten naturphilosophisch-alchimistischen Wahrheiten. Von Frankreich ging die Strömung der so genannten Hochgradmaurerei aus, die so bezeichnet wurde, weil sie den schrittweisen Aufstieg in immer höhere Geheimnisgrade (über die traditionellen drei hinaus) in Aussicht stellte. Die Mitglieder konnten allerdings nicht nach Verdienst und Bewährung aufsteigen, sondern nur durch die Gnade der Oberen, über deren Identität sie im Unklaren gelassen wurden. Diese neuen Systeme, die sozial von Adel und Militär dominiert waren, stellten in mancher Hinsicht eine Gegenbewegung zur klassischen Freimaurerei dar, die gewissermaßen hier nach ihren eigenen Regeln geschlagen werden sollte. Dagegen formierte sich gegen Ende des Jahrhunderts wiederum eine breite Strömung, der es um die Rückkehr zu dem schlichten maurerischen Ideal der Menschenliebe ging, doch vermochte dies die Spaltung des Geheimbundwesens nicht mehr aufzuheben.

Falsch wäre es indessen anzunehmen, dass die klassische Freimaurerei des 18. Jahrhunderts keine esoterischen Züge gehabt hätte. Dass Esoterik und aufklärerische Fortschrittsphilosophie vielmehr Hand in Hand gingen, zeigt sich besonders deutlich am Geheimbund der Illuminaten, einem späten Ableger und Konkurrenten der Freimaurerei, der im Reich kurzfristig zu großer überregionaler Bedeutung gelangte und der so berühmte Männer wie Goethe, Herder und den Herzog von Weimar zu Mitgliedern hatte. 1776 von dem Ingolstädter Jesuitenschüler und Kirchenrechtler Adam Weishaupt gegründet und von Adolf Freiherrn von Knigge überregional organisiert, breitete sich der Orden schnell in Kreisen unzufriedener Freimaurer aus. Er zeichnete sich durch einen hierarchisch-autokratischen Führungsstil und eine strenge gegenseitige Kontrolle und Disziplinierung der Mitglieder aus. Weishaupt vertrat eine teils aufklärerische, teils christliche Geschichtsphilosophie und betrachtete den Orden als Vollzugsgehilfen eines innerweltlichen göttlichen Heilsplanes. Die Vervollkommnung der Gesellschaft sollte von der Vervollkommnung der Einzelnen ihren Ausgang nehmen, so dass sich schließlich die politische Herrschaft von selbst erübrigen werde. Die bayerische Regierung verbot den Orden in ihrem Territorium schon 1785, während er anderswo im Reich fortbestand und seine Mitglieder zahlreiche Führungspositionen – so etwa in der Reichsjustiz – bekleideten.

Nach dem Ausbruch der Französischen Revolution kamen Verschwörungstheorien auf, die die Freimaurerei im

Allgemeinen und den Illuminatenbund im Besonderen als
geheime Drahtzieher des Umsturzes verdächtigten. Das ist
zwar historisch völlig unhaltbar, aber immerhin haben
manche Historiker den Geheimbünden doch insofern einen
indirekt politisch subversiven Charakter zugesprochen, als
dort im Schutz des Geheimnisses quasi-demokratische Formen praktiziert worden seien, die ein Modell für die Reform der Gesellschaft dargestellt hätten. Die neuere Forschung neigt hingegen eher zu der Auffassung, dass es in
den Logen zunächst einmal um das Zelebrieren brüderlicher
Gemeinschaft als solcher ging und dass hier die neuen Eliten ein ihnen gemäßes Forum des sozialen Austauschs fanden. Die Aura des Geheimnisvollen, mit dem sich die Logen umgaben, erhöhte ihre Attraktivität, ohne dass daraus
schon auf die Existenz subversiver Ziele geschlossen werden kann. Immerhin ist festzuhalten, dass die Vielfalt der
Sozietäten ihren Mitgliedern die Erfahrung eines freien,
selbstgewählten, überständischen Zusammenschlusses unter
den Regeln einer selbstgesetzten »Verfassung« ermöglichte.

Druckmarkt, Lesekultur, Öffentlichkeit

Erscheinungsdaten bedeutender Werke

1686	Bernard de Fontenelle, *Entretiens sur la pluralité des mondes*
1687	Isaac Newton, *Philosophiae naturalis principia mathematica*
1688	Fontenelle, *Digression des anciens et des modernes*
1689	John Locke, *A Letter Concerning Toleration*
1690	Locke, *An Essay Concerning Human Understanding*
1693	Locke, *Some Thoughts Concerning Education*
1696/97	Pierre Bayle, *Dictionnaire historique et critique*
1704	Newton, *Opticks*
1706–63	Johann Heinrich Zedlers *Universal-Lexicon*

1711	Anthony Earl of Shaftesbury, *Characteristicks*
1713	Abbé de Saint-Pierre, *Projet pour rendre la paix perpétuelle en Europe*
1714	Gottfried Wilhelm Leibniz, *Monadologie*
1719	Daniel Defoe, *Robinson Crusoe*
1721	Montesquieu, *Lettres persanes*
1725	Giambattista Vico, *La Scienza nuova*
1726	Jonathan Swift, *Gulliver's Travels*
1728	Ephraim Chambers, *Cyclopaedia*
1730	Matthew Tindal, *Christianity as Old as the Creation*
1731	Abbé Prévost, *Manon Lescaut*
1733	Alexander Pope, *An Essay on Man*
1734	Voltaire, *Lettres philosophiques*
1735	Carl von Linné, *Systema Naturae*
1739	David Hume, *A Treatise of Human Nature*
1740	Samuel Richardson, *Pamela*
1744	Leonhard Euler, *Methodus inveniendi lineas curvas*
1746	Diderot, *Pensées philosophiques*
1747	Julien de La Mettrie, *L'Homme machine*
1748	David Hume, *Essays Concerning Human Understanding*
	Montesquieu, *De l'esprit des lois*
1749	Diderot, *Lettre sur les aveugles*
1750	Jean-Jacques Rousseau, *Discours sur les sciences et les arts*
1751–80	Diderot und d'Alembert, *Encyclopédie*
	Voltaire, *Le Siècle de Louis XIV*
1754	Condillac, *Traité des sensations*
1755	Rousseau, *Discours sur l'inégalité*
1758	Claude-Adrien Helvétius, *De l'esprit*
	François Quesnay, *Tableau économique*
1759	Voltaire, *Candide*
	Adam Smith, *The Theory of Moral Sentiments*
1760	Lawrence Sterne, *Tristram Shandy*
1761	Rousseau, *La nouvelle Héloïse*
1762	Rousseau, *Émile ou de l'éducation*
	Rousseau, *Du contrat social*

1764	Cesare Beccaria, *Dei delitti e delle pene*
	Voltaire, *Dictionnaire philosophique*
1765	Anne-Robert-Jacques Turgot, *Réflexions sur la formation et la distribution des richesses*
1766	Gotthold Ephraim Lessing, *Hamburgische Dramaturgie*
1767	Moses Mendelssohn, *Phädon oder über die Unsterblichkeit der Seele*
1768	Johann Joachim Winckelmann, *Geschichte der Kunst des Alterthums*
1770	Abbé Raynal, *Histoire des deux Indes*
	Paul Henri Thiry d'Holbach, *Système de la nature*
	Holbach, *Essay sur les préjugés*
1773	Johann Gottfried Herder, *Auch eine Philosophie der Geschichte zur Bildung der Menschheit*
1774	Johann Wolfgang Goethe, *Die Leiden des jungen Werthers*
1776	Adam Smith, *The Wealth of Nations*
1778 ff.	Buffon, *Histoire naturelle*
1779	Lessing, *Nathan der Weise*
1781	Immanuel Kant, *Kritik der reinen Vernunft*
	Rousseau, *Confessions* (postum)
	Christian Wilhelm Dohm, *Über die bürgerliche Verbesserung der Juden*
1788	Kant, *Kritik der praktischen Vernunft*
1789	Antoine de Lavoisier, *Traité élémentaire de chimie*
1790	Kant, *Kritik der Urteilskraft*
1791	Thomas Paine, *Rights of Man*
1792	Theodor Gottlieb von Hippel, *Über die bürgerliche Verbesserung der Weiber*
1793	Condorcet, *Tableau historique des progrès de l'esprit humain*

Das Prinzip des selbstgewählten sozialen Umgangs, der Freundschaft, auf dem die Sozietäten aufbauten, wurde im 18. Jahrhundert von der neuen adlig-bürgerlichen Mittelschicht überhaupt in besonderer Weise kultiviert. Symptomatisch dafür ist, dass das Wort »Freundschaft« im Deutschen erst jetzt seine noch heute vertraute Bedeutung annahm: Hatte es noch im 17. Jahrhundert den weiteren Kreis der angeheirateten Verwandtschaft bezeichnet, so bedeutete es nun ganz im Gegensatz dazu gerade nicht die tatsächliche, sondern die »Seelenverwandtschaft« – also eine von besonderer persönlicher Emphase, individueller Sympathie und Aufrichtigkeit geprägte Beziehung zwischen Menschen – insbesondere zwischen Männern, aber auch zwischen Frauen, seltener hingegen zwischen Männern und Frauen. Nur von der Freundschaft – im Gegensatz zu den konventionellen und außengeleiteten Verhältnissen von Stand, Amt und Berufsgeschäft – erwartete man die freie Entfaltung der Persönlichkeit, die gegenseitige moralische Vervollkommnung.

Das Ideal der Freundschaft wurde nicht nur im persönlichen Umgang, sondern auch und vor allem in einem neuen Kult des Briefwechsels gepflegt. Die Angehörigen der gebildeten Stände, Männer und Frauen, machten sich dieses Medium im Laufe des 18. Jahrhunderts in einem bisher unbekannten Maße zu Eigen und griffen zur Feder, um sich – auch bei geringer räumlicher Distanz – gegenseitig ihre innersten Gefühle und Gedanken zu offenbaren, über philosophische und wissenschaftliche Fragen zu räsonieren oder auch nur die Ereignisse des Alltagslebens mitzuteilen. Unzählige umfangreiche Privatkorrespondenzen sind aus dem 18. Jahrhundert überliefert, viele darunter von hohem literarischem Rang. Zugleich schrieben viele der Briefpartner auch Tagebücher oder machten autobiographische Aufzeichnungen. Im Zuge einer neuartigen Kultivierung des Gefühls und des individuellen Empfindens wandte man sich in einem Maße dem eigenen Ich zu, wie das in den Jahrhunderten zuvor kaum vorstellbar gewesen war. Allenfalls in der alltäglichen Gewissenserforschung der »Frommen« hatte diese schriftliche Thematisierung des eigenen Selbst einen Vorläufer. Aber auch über alle philosophischen Themen der zeitgenössischen Diskussion tauschte man sich in Brie fen aus. Die auf Reisen geschlossenen Kontakte der Aufklärungszirkel untereinander wurden durch Briefwechsel aufrechterhalten, und die erhaltenen Briefe wurden im Freundeskreis herumgereicht und vorgelesen.

Dialog und Brief, also die Formen des gegenseitigen Austauschs, zählten nicht zufällig im 18. Jahrhundert zu den beliebtesten philosophischen und literarischen Gattungen. Die erfolgreichsten neuen »bürgerlichen« Romane hatten die Form fiktiver Briefwechsel – zu erinnern ist statt unzähliger anderer nur an Goethes *Werther* –, und diese empfindsamen Briefromane wirkten ihrerseits wiederum als Muster für die Verfasser privater Briefe, die hier ihre eigenen Gefühle in Worte gefasst fanden. Auch modellbildende philosophische Traktate wie Lockes *Letters on Toleration*, Voltaires *Lettres philosophiques*, Montesquieus *Lettres persanes* oder Diderots *Lettre sur les aveugles* traten in Briefform auf. Die andere charakteristische Form der philosophischen Abhandlung war der Dialog oder das Gespräch zwischen mehreren fiktiven Teilnehmern. Diese Form hatte eine lange Tradition, sie knüpfte nicht zuletzt an die sokratischen Dialoge Platons an. Was sie im 18. Jahrhundert so beliebt machte, war, dass sie es erlaubte, anstatt eines starren dogmatischen Standpunkts mehrere Perspektiven darzustellen und den Prozess der Aufklärung durch wechselseitigen Austausch unmittelbar abzubilden. Diese Beispiele zeigen, wie sich persönliche und überpersönliche Kommunikationsformen gegenseitig beeinflussten.

Der Markt für Druckschriften, der im Laufe des 18. Jahrhunderts förmlich explodierte, war das breiteste und allgemeinste Medium der Aufklärung, der »marketplace of ideas« im wörtlichen Sinne. Das Medium des Buchdrucks kam den gestiegenen Kommunikationsbedürfnissen der gebildeten Stände in hohem Maße entgegen; es hob ihren Austausch über die Grenzen des individuellen Kontakts hinaus und schuf einen öffentlichen Raum, an dem jeder teilhaben konnte, der des Lesens und Schreibens ausreichend mächtig war und über genug Geld zum Erwerb von Druckschriften verfügte. Da das Verfassen von Büchern, Zeitungs- und Zeitschriftenbeiträgen noch nicht in dem gleichen Maße professionalisiert war wie heute, hatten wesentlich größere Teile des Publikums nicht nur passiven, sondern auch aktiven Anteil daran. Friedrich Schiller hat sein Zeitalter zu Recht das »tintenklecksende Saeculum« genannt (*Die Räuber* I,2). Die Mitglieder der gebildeten Stände – und nicht selten auch Frauen – beteiligten sich an den öffentlichen Diskursen, indem sie an Zeitschriften- und Enzyklopädie-unternehmen mitarbeiteten, Leserbriefe schrieben, ihre Tagebücher, Autobiographien und Briefe herausgaben und zahllose wissenschaftliche und philosophische Abhandlungen veröffentlichten.

Das gedruckte Wort wurde zur Massenware. Die schiere Zahl der jährlich erscheinenden Titel stieg, und die Auflagen wurden höher. Damit konnten die Bücher zugleich preiswerter angeboten werden. Die Mehrzahl erschien überdies nicht mehr in der teuren Form großer, ledergebundener Folianten, sondern im kleineren Quart- und vor allem Oktavformat. Mit der berühmten französischen »Bibliothèque bleue« wurden erstmals berühmte Romane in billiger Broschurform als Reihe angeboten und so einem viel größeren Käuferkreis zugänglich als zuvor.

Die zunehmende Kommerzialisierung des Buchwesens bedeutete auch, dass immer mehr Menschen allein von der Schriftstellerei zu leben versuchten, während immer noch die meisten Autoren nur in ihren »Nebenstunden« Bücher schrieben. Lessing oder Diderot sind prominente Beispiele dafür, dass man vom Schreiben allein in Deutschland und Frankreich eher schlecht als recht leben konnte, während es in England schon ein so großes wohlhabendes Lesepublikum gab, dass ein Schriftsteller wie David Hume mit seiner *History of England* ein kleines Vermögen verdienen konnte. Die beginnende Professionalisierung der Schriftstellerei machte nun erstmals den mangelnden Schutz der Urheber-

schaft zum Problem. Texte wurden nämlich nicht nur
schrankenlos nachgedruckt, sondern auch von anderen
Schreibern übernommen, gekürzt, erweitert, umgestaltet
und ganz selbstverständlich unter dem eigenen Namen veröffentlicht. Dieses Verhältnis zu Text und Autorschaft veränderte sich im 18. Jahrhundert grundlegend. Es entstand
der Begriff des geistigen Eigentums, dem man durch erste
Ansätze eines Urheberrechts Geltung zu verschaffen suchte.

Mit der quantitativen Expansion des Druckmarktes ging
ein qualitativer Wandel des Gedruckten einher. Vor allem
verschoben sich die inhaltlichen Akzente: Der Anteil religiöser Literatur (Bibel, Gebet- und Gesangbücher, Erbauungsschriften usw.) am Gesamtaufkommen des Buch-
marktes ging zurück, dagegen stieg der Anteil der wissenschaftlichen und der »schönen« Literatur. Die Zahl der
lateinischen Schriften nahm ab zugunsten der volkssprach-
lichen; die Zahl der populären Lesestoffe wuchs gegenüber
der der fachgelehrten Schriften (obwohl auch diese insgesamt anstieg). Die Belletristik gewann einen größeren Anteil am Buchmarkt als je zuvor; die große Zeit des »bürgerlichen Romans« brach an.

Diese Verschiebung der inhaltlichen Gewichte zeigt an,
dass Interessen und Zusammensetzung des Lesepublikums
sich wandelten: von einem fachgelehrten zu einem im weiten Sinne gebildeten Leserkreis, zu dem auch in großer Zahl
Frauen gehörten. Die Möglichkeiten der Leser, an Lektüre
zu gelangen, wurden zunehmend verbessert. Von den Lesegesellschaften war schon die Rede. Außerdem richteten die
Buchhändler in ihren Geschäften Lesekabinette ein; private,
klösterliche oder fürstliche Büchersammlungen wurden allmählich wenigstens zeitweise für das Publikum geöffnet;
erste öffentliche Leihbibliotheken entstanden.

Allerdings fand die Ausdehnung des Lesepublikums immer noch eine soziale Grenze in der mangelnden Schreib-
und Lesefähigkeit der unteren Schichten. Die Alphabetisierung der Bevölkerung war das zentrale Anliegen der Auf-

Bibliothek und Buchladen
Illustration in der »Bildergalerie weltlicher Misbräuche«
von Pater Hilarion, 1785

klärer; nur so konnte der »gemeine Mann« ja überhaupt von ihnen erreicht werden. Zwar hatte schon die Schulgründungswelle der Reformation und Gegenreformation im 16. Jahrhundert einen allgemeinen Alphabetisierungsschub bewirkt, aber ein flächendeckendes Elementarschulwesen oder eine allgemeine Schulpflicht gab es noch nicht (vgl. zu den Bildungsreformen Kap. 8). Auf dem Land existierten zwar Schulen in den Dörfern und Pfarreien, die sich neben der rudimentären Ausbildung im Lesen, Schreiben, Rechnen vor allem dem Auswendiglernen des jeweiligen Katechismus widmeten. Aber dorthin wurden die Kinder von ihren Eltern nur dann geschickt, wenn man ihre Arbeitskraft entbehren konnte. Allerdings waren die Angehörigen der unteren Schichten in Stadt und Land in der Regel nicht völlig leseunkundig und konnten außerdem über das Vorlesen im Haus, auf der Kanzel und im Dorfgasthaus an der Schriftkultur teilhaben. Waren sie mit Schriftlichem bisher nur in Form von Anschlägen, Flugblättern, Volksbibeln und religiösen Erbauungsschriften in Berührung gekommen, so wurden sie nun von den Volksaufklärern mit einer breiten, volkstümlich und »leicht fasslich« geschriebenen Sachliteratur überschwemmt, die sie nun nicht mehr nur in moralisch-religiöser, sondern auch in wirtschaftlich-praktischer Hinsicht bilden und von Aberglauben, Vorurteilen und schädlichen Gewohnheiten befreien sollte (vgl. Quelle 19).

Auch wenn die Alphabetisierung der Bevölkerung noch keineswegs vollständig gelang, so kann man doch für das 18. Jahrhundert von einer »Leserevolution« sprechen. Mit der quantitativen Zunahme der Lektüre veränderte sich auch das Leseverhalten. Hatte man zuvor – außerhalb des professionellen Gelehrtenstandes – in der Regel ein und dasselbe, meist religiös-erbauliche Buch immer wieder aufs Neue gelesen, und zwar laut und vor Zuhörern, etwa im Kreis der Familie, so ging jetzt die Tendenz zu einer Extensivierung und Intimisierung der Lektüre, d. h., man las jetzt viele Bücher jeweils nur einmal, und zwar leise und für sich allein. Das veränderte das Verhältnis der Leserinnen und Leser zum Buch grundlegend; das Buch wurde – zumindest in den gebildeten Ständen – zunehmend »desakralisiert« (R. Chartier). Mit anderen Worten: Es hörte auf, ein Gegenstand religiöser Verehrung zu sein, und wurde zum Gegenstand des alltäglichen Konsums. Das beeinflusste wiederum das Verhältnis der Leser zum Inhalt der Lektüre, die nicht mehr als unbezweifelbare Autorität, sondern als Bestandteil eines vielstimmigen Diskurses erschien.

Kennzeichnend für die tiefgreifenden Veränderungen des Druckmarktes im Laufe des 18. Jahrhunderts ist schließlich vor allem die Expansion der periodischen Schriften: der Zeitschriften und Zeitungen. Zu Beginn des Jahrhunderts eroberte eine neue literarische Gattung ein immer größeres Publikum, eine Gattung, die für die Frühaufklärung besonders charakteristisch war: die Moralischen Wochenschriften oder »moral weeklies« (vgl. Quelle 13). Die englischen Zeitschriften *The Tatler* (1708–11), *The Spectator* (1711–12) und *The Guardian* (1713) von Richard Steele und Joseph Addison wirkten gattungsbildend und wurden überall in Europa nachgeahmt – in Deutschland etwa, um nur zwei besonders erfolgreiche Beispiele zu nennen, durch Johann Christoph Gottscheds *Die vernünftigen Tadlerinnen* (1725–26) oder die Hamburger Wochenschrift *Der Patriot* (1724–26, mit einer Auflagenhöhe von bis zu 6000 Exemplaren, wobei jedes Exemplar in der Regel mehrere Leser fand). Eine bisher kaum erschlossene Vielzahl solcher Periodika, die oft allerdings nicht über ein bis zwei Jahrgänge hinauskamen, prägte den Buchmarkt der ersten Jahrhunderthälfte. Sie trafen offenbar den Lesegeschmack der Zeit sehr genau und befriedigten die wachsende Nachfrage eines nicht-fachgelehrten Publikums nach abwechslungsreicher Lektüre und normativer Orientierung. So richteten sich die Moralischen Wochenschriften ausdrücklich auch an Frauen, ja es gab sogar eigens solche für Kinder. Die wöchentlich erscheinenden Blätter enthielten keine politischen oder anderen aktuellen

Informationen, sondern bestanden vorwiegend aus einer Mischung unterschiedlicher literarischer Kurzformen: Erzählungen, Fabeln, Briefe, Dialoge, Gedichte. All das diente in erster Linie der sittlichen Belehrung; die unterhaltsame Form war Mittel zum Transport des moralischen Inhalts. Mit erhobenem pädagogischem Zeigefinger vermittelten die Wochenschriften Werte wie Fleiß, Sparsamkeit, Bescheidenheit, Keuschheit, Ehrlichkeit und tätige Nächstenliebe. Mit den »moral weeklies« trafen die stände-, alters- und geschlechterübergreifenden Pädagogisierungsbemühungen der Aufklärer auf ein entsprechendes Unterhaltungs- und Bildungsbedürfnis der Adressaten, die zum Teil auch selbst als Korrespondenten an der Gestaltung der Blätter mitwirkten.

Die Moralischen Wochenschriften waren indessen nur *ein* Bestandteil des Zeitschriften- und Zeitungsmarktes, dessen Anfänge weit zurückreichten. Schon im 17. Jahrhundert gab es Wochen- und Monatszeitschriften und erste Zeitungen, also mehrmals wöchentlich erscheinende Blätter. Die bedeutendsten frühen Periodika waren solche, die sich an das Gelehrtenpublikum wandten und einen Überblick über den wachsenden wissenschaftlichen Buchmarkt vermittelten – so das *Journal des savants* seit 1655, Pierre Bayles *Nouvelles de la république des lettres* seit 1684 oder die Leipziger *Acta eruditorum* seit 1682. Neben solchen bibliographisch-literarischen Rezensionsorganen gab es allerdings auch schon im 17. Jahrhundert politische Zeitschriften. Führend war darin das Römisch-Deutsche Reich, dessen territoriale Zersplitterung dem politischen Zeitschriftenwesen günstig, einer effektiven Zensur hingegen ungünstig war. Im Reich und in dessen einzelnen Ländern gab es eine überregionale gelehrte Öffentlichkeit, die sich in Periodika wie dem *Theatrum europaeum* oder den *Frankfurter Meßrelationen* regelmäßig über diplomatische, höfische oder militärische Neuigkeiten unterrichten konnte. Auch mehrmals wöchentlich gedruckte Nachrichtenblätter, also Zeitungen im modernen Sinne, gab es zuerst in Deutschland. Das erste, wenn auch noch nicht täglich gedruckte Blatt erschien 1605 in der Reichsstadt Straßburg, die erste Tageszeitung seit 1650 in Leipzig. Eine solche politische Tagespresse entstand europaweit erst im 18. Jahrhundert; in England etwa war die erste Tageszeitung der *Daily Courant* von 1702. Die frühen Zeitungen beschränkten sich lange Zeit noch weitgehend auf unkommentierte »Merkwürdigkeiten« über Kriegführung und Diplomatie, Hofklatsch und Naturkatastrophen, Missgeburten und Himmelserscheinungen. Die meisten hatten eingeschränkte regionale oder lokale Absatzgebiete; nur wenigen gelang es, ein überregionales Publikum zu erreichen.

Wenn auch die Entstehung des Zeitungs- und Zeitschriftenmarktes weit ins 17. Jahrhundert zurückreicht, so sind doch im 18. Jahrhundert verschiedene Tendenzen zu beobachten, die eine quantitative und qualitative Veränderung bewirkten. Zum einen stieg die Zahl der Zeitungen und Zeitschriften im letzten Drittel des 18. Jahrhunderts geradezu explosionsartig an; und einzelne Periodika erlangten überregionale Verbreitung, so etwa der *Hamburgische Unpartheyische Korrespondent* oder der *Mercure de France*. Zum anderen differenzierte sich der Markt für Periodika immer stärker: Es erschienen Frauen- und Kinderzeitschriften, Mode- und Volksblätter, gelehrte und populäre Zeitschriften literarischen und naturwissenschaftlichen, historischen und politischen Inhalts, Periodika der verschiedenen Sozietäten und Akademien, Anzeigen- und »Intelligenzblätter«. Und zum Dritten politisierte sich das Zeitschriften- und Zeitungswesen immer mehr. Neben den gelehrtfachwissenschaftlichen Diskurs und an die Stelle der moralischen Belehrung trat im letzten Drittel des Jahrhunderts zunehmend das kritisch-politische Räsonnement. Weniger die Tageszeitungen als vielmehr die großen literarisch-politischen Zeitschriften boten ein Forum für die kritische Diskussion politischer Grundsatzfragen und aktueller Ereignisse. Statt bloßer Nachrichtenübermittlung wechselten nun zunehmend Korrespondentenberichte mit Kommentaren, und es entspannen sich politische Debatten zwischen Herausgebern und Lesern über zahlreiche Nummern einer Zeitschrift hinweg. Themen wie der Unabhängigkeitskampf der amerikanischen Kolonien, die Freigabe des Getreidehandels, der Bürgeraufstand in Genf und die Volksunruhen in England, die Skandale um die Jesuiten, die Finanzmisere in Frankreich oder die obrigkeitlichen Reformen aufgeklärter Monarchen – über all das wurde nicht nur trocken Bericht erstattet, sondern auch kontrovers diskutiert.

Einer der am meisten Aufsehen erregenden und frühesten öffentlich diskutierten Fälle war die Calas-Affaire 1762–65: Der Hugenotte Jean Calas war in einem umstrittenen Prozess wegen Mordes an seinem Sohn hingerichtet worden. Voltaire griff diesen Fall auf und prangerte ihn als konfessionspolitisch motivierten Justizmord an. Sein öffentliches Engagement führte schließlich dazu, dass das Urteil postum revidiert wurde. Damit feierte die »öffentliche Meinung« zum ersten Mal einen spektakulären Triumph und etablierte sich als übergeordnete politisch-moralische Instanz. Im letzten Drittel des Jahrhunderts veröffentlichten engagierte Aufklärerzirkel in allen europäischen Ländern Periodika, in denen über Grundsatzfragen wie religiöse Toleranz und Volksaufklärung, Leibeigenschaft und Handelsfreiheit, Gesetzesreform und Pressezensur gestritten wurde – von der Debatte in der *Berlinischen Monatsschrift* über das Wesen der Aufklärung war schon in der Einleitung die Rede. Berühmte Meinungsführer waren etwa die niederländische *Gazette de Leyde*, in England der konservative *Craftsman* oder der radikale *North Briton*, in Deutschland die *Stats-Anzeigen* des Göttinger Politikprofessors August Ludwig Schlözer und die *Deutsche Chronik* des Württembergers Christian Daniel Friedrich Schubart.

All das konstituierte eine Sphäre des öffentlichen Austauschs, der sowohl die Grenzen von Stand, Amt und Beruf als auch die Grenzen der Territorien überschritt. Das Publi-

kum, das lesend und schreibend über diese Medien an dem
gemeinsamen Diskurs teilhatte, nahm für sich das Recht
und die Fähigkeit in Anspruch, in allen Fragen des menschlichen Denkens und Handelns ein vernünftiges Urteil zu
fällen. Die »öffentliche Meinung« etablierte sich als Ersatz
für mangelnde andere politische Partizipationsmöglichkei-
ten. Viele Aufklärer versprachen sich optimistischerweise
von einem solchen – in vernünftigen Schranken geführten –
öffentlichen Diskurs, dass er allein schon der Wahrheit und
damit auch dem rechten politischen Handeln zum Durch-
bruch verhelfen werde. Das politische Pressewesen schuf einerseits die Voraussetzungen für die politische Urteilsfähigkeit der Untertanen und gab ihnen andererseits zugleich die
Möglichkeit, diese Urteilsfähigkeit unter Beweis zu stellen.

Damit waren allerdings die herrschenden politischen Eliten herausgefordert, die traditionell ihr Geschäft weitgehend im Geheimen, als »Arkanum« zu betreiben gewohnt
waren. Der öffentliche Diskurs stieß in den verschiedenen
Ländern unterschiedlich schnell an politische Grenzen, die
von der obrigkeitlichen Zensur gezogen wurden. Traditionell war die Kontrolle des Druckmarktes Sache der Kirche gewesen, deren Index der verbotenen Bücher sich allerdings kaum noch Geltung verschaffen konnte. Ihre Autorität wurde von den einzelstaatlichen Zensurbehörden
verdrängt, die sich ebenfalls in erster Linie gegen religiösen
Nonkonformismus richteten. In den meisten Staaten bedurften gedruckte Schriften eines obrigkeitlichen Impri-
matur; die Praxis, mit der dies gehandhabt wurde, war allerdings sehr unterschiedlich. In England war 1694 der so
genannte Licensing Act ausgelaufen und nicht mehr verlän-
gert worden, ein Gesetz, das den Druck jedes Buches staatlicher Kontrolle unterworfen hatte. Damit herrschte offiziell Druckfreiheit, die jedoch de facto dadurch eingeschränkt
wurde, dass man missliebige Autoren wegen Aufruhrs anklagen konnte. Das toleranteste Klima herrschte in den
konfessionell pluralistischen Niederlanden; in Amsterdam

oder Den Haag konnten all die Bücher erscheinen, die andernorts verboten waren. In Dänemark (1770) und in den habsburgischen Ländern (1781) wurde gar jede Zensur abgeschafft, weil sich die radikalen Reformer (hier Struensee, dort Joseph II.) davon publizistische Unterstützung gegen die oppositionellen Kräfte in Adel und Kirche versprachen; in beiden Fällen währte indessen die völlige Pressefreiheit nicht lange. In allen anderen Ländern versuchte die Obrigkeit den Druckmarkt zu kontrollieren – mit mehr oder weniger großem Nachdruck. Dass die Meinungs- und Druckfreiheit nicht völlig grenzenlos sein dürfe, darüber waren sich die meisten Aufklärer mit den Obrigkeiten grundsätzlich einig; nur *wo* die Grenzen des bürgerlichen Gehorsams, des religiösen Respekts und der guten Sitten genau verliefen, darüber war man uneins. In den Zensurbehörden selbst saßen vielerorts Anhänger der Aufklärung, die ihr Amt großzügig ausübten. So führte etwa in Frankreich jahrzehntelang Guillaume Lamoignon de Malesherbes die Oberaufsicht über das gesamte Buchwesen, ein aufklärerisch gesonnener und zugleich loyaler Beamter, der versuchte, zwischen dem Zensuranspruch der Regierung und dem Öffentlichkeitsanspruch der Philosophenzirkel ein labiles Gleichgewicht herzustellen (vgl. Quelle 14). Doch selbst wenn man die Zensur lückenlos und streng zu handhaben suchte, so stieß man auf Schwierigkeiten bei der Durchführung. Kein Staat verfügte bereits über einen modernen Kontrollapparat, so dass auswärts gedruckte oder anonyme Schriften sich nicht unterdrücken ließen und privat in Aufklärerkreisen mit desto größerem Interesse herumgereicht wurden.

Die neue, ständeübergreifende Geselligkeit und die überregionale Kommunikation kennzeichnen das Jahrhundert der Aufklärung ebenso wie die neuen Ideen. Die mündlichen und schriftlichen *Formen* der Kommunikation waren mit den *Methoden und Inhalten* des Denkens selbst untrennbar verflochten: Die Empfindsamkeit des 18. Jahrhun-

derts wäre nicht denkbar ohne die Briefkultur, der Kosmopolitismus nicht ohne das grenzüberschreitende Reisen, die
wissenschaftliche Empirie nicht ohne die gelehrten Sozietäten, der Gedanke der Volksaufklärung nicht ohne die Ökonomischen Gesellschaften und die politische Kritik nicht
ohne das Pressewesen.

6
Ein Jahrhundert der Weiblichkeit?
Familienstrukturen, Geschlechterrollen,
Erziehung

Haus und Familie

In welchem Sinne kann man das 18. Jahrhundert als ein
Jahrhundert der Weiblichkeit bezeichnen? Schließlich waren
überall in Europa die Frauen ähnlich unmündig wie heute
die Kinder; sie bedurften eines männlichen Vormunds (in
der Regel ihres Vaters oder Ehemanns), um Rechtsgeschäfte
zu tätigen, und sie waren von der Teilhabe am politischen
Leben weitgehend ausgeschlossen (sofern ihnen nicht das
traditionelle dynastische Erbrecht Regentinnenpflichten zu-
wies). Was also spricht dafür?

Die Bezeichnung entsprach der Selbsteinschätzung vieler
Zeitgenossen. Ihr Stolz, in einer Epoche des Fortschritts
und der Zivilisation zu leben, stützte sich auf das Argument, der sittliche Zustand einer Kultur lasse sich am besten
an der Lage des weiblichen Geschlechts ablesen, und sie waren der Überzeugung, dass dessen Lage – zumindest in den

gebildeten mittleren Ständen – den bisher höchsten Stand in der Menschheitsgeschichte erreicht habe. Der hohe zivilisatorische Standard des gegenwärtigen Zeitalters drücke sich darin aus, dass die Frauen nicht mehr geknechtet und ausgebeutet würden, dass sie vielmehr mit ihren Männern partnerschaftlichen Umgang pflegten und ihnen an Herzens- und Verstandesbildung nicht nachstünden. Von diesem Zustand setzte sich die Lage der Frauen zu anderen Zeiten und bei anderen Völkern unvorteilhaft ab: Polygamie, Sklaverei, aber auch weibliche Amazonenherrschaft waren die Gegenbilder. An Gleichheit oder Gleichberechtigung der Geschlechter dachte man aber dabei nicht, im Gegenteil: Vielmehr schienen die Frauen der mittleren Stände erst jetzt wirklich ihrer naturgemäßen Bestimmung gerecht zu werden: Sie seien von der harten körperlichen Arbeit der Frauen des gemeinen Volkes ebenso befreit wie von der unnatürlichen Verfeinerung des Hoflebens und könnten sich so ausschließlich ihren natürlichen Pflichten widmen: nämlich der Aufsicht über das Hauswesen, der liebenden Sorge für den Ehemann und der aufopferungsvollen Mutterschaft und Kindererziehung. Was den Zeitgenossen als historische Errungenschaft erschien, war also ein spezifisches Weiblichkeitsideal, das den Lebensumständen der neuen Mittelschichten entsprach.

Diese Lebensumstände unterlagen seit dem 18. Jahrhundert einem signifikanten Wandel, der sich – sehr vereinfacht – als Wandel vom »ganzen Haus« zur »bürgerlichen Familie« beschreiben lässt. Der Begriff des »ganzen Hauses« (griech. *oikos*) ist von dem Historiker Otto Brunner geprägt worden, um die vormoderne Einheit von Leben und Wirtschaften idealtypisch zu fassen. Es kennzeichnet danach das »ganze Haus« im Gegensatz zur modernen Familie, dass es die primäre soziale, rechtliche, politische und wirtschaftliche Einheit zugleich darstellte. Das heißt: Die im Haus zusammenlebenden Menschen erwirtschafteten darin gemeinsam ihren Lebensunterhalt. Das Haus war die »Nahrungsstelle«, es stellte die Grundlage der wirtschaftlichen Subsistenz dar, entweder materiell in Gestalt von Grund und Boden oder in Gestalt des Rechts, ein Handwerk oder Amt auszuüben. Das galt sowohl für das adlige Gut als auch für die bäuerliche Hofstelle, es galt für den städtischen Handwerkerhaushalt und das protestantische Pfarrhaus. Das Haus war ein hierarchischer Personen- und Herrschaftsverband mit Hausherr und Hausfrau an der Spitze, den Kindern, dem Gesinde und den am wirtschaftlichen Erwerb Beteiligten, wie Lehrlingen, Kaufmannsgehilfen usw. Die Gruppe war also nicht primär über die Abstammung, sondern über das gemeinsame Wirtschaften und über die Herrschaft des Hausherrn definiert. Partizipationsrechte an dem jeweils übergeordneten sozialen Verband (dem Dorf, der Stadt, der Adelskorporation usw.) kamen nicht den einzelnen Mitgliedern, sondern dem Hausverband als ganzem zu; ausgeübt wurden sie von dem Hausherrn (oder gegebenenfalls seiner Witwe).

Der Kern der Familienwirtschaft des »ganzen Hauses« war das Ehepaar. Die Ehe war in der Regel die Voraussetzung zur Gründung oder Übernahme eines eigenen Haushaltes; und umgekehrt war die Verfügung über eine »Nahrungsstelle« meist Voraussetzung für die Eheschließung. Die Ehe als Kern der sozialen und wirtschaftlichen (beim Adel auch der politischen) Ordnung war keinesfalls in das persönliche Belieben der Einzelnen gestellt, denn zu vieles hing davon ab: die Aufrechterhaltung der Ständegrenzen, die Besitzweitergabe, die Bewahrung der wirtschaftlichen Ressourcen für kommende Generationen. Das muss nicht heißen, dass individuelle Sympathie für die Eheschließung niemals eine Rolle gespielt hätte, aber im Zweifelsfall mussten die persönlichen Neigungen sich den wirtschaftlichen und (im Adel) politischen Erwägungen der Familien unterordnen.

Das gemeinsame Wirtschaften und die jeweilige Art des Lebensunterhalts prägten in hohem Maße die sozialen Verhältnisse innerhalb des Hauses, zwischen Mann und Frau, Eltern und Kindern, Herrschaft und Gesinde, Alten und Jungen. Besonders deutlich wird das am Beispiel des Bauernhaushalts, des idealtypischen »ganzen Hauses« schlechthin: Die Beziehung zwischen Hausherrn und Hausfrau war dadurch gekennzeichnet, dass beide existenziell aufeinander angewiesen waren und ein »Arbeitspaar« bildeten. Als Sinn und Zweck der Ehe galten Fortpflanzung und Aufzucht der Nachkommen. Nur in diesem Rahmen hatte auch die wechselseitige Liebe der Ehegatten ihren Platz. Es gab mehr oder weniger flexible Regeln der geschlechtsspezifischen Arbeitsteilung, die der Frau eher den innerhäuslichen, dem Mann eher den außerhäuslichen Bereich zuwiesen. Jedenfalls aber wirkten beide Geschlechter zum Erwerb des Lebensnotwendigen zusammen. Auch das Verhältnis zwischen Eltern und Kindern war durch ökonomische Notwendigkeiten bestimmt: Die Kinder wuchsen im Umgang mit den Erwachsenen in ihre späteren Pflichten und Tätigkeiten hinein und erwarben die nötige Ausbildung durch Mitarbeit. Die Versorgung von Invaliden, Kranken, Waisen und Alten fiel ebenfalls prinzipiell in den Funktionsbereich des Hauses.

Das »ganze Haus« als Inbegriff aller elementaren sozialen Funktionen (wohlgemerkt eine idealtypische Vereinfachung, die nicht als romantisches Idyll misszuverstehen ist) büßte nun in der frühen Neuzeit tendenziell immer mehr seiner Funktionen ein. Für die Ausbildung der Kinder wurden Schulen in dem Maße wichtiger, wie das für die verschiedenen Tätigkeiten erforderliche Wissen komplexer und die Schriftlichkeit im Alltag unentbehrlicher wurde. Um die Versorgung von Kranken, Waisen und Invaliden kümmerten sich immer mehr kirchliche, städtische und staatliche Institutionen. Und vor allem: Die Erzeugung von Gütern aller Art verlagerte sich mit fortschreitender marktwirtschaftlicher Verflechtung auf spezialisierte Gewerbezweige, d. h., immer weniger von dem, was man brauchte, produzierte man im Haushalt selbst.

Zugleich führten die schon beschriebenen Entwicklungen der Gesellschaftsstruktur dazu, dass immer mehr Menschen außerhalb des »ganzen Hauses« lebten. Für sie stellte der Haushalt nicht mehr zugleich die Nahrungsgrundlage dar: so am einen Ende des sozialen Spektrums die freien Lohnarbeiter, die nicht mehr unter der Gewalt eines Hausherrn standen, am anderen Ende solche Gruppen wie etwa die obrigkeitlichen Amtsträger. In diesen Gruppen entwickelten sich Erwerbsleben und Familienleben immer weiter auseinander.

Für das Zeitalter der Aufklärung war nun wesentlich, dass gerade in den meinungsbildenden Schichten, im Besitz- und Bildungsbürgertum, diese Trennung von Erwerbsleben und Familienleben, von Berufs- und Privatsphäre besonders weit fortgeschritten war. Das hieß für das Verhältnis zwischen Mann und Frau, dass der Mann außerhalb des Hauses seinem Erwerb nachging und dafür ein Gehalt oder einen Lohn empfing, während die Frau am Broterwerb nicht mehr unmittelbar beteiligt war, sondern dem Haushalt vorstand und nur mehr für den Konsum sorgte. Sehr vereinfacht gilt, dass die Frauen in dem Maße vom Erwerbsleben ausgeschlossen wurden, wie es sich professionalisierte, d. h. eine spezifische Ausbildung verlangte und festen Zugangsregeln unterworfen wurde.

Man darf sich allerdings die Trennung von Familie und Beruf noch nicht allzu modern vorstellen. In viel größerem Maße als heute waren auch im Bürgertum Wohnstätte und Arbeitsplatz miteinander verbunden, die Familienmitglieder in die Tätigkeit des Hausherrn und umgekehrt dessen Gehilfen in das Familienleben einbezogen. Die Pfarrfrau half ihrem Mann in vielerlei Funktionen; die Professorenfrau bewirtete die Studenten, die ins Kolleg zum Professor nach Hause kamen; der Apotheker und der Arzt übten ihren Beruf im eigenen Haus aus und ließen sich von ihren Familienmitgliedern dabei assistieren. Die Frau hatte auch in bürgerlichen Haushalten noch wesentlich mehr Aufgaben als heute: Sie stand dem Gesinde vor und war für dessen sittlichen Lebenswandel verantwortlich, sie übernahm den Elementarunterricht der Kinder, sie trieb Vorratswirtschaft und stellte zusammen mit dem Gesinde immer noch einen Teil der Güter für den täglichen Bedarf selbst her.

Dennoch ist die Tendenz unübersehbar, dass Privatsphäre und Erwerbssphäre sich gerade in den gebildeten »Mittelschichten« auseinander entwickelten. Das ist schon äußerlich an der Aufteilung der Wohnungen zu erkennen: Privaträume einerseits und Amtsräume, Kontor, Büro andererseits wurden voneinander getrennt; Gesinde und Dienstboten wurden räumlich (und damit sozial) von den eigentlichen Familienmitgliedern distanziert. Die Kernfamilie aus

Die Ehrliebe. Exempel an zwei Kindern,
die von ihren Eltern gelobt werden

Radierung von Daniel Chodowiecki, 1774

Eltern und Kindern wurde stärker nach außen abgeschirmt, ihr Umgang wurde intimer und spielte sich zunehmend in einer separaten Sphäre ab.

Den äußeren Veränderungen der Lebensumstände entsprach ein Wandel der Normen. Zunehmend erschien die Welt der Arbeit und des Erwerbs als »das feindliche Leben«, das von den rauen Gesetzen des Marktes und der Konkurrenz beherrscht war, während die intime Welt des Hauses – der Frau und der Kinder – als Zuflucht und Hort des Gefühls davon abgegrenzt wurde. Sowohl das Verhältnis zwischen den Geschlechtern als auch das Verhältnis zwischen Eltern und Kindern wurde nun in besonderer Weise aufgewertet und emotional aufgeladen; das Familienleben wurde zum Ort einer neuen Gefühlskultur, die sich ausdrücklich von den Verhältnissen im Hofadel einerseits und im »gemeinen Volk« andererseits absetzte.

Geschlechterverhältnisse

Die Ehe war nach wie vor die erstrebenswerteste Lebensform; sie bedeutete vor allem für die Frau eine erhebliche Verbesserung ihres sozialen Prestiges und bestimmte ihre soziale Stellung. Der Status der Ehefrau (und der ehelichen Kinder) bemaß sich nämlich im Bürgertum wie in allen Ständen nach dem Status des Mannes: Die Frau des Pfarrers war die Frau Pfarrerin, die des Professors die Frau Professorin, die des Amtmanns die Frau Amtmännin usw. Auch bei standesungleichen Heiraten folgten Frau und eheliche Kinder grundsätzlich dem Stand des Mannes (nur im Hochadel mussten sie dabei Rechtsnachteile in Kauf nehmen). Erziehung und Ausbildung eines Mädchens waren vollständig darauf ausgerichtet, dass es Ehefrau und Mutter werden sollte. Der Status der unverheirateten Frau galt als sozial minderwertig – in protestantischen Ländern noch erheblich mehr als in katholischen, wo der zölibatäre Stand der Nonne zwar traditionell als der gottgefälligere galt, aber im 18. Jahrhundert ebenfalls zunehmend geringschätziger betrachtet wurde. Auch im Bürgertum war die Eheschließung daran gebunden, dass die wirtschaftliche Lebensgrundlage gesichert war – der Mann also ein Auskommen als Kaufmann, Amtsinhaber usw. hatte. Deshalb war es die Regel, dass zumindest die Männer im Durchschnitt erst mit 25–30 Jahren heirateten. Wie in den anderen Ständen, so übten auch im Bürgertum die Eltern insbesondere des Mädchens Einfluss auf die Wahl des Ehepartners aus und kontrollierten den Kreis der möglichen Kandidaten. Da aber der Lebensunterhalt hier weniger als in anderen Ständen von der Besitzübergabe und mehr von der persönlichen Qualifikation und Leistung des Mannes abhing, konnten auch bei der Wahl des Ehepartners die wirtschaftlichen Auswahlkriterien hinter denen der individuellen Neigung zurücktreten. Wo das Erbe nicht allein ausschlaggebend für die wirtschaftliche Existenz war, verlor auch der elterliche Wille an Einfluss. Und wo der Mann die Frau nicht mehr so sehr als wirtschaftliche Arbeitspartnerin brauchte, gewannen neben der Arbeitskraft andere Persönlichkeitsmerkmale an Bedeutung. All das führte dazu, dass im Verhältnis der Eheleute zueinander die persönliche Neigung eine weit größere Rolle zu spielen begann. Was die Frau in Haushalt und Familie an wirtschaftlicher Bedeutung verlor, gewann sie an emotionaler Bedeutung für den Mann.

Die Liebe zwischen den Eheleuten erlangte im Laufe des 18. Jahrhunderts einen ganz neuen Stellenwert und wurde – nicht zuletzt nach literarischen Vorbildern – auf neue Weise kultiviert. War die eheliche Liebe traditionell als Mittel zum Zweck – nämlich der Fortpflanzung und Kinderaufzucht – angesehen worden, so wurde nun das Verhältnis tendenziell umgekehrt und die Ehe in den Dienst der Liebe gestellt.

Heyrath durch Zuneigung
Mariage par Inclination

Radierung von Daniel Chodowiecki, 1788

Galt traditionell die Liebe zwischen den Eheleuten als wünschenswerte Folge, die sich im Laufe der Ehe günstigenfalls einstellen sollte, so wurde sie nun umgekehrt zur Voraussetzung einer glücklichen Ehe erhoben. Man meinte indessen damit weder die erotisch-galante Spielerei noch die große romantische Leidenschaft, sondern ein Gefühl, das nicht zu Vernunft und Tugend im Gegensatz stand.

Dass die Liebe der Ehe ihren Sinn gebe, war in anderen Ständen keineswegs selbstverständlich. Im höfischen Adel, der dem Bürgertum als Negativfolie diente, galten Ehe und Liebe vielmehr geradezu als Gegensatz: Die Ehe wurde nach politischem und wirtschaftlichem Kalkül weitgehend ohne Rücksicht auf die Neigung der Betroffenen vereinbart, ja oft sogar ohne dass diese sich überhaupt kannten. An die Gefühlsbindung der Eheleute wurden daher keine erhöhten Ansprüche gestellt. Oft lebten sie räumlich voneinander getrennt, gingen ihrer eigenen Wege und widmeten sich außerehelichen »galanten Passionen«. Zwar galt auch im Hofadel der jungfräuliche Ruf eines Mädchens als Voraussetzung für eine gute Partie; verheiratete Frauen erfreuten sich aber nahezu des gleichen Freiraums wie die Männer. Erotische Verwicklungen aller Art beschäftigten die müßigen Hofgesellschaften als amüsantes Gesellschaftsspiel. Von dieser sexuellen Libertinage setzte sich der neue »Mittelstand« mit großer moralischer Emphase ab. Voreheliche Enthaltsamkeit und gegenseitige eheliche Treue waren feste Bestandteile des bürgerlichen Tugendkanons. Die Sexualität wurde ganz allgemein stärker tabuisiert als in anderen Ständen. Während etwa voreheliche Sexualität in der dörflichen Gesellschaft traditionell dann milde beurteilt wurde, wenn sie mit einem Heiratsversprechen einherging (das dann allerdings auch eingelöst werden musste), so wurde Keuschheit nun in den bürgerlichen Schichten zu einem Wert an sich. Dem entsprach ein Wandel des Frauenbildes: Hatte man in früheren Jahrhunderten die Frau schlechthin als sexuell unersättlich und als Bedrohung für den Mann betrachtet, so sprach man ihr nun zunehmend jedes eigene sexuelle Verlangen ab und betrachtete Keuschheit als ihre ureigenste natürliche Anlage.

Dass die Rolle der Frau immer mehr über ihre Funktion für den Mann statt über ihre wirtschaftliche Funktion im Haus definiert wurde, war nicht ohne Einfluss auf die weibliche Erziehung. Zwar stand auch im Bürgertum die praktische Ausbildung zur Hausfrau noch immer an erster Stelle, wobei sich die Standards noch erhöhten, etwa was die Reinlichkeit des Hauses und die Körperpflege betraf. Doch daneben sollte die Frau dem gebildeten Bürger auch eine adäquate Gefährtin sein, sollte nicht nur seine körperlichen, sondern auch seine geistigen und seelischen Bedürfnisse befriedigen. Dazu bedurfte es einer gewissen Bildung »an Herz und Verstand«: Lesen, Musizieren, Zeichnen, gefälliges Konversieren – auch auf Französisch – über philosophisch-literarische Themen, all das wurde von der Frau eines kultivierten Bürgers durchaus erwartet, und dazu musste sie erzogen werden. Verbesserte institutionelle Mädchenbildung war daher ein wesentliches Ziel der Aufklärer, das allerdings noch kaum realisiert wurde. Bürgerliche Mädchen erhielten ihre höhere Bildung meist privat durch Mutter, Gouvernante oder Hofmeister, oder sie besuchten in katholischen Regionen eine der traditionellen Ordensschulen, wo sie meist nur ein wenig Lesen, Schreiben und Rechnen lernten und vor allem in der Religion unterrichtet wurden.

Von den neuen Medien und Kommunikationsformen, die im vorigen Kapitel beschrieben worden sind, waren die Frauen der gebildeten Stände aber keineswegs völlig ausgeschlossen. Sie führten Salons nach dem Vorbild adliger Damen, besuchten das Theater oder traten in Lesegesellschaften ein. An der intensivierten Schriftkultur nahmen sie großen Anteil, als Leserinnen, aber zum Teil auch aktiv als Autorinnen. Allerdings wagten sie ihre Schriften meist gar nicht oder zumindest nicht unter ihrem eigenen Namen zu veröffentlichen und mussten sich, wenn sie es doch taten, dafür rechtfertigen. Sophie von La Roche, Catherine Macaulay, Anna Louise Karschin waren zu ihrer Zeit berühmte Schriftstellerinnen. Gerade weil und soweit die Öffentlichkeit des 18. Jahrhunderts keine gelehrte Fachöffentlichkeit war, bot sie den Frauen die Möglichkeit, aktiv daran teilzunehmen. Bildung und Tätigkeit der Frauen hörten allerdings grundsätzlich da auf, wo Professionalisierung und Institutionalisierung anfingen. Akademische Gelehrsamkeit war für sie im Allgemeinen verpönt. Zwar gab es einzelne berühmte Beispiele »gelehrter Frauenzimmer«, meist Autodidaktinnen, die die alten Sprachen beherrschten und antike Autoren übersetzten, wie Mme Dacier oder Elizabeth Carter, Frauen, die ausgedehnte eigene wissenschaftliche Forschungen betrieben und mit berühmten Gelehrten korrespondierten, wie Lady Mary Wortley Montagu oder die Marquise du Châtelet, ja sogar Frauen, die mit Ausnahmeerlaubnis die Universitäten und Akademien besuchten und vereinzelt akademische Grade erwarben, wie Dorothea Erxleben oder Dorothea Schlözer. Aber solche Gelehrsamkeit galt weithin als unweiblich und wurde mit größtem Misstrauen betrachtet: Sie entfremde die Frauen ihrer natürlichen Bestimmung, so hieß es. Weibliche Bildung sollte anmutig, leicht und gefällig, nicht ernsthaft, gründlich und mühsam sein.

Es erschien vielmehr nun geradezu als Vorzug der Frauen, dass sie sich ganz ihrer allgemeinen Bildung als Menschen widmen könnten: Sie seien nicht durch Amt und Berufsgeschäft vom Wesentlichen abgelenkt, nicht ihrer natürlichen Menschlichkeit entfremdet. Den Frauen als den unverbildeten »Naturwesen« schlechthin schrieb man die Fähigkeit zu Liebe, Mitleiden und Geselligkeit in besonderem Maße zu, und von ihrem Einfluss versprach man sich eine veredelnde Wirkung auch auf das männliche Geschlecht und die Gesellschaft im Ganzen. Eine philosophische Grundlage dieses positiven Frauenbildes war die Aufwertung der »natürlichen« menschlichen Gefühle, die vor allem in den Essays des hochadligen englischen Salonphilosophen Anthony Earl of Shaftesbury, eines Zöglings von John Locke, vertreten wurde. Shaftesbury sprach den Menschen einen angeborenen »moral sense« zu, eine Verstand und Gefühl harmonisch miteinander vereinende Empfindungsfähigkeit für das Gute und Schöne, eine natürliche Neigung zur Tugend. Shaftesburys Theorie fiel im 18. Jahrhundert auf äußerst fruchtbaren Boden, weil sie die Kultivierung des Gefühls und das optimistische Menschenbild philosophisch unterstützte. In dem Maße, wie die Frau nun als unverbildeter und naturnäher erschien als der Mann, wurde sie für diesen zum Vorbild tugendhafter »Empfindsamkeit«. Dieser Gefühlskult schlug sich vor allem in der zweiten Jahrhunderthälfte vielfältig in Literatur und bildender Kunst nieder, und die literarischen Vorbilder beeinflussten wiederum die realen Verhaltensweisen. Man schämte sich seiner sanften und menschenfreundlichen Gefühle und ihres sichtbaren Ausdrucks nicht: Wohl in keinem Jahrhundert vergossen Männer und Frauen so ungeniert und reichlich Tränen – des Mitleids, der Rührung, der Freude und der Trauer – oder sprachen zumindest so gern davon.

Die Hochschätzung des »moralischen Gefühls« ebenso wie des weiblichen Geschlechts verstand sich nicht von selbst. Nach christlicher Lehre standen die Menschen vielmehr unter dem Fluch der Erbsünde, und die Frau galt als gefährliche Verführerin des Mannes. Die klassische, von Aristoteles geprägte und von der Scholastik gepflegte Theorie des Geschlechterverhältnisses lehrte, die Frau sei ein Mängelwesen, dem es von Natur aus an Körper- und Verstandeskräften fehle. Dabei wurde der körperliche Unterschied zwischen den beiden Geschlechtern allerdings eher als ein gradueller denn als ein prinzipieller aufgefasst: Die Frau war eine unvollständige, minderwertige, schlechtere Variante des Mannes.

Im 17. und 18. Jahrhundert wurde diese Sicht in eben dem Maße grundsätzlich zur Debatte gestellt, wie die herkömmliche Schulphilosophie entthront wurde. Die »querelle des femmes«, der Grundsatzstreit über das Wesen der Frau, der schon seit der Renaissance geführt wurde, eröffnete nun vorübergehend Positionen, die das ganze 19. Jahrhundert hindurch nicht mehr vertreten werden sollten. Die radikalste Stellung wurde im Umkreis des französischen Rationalismus bezogen, der nämlich davon ausging, dass Körper und Geist grundsätzlich voneinander geschieden und keine wechselseitigen Einflüsse zwischen beiden Bereichen möglich seien (vgl. Kap. 7). Das führte zu der Schlussfolgerung, dass der menschliche Verstand nicht von einem körperlichen Umstand wie der Geschlechtszugehörigkeit geprägt sein könne. Die Vernunft habe kein Geschlecht, so hieß es klipp und klar bei dem Cartesianer François Poulain de la Barre. Die bestehenden Unterschiede im Vernunftgebrauch zwischen den Geschlechtern, die Unfähigkeit der Frauen zu öffentlichen Ämtern und gelehrten Berufen führte man nicht auf deren unterschiedliche Natur, sondern vielmehr auf die unterschiedlichen Lebensbedingungen und Erziehungsumstände zurück, die die Frauen in Unmündigkeit hielten. Konsequenterweise forderten einzelne Rationalisten eine gleiche Erziehung für Jungen und Mädchen, in deren Folge dann diese Unterschiede nach und nach verschwinden müssten. Diese radikale Position war zu ihrer Zeit eine unerhörte Provokation, die keine Chance auf Durchsetzung besaß; deswegen machte man sich auch kaum Gedanken darüber, was das für die soziale Ordnung bedeuten würde. Aber immerhin war im 17. Jahrhundert so eine Forderung vorübergehend denkmöglich: Der kritische Schwung, mit dem man alle Vorurteile hinwegfegen wollte, erfasste selbst das nach Ansicht der Rationalisten älteste und unerschütterlichste Vorurteil von allen, nämlich den Glauben an die natürliche Unterlegenheit des weiblichen Geschlechts.

Auch englische und schottische Empiristen vertraten – von einem anderen philosophischen Ansatz her – die Auffassung, dass der Geschlechtscharakter nicht angeboren, sondern kulturell geprägt sei. Mit großem Interesse sammelte man Kenntnisse über die Lebensformen und Sitten der Menschen zu anderen Zeiten und in fremden Kulturen, verglich sie miteinander und stellte fest, dass auch das Verhältnis der Geschlechter zueinander höchst unterschiedlich und vielfältig war. So relativierten sich die Geschlechterrollen der eigenen Zeit, Kultur und Schicht und erschienen als Folge spezifischer historischer Umstände.

Ob diese Umstände, die als eine bestimmte Stufe in einem historischen Entwicklungsprozess gedeutet wurden, für die Frauen aufs Ganze gesehen nun von Vorteil oder von Nachteil waren, darüber war man sich im 18. Jahrhundert nicht einig. Während die Mehrzahl der Zeitgenossen die eigene Kultur als »Paradies der Frauen« rühmte, bezweifelten einige Skeptiker, dass die Lage der Frauen so beneidenswert sei. So hieß es etwa in einer renommierten englischen *Geschichte des weiblichen Geschlechts*, zu früheren Zeiten und in den niederen Ständen hätten die Frauen zwar härter arbeiten müssen und seien geringschätziger behandelt worden, seien aber auch den Männern ähnlicher gewesen. Der zivilisatorische Fortschritt habe zwar zu ihrer Entlastung und höheren Wertschätzung geführt, aber zugleich den weiblichen Wirkungskreis eingeschränkt und den Unterschied zwischen den Geschlechtern vergrößert (vgl. Quelle 15).

Tatsächlich wurde sowohl die rationalistische Vorstellung von der geschlechtsneutralen Menschenvernunft als auch die Auffassung von der kulturellen Bedingtheit der Geschlechterrollen im späteren 18. Jahrhundert wieder weitgehend verdrängt zugunsten einer Polarisierung und Biologisierung der Geschlechter. Die Unterschiedlichkeit des männlichen und weiblichen Körpers wurde immer stärker betont, ja geradezu zu einem komplementären Gegensatz stilisiert. Die Frauen galten dabei zwar durchaus nicht mehr unbedingt als den Männern unterlegen, aber jedenfalls als wesensmäßig völlig anders. Aus der körperlichen Verschiedenheit wurden alle nur denkbaren anderen Unterschiede als ebenso »natürliche« abgeleitet: Die Frau erschien als passiv, empfangend, sorgend, gehorsam, phantasiebegabt, der Mann als aktiv, schaffend, befehlend, vernunftbegabt – und zwar aufgrund der jeweiligen körperlichen Konstitution und der biologischen Rolle des Empfangens und des Zeugens.

Der einflussreichste Autor, der das neue Ideal der weiblichen Geschlechterrolle im 18. Jahrhundert nachhaltig prägte und gerade bei Frauen selbst großen Beifall fand, war Jean-Jacques Rousseau. In seinen Romanen *Die neue Héloise* und *Emil, oder über die Erziehung* wandte er sich gegen den großen weiblichen Einfluss in der degenerierten (adligen) Welt seiner Zeit und wies der Frau stattdessen einen erheblich eingeschränkten, aber zugleich moralisch aufgewerteten Platz als Gefährtin des Mannes zu. Er erhob die Ungleichheit der Geschlechter und die Rollenverteilung in der bürgerlichen Ehe zum Werk der Natur, von der sich die moderne Zivilisation zu ihrem Schaden entfernt habe. Während der Mann, der »Mensch« schlechthin, in Rousseaus Erziehungsutopie zum autonomen, selbstgenügsamen, von der Gesellschaft unabhängigen Individuum gebildet werden sollte, hatte sich die Erziehung der Frau – in äußerstem Gegensatz dazu – ganz an den Bedürfnissen des Mannes und ihrem guten Ruf in der Gesellschaft zu orientieren; die unabhängige individuelle Entfaltung war ihr also grundsätzlich verwehrt. Zugleich verklärte Rousseau das Ehe- und Familienleben allerdings zum natürlichen Ort tugendhafter Liebe, zum Zufluchtsort vor der korrupten Gesellschaft und nicht zuletzt zum Ort indirekter weiblicher Macht über Mann und Kinder.

Kindererziehung

Ebenso wie das Verhältnis zwischen Mann und Frau wurde im 18. Jahrhundert auch das Verhältnis zwischen Eltern und Kindern »intimisiert« und neu bewertet. Der Aufzucht, Erziehung und Ausbildung der Kinder wurde eine nie dagewesene Aufmerksamkeit geschenkt. Das entsprach dem aufklärerischen Programm: Die Erziehung des Kindes war die Voraussetzung des menschheitsgeschichtlichen Gesamtprozesses, der individuelle Schritt auf dem Weg zur Vervollkommnung des ganzen Menschengeschlechts. Zugleich trug die erhöhte Sorgfalt gegenüber der Ausbildung der Kinder dem hohen Stellenwert Rechnung, den Berufs- und Menschenbildung für die neuen mittelständischen Eliten haben mussten.

Auch hierin setzten sie sich gegenüber »gemeinem Volk« und Adel ab. Die Frauen der unteren Stände konnten es sich bei ihrer Alltagsarbeit kaum leisten, der Aufzucht der Kinder allzu viel Zeit und Mühe zu widmen. Säuglinge und Kleinkinder wurden mit allen erdenklichen Mitteln ruhig gestellt, größere Kinder in den Arbeitsprozess einbezogen. Das trug zu der schon aus medizinisch-hygienischen Gründen hohen Kindersterblichkeit bei: Allenfalls jedes zweite Kind erreichte das 10. Lebensjahr. Zugleich wirkte die hohe Kindersterblichkeit wiederum einer engen emotionalen Bindung an das einzelne Kind entgegen. Dass die Mutterliebe schlechthin eine Erfindung des aufgeklärten Bürgertums gewesen sei, wie manche Historiker meinen, muss man daraus nicht folgern, aber sicher äußerte sich die Mutterliebe unter diesen Bedingungen anders – etwa darin, dass man großen Wert auf eine rechtzeitige Taufe legte, im Übrigen aber bei einem religiös begründeten Fatalismus Zuflucht suchte.

Auch die Frauen der höfisch-adligen Welt hatten ein eher distanziertes Verhältnis zu ihren Kindern; sie pflegten sie nicht selbst aufzuziehen, sondern in die Obhut zuerst von

Ammen, dann von Kammerleuten und schließlich von Hofmeistern zu geben oder sie schon früh als Pagen an fremde Höfe zu schicken. In Frankreich reichte die Sitte, Kinder von Ammen stillen zu lassen, bis weit in bürgerliche Kreise hinein. Andererseits war die Sphäre der Kinder in verschiedener Hinsicht nicht streng von der Erwachsenenwelt getrennt. Indizien dafür sind zum Beispiel, dass Kinder die gleichen Kleider und Perücken wie Erwachsene trugen oder dass man sein Sexualleben nicht allzu sorgfältig vor ihnen verbarg.

Gegen all diese Gepflogenheiten richteten sich nun die Erziehungskonzepte der Aufklärer, allen voran Rousseau, dessen *Émile* genau den Zeitgeist traf und in ganz Europa eine pädagogische Modebewegung auslöste. Erst jetzt etablierte sich eine ausdrücklich so genannte Lehre von der Kindererziehung, die »Pädagogik« nämlich, die den Anspruch erhob, philosophische Erkenntnisse und nicht nur praktische Erfahrungsregeln zu verkünden. Reformpädagogen wie Joachim Heinrich Campe oder Johann Heinrich Pestalozzi forderten nun die intensive Zuwendung der Mutter zum Säugling und begannen eine erfolgreiche Kampagne für das Stillen, gegen das übliche Ruhigstellen der Kinder in festen Steckwindeln und für größere Körperhygiene. Sodann setzten sie sich für ein »naturgemäßes« Aufwachsen der Kinder ein, mit frischer Luft, Bewegungsspielraum und körperlicher Abhärtung, mit kindgemäßer Kleidung, Lektüre und Beschäftigung. Müßiggang war verpönt; das kindliche Spiel sollte zwar nicht der Einübung in einen bestimmten Beruf, wohl aber dem Erwerb allgemeiner Einstellungen und Fähigkeiten dienen, wie sozialer Verantwortung oder methodisch geregelter Lebensführung. Vater und Mutter sollten die natürlichen Erzieher ihrer Kinder sein. Die Erziehung wurde damit im Schonraum der Kernfamilie angesiedelt und gegenüber äußeren Einflüssen – des unterständischen Dienstpersonals oder der Kinder auf der Straße – abgeschirmt.

Die fleißige Hausfrau unter ihren wohlerzogenen
und beschäftigten Kindern

Radierung von Daniel Chodowiecki, 1774

Die hergebrachte Erziehung war von der grundsätzlichen
menschlichen Verworfenheit und Sündhaftigkeit ausgegangen, die gerade im vernunftlosen Kind durch strenge Zucht
bekämpft und niedergehalten werden müsse. Gegen diese
Auffassung, die auch im 18. Jahrhundert durchaus noch
vorherrschte, vertraten nun aufklärerische Pädagogen die
Überzeugung, dass Kinder natürlich gute Wesen seien, die
man nur behutsam, durch gutes Vorbild und indirekten,
unmerklichen Einfluss zu lenken brauche, damit sich ihre
Anlage zum Guten entfalten könne. Überdies beansprüch-
te man, die Kinder nicht nur zu nützlichen Bürgern des
Gemeinwesens, sondern auch zu selbständig denkenden
und handelnden »Menschen« zu erziehen, und trug damit

den Erfordernissen einer neuen, ständeüberschreitenden Lebenswelt Rechnung.

All das wurde im Sinne Rousseaus als »Zurück zur Natur« aufgefasst, obwohl schon den Zeitgenossen durchaus bewusst war, dass der Natur in vieler Hinsicht künstlich nachgeholfen werden musste, damit sie sich in der gewünschten Weise entwickelte. Vieles von dem, was den Pädagogen damals als natürlich galt, erscheint heute alles andere als das – was nur die historische Bedingtheit jedes Natürlichkeitskonzepts veranschaulicht. So setzte etwa eine extreme Tabuisierung der kindlichen Sexualität und insbesondere der Masturbation ein; die Standards der Körperhygiene wurden verschärft; die Normen für den Umgang bei Tisch verfeinert, um nur einige Beispiele zu nennen. Ob man all das einem fortschreitenden »Prozess der Zivilisation« zuschreiben kann, der sich durch die zunehmende »Erhöhung der Schamschwellen« auszeichnete, wie der Soziologe Norbert Elias – allerdings in Bezug auf die höfische Gesellschaft – formuliert hat, ist umstritten. Größerer Bewegungsfreiheit in einigen Bereichen stand größerer Zwang in anderen gegenüber. Wesentlich und neuartig war an den aufklärerischen Erziehungskonzepten (die nicht mit der Erziehungsrealität gleichzusetzen sind) vor allem, dass es ihnen um die Verinnerlichung der Normen ging. Für die Freiheit des Individuums von äußeren Zwängen, die die Aufklärer anstrebten, war es eine unerlässliche Voraussetzung, dass das Individuum sich selbst kontrollierte und beherrschte, dass also an die Stelle der äußeren Strafandrohung (sei es die Rute, das Zuchthaus oder die ewige Verdammnis) die innere Stimme des Gewissens trat. Das heißt: Das Kind sollte veranlasst werden, freiwillig und gern zu tun, was es tun sollte. Das große Projekt der Aufklärung, das Mündigwerden der Menschen, verlangte, dass sich jeder Einzelne der Herrschaft der Vernunft selbst unterwarf (vgl. Quelle 16).

7
Ein Jahrhundert der Vernunft
Probleme, Methoden und Organisationsformen von Philosophie und Wissenschaft

Glauben und Wissen

Entdeckungen und Erfindungen

1689	Papins Zentrifugalpumpe
1709	Erste europäische Porzellanmanufaktur in Meißen
1710	Newcomens Dampfmaschine
1715	Fahrenheits Quecksilberthermometer
1730	Jethro Tulls Drillmaschine
1734–43	Nordische Expedition Berings: Entdeckung Alaskas
1735	Äquator-Expedition La Condamines
	Erste Eisenverhüttung im Kokshochofen in Darby (England)
1736	Polar-Expedition Maupertuis'
1742	Celsius' Thermometer
1745	»Leydener Flasche« P. v. Musschenbroeks und E. G. v. Kleists
1748	Entdeckung der Ruinen von Pompeji
1749	Franklin erfindet den Blitzableiter
1758	Spinnmaschine Watts
	Halleyscher Komet bestätigt Newtons Theorie
1764	Hargreaves' »Spinning Jenny«
1765	Erste Dampfmaschine James Watts
1766	Bougainvilles Reise in den Pazifik
	Cavendish entdeckt Wasserstoff und Kohlendioxid
1767	Arkwrights Spinnmaschine
1768–71	James Cooks erste Weltreise: Entdeckung Australiens
1772–75	Cooks zweite Weltreise
1774	Priestley entdeckt den Sauerstoff

1776	Lavoisiers Theorie der Verbrennung
1776–80	Cooks dritte Weltreise, Entdeckung Hawaiis
1779	Cromptons Spinnmaschine
1780	Galvani untersucht elektrische Nervenimpulse
1781	Herschel entdeckt den Planeten Uranus
1783	Erster Flug des Heißluftballons der Brüder Montgolfier
1784	James Watts verbesserte Dampfmaschine
1785	Cartwrights mechanischer Webstuhl
1787	Lavoisier begründet eine neue chemische Nomenklatur
1787–1804	A. v. Humboldts Reise nach Süd- und Mittelamerika
1791	Barbers Gasturbine
1792	Jenner erfindet Pockenschutzimpfung
1799	Laplace, *Himmelsmechanik*

Wenn die Zeitgenossen im 18. Jahrhundert für sich beanspruchten, in *dem* Zeitalter der Vernunft zu leben, so entsprach das zwar ihrem eigenen, polemisch gegen frühere Epochen gewendeten Selbstbewusstsein, darf aber aus heutiger Sicht nicht zu der Annahme verleiten, die Menschen früherer Epochen seien »unvernünftig« gewesen. Vielmehr verstanden sie unter Vernunft und Glauben etwas anderes, ihre Maßstäbe vernünftigen Handelns entsprachen anderen Lebensumständen und waren folglich andere. In gewisser Hinsicht traute die hochmittelalterliche Philosophie dem menschlichen Denken sogar mehr zu als die Aufklärungsphilosophie, insofern nämlich, als sie das Wesen der Welt, ihre Substanz, für grundsätzlich erkennbar hielt – allerdings in dem Sinne, dass Gott die Ordnung der Welt und damit zugleich ihre Erkennbarkeit garantiere. So zuversichtlich war die Aufklärungsphilosophie nicht mehr. Sie war vielmehr mit dem Verlust der hergebrachten Ordnungsvorstellungen konfrontiert und stand vor dem Problem, das menschliche Wissen auf eine neue Grundlage stellen zu müssen. Dieser Wandlungsvorgang ist nicht als ein kontinuierliches Fortschreiten zu immer mehr Vernunft zu verstehen, sondern als tiefgreifender Umbruch – nicht nur der Inhalte und Methoden des Wissens, sondern gleichzeitig des ganzen gesellschaftlichen Organisationssystems, in dem der Wissenserwerb sich vollzog.

Zwei wesentliche Erfahrungen waren es, die dem Denken des 18. Jahrhunderts zugrunde lagen. Zum einen: Das Zeitalter der konfessionellen Spaltung und der Bürgerkriege hatte jeden kirchlichen Absolutheitsanspruch unwiederbringlich zerstört. Die Pluralität der Religionen bot keine Basis mehr, auf die sich sichere, für alle Menschen gültige Gewissheit hätte gründen lassen. Es musste also darum gehen, das Wissen auf eine »säkulare« Grundlage zu stellen, die von den umstrittenen religiösen Wahrheitsfragen unbelastet war.

Zum Zweiten: Seit der Renaissance erlebten die Menschen eine ungeheure Expansion ihres Wissenshorizonts und eine tiefgreifende Irritation vertrauter Selbstverständlichkeiten. Neue Welten wurden entdeckt, neue Erfindungen revolutionierten Künste und Handwerke, die Natur wurde in einem zuvor ungeahnten Maße den menschlichen Zwecken dienstbar gemacht. Ermöglicht worden waren diese Errungenschaften durch die Verbindung des philosophischen Denkens mit der Mathematik und dem handwerklichen Herstellen, den traditionell geringgeschätzten »mechanischen Künsten« – zweier Bereiche also, die in der herkömmlichen Organisation des Wissens und Handelns streng getrennt gewesen und von verschiedenen sozialen Gruppen ausgeübt worden waren. Mit der neuartigen Koalition aus Erfahrungswissen, Mathematik und Handwerk ging ein grundlegender Wandel der Einstellung zur materiellen Natur einher. Diese hatte herkömmlich als niedere Stufe des Seins gegolten, als gewisser Erkenntnis nicht zugänglich. Vollkommene Erkenntnis war allein den Gegenständen der göttlichen Offenbarung vorbehalten geblieben.

Der grundsätzliche Wandel bestand nun darin, dass man den Bereich der diesseitigen, sinnlich wahrnehmbaren, materiellen Natur als vollkommen und gesetzmäßig geordnet, ja sogar mit der sichersten aller Erkenntnismethoden, nämlich der Mathematik, beschreibbar erlebte.

Dies und die technischen Errungenschaften, die es mit sich brachte, begründeten einerseits ein neues Selbstvertrauen in das Erkenntnisvermögen des Menschen. Die Hierarchie von Glauben und Vernunft wurde umgekehrt (vgl. Kap. 4). Die Wahrheit der Natur selbst trat nun gleichberechtigt neben die Wahrheit der Offenbarung, das »Buch der Natur« neben die Heilige Schrift; das menschliche Erkenntnisvermögen emanzipierte sich vom Glauben. Statt einer prinzipiell geschlossenen Ordnung alles Wissbaren, das in dem Kanon der geheiligten Autoritäten seit Jahrhunderten aufbewahrt war, eröffnete sich jetzt ein grenzenloses Universum des Erforschbaren.

Andererseits fing damit aber eine Reihe neuer Probleme erst an. Auf welchen sicheren Grund ließ sich die menschliche Erkenntnis jetzt noch bauen? Wie funktionierte das menschliche Erkenntnisvermögen überhaupt? Wie stand es zu der äußeren Natur in Beziehung? Wie verhielt sich der Geist zur Körperwelt? Wie ließen sich moralische und politische Normen neu begründen, wenn man auf eine gottgegebene Einheit von Sein und Sollen nicht mehr vertrauen konnte? Was blieb übrig, wenn sich ein absolut sicheres, endgültiges und umfassendes Wissen als gar nicht mehr möglich erwies?

Neue philosophische Konzepte

Die Probleme, mit denen man sich im 18. Jahrhundert auseinandersetzte, waren schon im Jahrhundert zuvor aufgeworfen worden. Der französische Mathematiker und Philosoph René Descartes, Ordenszögling und im herkömmlichen universitären Gelehrtenbetrieb großgeworden, hatte die Axt an das gesamte traditionelle Wissenssystem gelegt, als er 1637 in seinem berühmten *Discours de la méthode* den systematischen Zweifel zur Methode erhoben hatte. Jeder Gegenstand der Erkenntnis sollte nach dem Vorbild der Mathematik auf einige wenige elementare Grundbestandteile reduziert werden. Auf der Grundlage der allen Menschen angeborenen klaren und deutlichen Ideen und mit Hilfe vorurteilslosen, voraussetzungsfreien, strengen methodischen Schließens, fortschreitend vom Einfachsten zum Komplexesten, schien es möglich, einen neuen Kosmos zweifelsfreier Erkenntnis zu errichten. Auch Descartes vertraute dabei noch darauf, dass die Ordnung der Natur für den Menschen deshalb erkennbar sei, weil er durch seine angeborene Vernunft an der göttlichen Weisheit selbst Anteil habe.

Descartes' revolutionäre Methode beruhte auf der strengen Trennung von Geist und Materie. Die Gegenstände der Physik wurden mathematischer Analyse dadurch zugänglich, dass alles, was nicht in einfachste Elemente zerlegbar und quantifizierbar war, davon ausgeschlossen wurde: alle substanziellen Eigenschaften, Zweckursachen, okkulten Kräfte und übernatürlichen Einflüsse nämlich. Die physikalische Welt sollte sich allein aus der Form, Größe, Anordnung und Bewegung kleinster Teilchen vollständig erschließen lassen. Die neue Methode definierte zugleich ihren Gegenstand neu: Das Universum wurde »mechanisiert«, d. h., es erschien als zusammengesetzte Maschine, die nach festen Gesetzen gemäß der einmal mitgeteilten Bewegung funktionierte. Dieses rationalistische, mechanistische Weltbild revolutionierte das wissenschaftliche Denken des 17. Jahrhunderts, die »universelle« Methode wurde auf alle Bereiche des Wissens angewandt. In der Medizin und Physiologie betrachtete man nun den menschlichen und den tierischen Körper als Maschine, also als bloße bewegte Materie, und in der Politik beschrieb Thomas Hobbes den Staat als eine Maschine und analysierte die zugrunde liegenden Bewegungsgesetze.

Die Kehrseite dessen war allerdings, dass es auch das unmittelbare Wirken Gottes aus der Welt entfernte (vgl. Kap. 4). Der Intellekt selbst, die göttliche *ratio*, mit deren Hilfe der Mensch die materielle Welt erkennen konnte, hatte seinerseits an dieser Welt keinerlei Anteil und stand ihr wesensfremd gegenüber. Dieser strikte Rationalismus fiel im 18. Jahrhundert zunehmend den methodischen Waffen zum Opfer, die er selbst geschmiedet hatte. Die Überwindung des Dualismus von Geist und Materie beschäftigte fortan das philosophische Denken und führte zu einem ganzen Spektrum von Lösungsversuchen. Der Dualismus konnte in zweierlei Richtung radikalisiert werden: zum einen in Richtung eines extremen Intellektualismus, zum anderen in die Richtung eines reinen Materialismus (P. Kondylis). Im ersten Falle erschien der Mensch als reines Vernunftwesen und Beherrscher der materiellen Natur, im anderen Fall erschien er selbst als materielle Natur, Geist und Seele als bloße Funktion der bewegten Materie. Zwischen diesen Extremen bewegte sich eine Vielzahl von vermittelnden Positionen, die das Verhältnis zwischen Geister- und Körperwelt, zwischen geistiger und körperlicher Existenz des Menschen neu zu bestimmen suchten.

Auch wenn Descartes' System im Laufe des 18. Jahrhunderts allmählich überall entthront wurde, so beherrschten doch die zentralen Fragen, die er aufgeworfen hatte, das ganze Jahrhundert. Die bedeutendsten und wirkungsmächtigsten Gegenentwürfe zum französischen Rationalismus wurden um 1700 in England formuliert; von dort traten sie im 18. Jahrhundert – vermittelt vor allem durch Voltaire – ihren Siegeszug auf dem Kontinent an: die Physik Isaac Newtons und die Erkenntnistheorie John Lockes, denen man noch die Moral und Ästhetik des Earl of Shaftesbury zur Seite stellen kann.

Die Wertschätzung, die Newton (1643–1727) im 18. Jahrhundert in ganz Europa genoss, war überwältigend. Die Zeitgenossen nannten ihr Jahrhundert das »Zeitalter Newtons«. Der Präsident der Londoner Royal Society, Mathematiker, Physiker und Astronom verkörperte für sie die Verheißung, das »Buch der Natur« selbst entschlüsseln zu können. Seine Physik wurde zum Inbegriff der neuen Verbindung von experimenteller und mathematischer Wissenschaft. Das Faszinierende an der von Newton begründeten klassischen Mechanik war für die Zeitgenossen, dass sie durch ganz wenige, einfache Gesetze eine scheinbar disparate Vielfalt natürlicher Phänomene zu erfassen vermochte: die Bewegungen der Himmelskörper ebenso wie die des Pendels, die Gezeitenfolge ebenso wie die Form der Erde. Newtons Physik bestätigte ihnen auf eindrucksvollste Weise, dass die Welt tatsächlich nach einheitlichen, für die Menschen erkennbaren Gesetzen konstruiert war.

> »Nature and nature's laws lay hid in night –
> God said: Let Newton be, and all was light«,

dichtete Alexander Pope 1733 in seinem enthusiastischen Epos *Essay on Man*. Das ganze Jahrhundert hindurch mehrte sich Newtons Ruhm, weil immer neue Experimente, Messungen und Beobachtungen, von der Abflachung der Pole bis zum pünktlichen Eintreffen des Halleyschen Kometen, seine Theorie bestätigten. Newtons analytische Methode, von den Phänomenen selbst auszugehen und mit dem »Kompass der Mathematik« und der »Fackel der Erfahrung« (Voltaire) zu den zugrunde liegenden Prinzipien zu gelangen, also vom Besonderen zum Allgemeinen fort-

Isaac Newton
Gemälde von Godfrey Kneller, 1702

zuschreiten, machte Schule und verdrängte zunehmend das deduktive Schließen von den einfachsten und allgemeinsten Ideen hinunter zur Vielfalt der Erscheinungen. Aber mehr noch: Sein Gravitationsmodell diente lange Zeit als Analogie, mit deren Hilfe man chemische und physiologische, psychische, soziale und politische Zusammenhänge zu erklären versuchte.

Newtons Himmelsmechanik übte auch deshalb eine so große Faszination auf das Denken des 18. Jahrhunderts aus, weil sie die rationalistische Trennung von Geist und Materie ignorierte. Gerade die geheimnisvolle Gravitationskraft, »attraction«, entzog sich nämlich dieser Gegenüberstellung, ließ sich aber gleichwohl mathematisch berechnen. Newton verzichtete ausdrücklich darauf, das »Wesen« der Gravitation durch spekulative Hypothesen zu erklären. Damit führte er eindrucksvoll vor Augen, dass es metaphysischer Spekulation überhaupt nicht bedurfte, um ein funktionierendes, richtige Voraussagen erzeugendes und experimentell überprüfbares Modell der Welt aufzustellen.

Zugleich eröffnete sein Weltmodell einen Weg, wissenschaftliches und religiöses Weltbild miteinander zu versöhnen. Das Wirken der Gravitation ließ sich nämlich als kontinuierliches Wirken Gottes in der Welt auffassen. Göttlicher Geist und materielle Welt erschienen auf diese Weise nicht mehr als Gegensatz; überall in der Natur konnte vielmehr das Walten Gottes beobachtet und bewundert werden. Gott erschien nicht mehr nur als ferner Gesetzgeber, der sich um den Lauf seiner Maschine nicht mehr kümmerte, sondern geradezu als allgegenwärtige »Seele der Natur« (Pope). Diese Tendenz zur Wiederannäherung von Gott und Welt, von Geist und Materie, im Extrem die Vergöttlichung der Natur selbst, wurde im 18. Jahrhundert in vielfältiger Weise aufgegriffen; sie ermöglichte die für das Denken der Aufklärung so kennzeichnende Identifikation von »Natur« und »Vernunft«.

Ähnlich wie Newtons Physik setzte auch John Lockes Erkenntnistheorie dem Cartesischen Rationalismus eine Alternative entgegen, mit der sich die Denker das ganze 18. Jahrhundert hindurch in der einen oder anderen Weise auseinandersetzten. Bis zum Ende des 18. Jahrhunderts setzte Locke den erkenntnistheoretischen Standard des Jahrhunderts. Erst Kant revolutionierte mit seiner *Kritik der reinen Vernunft* (1781) das philosophische Denken abermals, indem er die grundsätzliche Erkenntnis formulierte, dass »die Vernunft nur das einsieht, was sie nach ihrem Entwurfe hervorbringt«, dass also die menschliche Erkenntnis nicht die Gegenstände »objektiv« abbildet, sondern umgekehrt: die Gegenstände von der Erkenntnis allererst – wenn auch nicht völlig willkürlich – hervorgebracht werden.

In Lockes *Essay concerning human understanding* (1690), der Grundschrift des modernen Empirismus, ging es zunächst einmal darum, die menschliche Erkenntnisfähigkeit aus sich selbst heraus zu erklären und auf sich selbst zu stellen. Locke lehrte, dass die menschliche Erkenntnis nicht auf von Gott eingepflanzten Ideen beruhe, sondern auf der Grundlage von Sinneseindrücken erworben werde. Der menschliche Geist sei, so Locke, zunächst eine *tabula rasa*. Alle Erkenntnis sei allein auf zwei Quellen zurückzuführen, nämlich auf Sinneswahrnehmung, »sensation«, und Reflexion des Verstandes auf sich selbst, »reflection«, und setze sich aus der schrittweise komplexeren Verknüpfung von Sinneseindrücken zusammen. Wahrheit erschien allein als Geschlossenheit und Folgerichtigkeit solcher Verknüpfungen. Wenn alle Erkenntnis letztlich auf die Sinne zurückgeführt wurde, so bedeutete das, dass alles Übersinnliche der menschlichen Erkenntnis überhaupt nicht zugänglich war. Die Grenzen der Vernunft waren damit klar gezogen. Zugleich hob Locke die Gegenüberstellung von Geist und Körper auf: Die Erkenntnisfähigkeit des Menschen beruhte ebenso wie die anderen menschlichen Vermögen auf dessen körperlich-sinnlicher Natur.

Critik
der
reinen Vernunft

von

Immanuel Kant
Professor in Königsberg.

Riga,
verlegts Johann Friedrich Hartknoch
1 7 8 1.

Titelseite der ersten Ausgabe von Kants
»Kritik der reinen Vernunft«, 1781

Die Fragestellung Lockes war eine grundsätzlich andere als die der traditionellen Logik. Hatte diese Regelsysteme zum korrekten logischen Schließen aufgestellt, so ging es Locke nun ganz grundsätzlich um die Frage, worauf das vernünftige Schließen überhaupt beruhe. Die Natur der menschlichen Erkenntnisfähigkeit selbst wurde zum zentralen (und kontrovers erörterten) Gegenstand des philosophischen Denkens. Analog dazu wurde auch im Bereich der Kunsttheorie und der Moral immer weniger nach den korrekten, allezeit gültigen Regeln des Schönen und Guten gefragt als vielmehr danach, wie der Mensch überhaupt zur Empfindung und Beurteilung von Schönheit und Tugend gelange.

Anthony Earl of Shaftesbury, von dem schon die Rede war (vgl. Kap. 6), kann dafür als prominentes Beispiel gelten. Ähnlich wie Newton und Locke kam er mit seinen Schriften über Kunst und Moral der Mentalität seiner gebildeten Zeitgenossen in hohem Maße entgegen und prägte das Denken vor allem der zweiten Jahrhunderthälfte. Er verband enthusiastische Naturverehrung mit einem äußerst optimistischen Menschenbild und lehrte, dass sowohl das Empfindungsvermögen für das Schöne (»taste«) als auch das Empfindungsvermögen für das Gute (»moral sense«) im Menschen von Natur angelegt und zugleich Grundlage seines Erkenntnisvermögens seien. Während in der traditionellen Schulphilosophie Vernunft und Leidenschaften schlechthin als Gegensätze verstanden wurden, eröffnete sich damit die Möglichkeit, beides harmonisch miteinander zu vereinbaren. Der natürliche Trieb zur Geselligkeit und die Begeisterung für das Schöne, so wollte man mit Shaftesbury gern glauben, vermöchten die widerstreitenden schädlichen Leidenschaften zu besiegen (vgl. Quelle 17).

Die Auseinandersetzung mit dem Rationalismus und die Aufwertung der körperlich-sinnlichen Natur des Menschen, die das Denken des 18. Jahrhunderts prägten, hatten zur Folge, dass »Natur« in der zweiten Jahrhunderthälfte immer mehr zum Modebegriff wurde: zum Inbegriff dessen, was ist, und zugleich dessen, was sein soll. Schillernd und vielfältig verwendbar, schien dieser Begriff alle Gegensätze versöhnen zu können. Je mehr Gegensatzpaare der Begriff in sich vereinigte, desto unschärfer und undefinierbarer wurde er und konnte schließlich alles umfassen: Mensch und Umwelt, Sein und Sollen, Tugend und Vernunft, Gefühl und Verstand. Sowohl die Fortschrittsoptimisten, die von der schrittweisen Vervollkommnung des Menschengeschlechts überzeugt waren, als auch die Kulturpessimisten (wie vor allem Rousseau), die die gegenwärtige Zivilisation als Verfallserscheinung betrachteten, nahmen die Natur zum Maßstab des Fort- oder Rückschritts. Ganz im Gegensatz zur christlichen Tradition, die die menschliche Natur seit dem Sündenfall als grundsätzlich korrupt betrachtet hatte, war sie nun sowohl Ursprung als auch Ziel. Man war im 18. Jahrhundert geradezu beherrscht von der Suche nach Ursprungssituationen, denn dort glaubte man die »Natur« eines Gegenstandes in aller Reinheit erkennen zu können: die Natur der Sprache, die Natur der Frau, die Natur der Familie, die Natur des Staates, die Natur der menschlichen Bedürfnisse und Leidenschaften usw. usw. Vielen erschien diese Natur nicht mehr als das zu unterdrückende Übel, sondern als das zur freien Entfaltung zu bringende Gute: der natürliche Wirtschaftskreislauf für die Physiokraten, die natürliche Selbstliebe für die Reformpädagogen, der natürliche, edle Wilde für die Anthropologen, das natürliche Genie für die Literaturtheoretiker, die natürliche Landschaft für die Gartenarchitekten. Hinter dem Begriff der Natürlichkeit konnten sich alle möglichen Forderungen verstecken, die sich gegen die Werte und Normen der bisher herrschenden Kultur wandten.

Die Popularisierung des Wissens

Gründungsjahre wissenschaftlicher Gesellschaften und Akademien

1662	London	Royal Society of London for the Promotion of Natural Knowledge
1666	Paris	Académie Royale des Sciences
1700	Berlin	Societas Regia Scientiarum
1714	Bologna	Accademia delle Scienze dell'Istituto
1724	St. Petersburg	Academia Scientiarum Imperialis Petropolitanae
1728	Uppsala	Academia Regia Scientiarum Upsaliensis
1739	Stockholm	Kungliga Svenska Vetenskapsakademien
1742	Kopenhagen	Det Kongelige Danske Videnskabernes Selskab
1744	Berlin	Académie Royale des Sciences et Belles-Lettres de Prusse
1747	Olmütz	Societas Eruditorum Incognitorum
1752	Göttingen	Königliche Societät der Wissenschaften
	Haarlem	Hollandsche Maatschappij der Wetenschappen
1754	Erfurt	Akademie gemeinnütziger Wissenschaften
1759	München	Churbayerische Akademie der Wissenschaften
	Siena	Reale Accademia delle Scienze di Siena
1763	Mannheim	Academia Electoralis Scientiarum et Elegantiorum Litterarum Theodoro-Palatina
1767	Trondheim	Det Kongelige Norske Videnskabers Selskab
1768	Leipzig	Fürstlich Jablonowskische Gesellschaft der Wissenschaften
	Philadelphia	American Philosophical Society
1770	Barcelona	Real Academia de Ciencias Naturales y Artes

1772	Brüssel	Académie Royale et Impériale des Sciences et Belles-Lettres
1777	Utrecht	Provinciaal Utrechtsch Genootschap van Kunsten en Wetenschappen
1778	Batavia (Jakarta)	Bataviaasch Genootschap van Kunsten en Wetenschappen
	Neapel	Reale Accademia delle Scienze e Belle Lettere
1780	Boston	American Academy of Arts and Sciences
1783	Edinburgh	Royal Society of Edinburgh
	Lissabon	Académia Real das Ciências de Lisboa
1785	Dublin	Royal Irish Academy
	Prag	Böhmische Gesellschaft der Wissenschaften

Nach: James E. McClellan: Science Reorganized. Scientific Societies in the Eighteenth Century. New York: Columbia University Press, 1985. S. 261–280.

Von den drei genannten englischen Denkern – Newton, Locke, Shaftesbury –, die hier stellvertretend für Naturforschung und Philosophie des 18. Jahrhunderts insgesamt stehen, gehörte nur einer, Newton, dem traditionellen Universitätsbetrieb an; er war Mathematikprofessor in Cambridge. Locke hingegen brach mit dem Universitätsbetrieb und wurde Sekretär, Hausarzt und Hofmeister bei seinem Gönner, dem ersten Earl of Shaftesbury, Lordkanzler von England und Großvater des gleichnamigen Philosophen. Dieser selbst, der dritte Earl of Shaftesbury, widmete sich der Philosophie als hochadliger Amateur. Ähnliches galt für viele der großen Denker des 18. Jahrhunderts, wenn auch ihre soziale Lage im Übrigen sehr unterschiedlich aussah. So waren Montesquieu und Buffon Mitglieder des hohen französischen Amtsadels und hatten es nicht nötig, für Geld zu arbeiten; Holbach und Helvétius verfügten über große ererbte Vermögen, die ihnen ein unabhängiges Leben ermöglichten; Voltaire verdankte seinen beträchtlichen Reichtum seinen Geschäften als Spekulant und Unternehmer; Quesnay und La Mettrie waren Hofärzte; Galiani und Raynal ehemalige Kleriker, die sich von freier Schriftstellerei ernährten. Vico, Gibbon und Hume, Euler und Lagrange, Réaumur, Priestley und Lavoisier – sie alle waren keine Universitätsgelehrten und widmeten sich nicht nur *einer* Disziplin. Ein Aufklärer par excellence wie Denis Diderot zum Beispiel schrieb nicht nur Dramen und Romane, sondern befasste sich auch mit Erkenntnistheorie und Ästhetik, Wirtschaftstheorie und Gesetzgebung, Physiologie und Physik.

Leute wie Diderot verstanden sich nicht mehr als Gelehrte und noch nicht als Wissenschaftler (dieses Wort setzte sich im Deutschen erst im 19. Jahrhundert durch), sondern schlicht als »Philosophen«. Das große Vorbild war Sokrates: kein schulgelehrter Dogmatiker, sondern ein »Selbstdenker«, der andere im Gespräch zum Selbstdenken anleitete. Ein neuer Begriff von Philosophie etablierte sich oberhalb aller einzelnen Wissensbereiche und erhob Anspruch auf uneingeschränkte Zuständigkeit; im Deutschen nannte sie sich »Weltweisheit«, d. h. Weisheit in der Welt und für die Welt. Das entsprach dem neuen Verständnis von Vernunft und von Wissen: Die Vernunft erschien als einheitliches Vermögen, über das alle Menschen als solche verfügten und von dessen Gebrauch sie nur durch ihre eigene Angst oder Bequemlichkeit abgehalten wurden. Das Wissen sollte nicht mehr Besitz weniger Eingeweihter zum Nutzen einiger Privilegierter sein, sondern es sollte zum einen allen zugänglich und zum anderen allen praktisch nützlich sein (vgl. Quelle 18).

Die Gelehrsamkeit alten Stils verspottete man nun als staubtrocken, unzeitgemäß und weltfremd: »Scholastik« war das Schimpfwort dafür. Mit dem herkömmlichen System des Wissens, wie es die Universitäten seit dem Hochmittelalter entwickelt und im Zeitalter des Humanismus reformiert hatten, war zwangsläufig auch die gesellschaftliche Wissen*organisation* in die Krise geraten. Die traditionellen Universitäten pflegten einen festen Fächerkanon in einer Hierarchie von Fakultäten, an deren Spitze immer noch die Theologie stand, gefolgt von Jurisprudenz und Medizin. Die Gelehrten widmeten sich vor allem der Auslegung und Vermittlung der klassischen antiken Autoritäten – so etwa in der Jurisprudenz des spätantiken Römischen Rechts des Codex Justinianus, in der Medizin der Schriften von Hippokrates und Galen, in der Philosophie der Schriften von Aristoteles. Die neue naturwissenschaftliche Forschung hatte in diesem Fächersystem zunächst einmal überhaupt keinen Ort, sie passte in keine der herkömmlichen Disziplinen. Die Universitäten waren traditionell Stätten der Lehre, nicht der Forschung, sie vermittelten theoretisches, nicht praktisches Wissen, und sie waren als privilegierte berufsständische Korporationen fest in der ständischen Gesellschaft verwurzelt.

Folglich spielte sich die empirische Forschung, die auf praktisch-technische Erfordernisse in Handel und Schifffahrt, Bergbau und Landwirtschaft, Kriegstechnik und Verwaltung reagierte, außerhalb der Universitäten ab und schuf sich eigene Institutionen: die Akademien. Ursprünglich kleine, private Forscherzirkel, entwickelten sich die Akademien im 17. und vor allem im 18. Jahrhundert zu weit verzweigten, staatlich geförderten Forschungsorganisationen. Als Vorbild dienten die Londoner Royal Society (1662) und die Pariser Académie des Sciences (1666), denen staatliche Prestigegründungen in fast allen europäischen Residenzstädten, aber zunehmend auch in der Provinz folgten – die Regierungen wurden sich der Nützlichkeit solcher Einrichtungen schnell bewusst. Akademien waren Gesellschaften gelehrter Männer zum Zweck der Vermehrung und Verbreitung wissenschaftlicher Erkenntnisse; die anderen Sozietäten des 18. Jahrhunderts (vgl. Kap. 5) entstanden nach ihrem Vorbild. Um einen Kern von ordentlichen, meist staatlich

besoldeten und regelmäßig zusammentretenden Mitgliedern
gab es einen großen Kreis von korrespondierenden Mitgliedern, die miteinander im Austausch standen. Die Akademien veröffentlichten ihre Ergebnisse in eigenen Periodika;
in regelmäßigen Preisausschreiben legten sie wissenschaftliche Fragen dem interessierten Publikum zur Lösung vor.
Sie trugen auf diese Weise den völlig neuen Prinzipien
Rechnung, auf denen die Expansion der modernen Naturwissenschaften wesentlich beruhte: Zum einen verbanden
sie theoretisch-gelehrtes mit praktisch-technischem Wissen.
Zum anderen förderten sie den Austausch der Forscher und
erhoben die Prinzipien der Öffentlichkeit und der wechselseitigen Kritik zu Werten an sich. Der wissenschaftliche
Fortschritt beruhte darauf, dass man Daten zusammentrug
und Theorien überprüfte; Geheimwissen und Autoritäten
wurden diskreditiert. Und zum Dritten förderten sie eine
grenz-, stände- und konfessionenüberschreitende Allgemeinheit der Forschung; Wissen sollte nicht mehr von den
Mitgliedern einer ständischen Korporation gehütet werden.
Öffentliche Kommunikation war also das A und O der
neuen Forschung.

Das 18. Jahrhundert erlebte eine bis dahin unvorstellbare
Popularisierung der Forschung, die weit über die Akademien hinaus geradezu zu einer geselligen Mode wurde. Die
Abwendung vom gelehrten Latein und die Hinwendung
zum Französischen als Universalsprache der Gebildeten
war zugleich ein Symptom und ein Faktor dieser Popularisierung. Die Offenheit der Forschung war Ausdruck einer
Übergangsphase, in der das alte institutionelle Wissenssystem angegriffen, ein neues aber noch nicht fest etabliert
war. Die Grenzen zwischen den Disziplinen waren noch
nicht neu gezogen, die Kommunikationsformen noch lose
und vielfältig. Deshalb konnten vorübergehend eben auch
diejenigen an der Diskussion teilnehmen, die von dem traditionellen Wissensbetrieb ausgeschlossen waren: zum Beispiel Frauen. Gerade an sie richtete sich die popularisie-

rende Darstellung der neuen Wissenschaft gern. Fontenelle vermittelte ihnen in den *Unterhaltungen über die Vielzahl der Welten* (1686) den Cartesianischen Rationalismus, Francesco Algarotti präsentierte einen *Newtonianismus für die Damen* (1737). Es gab sogar Pläne, wissenschaftliche Akademien nur für Frauen ins Leben zu rufen, die allerdings nie realisiert wurden. Aber Naturforschung und Philosophie waren eben auch außerhalb der Akademien und Universitäten zugänglich; sie wurden in der belletristischen Literatur thematisiert, beherrschten die Zeitschriften und die Salongespräche. In den gebildeten Ständen gab es allenthalben Amateure, die sich nun der Forschung in ihren Mußestunden widmeten: Dorfpfarrer und adlige Damen, Höflinge und städtische Honoratioren, Ärzte und Anwälte. Sie stellten Experimente an, sammelten Pflanzen, Fossilien oder Insekten für Naturalienkabinette, veröffentlichten Traktate, beteiligten sich an Preisausschreiben, trafen sich zu Vorträgen und korrespondierten miteinander. Es galt sämtliche Phänomene der unbelebten, der belebten und der menschlichen Natur zu sammeln und zu ordnen: die Erdoberfläche restlos zu erkunden, das Pflanzen- und Tierreich zu inventarisieren, die Sitten und Gesetze der Völker zu beschreiben. Zu all dem leisteten im 18. Jahrhundert zahllose gebildete Amateure ihren Beitrag.

Popularisierung hieß aber auch, dass die Ergebnisse der Forschung denen zugänglich gemacht wurden, die selbst keinen Anteil daran hatten: dem »gemeinen Volk«, vor allem dem »Landmann«. Denn je weiter die Forschung voranschritt, desto größer wurde der Graben zwischen dem Wissen der Gebildeten und dem Alltagswissen der einfachen Leute. Man entwarf ehrgeizige Projekte einer allgemeinen Volksaufklärung, vor allem im Rahmen der oben genannten Ökonomischen und Patriotischen Gesellschaften, um »schädliche Vorurteile« und Angst vor Neuerungen auszumerzen und die Voraussetzungen dafür zu schaffen, dass die praktisch-technischen Errungenschaften für die

Allgemeinheit wirklich fruchtbar gemacht werden konnten (vgl. Quelle 19). Allerdings war sich die Mehrzahl der Gebildeten darüber einig, dass diese Volksaufklärung nicht zu weit gehen dürfe. Sie müsse vielmehr »verhältnismäßig« bleiben, damit die Landleute nicht mit ihrem harten Los am Ende unzufrieden würden. Immerhin wurde über die Nützlichkeit, ja politische Notwendigkeit gewisser moralischer und religiöser Vorurteile des »gemeinen Volks« öffentlich gestritten, und die Berliner Akademie machte dies 1770 gar zum Thema ihrer jährlichen Preisfrage.

Die große Aufgabe, den wachsenden Wissensschatz, die technischen Errungenschaften und die philosophischen Erkenntnisse zu sammeln und allgemein bekannt zu machen, um den praktischen Fortschritt in allen Lebensbereichen zu beschleunigen, gipfelte in einem Jahrhundertwerk: der großen *Encyclopédie, ou dictionnaire raisonné des sciences, des arts et des metiers, par une société de gens de lettres*, herausgegeben seit 1751 von Denis Diderot und Jean le Rond d'Alembert und 1772, nach mehr als zwanzig Jahren, mit insgesamt 17 Foliobänden Text und 11 Foliobänden Tafeln zum Abschluss gebracht. Ursprünglich von einem Verleger-Konsortium als französische Übersetzung und Bearbeitung der englischen *Cyclopaedia* von William Chambers geplant, wuchs sich das Werk zum größten, erfolgreichsten und zugleich umstrittensten Unternehmen des Jahrhunderts aus, an dem die renommiertesten Geister der französischen Aufklärung mitarbeiteten: von Voltaire und Rousseau über Quesnay und Turgot bis zu Holbach und La Mettrie – von den Hauptautoren, dem Chevalier de Jaucourt und Diderot selbst, die Tausende von Artikeln verfassten, ganz zu schweigen. Die *Encyclopédie* umfasste in ihren über 70 000 alphabetisch geordneten Einzelartikeln nicht nur die Wissenschaften, sondern auch die Künste (»arts«) und Gewerbe (»métiers«); den fruchtbaren wechselseitigen Einfluss zwischen technischen Erfindungen und wissenschaftlichen Erkenntnissen deutlich zu machen war ihr Hauptanliegen.

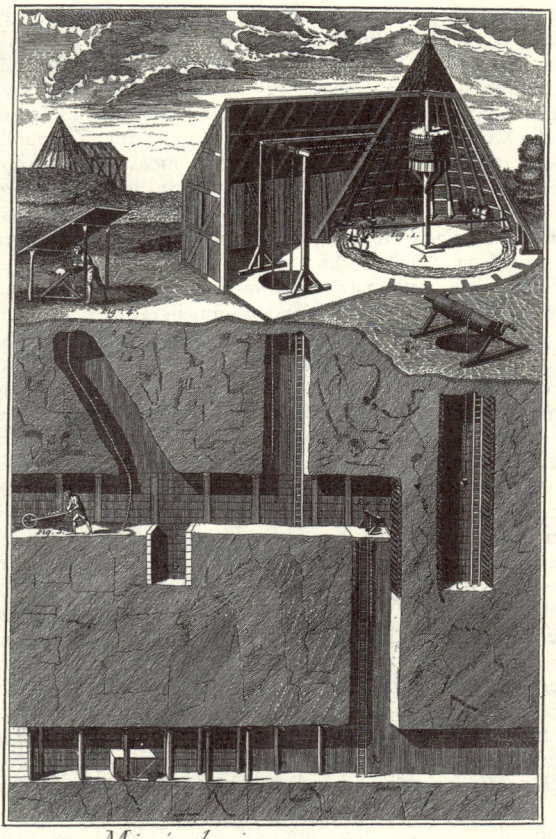

Minéralogie, Coupe d'une Mine

Technische Illustration aus der »Encyclopédie«, 1768

Handwerke und Gewerbe erfuhren damit eine bisher unge-
ahnte Aufwertung; erstmals überhaupt wurden ihre Techni-
ken, Werkzeuge und Produktionsverfahren ausführlich beschrieben und detailgenau abgebildet. Daneben gab es aber
auch Artikel über Religion, Politik, Ökonomie und Moral
– das Werk sollte ein Inventar des gesamten zum Zeitpunkt
des Erscheinens verfügbaren Schatzes menschlichen Wissens und Könnens sein. Dabei waren sich die Herausgeber
ausdrücklich darüber im Klaren, ja sie hofften sogar, dass
die zukünftigen Fortschritte es schon bald veralten lassen
würden (vgl. Quelle 20).

Das Werk hatte manche Schwächen: Viele Artikel waren
flüchtig aus anderen Werken zusammengeschrieben, manche Artikel widersprachen einander, politische und konfessionelle Kritik konnten nur versteckt darin zu Wort kommen, ja der Verleger Le Breton hatte am Ende ohne Diderots Wissen alles gestrichen, was ihm anstößig erschien.
Dennoch wurde das Gesamtwerk geradezu zu einem Wahr-
zeichen der Aufklärung, und zwar nicht nur wegen seines
Inhalts, sondern auch deshalb, weil es sich erfolgreich gegen
schier unüberwindliche Hindernisse und mächtige Gegner
durchsetzen musste. Obwohl der liberale Zensor Malesherbes dem Unternehmen sehr gewogen war, konnte er nicht
verhindern, dass 1759 das königliche Druckprivileg widerrufen wurde. Das Klima zwischen »philosophes« und der
herrschenden konservativen Elite aus Jesuiten, Jansenisten,
Parlamenten und Regierung hatte sich verschärft; man warf
den Enzyklopädisten Beleidigung der göttlichen und der
königlichen Majestät vor. Trotzdem oder gerade deshalb
war das Publikumsinteresse an dem Werk überwältigend; es
wurde von Diderot im Geheimen fortgesetzt, und die Obrigkeit duldete schließlich den mehr oder weniger offenen
Verkauf, obwohl das Verbot offiziell fortbestand. Die Rechnung der Verleger ging auf: Mit Aufklärung ließen sich
glänzende Geschäfte machen.

Umbrüche in den Wissenschaften

Zwar war die Popularisierung des Wissens ein hervorstechendes Kennzeichen des Aufklärungsjahrhunderts, aber das heißt nicht, dass sich alles aufklärerische Denken und moderne Forschen schlechthin jenseits der Universitäten abgespielt hätte. Auch sie verwandelten sich vielmehr unter dem Einfluss der Aufklärung. Zum einen gab es im 18. Jahrhundert einige berühmte Neugründungen, staatliche Reformuniversitäten, die weithin ausstrahlten. Die berühmtesten Beispiele sind die Universität Halle in Brandenburg-Preußen (gegr. 1694), wo der bedeutende Frühaufklärer Christian Thomasius und der außerordentlich einflussreiche Schulphilosoph Christian Wolff lehrten, die Universität Göttingen im Kurfürstentum Hannover (gegr. 1737), die Halle in der zweiten Jahrhunderthälfte den Rang als bedeutendste deutsche Aufklärungsuniversität ablief, und die Universität Moskau (gegr. 1755), die erste Universität im Zarenreich überhaupt, die von dem berühmten russischen Universalgelehrten Michail W. Lomonosov ins Leben gerufen wurde. Sie alle trugen dem gewandelten Wissenschaftsverständnis von vornherein in ihrem Aufbau und ihrem Fächerkanon Rechnung. Aber auch die traditionellen Universitäten öffneten sich mehr oder weniger zögernd den neuen Forschungszweigen. So war die Universität Leiden schon im 17. Jahrhundert ein Zentrum der modernen Naturforschung und Medizin, während etwa die Pariser Sorbonne erst 1753 einen Lehrstuhl für das Fach Experimentalphysik einrichtete. Die neuen Disziplinen wurden meist in der alten Fakultät der *artes liberales* angesiedelt, die traditionell allgemeines Grundlagen- und Methodenwissen vermittelten und wo u. a. Arithmetik, Geometrie und Logik ihren angestammten Platz hatten.

Doch auch im Rahmen der drei höheren Fakultäten altehrwürdiger Universitäten entwickelten sich neue Ansätze.

So ging etwa die berühmte schottische Schule der Moralphilosophie, Naturrechtslehre und Nationalökonomie (Francis Hutcheson, John Millar, Adam Ferguson, Adam Smith) von den Universitäten Glasgow und Edinburgh aus. Die klassische Universitätswissenschaft Medizin, die traditionell rein theoretisch-spekulativ verfahren war und das Erfahrungswissen den Handwerkern (Chirurgen, Barbieren, Wundärzten) überlassen hatte, wandte sich unter dem Einfluss der neuen Naturforschung allmählich empirischen Methoden zu. Erst jetzt entstand die klinische Forschung: Nach dem Vorbild des berühmten Mediziners Wilhelm Boerhaave in Leiden begann man überall an den europäischen Universitäten Kliniken einzurichten, um die Krankheiten am Patienten studieren zu können.

Das 18. Jahrhundert war in wissenschaftsorganisatorischer Hinsicht eine Umbruchszeit und wurde auch von den Zeitgenossen selbst als solche empfunden. Die Naturforschung zeichnete sich noch durch relativ große Offenheit aus – nicht nur, was den Zugang, sondern auch, was die Methoden betraf. Die zuvor institutionell getrennten Bereiche von praktischem Erfahrungswissen, mathematisch-technischer Berechnung und theoretischer Erklärung wurden zusammengeführt und profitierten wechselseitig voneinander; zugleich gab es aber noch kaum neue verbindliche methodische Regeln und institutionalisierte Kontrollen der Forschungsergebnisse. In dem Maße, wie die Universitäten nach und nach die neue Forschung integrierten, eine neue Ordnung der Disziplinen und einen neuen Fächerkanon entwickelten, diktierten und kontrollierten sie auch wieder die methodischen Standards – eine Entwicklung, die allerdings im Wesentlichen dem 19. Jahrhundert vorbehalten blieb. Im 18. Jahrhundert war noch nicht so klar auseinanderzuhalten, was als Wissenschaft gelten konnte und was nicht. Auf vielerlei Wissensgebieten lässt sich das zeigen. Stellvertretend soll hier auf drei Bereiche eingegangen werden, die im 18. Jahrhundert im Zentrum des Forschungsinteresses standen: die Chemie, die Lehre vom Lebendigen und die Elektrizitätslehre.

Die Chemie war zunächst noch keine eigenständige Disziplin. Mit der Scheidung und Verbindung der Stoffe beschäftigte sich traditionell die Alchimie, die der Heilkunst, der Metallverarbeitung, dem Gerben und Färben von Textilien usw. diente und in dem Ruf stand, über uraltes magisches Geheimwissen, z. B. die Kunst des Goldmachens, zu verfügen. Eine klare Grenze zwischen naturphilosophischer Spekulation und empirischem, experimentell gesichertem Wissensbestand existierte zunächst nicht; beides war noch im frühen 18. Jahrhundert in dem Begriff der »magia naturalis«, der »natürlichen Magie«, miteinander verbunden. In den 1780er Jahren kam es indessen zu einem revolutionären Umbruch auf diesem Wissensgebiet, der die alchimistischen Ursprünge rückblickend als unwissenschaftlich diskreditierte. Im 18. Jahrhundert versuchte man nämlich, die Vielfalt der chemischen Phänomene auf allgemeine Prinzipien zurückzuführen, und entwickelte verschiedene Theorien, die alle von der Existenz einer geheimnisvollen Substanz, des Phlogiston, ausgingen, um bestimmte chemische Wirkungen zu erklären. Die Experimente, die Forscher wie Priestley, Turgot, Joseph Black, Cavendish, Galiani und vor allem Lavoisier auf der Suche nach dem hypothetischen Phlogiston anstellten, führten schließlich dazu, dass die seit der Antike gültige Grundlage des Wissens, die aristotelische Lehre von den vier Elementen Erde, Wasser, Luft und Feuer, aus den Angeln gehoben wurde. Man stellte nämlich fest, dass die Luft sich in bestimmte Bestandteile zerlegen lässt, und erkannte die Gasförmigkeit als einen Aggregatzustand dieser Bestandteile. Erde, Wasser und Luft waren keine Elemente mehr: Damit war eine jahrtausendealte Grundannahme zerstört. Stattdessen hatte man es nun mit ganz anderen chemischen Elementen zu tun, nämlich solchen, die eine exakte Quantifizierung und Mathematisierung ermöglichten und es erlaubten, alle möglichen chemischen Vorgänge auf einfache Grundprinzipien wie Reduktion und Oxydation zurückzuführen. Die Konsequenz dieser wissenschaftlichen Revolution war ein völlig neues Begriffssystem, das Lavoisier 1787 veröffentlichte.

Auch die moderne Disziplin der Biologie gab es im Wissenssystem des 18. Jahrhunderts noch nicht. Man unterschied vielmehr zwei Weisen, die Schöpfung zu erforschen: Entweder man untersuchte die Vielfalt der Phänomene auf ihre Ursachen und Wirkungen, dann bewegte man sich im Bereich der »Naturphilosophie«, der Physik im weitesten Sinne, wobei zwischen belebter und unbelebter Natur keine prinzipielle Grenze gezogen wurde. Oder man sammelte, ordnete und klassifizierte die Erscheinungen – dann betrieb man »Naturgeschichte«. Letztere erlebte im 18. Jahrhundert eine besondere Blüte: Man beschrieb die Vielfalt und Ordnung der Schöpfung, um die Weisheit ihres Urhebers darin zu bewundern, und entwarf Klassifikationssysteme, die den Schöpfungsplan abzubilden suchten. Das großartigste und zugleich einfachste System war das des Schweden Carl von Linné, das noch heute die Grundlage der biologischen Taxonomie und Nomenklatur bildet. Demgegenüber entwarf der große französische Naturforscher Buffon eine universelle »Naturgeschichte«, die mit Linné in zwei wesentlichen Punkten brach: Erstens ging er davon aus, dass alle Klassifikation im Bereich der Natur eine willkürliche, der menschlichen Phantasie entsprungene Ordnung sei, und zweitens stellte er fest, dass auch die Natur einer Entwicklung in der Zeit unterliege, also im eigentlichen Sinne eine »Geschichte« habe.

Die Lehre vom Lebendigen, vor allem im Rahmen der Medizin betrieben, wies im 18. Jahrhundert eine unüberschaubare Vielzahl unterschiedlicher Erklärungsversuche auf, ohne dass es die technischen Möglichkeiten zur Verifizierung der einen und zur Widerlegung der anderen gegeben hätte. War der lebendige Körper nichts als eine besonders komplizierte Maschine – wie es der Rationalismus des

17. Jahrhunderts lehrte? Oder war er bis in die einzelnen Körperzellen hinein von einer geheimnisvollen Lebenskraft, einer *vis vitalis*, beherrscht, wie es in Anknüpfung an ältere Vorstellungen Georg Ernst Stahl und Albrecht von Haller vermuteten? Mit diesen Fragen waren immer zugleich unabsehbare theologische Probleme verbunden: War erst das Individuum belebt und zu Wahrnehmung und Empfindung fähig, oder schon die Materie selbst in ihren kleinsten Teilen, wie Diderot und Buffon annahmen? Eine Reihe von Experimenten schien für Letzteres zu sprechen: So wies Haller die Irritabilität einzelner, isolierter Nervenfasern nach; man entdeckte, dass sich aus einem Polypen oder Wurm durch Teilung mehrere machen lassen; ja sogar die Erzeugung von Kleinlebewesen aus dem Nichts schien experimentell gelungen zu sein. Die Fortpflanzung rückte ins Zentrum der wissenschaftlichen Aufmerksamkeit, denn sie ließ sich am schwersten mit dem lange Zeit vorherrschenden mechanistischen Modell des Lebens vereinbaren. Waren die Lebewesen – die Arten sowohl als die Individuen – von Anbeginn der Welt her schon angelegt, »präformiert«, und wenn ja, wie und wo – im männlichen oder im weiblichen Körper? Oder entwickelten sie sich erst im Laufe der Zeit, durch »Epigenese«? Konnte neues Leben spontan aus lebloser Materie entstehen oder nicht? All das war mit den experimentellen Mitteln des 18. Jahrhunderts nicht zweifelsfrei zu beantworten; den Hypothesen und Spekulationen waren daher kaum Grenzen gesetzt. Jedenfalls aber verlor das Maschinenmodell des Lebendigen im Lauf des Jahrhunderts immer mehr an Überzeugungskraft. Die Lehre vom Lebendigen und seinen spezifischen Funktionen – Stoffwechsel, Fortpflanzung, Wachstum – war damit auf dem Weg, sich als eigene wissenschaftliche Disziplin zu etablieren.

Und schließlich die Elektrizität – ebenfalls ein Gegenstand, der im 18. Jahrhundert zu allen möglichen theoretischen Spekulationen Anlass gab. Elektrizität war ursprünglich nur als Eigenschaft des Bernsteins, Materie anzuziehen, bekannt gewesen. Im 18. Jahrhundert erkannte man, dass sich auch zahlreiche andere Erscheinungen auf diese geheimnisvolle Kraft zurückführen ließen. Die Erforschung der Elektrizität rückte damit zunehmend ins Zentrum der experimentellen Physik. Man entwickelte Geräte wie die »Leidener Flasche« (1746) zur Kondensierung elektrischen Stroms und brachte künstliche elektrische Phänomene aller Art hervor. Spektakuläre Experimente wurden öffentlich vor zahlendem Publikum, in den Freimaurerlogen und Salons vorgeführt. Bei einem derartigen Experiment wies Benjamin Franklin 1752 nach, dass es möglich ist, die Elektrizität des Blitzes über Metallstangen oder Drähte in die Erde abzuleiten, und erfand so den Blitzableiter – eine für die Mentalität der Gebildeten außerordentlich folgenträchtige Errungenschaft, die der Urangst vor dem Gewitter den Boden entzog und dem Gefühl Nahrung gab, mit der Zeit müssten alle Naturgewalten unter Kontrolle zu bringen sein (vgl. Quelle 19). Theoretisch schlüssig erklären konnte man bei alledem die Wirkungen der Elektrizität indessen noch nicht, und alle möglichen Spekulationen über Ursprung und Wesen des elektrischen »Fluidums« wurden in der gelehrten Öffentlichkeit diskutiert.

Die große Faszination, die die Naturforschung ausübte, die Offenheit für alle nur denkbaren Hypothesen und Theorien, zugleich die geringe Institutionalisierung von Forschungsstandards – all das erklärt die große Empfänglichkeit des gebildeten Publikums der Spätaufklärung für Okkultes und Esoterisches. Naturphilosophische Spekulationen über den »Stein der Weisen«, der Glaube an die Wahrheit vermeintlich uralter geheimer Schriften wie das *Corpus hermeticum*, die den Eingeweihten das innerste Wesen der Natur offenbaren, all das wirkte auch im Rahmen der modernen Naturforschung noch lange fort und wurde gerade im 18. Jahrhundert von neuen Geheimbünden wie den Rosenkreuzern gepflegt. Kein Geringerer als Newton hatte sich solchen Spekulationen ebenfalls ausführlich gewidmet. Die Zeitgenossen des 18. Jahrhunderts verfügten noch nicht über die eindeutigen Maßstäbe späterer Zeiten, die Wissenschaft und Esoterik klar auseinanderzuhalten erlaubt hätten.

So beeindruckte der selbsternannte Graf Cagliostro, der 1784 eine »Ägyptische Loge« gründete und in uralte hermetische Wahrheiten einzuführen versprach, an europäischen Höfen und Salons mit seinen Fähigkeiten als Geisterbeschwörer, Wunderheiler und Goldmacher. Cagliostros plumper Schwindel wurde relativ leicht durchschaut, aber nicht immer war so leicht zu beurteilen, wo naturphilosophische Spekulationen, die sich nur noch nicht experimentell einlösen ließen, aufhörten und wo betrügerische Scharlatanerie anfing. Besonders deutlich zeigt sich das in der Begeisterung für den »Mesmerismus« im letzten Viertel des 18. Jahrhunderts. Der Wiener Arzt Franz Anton Mesmer hatte auf der Grundlage der Newtonschen Gravitationslehre eine Theorie des »tierischen Magnetismus« entwickelt, mit deren Hilfe er Krankheiten nicht nur zu erklären, sondern auch zu heilen vermochte, indem er durch magnetische Vorrichtungen oder auch nur durch Handauflegen bei seinen Patienten Trancezustände hervorrief. Obwohl sich das Heilverfahren von anderen Forschern experimentell nicht nachvollziehen ließ, wurde Mesmer in den Pariser Salons der 1780er Jahre zum gefragten Modetherapeuten (vgl. Quelle 21). Die Bereitschaft des Publikums zu glauben war stärker, als kritische Aufklärer gehofft hatten. Die Entzauberung der Welt leistete vielmehr einer neuen Art von Fanatismus und Schwärmerei Vorschub. Es zeigte sich, dass auch die Begeisterung für die Wissenschaft Formen eines Glaubens annehmen konnte.

8

Ein Jahrhundert der Reformen
Naturrechtstheorie, aufgeklärter Absolutismus und Rationalisierung des Staates

Die Aufklärung und der Staat

Wie verhielt sich die Aufklärung zum Staat? Um sich dieser komplexen Frage zu nähern, muss man sich zunächst vor Augen führen, was »Staat« im 18. Jahrhundert überhaupt war.

In Kapitel 1 war schon die Rede davon, dass das, was man heute unter souveränem Staat versteht, sich im Laufe der frühen Neuzeit erst herausbildete. Man hat diese wichtige Phase auf dem Weg der modernen Staatsbildung gemeinhin »Absolutismus« genannt. Damit war gemeint, dass die Monarchen die traditionelle Mitwirkung der Stände abgeschüttelt und eine *potestas legibus soluta*, eine von den Gesetzen und dem hergebrachten Zwang zur Konsensfindung losgelöste Gewalt, ausgeübt hätten. Dieses Bild ist in letzter Zeit erheblich revidiert worden. Die »absolute« Herrschaft der Monarchen war längst nicht so uneingeschränkt und von ständischen Gewalten unabhängig, wie man lange angenommen hatte. Statt von Absolutismus spricht man daher inzwischen lieber von dem Prozess der zunehmenden Staatsbildung und meint damit die Ausdehnung, Vereinheitlichung und Stärkung der staatlichen Zentralgewalt – ob diese nun mit oder ohne Beteiligung ständischer Partizipationsorgane erfolgte. England ist der klassische Fall, in dem eine traditionelle ständische Instanz (nämlich das Parlament) selbst den entscheidenden Anteil an der souveränen Staatsgewalt gewann, während Brandenburg-Preußen als

Modellfall dafür gilt, dass die Stände in den meisten Landesteilen völlig zurückgedrängt wurden und der Monarch ungehindert seine staatliche Macht- und Modernisierungspolitik durchführen konnte. In Frankreich hingegen, das gemeinhin als klassisches Land des Absolutismus gilt, scheiterten die Versuche der Krone zur Modernisierung von Verwaltung, Justiz und Steuerwesen an dem erbitterten und machtvollen Widerstand der Gerichtshöfe (»parlements«), die die staatliche Reformpolitik als Despotismus brandmarkten.

Die politischen Strukturen in den verschiedenen europäischen Ländern lassen sich nicht über einen Kamm scheren; zu unterschiedlich waren die gewachsenen Kräfteverhältnisse zwischen Zentralgewalt, eingesessenem Adel, neuen bürgerlichen Eliten, städtischen und (in katholischen Ländern) kirchlichen Korporationen. Daher waren auch die Positionen der Aufklärungszirkel gegenüber der Staatsgewalt höchst unterschiedlich – je nachdem, welche politischen Bedingungen sie in ihrem Land antrafen, aber auch je nachdem, in welche sozialen Strukturen sie selbst eingebettet waren. Innerhalb ein und desselben Landes konnten die politischen Positionen der Aufklärer durchaus auseinandergehen: Was der eine als despotische Willkür empfand, begrüßte der andere als Herrschaft der Vernunft. Auf jeden Fall aber ist es falsch, einen prinzipiellen Gegensatz zwischen Aufklärung und Absolutismus (oder besser: Steigerung der Staatsgewalt) anzunehmen, so als hätten die Aufklärer von vornherein den Umsturz der hergebrachten monarchischen Verfassungsverhältnisse im Auge gehabt. In vielen Ländern identifizierten sie sich vielmehr in hohem Maße mit der Staatsgewalt – nämlich da, wo sie vornehmlich oder gar ausschließlich derselben Schicht angehörten, die auch das Personal für den Ausbau des Staats stellte: Dienstadel, Juristen, protestantische Pfarrer, Teile des katholischen Klerus, Professoren, Offiziere usw. (vgl. Kap. 3). Das trifft besonders für die deutschen und italienischen

Territorien zu; es gilt aber auch für Länder an der Peripherie Europas, die die Aufklärungsbewegung aus England, Frankreich oder Deutschland rezipierten und bei der Modernisierung der Staatsapparate auf ausländisches Führungspersonal zurückgriffen, wie Russland, Spanien, Portugal oder Dänemark. In England, wo es keinen Absolutismus, aber eine effiziente parlamentarische Zentralgewalt gab, stand die bürgerlich-adlige Mittelschicht ohnehin nicht im Gegensatz dazu, sondern hatte in vielerlei Hinsicht – von der Lokalverwaltung bis zum Parlament – eigenständigen Anteil an Regierung, Justiz und Verwaltung. Und selbst in Frankreich, wo die prominenten Aufklärer in Opposition zur Staatsgewalt standen, wo sie wie Diderot ins Gefängnis gesteckt oder wie Voltaire und Rousseau ins Exil getrieben wurden, gelang es ihnen im Lauf des Jahrhunderts, Schlüsselstellen in Regierung und Verwaltung zu besetzen und Aufklärungsideen zur Geltung zu bringen.

Ebenso wenig, wie es »die« Aufklärung schlechthin gab, gab es also auch das Verhältnis der Aufklärung zu »dem« Staat schlechthin. Dennoch lassen sich bei aller Vielfalt einige ganz allgemeine Grundzüge beschreiben, die das politische Leben des 18. Jahrhunderts in Europa kennzeichneten, und einige politische Theorieansätze nennen, die besonderen Einfluss gewannen.

Für alle europäischen Staaten dieser Zeit gilt, dass sie noch keine Verfassungen im modernen Sinne hatten. Das heißt, Recht war etwas über die Jahrhunderte allmählich Gewachsenes – ein meist hochkompliziertes Geflecht von Verträgen, Privilegien, Gesetzen und der großen Masse des altüberlieferten Gewohnheitsrechts, dessen Ursprünge sich vielfach im Ungewissen verloren. Das geltende Recht war noch kein vollständig aufgeschriebenes, systematisch gegliedertes Ganzes wie im modernen Rechts- und Verfassungsstaat. Vielmehr überlagerten sich verschiedene Rechtskreise, deren Geltung nicht eindeutig definiert und deren Zuständigkeit nicht klar gegeneinander abgegrenzt war: Zum ei-

nen waren da die alten Schichten der lokalen und regionalen
Rechtsgewohnheiten, des »löblichen Herkommens«; zum
anderen das positive, also ausdrücklich gesetzte Recht, das
entweder obrigkeitlich erlassen oder vertraglich zwischen
Herrscher und Ständen vereinbart sein konnte. Ferner galt
in katholischen Ländern das Kirchenrecht, das sich sowohl
auf Personen (nämlich die Geistlichen und ihre Haushalte)
als auch auf bestimmte Sachen (z. B. die Ehe) erstreckte und
dessen Verhältnis zur jeweiligen Staatsgewalt höchst umstritten war. Und schließlich war in den meisten Ländern
seit dem Spätmittelalter das spätantike Römische Recht,
der Codex Justinianus, rezipiert worden, d. h., man zog dieses überlegene und hochdifferenzierte antike Gelehrten-
recht schon seit Jahrhunderten zur Ergänzung, Interpretation und Systematisierung des hergebrachten einheimischen
Rechts heran.

Öffentliches Recht (zwischen Staat und Bürgern) und
Privatrecht (der Bürger untereinander) ließen sich unter diesen Umständen noch kaum systematisch trennen. Statt eines
einheitlichen Rechts für alle Staatsbürger gab es eine Vielzahl von Rechten, Freiheiten und Privilegien, die jedem
Mitglied des Gemeinwesens einen anderen Rechtsstatus zuwiesen (vgl. Kap. 3). Und statt eines systematischen Staats-
organisationsrechts, das die Ausübung der Hoheitsgewalt
eindeutig und verbindlich geregelt hätte, gab es eine Vielzahl von gewachsenen und erworbenen, vertraglich verein-
barten und ererbten Herrschaftsrechten, die nicht allein
bei der Zentralgewalt lagen, sondern zum Teil nach wie vor
bei konkurrierenden Gewalten (vgl. Kap. 1). Allen diesen
Rechtsbeständen war gemeinsam, dass sie eine traditionelle
Legitimation besaßen und nicht einfach beiseite gewischt
werden konnten. Andererseits standen sie aber der Dynamik all jener politischen, wirtschaftlichen und sozialen Entwicklungen vielfach hemmend im Weg, die in den vorherge-
henden Kapiteln beschrieben worden sind. Zu Reformen
aller Art – sei es nun zur Förderung des Wirtschaftslebens

oder zur Erhöhung der Staatseinkünfte, sei es zur Verbesserung der Rechtslage der Bauern oder zur Abschaffung
kirchlicher Feiertage – war es in der Regel nötig, sich über
geltende Rechtsbestände hinwegzusetzen.

Das war die Situation, mit der die Aufklärer in vielen europäischen Ländern mehr oder weniger deutlich konfrontiert waren. Je nachdem, wie weit sie sich mit bestimmten
Reformzielen identifizierten oder nicht, konnten sie nun –
ganz grob vereinfacht – zwei verschiedene Positionen dazu
einnehmen: Entweder sie befürworteten die möglichst un-
umschränkte Gewalt des Monarchen, weil sie von diesem
erwarteten, dass er die Reformen durchführen würde, die
sie im Sinne des stetigen Menschheitsfortschritts für richtig
hielten. In diesem Fall konnte manchen von ihnen der
Monarch gar nicht unumschränkt genug sein, weil er sich
nur so gegen die mächtigen Gewalten von Adel, Kirche und
traditionellen Korporationen durchzusetzen vermochte.
Man forderte also einen »despotisme éclairé«, einen Despotismus der Vernunft selbst, um die reformhemmenden Mit-
wirkungs- und Konsensverfahren auszuschalten – so zum
Beispiel die Mehrzahl der Physiokraten. Oder man lehnte
die von der Staatsgewalt durchgeführten Reformen gerade
deshalb als despotisch ab, weil sie solche Mitwirkungsmög-
lichkeiten zerstörten, und setzte sich für mehr »Freiheit« im
Sinne von politischer Partizipation und Kontrolle der Herrschaft ein – so vor allem Montesquieu, der sich dabei auf
die Tradition der antiken Mischverfassungslehre berufen
konnte. Allerdings verbarg sich hinter dem Begriff »Freiheit« geradezu Gegensätzliches: Die einen meinten damit
eben die hergebrachte Vielzahl der ständisch abgestuften
Freihei*ten* der Privilegierten, die anderen die eine, allgemeine, gleiche Freiheit aller Staatsbürger (vgl. Kap. 9). Als
»Freiheit« in der zweiten Hälfte des Jahrhunderts allmählich in vielen Ländern zu einem Schlagwort der öffentlichen
Diskussion wurde, war diese Doppeldeutigkeit den meisten
Zeitgenossen durchaus noch nicht bewusst; das Schlagwort

verbarg eher die gegensätzlichen Interessen, als dass es sie enthüllt hätte.

Welcher Art die Reformen auch immer waren, die man im 18. Jahrhundert forderte – ob sie auf Stärkung der Zentralgewalt oder allgemeine Beteiligung daran hinausliefen –, man musste sie auf neue Art und Weise begründen und legitimieren. Die herkömmlichen Arten der Legitimation waren dafür nicht mehr tauglich, denn sie beriefen sich entweder auf göttliche Setzung oder auf unvordenkliches Alter oder auf den Konsens der Stände. Nun ging es aber gerade darum, gegen das Althergebrachte und womöglich gegen den Widerstand der Privilegierten etwas Neues zu schaffen. Es bedurfte also einer anderen Instanz, um Eingriffe in die geltenden Rechtsbestände zu legitimieren. Die neue Methode der Rechtsbegründung, die das ermöglichte, war das moderne Natur- oder Vernunftrecht. Es leistete im Wesentlichen zweierlei: Zum einen antwortete es auf die konfessionelle Spaltung und den Verlust der christlichen Weltordnung und stellte die Normen des menschlichen Zusammenlebens auf eine neue theoretische Grundlage, die von den konkurrierenden religiösen Wahrheitsansprüchen unabhängig war. Und zum anderen reagierte es auf die neuen politischen Gestaltungsbedürfnisse (in wessen Interesse auch immer) und bot ihnen eine neue Legitimationsbasis. Das Naturrecht war eine *Methode* der Rechtsbegründung; es lässt sich nicht auf bestimmte *inhaltliche* Positionen festlegen. Vielmehr konnte es sowohl zur Legitimierung unumschränkter Gewalt als auch zur Begründung universeller Menschenrechte eingesetzt werden (vgl. Kap. 9).

Naturrechtstheorien

Die großen systematischen Naturrechtstheorien stammen aus dem 17. Jahrhundert, von Hugo Grotius, Thomas Hobbes, Baruch Spinoza, John Locke und Samuel Pufendorf. Sie revolutionierten das juristische und politische Denken und lösten die hergebrachte praktische Philosophie der aristotelischen Tradition ab. Ähnlich wie den Naturwissenschaftlern des 17. Jahrhunderts ging es auch den Naturrechtstheoretikern darum, das Dickicht der Autoritäten hinter sich zu lassen und mit Hilfe einer exakten Methode die unveränderlichen Gesetzmäßigkeiten des menschlichen Zusammenlebens zu bestimmen. Um im Bereich der Praktischen Philosophie, d. h. der Ethik, Ökonomik und Politik, zu Erkenntnisgewissheit zu gelangen, ahmten die Theoretiker daher die »geometrische«, analytisch-deduktive Methode der Naturwissenschaften nach: Sie zerlegten das Gemeinwesen gewissermaßen in seine kleinsten Bestandteile, um es daraus wieder systematisch aufzubauen. Ausgehend von bestimmten Prämissen über die »Natur des Menschen«, so beanspruchten sie, lasse sich durch methodisch geregeltes Schließen mit zwingender Logik ein verbindliches Normengefüge herleiten. Aus dem natürlichen »Sein« des Menschen wurde also das »Sollen« deduziert.

Von zentraler Bedeutung waren dabei zum einen die Fiktion eines *Naturzustandes* und zum anderen die Rechtsfigur des *Vertrags*. Anders als alle früheren Naturrechtslehren ging man nämlich nun davon aus, sich die einzelnen Menschen ohne alle Verbindung in einem fiktiven »Stand der Natur« vorzustellen, und fragte danach, wie sich in dieser Situation überhaupt Rechte und Pflichten begründen ließen. In diesem Zustand ursprünglicher Freiheit von allen Bindungen fand man nun kein anderes Band, die Menschen zusammenzuschließen und wechselseitig zu verpflichten, als ihre freie vertragliche Übereinkunft. Alle Formen der rechtmäßigen Gemeinschaft – von der Ehe über die Familie bis zum Staat, der *societas civilis* – wurden so auf freiwilligen (ausdrücklichen oder auch nur stillschweigenden) Vertragschluss aller Einzelnen zurückgeführt. Man abstrahierte also von allen historisch vorfindlichen Herrschaftsverhältnissen, um sie dann von Grund auf aus dem Willen der Einzelnen neu zu begründen. Ging man von einer schrankenlosen Vertragsfreiheit des Einzelnen im Naturzustand aus, so ließ sich darauf jede Form von Herrschaft, von der Sklaverei bis zur unumschränkten Monarchie, rechtfertigen – indem man nämlich behauptete, die Untertanen, die Leibeigenen oder die Sklaven hätten sich eben freiwillig und unwiderruflich (ausdrücklich oder stillschweigend) der Gewalt ihrer Herren unterworfen. Ebenso gut ließ sich auf dieser Grundlage aber auch jede Form von Herrschaft in Frage stellen – indem man argumentierte, dass die Rechte des Einzelnen im Naturzustand prinzipiell unveräußerlich seien und die Gründung des Staates nur dazu dienen könne, diese zu erhalten.

Die verschiedenen Theoretiker malten sich die Beschaffenheit des Naturzustandes sehr unterschiedlich aus, und die Normensysteme, die sie auf dieser Grundlage errichteten, lagen ebenfalls weit auseinander. Thomas Hobbes etwa, der radikalste Naturrechtstheoretiker, ging von einem Naturzustand der völligen Rechtlosigkeit und potentiellen Gewalt aller gegen alle aus. Der Souverän, der durch den Vertrag eingesetzt wird, ist die alleinige Quelle allen Rechts und seinerseits an keinen Vertrag gebunden. Außerhalb des Staates ist kein Recht denkbar, innerhalb des Staates ist Recht das, was der Souverän dazu macht. So radikal waren die anderen Naturrechtstheoretiker nicht. Haben die Individuen im Naturzustand bei Hobbes überhaupt noch keine Rechte, so gründen sie nach Locke die Gemeinschaft überhaupt nur zu dem Zweck, um ihre natürlichen, individuellen Rechte auf Leben, Freiheit und Eigentum zu verteidigen. Der Zweck des Staates, die Sicherung der persönlichen

Freiheits- und Eigentumsrechte, setzt also der Staatsgewalt
feste Grenzen. Diese Lehre diente nach 1689 zunächst zur
Legitimation der bestehenden englischen Herrschafts- und
Eigentumsordnung, wurde aber im späteren Verlauf des
Jahrhunderts zur Grundlage radikaler Reformforderungen
(vgl. Kap. 9). Rousseau, auf den sich die französischen Revolutionäre später beriefen, ging es bei seiner Konstruktion
des »contrat social« ebenfalls um die Frage, wie die Autorität des Staates mit der Freiheit der Individuen zusammen
bestehen könne. Er fand darauf die Antwort, dass die Einzelnen durch den Gründungsvertrag einen »allgemeinen
Willen« bilden, durch den sie einerseits als Willensgemein-
schaft alle gemeinsam herrschen, dem sie sich aber zugleich
als Einzelne rückhaltlos unterwerfen.

Besonders anpassungsfähig und im 18. Jahrhundert europaweit von größtem Einfluss war das Naturrechtssystem
des deutschen Juristen und Historikers Samuel Pufendorf.
Er ging von der natürlichen *socialitas* der Menschen aus, die
sie zum Verlassen des Naturzustandes zwinge. In einer
Reihe von Verträgen schließen sich danach die Menschen
zur Gesellschaft zusammen und übertragen die Herrschaftsgewalt einem Souverän, der sie in ihrem Auftrag ausüben soll. Dabei kann es sich um einen Monarchen, ein aris-
tokratisches Gremium oder das organisierte Volk im Ganzen handeln; die Gewalt kann mit oder ohne Bedingungen
und Einschränkungen übertragen werden. Auch nach dieser
Lehre bleiben – ähnlich wie bei Locke – die Bürger Ver-
tragspartner der Regierung; aus dem Vertrag ergeben sich
Rechte und Pflichten beider Seiten. Die politischen Konsequenzen dieser Lehre hingen nun wesentlich davon ab, welche Vertragsbedingungen und welchen Vertragszweck man
unterstellte. Erblickte man nicht, wie Locke, in der Sicherung von individuellen Freiheitsrechten den Zweck des
Staates, sondern vielmehr in der Beförderung der gemeinschaftlichen Sicherheit und Wohlfahrt, ja »Glückseligkeit«,
so eröffnete man damit dem staatlichen Gestaltungswillen

Tür und Tor. So lehrten die meisten »älteren« deutschen Naturrechtler (vor allem Christian Wolff, Christian Thomasius und ihre Schüler), dass die Gesellschaft den Monarchen beauftragt habe, alles zur Erreichung dieses gemeinschaftlichen Zweckes Nötige zu tun, wobei den einzelnen Untertanen über die Angemessenheit der Mittel kein Mitspracherecht zugestanden wurde.

Die Naturrechtstheorien stellten also eine Methode zur Verfügung, sowohl um Recht zu begründen als auch um bestehendes Recht zu kritisieren. Wesentlich, modern und neu war, dass sie einen rationalen Maßstab an die Hand gaben, der zu der herkömmlichen, religiös-traditionalen Legitimation von Herrschafts- und Rechtsverhältnissen in Konkurrenz trat. Das Volk als Summe der Einzelnen, nicht mehr die bestehenden ständischen Korporationen und Amtsträger, erschien nun als Quelle der Herrschaftsgewalt, als ursprünglicher Souverän. Das kritische Potential, das in diesem Konzept enthalten war, konnte so oder so eingesetzt werden: im Sinne der einheitlichen Staatsgewalt gegen die adligen Privilegien, aber auch umgekehrt im Sinne der einzelnen Bürger gegen die Staatsgewalt – kurzum, es war ein sehr flexibles Instrument im Kampf darum, was Recht sei. Bis ins letzte Viertel des 18. Jahrhunderts stellte das Naturrecht auf dem Kontinent allerdings in erster Linie die Argumente zur Ausweitung der staatlichen Tätigkeit gegen die bestehenden Rechte der ständischen Zwischengewalten zur Verfügung. Die meisten Naturrechtslehrer waren weit davon entfernt, die staatliche Autorität anzutasten – im Gegenteil, es ging ihnen darum, ihr Hindernisse aus dem Weg zu räumen. Praktisch wirksam wurde die Naturrechtslehre vor allem, indem sie vernünftige staatliche Gestaltungsziele vorgab oder zumindest legitimierte.

Staatliche Modernisierungspolitik

Chronologische Übersicht

1709	Beginn der Verwaltungsreformen unter Peter dem Großen in Russland
1714	Abschaffung des Hexereidelikts in Brandenburg-Preußen
1715	Kirchenreglement Peters des Großen in Russland
1722/23	Verwaltungsreform Friedrich Wilhelms I. in Brandenburg-Preußen
1737	Abschaffung des Hexereidelikts in Großbritannien
1738	Gründung der Universität Göttingen
1739	Abschaffung der Folter in Preußen
1740	Beginn der Verwaltungsreform unter Maria Theresia in Österreich
1749	Steuerreform im Herzogtum Mailand
1749–55	Verwaltungsreformen in Spanien
1750	Beginn der Reformpolitik im Königreich Neapel Bayerische Strafrechtskodifikation
1755	Verwaltungsreform im Herzogtum Mailand Gründung der Universität Moskau
1757	Beginn der Reformpolitik in Portugal unter Pombal (nach Erdbeben von Lissabon 1755)
1758	Bayerisches Zivilgesetzbuch »Codex Maximilianeus«
1759	Ausweisung der Jesuiten aus Portugal
1763	Generallandschulreglement in Brandenburg-Preußen Beginn des »Rétablissements« in Brandenburg-Preußen Steuerreformkonflikt in Frankreich
1764	Ausweisung der Jesuiten aus Frankreich Beginn der Reformepoche in Polen unter Stanislaus II. August
1765	Säkularisierung der Kirchengüter in Russland
1766/67	Physiokratische Freihandelspolitik im Großherzogtum Toskana
1767	Ausweisung der Jesuiten aus Spanien
1767/68	Gesetzgebende Kommission in Russland

1768	Strafrechtsreform in Österreich
1770/71	Reformpolitik in Dänemark unter Struensee
	Justizreform in Frankreich unter Maupeou
1771	Beginn der physiokratischen Reformpolitik in Baden
1772	Physiokratische Freihandelspolitik in Spanien
1773	Schulreform in Polen
	Aufhebung des Jesuitenordens durch den Papst
1774	Schulreform in Österreich
1774–76	Physiokratische Reformen in Frankreich unter Turgot
1775	Gouvernementsreform in Russland
1777–81	Erstes Reformministerium Neckers in Frankreich
1780	Abschaffung der Folter in Frankreich
1781	Beginn der radikalen Reformpolitik Josephs II. im Habsburgerreich (Toleranzpatente, Aufhebung der Leibeigenschaft usw.)
1782/83	Verwaltungsreform im Großherzogtum Toskana
1783	Aufhebung der Leibeigenschaft in Baden
	Verfassungsentwurf des Großherzogs Leopold in der Toskana
1784	Entwurf des Allgemeinen Gesetzbuchs in Brandenburg-Preußen
1785	Adels- und Städteordnung in Russland
1786	Zivilgesetzbuch Josephs II. in Österreich
	Provinzialreform Josephs II. in der Lombardei
1787	Strafgesetzbuch im Großherzogtum Toskana
1788	Konfessionelle Toleranz in Frankreich
	Justizreform in Frankreich
	Zweites Reformministerium Neckers in Frankreich
1788–92	Reformen des Vierjährigen Reichstags in Polen
1789	Unions- und Sicherheitsakte in Schweden
1790	Urbarialpatent in Österreich
1794	Allgemeines Landrecht für die preußischen Staaten

Was die Staatsgewalt im Laufe des 17. und vor allem des 18. Jahrhunderts für sich reklamierte, ging weit über das hinaus, was traditionell als Aufgabe der Obrigkeit gegolten hatte: die Wahrung von Frieden und Recht. Zur Erfüllung neuer Staatszwecke wie »Sicherheit, Wohlfahrt und zeitliche (nicht mehr ewige) Glückseligkeit« brauchte die Staatsgewalt einen ganz anderen Handlungsspielraum als zuvor, sie brauchte mehr und zuverlässigeres Personal, effizientere Verfahren und vor allem: immer mehr Geld. Staatliche Reformen, die all das zum Ziel hatten, lagen also zunächst einmal im Interesse der Inhaber der Staatsgewalt selbst; sie deckten sich aber zugleich in hohem Maße mit dem, was in vielen Aufklärungszirkeln gefordert wurde. Staatliche Rationalisierung und Modernisierung und aufklärerischer Fortschrittsoptimismus gingen über sehr weite Strecken Hand in Hand. Das galt umso mehr, als einige Monarchen, denen diese Affinität nicht entgangen war, mit prominenten Aufklärern persönlichen Kontakt aufnahmen, sie zu sich an den Hof holten und sich mit ihnen schmückten. Die Beziehungen zwischen Friedrich II. und Voltaire, Katharina II. und Diderot sind nur die berühmtesten; ihnen lassen sich weniger bekannte zur Seite stellen, wie das Verhältnis zwischen Karl Friedrich von Baden und dem Physiokraten Schlettwein oder zwischen Gustav III. von Schweden, Mirabeau und Turgot. Auf die Aufklärer machten manche Monarchen durch ihren nüchternen, arbeitsamen, intellektuellen und in der Welt des Hofes bürgerlich erscheinenden Habitus den Eindruck, als betrachteten sie sich als ihresgleichen. Besonders die monarchische Selbstregierung aus dem Kabinett heraus, die absolute Übersicht und Unabhängigkeit von Höflingen und Mätressen suggerierte, fand große Zustimmung. Beteiligte sich ein Monarch dann auch noch mit eigenen philosophischen Schriften am öffentlichen Diskurs, wie es Friedrich der Große tat, so kannte der Beifall kaum noch Grenzen: Man feierte ihn als Philosophenkönig, ja als Agenten der Vernunft selbst. Gerade dem französischen König indessen gelang es nicht, die Öffentlichkeit auf seine Seite zu ziehen. Seine Regierung versäumte es lange Zeit, sich der neuen Medien zu bedie-

Friedrich der Große und Voltaire
Zeitgenössischer Kupferstich

nen, um Reformen populär zu machen, und zog sich daher den Vorwurf der höfischen Günstlingswirtschaft und despotischen Willkür zu.

In der Regel folgten die Monarchen den Reformprogrammen der Aufklärer nur so weit, wie es ihnen im Sinne der Staatsräson dienlich schien. Diderot etwa merkte am Hofe der Zarin recht schnell, wo seinen ausgreifenden Gesetzesreformplänen Grenzen gesetzt waren – nämlich spätestens

da, wo sie die monarchische Herrschaft selbst einschränk-
ten. Er kam daher zu dem ernüchternden Schluss, dass auch
der aufgeklärteste und weiseste Despot immer ein Despot
bleibe und dass die Herrschaft des Philosophenkönigs deshalb nicht die beste aller Herrschaftsformen sein könne,
weil sie immer vom guten Charakter und der Einsicht des
Amtsinhabers abhängig bleibe. Das Verhältnis der Aufklärer gegenüber den Herrschern war von einem grundsätzlichen Dilemma geprägt: Dass nicht der König, sondern die
Gesetze selbst herrschen müssten, war ihre einhellige Überzeugung. Alles hing indessen davon ab, wie diese Gesetze
beschaffen waren. Wer sollte die richtigen, weisen Gesetze
erlassen, wenn nicht ein unumschränkter Monarch? Aber
wer konnte garantieren, dass der Monarch sich und seine
Nachfolger anschließend selbst unwiderruflich an diese Gesetze band?

Zunächst einmal war die Aufklärungsöffentlichkeit in
vielen Staaten bereit, im Monarchen den weisen Gesetzgeber zu sehen, wenn er sich nicht ausschließlich dem höfischen Luxusleben hingab, sondern sich anschickte, grundlegende Reformen in Gang zu setzen, auch wenn diese
zunächst einmal die staatliche Macht steigerten und die
Staatseinkünfte erhöhten. Den erwähnten Musterbeispielen
»aufgeklärter Monarchen« – Friedrich II., Joseph II. und
Katharina II. – sind viele andere zur Seite zu stellen, die
ebenfalls eine entschlossene Modernisierungspolitik betrieben: so etwa König Gustav III. von Schweden, der 1772 in
einem Staatsstreich gegen die zerstrittene Ständeversammlung seine monarchische Herrschaft wiederherstellte; der
König von Neapel und Sizilien und spätere König von Spanien, Karl III.; Stanislaus Poniatowski, der König von Polen, oder Peter Leopold, Großherzog von Toskana, der spätere Kaiser Leopold II. Vor allem waren es einflussreiche
leitende Minister, die im Auftrag der Monarchen selbständig und planmäßig Reformen durchführten, wie der Marquis de Pombal in Portugal, Pedro Rodriguez de Cam-

pomanes in Spanien, Johann Friedrich von Struensee und Andreas Philipp von Bernstorff in Dänemark, Bernardo Tanucci in Neapel und nicht zuletzt Anne Robert Joseph Turgot in Frankreich. Auch in manchen geistlichen Territorien machte sich aufklärerisch inspirierter Reformwille geltend, wie etwa im Kurfürstentum Mainz unter dem Kurerzbischof Karl Theodor von Dalberg, in Bamberg unter dem Fürstbischof Franz Ludwig von Erthal oder in Salzburg unter dem Fürsterzbischof Colloredo.

Die Reformen, die die aufgeklärten Theoretiker entwarfen und die Minister durchzuführen suchten, erfolgten nach rationalen Gesamtkonzepten; sie gaben sich nicht mehr als Rückkehr zum guten alten Herkommen aus und waren manchmal von einem geradezu revolutionären Gestaltungsoptimismus geprägt. Ein Sinnbild dieses politischen Rationalismus, der das Gemeinwesen nach unzweifelhaften Vernunftregeln konstruieren zu können glaubte, war das Uhrwerk: Alle Kräfte des Staates sollten wie die Räder einer Maschine zum Zweck der allgemeinen Wohlfahrt ineinandergreifen, nichts Überflüssiges und Unberechenbares sollte geduldet und das Ganze zentraler Kontrolle unterworfen werden.

Vor allem die Zeit nach dem Siebenjährigen Krieg (1756–1763) war in den meisten europäischen Ländern eine Phase intensiver Reformtätigkeit, weil der Krieg die Wirtschaft belastet und die staatlichen Finanzen erschöpft hatte. Hinzu kamen die Folgen des wachsenden Bevölkerungsdrucks, Hungersnöte und wachsende Verarmung. All das gab der Rationalisierung des Staates und der Modernisierung der wirtschaftlichen Strukturen neuen Schub und beschleunigte die Realisierung von Reformprojekten. Einige davon lassen sich bis ins 17. Jahrhundert zurückverfolgen und dienten allein der staatlichen Effizienzsteigerung, andere standen unter spezifisch aufklärerischem Vorzeichen und entsprachen humanitären Motiven. Kennzeichnend aber ist, dass beide

Ziele – Staatsräson und Menschenfreundlichkeit – nur selten als unvereinbar angesehen wurden.

Was für Reformen waren es nun, die in vielen europäischen Ländern in ähnlicher Weise planmäßig und systematisch in Angriff genommen wurden? Nur ganz summarisch können im Folgenden die wichtigsten Reformtendenzen skizziert werden.

Am Anfang aller staatlichen Rationalisierung stand die *Finanzpolitik*. Es ging darum, die Wirtschaftskraft der Untertanen zu steigern und von deren Überschüssen so viel wie möglich in die staatlichen Kassen zu leiten. Dabei konkurrierte die Zentralgewalt mit den traditionellen Gewalten, denn auch Leib-, Grund-, Gerichtsherren, Kirche usw. schöpften ja zunächst einmal einen Teil der Erträge ab. Als Stände des Landes gemeinschaftlich organisiert, hatten diese Gewalten überdies ein althergebrachtes Bewilligungsrecht gegenüber den Steuerforderungen der Zentralgewalt. Zwar war dieses Recht im 18. Jahrhundert in vielen Ländern bereits mit verschiedenen Mitteln weitgehend ausgehöhlt worden (zum Beispiel durch die Erhebung indirekter Steuern, durch schlichtes Nicht-Einberufen der Ständeversammlung, teilweise auch durch Gewaltandrohung). Dennoch hatten die ständischen Gewalten zumindest bei der Erhebung und Verwaltung der Landessteuern vielfach noch erheblichen Anteil. In anderen Ländern wurde die Steuererhebung an Privatunternehmer verpachtet oder von Amtsträgern ausgeübt, die ihre Ämter gekauft oder geerbt hatten. Noch wesentlicher aber war, dass der ständischen Gesellschaft eine gleichmäßige Besteuerung aller nach einheitlichen Bemessungsprinzipien vollkommen fremd war. Der Adel, die kirchlichen Korporationen, aber auch z. B. die Staatsbeamten waren traditionell für ihre eigenen Personen und Güter von den meisten Steuern befreit. (Auch hier spielte England eine Sonderrolle, wo der Adel so gut wie gar keine Steuerprivilegien genoss.) Ein einheitliches staatliches Finanzwesen gab es also in der Regel noch nicht: Weder erstreckte sich die staatliche Besteuerung auf alle Untertanen gleichermaßen, noch lag die Verwaltung der Steuern allein in zentralstaatlicher Hand.

Beides zu ändern musste ein wesentliches Anliegen der Regierungen sein. Ein typisches Reformziel war also zum einen die Etablierung einer einheitlichen staatlichen Organisation der Finanzbehörden, die die Einkünfte aus dem Land und die der staatlichen Domänen gemeinsam verwalteten und denen die ehemals autonomen ständischen Verwaltungsorgane untergeordnet wurden (so z. B. in Brandenburg-Preußen schon unter Friedrich Wilhelm I.; in den habsburgischen Ländern unter Maria Theresia). Ein weiteres zentrales Reformziel war die Vereinheitlichung der Besteuerung selbst und die Beschneidung der zahlreichen Steuerprivilegien – im Extremfall bis hin zur Einführung einer einheitlichen Grundertragssteuer ohne Rücksicht auf ständische Unterschiede (so die radikale Reform Josephs II. in Österreich 1789). Voraussetzung für solche Reformpläne war allerdings, dass eine allgemeine Bestandsaufnahme durchgeführt wurde, um überhaupt erst einmal einen Überblick über die Verteilung des Grundbesitzes und die damit verbundenen, oft auch nur angemaßten Rechte und Privilegien zu gewinnen – einen Kataster aufzustellen also (so in Russland, in Österreich, im Herzogtum Mailand u. v. a.). Vielfach scheiterten aber schon diese Bemühungen am Widerstand der Privilegierten, die mit Recht um ihre Besitzstände fürchteten, so z. B. in Frankreich 1763 (vgl. Quelle 22). Die letzten Jahrzehnte des Ancien Régime in Frankreich waren gekennzeichnet von den wiederholten vergeblichen Versuchen wechselnder Finanzminister, gegen die Opposition der Gerichtshöfe durch Steuerreformen das schließlich auf rund 400 Millionen Livres angewachsene Finanzdefizit zu verringern.

Nicht nur die Finanzverwaltung galt es zu vereinheitlichen und zu zentralisieren – für alle Zweige der *Verwaltung* galt Ähnliches. Allerdings konnte die Zentralgewalt auf die Mitwirkung der traditionellen Lokalgewalten gar nicht verzichten. Daher ging es in den meisten Ländern darum, die Vielzahl der ehemals autonomen Herrschaftsbefugnisse in einen straffen zentralstaatlichen Behördenapparat einzugliedern. Mit anderen Worten: Es galt eine unabhängige bürokratische Hierarchie durchzusetzen, bei der alle Gewalt klar von oben, von der Zentrale ausging und die die selbständigen Gewalten auf Provinz- und Lokalebene kontrollierte. In Frankreich reichten solche Reformen weit in das 17. Jahrhundert zurück; in Spanien wurden sie 1749 imitiert. In Russland begann Peter I. das ganze Land mit einer gleichmäßigen, zentral gesteuerten Verwaltungsorganisation zum Zweck der Heeresaufbringung zu überziehen, ein erster Reformversuch, der erst von Katharina II. nach 1775 planmäßig fortgesetzt wurde. In den meisten europäischen Staaten – allen voran Preußen und Österreich – gab es derartige Verwaltungsreformen, die auf ein gleichmäßiges, einheitliches, zentral gesteuertes Netz von Institutionen zielten, das die autonomen Gewalten schwächte. Effiziente staatliche Verwaltung bedurfte eines professionellen Personals, das gut ausgebildet war und der Staatsgewalt loyal gegenüberstand. Zahlreiche Reformen der zweiten Jahrhunderthälfte verfolgten dieses Ziel: Die Anforderungen an die Ausbildung der Staatsdiener wurden erhöht, Qualifikationskriterien gewannen stärkeres Gewicht bei der Ämterbesetzung, die Besoldung und Versorgung wurde festeren Regeln unterworfen. Die Ressorts wurden vervielfacht und stärker differenziert, und für neue Aufgaben wurden spezielle Kommissionen eingesetzt, so dass es insgesamt zu einer extremen Vermehrung des staatlichen Personals kam. Nur in Großbritannien und den Vereinigten Niederlanden verzichtete man weitgehend auf eine solche Zentralisierung; hier blieben die Befugnisse der Provinzial- und Lokalgewalten weitgehend intakt. Das war kein Zufall, denn hier gab es im Gegensatz zu den meisten anderen Staaten keinen grundsätzlichen Interessengegensatz zwischen beiden Ebenen, weil die Zentralgewalt selbst in der Hand ständischer Korporationen lag.

Ein besonders wichtiger Zweig der Hoheitsgewalt war die *Justiz*. Der Monarch galt immer noch als höchster Richter, und seine Rechtsprechungsbefugnis war eine der Grundsäulen der Herrschaft überhaupt. Die Gerichtsbarkeit war allerdings auf allen Ebenen vielfach von lokalen bzw. ständischen Gewalten dominiert – von der Patrimonialgerichtsbarkeit der Grundherren angefangen bis hin zu obersten Gerichtshöfen, deren Stellen von den Ständen mitbesetzt wurden oder die gekauftes oder ererbtes Eigentum der Amtsinhaber waren. Das Ziel der Zentralgewalt war auch hier, eine effiziente und loyale, staatlich besoldete und kontrollierte Gerichtsbarkeit durchzusetzen. Das gelang in den verschiedenen Ländern in sehr unterschiedlichem Maße und gegen unterschiedlich starken Widerstand. Die Privilegierten machten nämlich unter Berufung auf den Gerichtspräsidenten Montesquieu geltend, dass die Trennung der Gewalten zwischen König, Adel und »Volk«, konkret: die Existenz unabhängiger Gerichte, ein unerlässlicher Garant für »Freiheit« und Herrschaft der Gesetze sei.

Der wohl spektakulärste Konflikt zwischen Regierung und Gerichtshöfen spielte sich in Frankreich zwischen der Krone und den französischen Obergerichten ab, den Parlements in Paris und in den Provinzen. Da nämlich die traditionellen Ständeversammlungen, die États généraux, von der Krone seit 1614 nicht mehr einberufen worden waren, beanspruchten die obersten Gerichtshöfe, an Stelle der Stände die hergebrachten Rechte und Freiheiten des Landes gegenüber der Krone zu verteidigen. Die Rechtskraft neuer Gesetze hing von deren Registrierung durch die Gerichtshöfe ab, und aus diesem Verfahrensvorrecht machten die Parlements im 18. Jahrhundert ein Kontrollrecht gegenüber der Gesetzgebung der Krone. Von ihrem Widerstand gegen die anti-jansenistische Kirchenpolitik und die Finanzpolitik der Regierung war schon die Rede. Die aufgeklärte Öffent-

lichkeit war gespalten: Einerseits präsentierten sich die
Parlements als einzige legale Opposition gegen den höfischen »Ministerdespotismus«, andererseits verteidigten sie
die hergebrachte Privilegienstruktur gegen jede Reform.
Der fortbestehende Konflikt um die Besteuerung führte
1771 dazu, dass der Kanzler Ludwigs XV., Maupeou, die
Parlements kurzerhand abschaffte und stattdessen eine moderne Gerichtsorganisation etablierte: Er teilte das Land
gleichmäßig in sechs neue Obergerichtsbezirke ein, besetzte
sie mit staatlich besoldeten Räten, die ihre Ämter nicht
mehr zu Eigen besaßen und keine Sporteln von den Pro-
zessparteien mehr kassierten, und vereinfachte schließlich
das Verfahrensrecht, um die Prozesse abzukürzen. Dieser
»Staatsstreich von oben« war für das vorrevolutionäre
Frankreich ein Akt von beispielloser Konsequenz, aber auch
nicht von langer Dauer. Nach dem plötzlichen Tod Ludwigs XV. bestieg Ludwig XVI. 1774 den Thron und machte
die Reform sofort wieder rückgängig. Das Gleiche wieder-
holte sich 1787–88; wieder wurde das Pariser Parlement von
der Regierung ins Exil geschickt – ein Schritt, der zum Ausbruch der Revolution wesentlich beitrug. Eine ähnlich radikale Neuordnung des gesamten Gerichtswesens nahm Joseph II. 1787 in den Habsburgischen Niederlanden (dem
späteren Belgien) vor: Auch er schaffte sämtliche traditionellen ständischen Gerichtsorgane ab und ersetzte sie durch
eine einheitliche hierarchische Justizorganisation mit festen
Instanzenzügen, die von dem ebenfalls neuen Verwaltungs-
system klar getrennt war. Auch diese Reform wurde von
den Betroffenen als despotische Willkür gebrandmarkt und
führte zum Ausbruch einer Revolution, die der Französischen in vieler Hinsicht ähnelte (vgl. Kap. 9).

Ein weiterer wesentlicher Reformbereich war in den katholischen Ländern die *Kirchenpolitik*. In den protestantischen Ländern stellte sich das Problem nicht in der gleichen
Weise, weil dort die Monarchen selbst die Häupter ihrer
Landeskirchen waren und das protestantische Kirchenwe-

sen in die zentrale Behördenorganisation eingegliedert hatten. In katholischen Ländern hingegen ragte noch immer die autonome Gewalt der römischen Papstkirche in vielfältiger Weise in die einzelnen Staaten hinein. Es lag in der Logik des Staatsbildungsprozesses schon seit dem späten Mittelalter, dass sich die Landesherren bemühten, die kirchlichen Herrschaftsrechte und geistlichen Immunitäten zurückzudrängen. Sie nahmen dazu in ihren Herrschaftsbereichen ein eigenes *ius circa sacra* in Anspruch, indem sie z. B. die Geltung päpstlicher Erlasse von ihrer Zustimmung (ihrem *placet* oder *exequatur*) abhängig machten. Eine nationalkirchliche Politik, die darauf zielte, die jeweilige Landeskirche von Rom unabhängig zu machen, hatte in den meisten katholischen Ländern eine lange Tradition. Sie konnte zum einen dazu dienen, die Landeskirche zu einem Instrument der zentralen Herrschaft umzufunktionieren: So hatte Ludwig XIV. etwa 1682 von einem französischen Nationalkonzil die »gallikanischen Freiheiten« verkünden lassen, bevor er seine straffe Politik zur konfessionellen Vereinheitlichung des ganzen Landes durchzusetzen begann. Zum anderen konnte aber eine solche nationalkirchliche Politik auch mit aufklärerischer Toleranz Hand in Hand gehen. Das berühmteste Beispiel dafür ist die Kirchenpolitik Josephs II. in den habsburgischen Ländern (»Josephinismus«), die er zuerst gemeinsam mit seiner Mutter Maria Theresia, seit 1780 dann allein durchführte. Er schaffte zahlreiche kirchliche Immunitäten und geistliche Privilegien ab, versuchte die kirchliche Diözesangliederung so umzugestalten, dass sie mit den habsburgischen Ländergrenzen übereinstimmte, löste rund ein Drittel der Klöster und geistlichen Bruderschaften auf, die als unnütz und unfruchtbar angesehen wurden, und unterstellte die noch bestehenden kirchlichen Institutionen staatlicher Kontrolle. Aus den Gütern der aufgelösten Klöster finanzierte er – nach protestantischem Vorbild – eine zentrale staatliche Kirchenbehörde (1769), die für Kirchenverwaltung, Priesterausbildung und Schulwesen zuständig war. Erstmals in Europa wurde auch die Eheschließung in einen zivilen Akt umgewandelt. Darüber hinaus verbesserte Joseph II. die Seelsorge durch die Vermehrung der Pfarrstellen und suchte die religiöse Praxis des Volkes im Sinne einer nüchternen, verinnerlichten, »vernünftigen« Frömmigkeit zu reformieren: Er schaffte zahlreiche Feiertage ab und bekämpfte Wallfahrten, Magie und Heiligenverehrung. Zugleich erließ er Toleranzpatente (seit 1781), die Lutheraner, Reformierte und Griechisch-Orthodoxe den Katholiken gesetzlich gleichstellten und auch die Rechtslage der Juden schrittweise verbesserten (vgl. Teil II, Kap. 2). Gerade diese Reformen waren es, die Joseph II. bei seinen Untertanen besonders unpopulär machten, weil sie deren Lebenswelt abrupt mit völlig fremden Normen konfrontierten.

Ein weites Feld für die staatliche Reformtätigkeit war die *Wirtschaftspolitik*. Hier hatte die Regierung einen größeren Gestaltungsspielraum als im Bereich der Finanzen oder der Justiz – überall da nämlich, wo es sich um ganz neue Regelungsbereiche handelte, bei denen nicht auf alte Rechte und Freiheiten Rücksicht genommen werden musste. Zunächst einmal entsprang die Wirtschaftspolitik ihrerseits finanzpolitischen Motiven, denn nur wirtschaftlich prosperierende Untertanen waren auf die Dauer gute Steuerzahler. Eine möglichst große, fleißige und wohlhabende Bevölkerung galt als solideste Grundlage für die Macht eines Staates. Viele Aufklärer waren deshalb überzeugt, dass das wohlverstandene Interesse des Monarchen mit dem seiner Untertanen vollkommen übereinstimme. Sie entfalteten umfangreiche Programme, die nicht weniger als die »gemeinschaftliche Glückseligkeit« des ganzen Staates und aller seiner Glieder zum Ziel hatten – also sich überaus fürsorglich um Bereiche kümmerten, die herkömmlicherweise gar nicht zu den Aufgaben der Zentralgewalt gezählt worden waren.

Nicht einig war man sich indessen darüber, welche Maßnahmen die Wohlfahrt der Bevölkerung tatsächlich am besten beförderten. Zunächst setzten die meisten Regierungen noch immer auf merkantilistische Wirtschaftslenkung (vgl. Kap. 2). Im Lauf des Jahrhunderts machte sich in einigen Staaten allmählich der Einfluss der physiokratischen bzw. frühliberalen Theorien geltend, die den Abbau von Handelshindernissen und Preisbindungen, von Zunftschranken und Konsumverboten, von Feudallasten und personenrechtlichen Abhängigkeiten forderten. Radikale und folgenschwere physiokratische Experimente wie die völlige Freigabe des Getreidehandels in Frankreich unter Turgot polarisierten der Öffentlichkeit. Doch auch wo man der strengen physiokratischen Lehre nicht folgte, machte sich doch eine allgemeine Tendenz zum Abbau von wirtschaftlichen Hemmnissen geltend. Im Bereich der Agrarwirtschaft z. B. unterstützten viele Regierungen die Auflösung der traditionellen dörflichen Wirtschaftsformen und förderten die Aufteilung der Allmende, die Abschaffung der kollektiven Waldnutzung usw. Im Bereich der Stadtwirtschaft griffen staatliche Gesetze in die Zunftordnungen ein und förderten die marktwirtschaftliche Konkurrenz. Vor allem hatten die Aufklärer das Augenmerk auf die drückenden Lebensbedingungen der Landbevölkerung gelenkt. Von den Ökonomischen und Agrarischen Gesellschaften mit ihren vielfältigen Initiativen zur Förderung der Landwirtschaft und zur Aufklärung des Landvolks war schon die Rede. Doch damit war es nicht getan; vielmehr galt es, die Rechtslage der Bauern gegenüber den Grund- und Gutsherren zu stärken, die Frondienste zu begrenzen und die feudale Abgabenlast zu verringern. Erstmals wurde nun auch die Befreiung der Bauern aus der persönlichen Abhängigkeit von den Herren diskutiert. Mit alldem stießen allerdings die aufgeklärten Reformforderungen an die Grenze der hergebrachten Agrar- und Sozialverfassung. Auch aufgeklärte Monarchen wie Katharina II. oder Friedrich II. verließen in dieser Frage nicht die Position, die ihnen die adlige Standessolidarität vorschrieb. Vielmehr vermehrte und garantierte gerade Katharina II. die Privilegien des Adels, und Friedrich II. unterstützte dessen ständische Abgrenzung gegenüber dem Bürgertum. Das System der Gutswirtschaft, das auf der bäuerlichen Leibeigenschaft beruhte, wurde bis auf wenige Ausnahmen nicht angetastet. In Russland gingen die Agrarreformen nur so weit, Land aus dem Fond säkularisierter Kirchengüter an Kleinbauern auszuteilen. Radikale Ausnahmen machten Joseph II. in Österreich, der 1781 die persönliche Leibeigenschaft völlig abschaffte, nachdem schon seine Mutter die Bauern der Krondomänen daraus entlassen hatte, und Karl Friedrich von Baden, der in seinem Herzogtum die Leibeigenschaft 1783 ebenfalls aufhob. Diese Reformen waren indessen für die Bauern weniger befreiend, als es auf den ersten Blick den Anschein hatte, denn sie mussten ihre ehemaligen Herren durch Geldzahlungen für die entgangenen Dienste entschädigen. Die personenrechtliche Bindung verwandelte sich vielfach nur in eine womöglich noch drückendere ökonomische Abhängigkeit (vgl. Quelle 23).

Ein kaum je in Frage gestellter Glaubenssatz der Wirtschaftspolitik des 18. Jahrhunderts war, dass die Wirtschaftskraft eines Staates von einer umfangreichen Bevölkerung abhänge. Deshalb förderten die Regierungen auf alle erdenkliche Weise das Bevölkerungswachstum. Zum einen schufen sie Anreize für die Ansiedlung fremder Handwerker und Gewerbetreibender, so z. B. in Spanien, in Russland, in Preußen oder in Ungarn. Aber auch viele sozial-, gesundheits- und justizpolitische Programme, die z. B. die hohe Kindersterblichkeit, die Kindesaussetzung, die Benachteiligung unehelicher Kinder und lediger Mütter bekämpften, entsprangen nicht allein humanitären Motiven, sondern waren zugleich bevölkerungs- und damit wirtschaftspolitisch motiviert. Für die aufgeklärten Beamten, die solche Programme formulierten, ließ sich beides kaum trennen: Wohlfahrt, Arbeitsamkeit, Gesundheit, menschenwürdige Lebensumstände der Untertanen und ein blühendes, mächtiges Staatswesen – all das hing für sie schließlich unauflöslich zusammen.

Alles, was die innere Ordnung und das Gedeihen des Gemeinwesens betraf und der obrigkeitlichen Gestaltung unterworfen war, fassten die Zeitgenossen unter den Begriff der »Policey« (nicht zu verwechseln mit der modernen »Polizei«) – also unter anderem alles das, was man heute als Sozial-, Bildungs- und Gesundheitspolitik bezeichnet. Gerade auf diesen Gebieten wirkten aufklärerische Privatinitiativen und staatliche Reformen Hand in Hand, was nicht zuletzt in der staatlichen Förderung Ökonomischer und Gemeinnütziger Gesellschaften zum Ausdruck kam (vgl. Kap. 5).

Die *Armenpflege* war mit dem Problem des Anwachsens und der zunehmenden Verelendung der unterständischen Schichten in Stadt und Land konfrontiert. Die Haltung gegenüber Armut und Bettlerwesen unterlag im Lauf der frü-

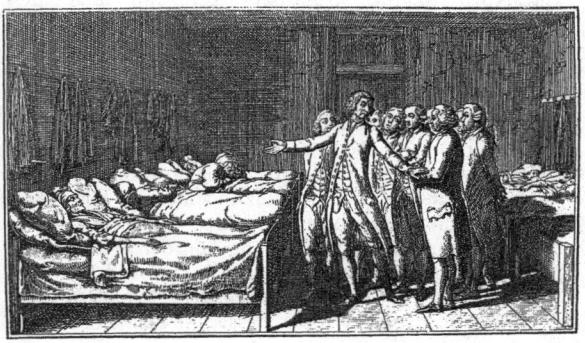

Armenpflege
Radierung von Daniel Chodowiecki, 1783

hen Neuzeit einem grundlegenden Wandel. Hatte Armut ehemals als gottgewollt und gottgefällig gegolten und den Reichen die Gelegenheit geboten, ihre Pflicht zu christlicher Caritas zu erfüllen, so wurde sie im Lauf der frühen Neuzeit zunehmend kriminalisiert. Da sich das Problem durch Stadt- und Landesverweis grundsätzlich nicht lösen ließ, hatten die Obrigkeiten schon im 17. Jahrhundert begonnen, Armen-, Zucht- und Arbeitshäuser einzurichten. Solche Anstalten konnten mehreren Zwecken zugleich dienen: zum einen zur notdürftigen Versorgung der »ehrbaren«, unverschuldeten Armen (also Waisen, Findelkinder, Geisteskranke, Invalide usw.), zum anderen zur Abschreckung und Bestrafung der »böswilligen«, arbeitsfähigen Armen, Bettler und Straftäter. Damit ließ sich zugleich ein wirtschaftspolitischer Zweck verfolgen, indem man die Arbeitskraft der »starken Armen« gewerblich nutzte.

Diese traditionelle obrigkeitliche Armenpolitik stieß im 18. Jahrhundert zunehmend auf Kritik unterschiedlicher Art. Armut erschien zwar nach wie vor als moralisches, nicht als wirtschaftlich-strukturelles Problem. Gerade deshalb forderte man aber nun mit aufklärerischem Erziehungsoptimismus, Arme und Elende nicht durch die Unterbringung im Zuchthaus zu bestrafen, sondern sie vor allem zu »bessern«. Um das zu bekämpfen, was man für die Ursache der Armut hielt, nämlich Trägheit und Arbeitsunwilligkeit, plädierte man für eine rechtzeitige Erziehung zur »Industriosität«, zu Fleiß und Arbeitsamkeit also. Hatte man in früheren Zeiten Armut als hinzunehmenden Bestandteil der gottgewollten Ordnung akzeptiert, so hielt man nun – in der optimistischen Überzeugung von der »Perfektibilität« der Menschen – eine Welt ohne Armut und Elend für möglich. Das hieß allerdings umgekehrt, dass alle diejenigen, die sich nicht erziehen und bessern ließen, umso schärferer moralischer Verurteilung anheim fielen.

Zugleich bahnte sich eine differenziertere Wahrnehmung des sozialen Elends an. So forderte man, die Zwangsunter-

bringung von Armen, Kranken, Geistesgestörten und Straf-
tätern in ein und derselben Anstalt abzuschaffen zugunsten spezialisierter Fürsorgeeinrichtungen. Vorbildlich für
ein neues, aufklärerisches Konzept war zum Beispiel die
Hamburger Armenpflegereform von 1788. Den Hamburger
Stadträten ging es vor allem darum, der Verarmung immer
breiterer Schichten aktiv vorzubeugen, statt nur die Folgen
zu bekämpfen. Dazu schaffte man Arbeitsgelegenheiten
für die Arbeitsfähigen, richtete für die Kinder »Industrie-
schulen« ein, etablierte Suppenküchen und andere Über-
brückungshilfen für diejenigen, die nur vorübergehend in
Hungerzeiten unter die Armutsgrenze zu sinken drohten,
stellte städtisch besoldete Armenärzte ein und ließ die ar-
beitsunfähigen, kranken und hilflosen Armen zu Hause
von Pflegern betreuen.

Einer differenzierteren Fürsorge und vor allem Vorbeu-
gung diente auch die staatliche *Medizinalpolitik*. Herkömmlich hatten sich nur Wohlhabende die Behandlung durch
akademisch ausgebildete Ärzte leisten können; die Mehrheit
der Bevölkerung hatte sich entweder traditioneller Haus-
medizin bedient oder sich an handwerklich ausgebildete
Wundärzte, Barbiere oder umherziehende »Quacksalber«
gewandt. Nun begann sich erstmals die staatliche Obrigkeit
systematisch der medizinischen Versorgung der Bevölkerung anzunehmen: Sie richtete zentrale Gesundheitsbehör-
den ein, stellte Ärzte an und besoldete sie, gründete Hos-
pitäler, erließ Hygieneverordnungen, führte Vorbeugemaß-
nahmen durch, regelte die Ausbildung von Hebammen,
Wundärzten und Chirurgen usw. Gerade die Medizinalpolitik ist typisch für das Bündnis zwischen Aufklärung und
Staatsgewalt im 18. Jahrhundert: Hier traf das aufklärerische
Bemühen, die modernen wissenschaftlichen Erkenntnisse
allgemein fruchtbar zu machen und das »gemeine Volk«
zu Hygiene und gesundem Lebenswandel zu erziehen, zusammen mit dem staatlichen Bemühen um lückenlose für-
sorgliche Erfassung und Disziplinierung der Untertanen.

Darüber hinaus war dem Staat daran gelegen, die vielfältigen nicht-akademischen Heilberufe seiner Kontrolle zu
unterwerfen. Zunehmende Fürsorge des Staates bedeutete
stets zugleich Ausdehnung und Intensivierung seiner Herrschaft.

Auch bei den Reformen der *Strafjustiz*, die den Regierungen den besonderen Beifall der Aufklärer und der späteren
Historiker eintrugen, kamen staatlicher Nutzen und humanitäre Forderungen miteinander zur Deckung. Das hergebrachte Kriminalstrafrecht hatte auf den Prinzipien der Abschreckung und der Vergeltung beruht. Spektakuläre öffentliche Exempelstrafen, die tatsächlich höchst selten in der
vollen Schärfe verhängt und exekutiert wurden, hatten dazu
gedient, die verletzte göttliche Ordnung symbolisch wiederherzustellen. So wurde noch 1757 Robert-François Da-
miens für sein Attentat auf Ludwig XV. öffentlich bei le-
bendigem Leibe geviertelt. Diese ältere Strafpraxis stieß aus
verschiedenen Gründen in der aufklärerischen Öffentlichkeit auf scharfe Kritik: Zum einen wegen der grausamen
Härte der Körperstrafen, die – wie auch die Folter als Mittel
der Wahrheitsfindung – dem Stolz der Zeitgenossen auf ihre
milden, zivilisierten Sitten Hohn sprach; zum anderen aber
auch wegen ihrer mangelnden Konsequenz und Effizienz.
Der italienische Jurist Cesare Beccaria entwarf in seiner berühmten Schrift *Dei delitti e delle pene* (»Von Verbrechen
und Strafen«, 1764) ein neues Konzept der Kriminaljustiz,
das auf der naturrechtlichen Vertragsidee beruhte und in der

Vorstellung einiger öffentlicher Strafen

Oben: Die Geldstrafe vor Gericht

Unten: Das ehrliche Gassenlaufen und die unehrliche Stäupung

Radierungen von Daniel Chodowiecki, 1774

Folgezeit von vielen Justizreformern aufgegriffen wurde. Beccaria setzte sich nicht nur für Öffentlichkeit der Strafprozesse, Abschaffung der Folter und Verbrechensvorbeugung durch Erziehung ein, er lehrte auch, dass Strafe sich am allgemeinen Nutzen zu orientieren habe – mit der Wiederherstellung einer transzendenten Ordnung hatte sie nichts mehr zu tun. Die Todesstrafe erschien unter diesem Gesichtspunkt als nicht zweckmäßig und sollte durch solche Strafen ersetzt werden, die den Delinquenten zu einem nützlichen Glied des Gemeinwesens »erzogen«. An die Stelle der nur vereinzelt verhängten, grausamen Exempelstrafen traten so zunehmend die vermeintlich erzieherischen, wirtschaftlich nützlichen und mit mechanischer Berechenbarkeit zu vollstreckenden Freiheits- und Arbeitsstrafen, wie Zuchthaus und Zwangsarbeit. Mit Humanisierung ist die Entwicklung der Strafjustiz im 18. Jahrhundert daher nicht hinreichend charakterisiert; es ging ebenso sehr um Säkularisierung, Rationalisierung und lückenlose Durchsetzung der staatlichen Strafmacht.

Ein weiteres zentrales Anliegen der Aufklärer war die *Schulpolitik*. Ohne allgemeine Alphabetisierung war die fortschreitende Aufklärung des »Landvolks« zum Scheitern verurteilt; ohne qualifizierte Ausbildung gab es keine effiziente Bürokratie und keine Verbreitung des wissenschaftlich-technischen Fortschritts. Schulen waren indessen herkömmlicherweise keine staatlichen, sondern kirchliche, städtische oder grundherrliche Einrichtungen. Adlige Kinder wurden in der Regel zu Hause von Hofmeistern unterrichtet; später schickte man die Jungen womöglich auf Ritterakademien, die Mädchen – wenn überhaupt – auf Klosterschulen. Bürgerliche Kinder (auch Mädchen) konnten städtische oder kirchliche Schulen besuchen; die Lateinschulen und Gymnasien zur Vorbereitung für die Gelehrtenlaufbahn waren hingegen nur den Jungen vorbehalten. Die Kinder der Landbevölkerung wurden selten zur Schule geschickt – ihre Mitarbeit im Haus war erforderlich, Schulbildung schien für ihre Arbeit entbehrlich, und die Dorfschulen – wo es sie überhaupt gab – waren miserabel ausgestattet.

Die Ausgangsbedingungen waren allerdings in den europäischen Ländern überaus verschieden; so verfügte ganz Russland im Jahre 1782 über 8 städtische Schulen, während die meisten protestantischen Länder schon in der Reformationszeit eine Schulgründungswelle erlebt hatten. In katholischen Ländern lag das gesamte höhere Bildungswesen einschließlich der Universitäten fast völlig in der Hand der Schulorden, d. h. vor allem der Jesuiten und der Ursulinen. Die Auflösung der Societas Jesu bedeutete daher einen entscheidenden Impuls für die staatliche Bildungspolitik, die sich bemühte, den Vorsprung der protestantischen Länder aufzuholen. Doch auch in vielen protestantischen Ländern nahm sich die Staatsgewalt des Schulwesens im Laufe des 18. Jahrhunderts intensiver an als zuvor.

Zunächst richteten sich die staatlichen Initiativen vor allem auf den Bereich des höheren Bildungswesens. Einzelne staatliche Eliteschulen wurden eingerichtet, zahlreiche Universitäten im Sinne der neuen wissenschaftlichen Inhalte und Methoden reformiert und vor allem Bildungsanstalten neuen Typs etabliert, die das wachsende wissenschaftlich-technische Wissen vermittelten und zugleich die Ausbildung von Fachleuten staatlicher Kontrolle unterwarfen, wie Bergakademien, Kameralhochschulen, Ingenieurschulen oder Militärakademien. Auch das Elementarschulwesen in den Städten und Dörfern wurde seit der Mitte des Jahrhunderts zum Gegenstand systematischer staatlicher Reformen. Zwar gingen die einzelnen Schulen dabei noch nicht in staatliche Hand über – auf kirchliche und gesellschaftliche Träger konnte man nirgends verzichten –, doch der Staat meldete seine Zuständigkeit für das Schulwesen an und unterwarf es der Vereinheitlichung und Kontrolle. Ein wesentlicher Schritt in diese Richtung wurde mit der Einrichtung zentralstaatlicher Schulbehörden getan. So etablierte Österreich 1760 eine »Studienhofkommission«, Polen 1773 eine »Kommission für nationale Edukation«, Preußen 1787 ein »Oberschulkollegium«, Spanien 1797 eine »Hohe Erziehungskommission«. Während in Frankreich und Großbritannien das Schulwesen nach wie vor weitgehend den herkömmlichen Trägern überlassen blieb, war Österreich das »Musterland« staatlicher Schulpolitik. So etablierte Joseph II. 1774 ein flächendeckendes Elementar- und Sekundarschulwesen (u. a. aus den Mitteln der aufgehobenen Klöster), zentralisierte die Lehrerausbildung, vereinheitlichte den Lehrstoff und setzte die allgemeine Schulpflicht durch, so dass der Alphabetisierungsgrad der Bevölkerung zu Beginn des 19. Jahrhunderts rund doppelt so hoch war wie in Frankreich zur gleichen Zeit.

Den politischen Idealen der Aufklärung entsprach zum einen, dass der Monarch als weiser Gesetzgeber in Erscheinung trat, aber zum anderen auch, dass er sich selbst an diese Gesetze band. Damit »die Gesetze selbst herrschen« könnten, wie die Zeitgenossen forderten, mussten diese allerdings eindeutig, klar, widerspruchsfrei, allgemein bekannt und verständlich (d. h. auch: in der Volkssprache abgefasst) sein. Wie schon erwähnt, entsprach die traditionelle Rechtslage nirgendwo diesem Ideal; vielmehr überlagerten sich verschiedene Rechtsbestände unterschiedlicher Herkunft und Reichweite: teils geschrieben, teils ungeschrieben, teils partikular, teils allgemein gültig, teils gewohnheitlich, teils römisch-rechtlich usw. Die Krönung eines aufklärerischen Reformwerks bestand daher in der Sammlung und Aufzeichnung, Systematisierung und Vereinheitlichung des gesamten in einem Staat geltenden Rechts. Überall in Europa arbeiteten Juristen und Regierungsbeamte an dieser Aufgabe – in Spanien und in Schweden, in Russland und der Toskana, in Bayern, Österreich und Preußen. Das berühmteste und modernste dieser Kodifikationswerke war das Allgemeine Landrecht für die preußischen Staaten von 1794 (ALR), dem an Bedeutung allenfalls noch das Josephinische Zivilgesetzbuch von 1786 in Österreich zur Seite ge-

stellt werden kann. In beiden Fällen reichten die Kodifika-
tionspläne bis zur Jahrhundertmitte zurück und verfolgten
unter anderem den Zweck, die verschiedenen Provinzen der
Monarchie durch ein einheitliches Rechtssystem zu einem
Ganzen zu verbinden.

Das ALR eignet sich besonders, um die Möglichkeiten,
aber auch die Grenzen des Reformabsolutismus deutlich zu
machen. Es wurde zunächst 1784–87 als Entwurf unter dem
Titel *Allgemeines Gesetzbuch* gedruckt und nicht nur in
aufgeklärten Expertenzirkeln diskutiert, sondern auch den
Ständen, Korporationen und Fakultäten, ja der gesamten
Öffentlichkeit ausdrücklich zur Begutachtung vorgelegt.
Als das *Gesetzbuch* 1791 verkündet wurde, hatte sich das
politische Klima verändert: in Preußen war Friedrich dem
Großen der konservative Friedrich Wilhelm II. auf dem
Thron gefolgt, und in Frankreich war die Revolution ausge-
brochen. Dem Kodifikationswerk wurde nun vorgeworfen,
es sei egalitär und aufrührerisch. Die Verfasser Carl Gottlieb Svarez und Ernst Ferdinand Klein, beide vom Geist des
modernen Vernunftrechts geprägt, sahen sich gezwungen,
es erheblich zu ändern, so dass es schließlich 1794 unter
dem neuen Titel *Allgemeines Landrecht für die preußischen
Staaten* in Kraft treten konnte.

War das Gesetzbuch wirklich so revolutionär? Zunächst
einmal galt es nur subsidiär, d. h., es setzte die bestehenden
Provinzialrechte nicht außer Kraft, sondern ergänzte sie.
Dennoch schuf es eine erheblich größere Einheitlichkeit und
Rechtssicherheit. Svarez selbst hatte geäußert, die Gesetzgebung müsse »feste, sichere und fortdauernde Grundsätze
über Recht und Unrecht feststellen, die besonders in einem Staat, welcher keine eigentliche Grundverfassung hat,
die Stelle derselben gewissermaßen ersetzen soll, die also
für den Gesetzgeber selbst Regeln enthalten muß, denen
er auch in bloßen Zeitgesetzen nicht zuwiderhandeln
darf« (C. G. Svarez, *Vorträge über Recht und Staat*, Opladen 1960, S. 635). In der Tat regelte das Gesetzbuch sämt-

liche Rechtsbeziehungen zwischen dem Staat und den Bürgern sowie der Bürger untereinander. In einigen Paragraphen verband es sogar den Regenten selbst, indem es ihm z. B. verbot, durch »Machtsprüche« in Gerichtsverfahren einzugreifen (vgl. Quelle 24). Gerade diese Paragraphen waren es indessen, die der Kritik zum Opfer fielen, als sich das politische Klima durch die Revolution in Frankreich veränderte. Zugleich verschaffte das Gesetzbuch den Untertanen größere Rechtssicherheit; es gewährte z. B. Religionsfreiheit und Eigentumsschutz. In sozialpolitischer Hinsicht war es teilweise äußerst modern, so verbesserte es z. B. die Rechtslage der ledigen Mütter und der unehelichen Kinder erheblich. Die bestehende ständische Privilegienordnung wurde aber bei alldem keineswegs abgeschafft, sie wurde vielmehr in staatliches Gesetzesrecht umgewandelt. Die Rechte der Einzelnen blieben also höchst verschieden – gleich wurden die Untertanen nur darin, dass sie alle dem Gesetz gehorchen mussten.

Das Schicksal des preußischen Allgemeinen Landrechts ist symptomatisch für die aufgeklärte Reformpolitik ganz allgemein. Der konsequent rechtsstaatliche Reformwille mancher aufgeklärter Beamten stieß regelmäßig an zweierlei Grenzen. Erstens waren die Monarchen selbst nicht bereit, ihre Herrschaft einschränken zu lassen, und zweitens stellten sich die traditionellen ständischen Gewalten der Nivellierung der Privilegienordnung und der Anbahnung bürgerlicher Rechtsgleichheit in den Weg.

Der erfolgreiche Protest der preußischen Stände gegen das neue Gesetzbuch ist nur ein Beispiel unter vielen. Es gab noch spektakulärere Fälle: In Dänemark betrieb Struensee, der Leibarzt des geisteskranken Königs, eineinhalb Jahre lang eine kompromisslose Reformpolitik, die ebenfalls am Widerstand der Kirche und des Adels scheiterte und derentwegen er schließlich gestürzt und als Hochverräter hingerichtet wurde. In Schweden verabschiedete König Gustav III. auf dem Reichstag von 1789 ein Gesetzeswerk, das den Untertanen u. a. Gleichheit vor Gericht und gleichen Zugang zu fast allen Ämtern gewährte. Der Adel, dessen Mitwirkungsrechte er dabei umgangen hatte, reagierte mit einer Verschwörung, in deren Verlauf der König 1792 ermordet wurde. Von der erfolgreichen Obstruktionspolitik der französischen Parlements gegen die verschiedenen Anläufe der Regierung zu Wirtschafts-, Finanz- und Justizreformen war schon die Rede. Und schließlich waren es die radikalen Reformen Josephs II. in den habsburgischen Ländern, in Ungarn, Böhmen, Brabant und den österreichischen Erbländern selbst, die eine Serie von Konflikten, Adelsrevolten und Bauernaufständen auslösten und später von seinem Nachfolger Leopold II. zurückgenommen werden mussten.

Die erforderlichen Modernisierungsmaßnahmen waren nicht völlig ohne Beteiligung oder gar gegen den Widerstand der Betroffenen – der Privilegierten wie der Nichtprivilegierten – zu verwirklichen. Manche Regierungen erkannten es deshalb als durchaus nützlich, die Untertanen in irgendeiner Weise einzubinden – sei es, um die Reformen zu legitimieren, sei es, um sich über die jeweiligen lokalen Umstände und spezifischen Reformbedürfnisse der einzelnen Provinzen zu informieren. Ein (weitgehend gescheitertes) Beispiel für solche neuartigen Konsultationen war die oben erwähnte öffentliche Bekanntmachung des Entwurfs zum *Allgemeinen Gesetzbuch* in Preußen. Ein anderes höchst spektakuläres Beispiel, das in der aufgeklärten Öffentlichkeit ebenfalls zunächst großen Beifall fand, war die Einberufung einer Gesetzesreformkommission durch die Zarin Katharina im Jahre 1766. Diese »Kommission« setzte sich aus gewählten Deputierten des Adels, der Städte, der Korporationen und der Staatsbauern zusammen. Es handelte sich also um eine neu ins Leben gerufene Vertretungskörperschaft, die der Bürokratie die nötigen Kenntnisse zur systematischen Kodifikation und Reform des Rechts liefern sollte.

Ähnlichen Motiven wie das Projekt der Zarin entsprang der (nicht realisierte) Verfassungsentwurf des Großherzogs Leopold für die Toskana aus dem Jahr 1783, der immerhin insofern revolutionär war, als er das Verhältnis zwischen Staat und Bürgern auf eine feste gesetzliche Grundlage stellen sollte. Der Plan sah eine Repräsentativkörperschaft der Untertanen vor, die nicht mehr wie herkömmliche Ständeversammlungen beschaffen war, sondern sich aus gewählten Vertretern verschiedener wirtschaftlicher »Klassen«, nämlich der Grundbesitzer, Handwerker und Freiberufler, zusammensetzte.

Keine dieser Formen der Mitwirkung war indessen so angelegt, dass sich die Regierungen daran selbst hätten binden oder die eigene Herrschaft damit hätten teilen wollen, wie manche Aufklärer erwarteten. Es ging ausschließlich um die bessere Information der Gesetzgeber und die größere Akzeptanz der Reformen und der Steuerforderungen in der Öffentlichkeit. Neue parlamentarische Vertretungen, die tatsächlich an der souveränen Gewalt selbst Anteil hatten und die Regierung kontrollierten, ließen sich nur auf revolutionärem Wege durchsetzen.

Die Spätphase des »aufgeklärten Absolutismus« mündete bekanntlich in die Französische Revolution, die die Regierungen überall in Europa zunächst dazu veranlasste, Reformen zurückzunehmen, die Zensur zu verschärfen, die Untertanen zu überwachen und die öffentliche Meinung zu manipulieren. Langfristig zwangen aber gerade die Folgen der Revolutionskriege zur Fortsetzung der begonnenen Modernisierungspolitik in Wirtschaft, Verwaltung, Justiz und Militär. Was die ständische Opposition zuvor erfolgreich verhindert hatte, setzte sich im 19. Jahrhundert schließlich doch durch – teils auf revolutionärem, teils auf reformerischem Weg.

9
Ein revolutionäres Jahrhundert?
Aufstände, Revolten und Verfassungskonflikte

Unruhen, Aufstände, Umsturzversuche

Chronologische Übersicht

1787–91	Aufstand gegen Joseph II. in den habsburgischen Niederlanden
1788	Zweite Notabelnversammlung in Frankreich, Justizreform, Vorrevolution in Bretagne und Dauphiné
1788–92	Vierjähriger Reichstag in Polen
1789	Versammlung der États généraux in Frankreich, Bastillesturm – Ausbruch der Revolution
1789–91	Revolution in Lüttich
1790	Unruhen gegen Reformpolitik in der Toskana Polnische Mai-Verfassung
1791	Erste französische Verfassung
1793	Hinrichtung Ludwigs XVI.

Das Aufklärungsjahrhundert gilt als die Epoche, die die Grundlagen für den parlamentarisch-demokratischen Rechts- und Verfassungsstaat der Moderne gelegt hat. Dazu gehört die gesetzliche Verankerung unveräußerlicher Menschenrechte, die Durchsetzung staatsbürgerlicher Rechtsgleichheit, ein politisches System, das auf den Prinzipien der Volkssouveränität, der Teilung und gegenseitigen Kontrolle der Gewalten und der parlamentarischen Repräsentation beruht, und schließlich eine Verfassung, die höheren Rang hat als alles Gesetzesrecht und die das Verhältnis zwischen Staat und Bürgern und die Organisation der Staatsgewalt festschreibt.

Einigen dieser Prinzipien bahnten schon die aufgeklärten Reformen den Weg, die die ständisch-korporative Ordnung auszuhöhlen begannen, um die Staatsgewalt zu stärken. Ein anderer Teil dieser Prinzipien schien gerade umgekehrt durch die ständisch-korporative Ordnung schon realisiert – als »Gewaltenteilung« zwischen König und Ständen etwa, wie Montesquieu im *Geist der Gesetze* gemeint hatte. Die oben genannten Merkmale moderner Verfassungen unterschieden sich indessen grundsätzlich von allen früheren Formen staatlicher Ordnung. Die traditionelle, ständisch-korporative Form der politischen Partizipation hatte die fundamentale Ungleichheit der Rechte zur Grundlage. Die Teilnahme an Ständeversammlungen und allen davon abgeleiteten politischen Gremien (wie Ausschüssen, Deputationen usw.) beruhte zum einen auf persönlichem Teilhaberecht Einzelner (ein adliger Herr etwa hatte als Person Sitz und Stimme auf einem Ständetag, er erwarb seine »Standschaft« durch Geburt oder durch Kauf eines Herrschaftsgutes), oder sie beruhte auf der Inhabe eines Amts (ein Prälat vertrat sein Kloster, ein Bürgermeister seine Stadt, ein Rektor seine Universität usw.), oder sie beruhte auf Wahl. Wo es ein solches Wahlrecht gab, wie beim englischen House of Commons oder den französischen États généraux, da kam es indessen nicht allen Untertanen, sondern nur bestimmten ständischen Wahlkörperschaften zu. Auch die Beratungsverfahren der Ständeversammlungen beruhten auf dem ständischen Prinzip: Da die Mitglieder unterschiedliche rechtliche Qualität hatten, traten sie in Gremien (Kammern, Kurien, Räten usw.) von unterschiedlichem Gewicht zusammen, die für sich getrennt berieten und einander in der Regel gegenseitig nicht überstimmen konnten. Schließlich war es ein essentielles Merkmal dieser Partizipationsformen, dass sie auf einzelnen, historisch gewachsenen und verbrieften »Freiheiten« und Privilegien beruhten und nicht allgemeingültigen, abstrakten und universellen Grundsätzen entsprangen. In den eingangs genannten Prinzipien lag also auch etwas völlig Neues, nie Dagewesenes.

Was die Beurteilung der politischen Entwicklung gegen Ende des 18. Jahrhunderts so kompliziert macht, ist der Umstand, dass Alt und Neu für die Zeitgenossen selbst keineswegs so klar zu unterscheiden war, wie es aus der Rückschau erscheint. Vielmehr wurden tatsächlich revolutionäre Forderungen oft als Rückkehr zum guten alten Recht ausgegeben, und umgekehrt bediente man sich zur Verteidigung althergebrachter Privilegien gelegentlich einer revolutionären, neuen Sprache. Die politischen Ideen, die von Locke, Montesquieu oder Rousseau formuliert worden waren, konnten in ganz unterschiedlicher, zum Teil entgegengesetzter Absicht zu Argumenten gemacht werden.

Die unmittelbare Vorgeschichte der Französischen Revolution ist dafür ein besonders gutes Beispiel, auf das noch zurückzukommen ist. Doch handelte es sich dabei keineswegs um den ersten grundsätzlichen Verfassungskonflikt, der mit den neuen Begriffen »Volkssouveränität« und »Nationalfreiheit« geführt wurde. Im letzten Drittel des Jahrhunderts kam es vielmehr zu einer Vielzahl verschiedener Aufstandsbewegungen und Umsturzversuche, die solche Forderungen auf ihre Fahnen schrieben.

Der Aufstand der nordamerikanischen Kolonien

Ein für die politische Entwicklung in Europa äußerst folgenreiches Ereignis war der Aufstand der 13 nordamerikanischen Kolonien gegenüber dem britischen Mutterland, der mit dem Widerstand gegen den privilegierten Teehandel der Ostindienkompanie 1773 begann, 1775 zum Krieg führte und 1783 mit der Unabhängigkeit des neuen Bundesstaates USA endete. Die amerikanische Unabhängigkeitsbewegung ist in verschiedener Hinsicht auch ein Gegenstand der europäischen Geschichte. Zum einen stammten die politischen Ideen, auf die sich die amerikanischen Verfassungsväter beriefen, aus der europäischen Aufklärung. Zum anderen wirkte der Gebrauch, den die Amerikaner von diesen Ideen machten, auf den europäischen Kontinent zurück und veränderte hier das politische Klima.

Die amerikanische Unabhängigkeitserklärung von 1776 legitimierte den Widerstand der Kolonien, indem sie sich darauf berief, dass der Schöpfer allen Menschen unveräußerliche Rechte verliehen habe, zu deren Sicherung die Re-

Die Unterzeichnung der Unabhängigkeitserklärung
der 13 amerikanischen Kolonien am 4. Juli 1776
Gemälde von Edward Hicks, um 1840

gierungen eingeführt worden seien. Die Verfassung von Virginia aus demselben Jahr, die erste amerikanische Einzelstaatsverfassung, erhob zum ersten Mal in der Geschichte eine Reihe unveräußerlicher Menschenrechte zu positiver Rechtsgeltung. Obwohl der Inhalt der *Virginia Bill of Rights* tatsächlich nicht so neu war, wie es schien, sondern an die englische Rechtstradition des »Common Law«, z. B. die *Bill of Rights* von 1689 anknüpfte, enthielt sie doch etwas wesentlich Neues: Im Gegensatz zu allen bisherigen, stets zwischen Ständen und Monarchen ausgehandelten Rechtekatalogen, die sich immer auf die Rechte bestimmter Korporationen, Stände und Bürger eines Gemeinwesens bezogen, hieß es nun: »*Alle Menschen* sind von Natur aus gleichermaßen frei und unabhängig und besitzen gewisse angeborene Rechte« (vgl. Quelle 25). Das war nicht allein eine Folge des Umstands, dass man sich ja vom englischen Mutterland losgelöst hatte und sich deshalb nicht mehr auf die historischen »Rechte aller Engländer« berufen konnte. Es entsprach auch dem Denken des Naturrechts, von den einzelnen Menschen auszugehen und sie im Zustand der Natur als frei und gleich zu betrachten. Von älteren Naturrechtslehren unterschieden sich die jüngeren allerdings darin, dass sie die natürlichen Rechte des einzelnen nun als schlechthin *unveräußerlich* auffassten: das Recht auf Leben, Freiheit, Eigentum und auf das Streben nach Glück. Neu war auch, dass diese Menschenrechte nicht auf Herkommen oder Vereinbarung gegründet, sondern als unumstößliche, »selbstevidente Wahrheit« deklariert wurden. Neu war schließlich, dass sie Grundlage und Bestandteil des Verfassungsrechts bildeten, das die Ausübung der Staatsgewalt nach den Grundsätzen der Volkssouveränität und Gewaltenteilung organisierte.

Die Formulierung unveräußerlicher Menschenrechte entsprach dem radikal aufklärerischen Grundsatz, dass alle Menschen *als Menschen* gleich seien, d. h. an einer gemeinsamen (wie auch immer im Einzelnen beschriebenen) Menschennatur teilhätten – etwa vernunftbegabte, vervollkommnungsfähige, nach Glück strebende Wesen seien –, jenseits aller tatsächlichen Unterschiede von Volk, Rasse, Religion, Stand und Geschlecht. Zwar sah die Realität in den verschiedenen Einzelstaaten der USA anders aus: Nur erwachsene weiße Männer mit einem bestimmten Einkommen oder Grundbesitz genossen gleiche Rechte, nicht aber Frauen, Sklaven, Arme oder wirtschaftlich Abhängige. Aber immerhin – für die Zukunft war ein Maßstab verfassungsrechtlich festgeschrieben, an dem sich die Wirklichkeit messen lassen musste.

Entstanden war die Unabhängigkeitserklärung auf dem zweiten amerikanischen Kontinentalkongress in Philadelphia, der 1775 aus Vertretern der einzelnen Kolonien gebildet worden war. Die dort versammelten Männer entstammten zwar der etablierten politischen Elite, mussten sich aber der Unterstützung breiter Bevölkerungsschichten versichern. Das gelang ihnen, indem sie sich eben nicht mehr wie zuvor auf den Geist der herkömmlichen britischen Verfassung beriefen, wonach die Kolonien im englischen Parlament nur nicht angemessen repräsentiert seien, sondern indem sie im Sinne des radikalen Naturrechts argumentierten: Die amerikanischen Kolonisten beanspruchten ein Recht auf Widerstand, weil die britische Regierung gegen ihre natürlichen Rechte verstoßen habe, sie betrachteten die staatlichen Bindungen als aufgelöst, befanden sich folglich im Naturzustand und schickten sich nun an, eine völlig neue Ordnung, einen »novus ordo saeculorum«, ins Leben zu rufen. In den Volksmilizen und Volkskomitees, die sich während des Unabhängigkeitskampfs überall bildeten, machten tatsächlich breite Bevölkerungsschichten die Erfahrung unmittelbarer demokratischer Partizipation. Zwar wurden in den meisten Einzelstaatsverfassungen, die in den folgenden Jahren entstanden, alle radikal-demokratischen Elemente weitgehend zurückgenommen, und in der Bundesverfassung der USA von 1787 war zunächst noch nicht einmal ein Grundrechtekatalog enthalten (dieser wurde erst 1791 in zehn Zusatzartikeln angehängt). Das alles tat aber der Wirkung dieser Vorgänge auf die Zeitgenossen in Europa keinen Abbruch. Für sie war ein unerhörter Präzedenzfall geschaffen: Die Naturrechtsfiktion vom Gesellschaftsvertrag schien zur Realität geworden, ein neuer Bundesstaat schien nach reinen Vernunftprinzipien vom Volk selbst gegründet worden zu sein.

Politische Konflikte in Europa

Die Resonanz des amerikanischen Unabhängigkeitskrieges in den europäischen Medien war gewaltig – nicht nur deshalb, weil europäische Feldherren wie Marie Joseph de Lafayette, Tadeusz Kosciuszko und Friedrich Wilhelm von Steuben auf Seiten der Aufständischen kämpften und weil prominente amerikanische Forscher und Politiker wie Benjamin Franklin, Thomas Paine, John Adams und Thomas Jefferson an europäischen Höfen und in der gebildeten Öffentlichkeit für die Sache der Kolonien warben. Die amerikanischen Vorgänge fanden auch deshalb so großen Widerhall, weil sie auf ein krisenhaftes politisches Klima trafen.

Bevölkerungsdruck, Kriegsfolgen, wirtschaftliche Verelendung breiter Schichten, Finanznot der Regierungen, höfische Verschwendung, versteinerte Privilegien, überfällige oder auch allzu radikale Reformen – all das addierte sich in vielen Ländern zu einer Legitimationskrise der bestehenden Ordnung. Nun standen neue Medien und Kommunikationsnetze zur Verfügung, um alle diese Probleme zu diskutieren und öffentlich beim Namen zu nennen. Die amerikanischen Kolonisten führten vor, wie »das Volk« die Gestaltung der politischen Verhältnisse vernünftig, überlegt und mit Erfolg in die eigene Hand nahm. Die Folge war eine tiefgreifende »Politisierung der Aufklärung« in vielen europäischen Ländern; ihre historisch gewachsenen »Verfassungen« wurden nun im Licht der amerikanischen Vorgänge diskutiert. »Freiheit« und »Nation« stiegen zu Leitbegriffen auf – sowohl aufständische Bauern, reformfeindliche Aristokraten als auch revolutionäre »Patrioten« konnten sich dieser neuen Sprache bedienen.

Vor allem war es die britische Verfassung, die ehrwürdige »ancient constitution«, seit Montesquieu und Voltaire als Vorbild an Freiheitlichkeit gelobt, die in verstärktem Maße angegriffen wurde. In England hatte sich mit der Glorious

Revolution von 1689 die Souveränität des »King in Parliament« festgeschrieben. Seit 1707 waren England und Wales mit dem Königreich Schottland zu »Großbritannien« vereinigt; seither war auch Schottland im Parlament von Westminster vertreten, während Irland nahezu wie eine Kolonie beherrscht wurde. Das britische System galt als glückliche Mischung aus Monarchie (König), Aristokratie (House of Lords) und Volk (House of Commons), deren Gewalten sich wechselseitig begrenzten und kontrollierten. Dieses an der antiken Mischverfassungslehre orientierte Bild stellte indessen eine grob vereinfachende Idealisierung dar und wurde der politischen Wirklichkeit kaum gerecht. Tatsächlich war der Einfluss des Volkes auf das Unterhaus reduziert auf ein korporatives Wahlsystem, das, seit Jahrhunderten unverändert, zu groben Ungleichgewichten geführt hatte. Erstens hatte bei weitem nicht jeder Engländer ein Wahlrecht, und zweitens wurde nicht nach gleichmäßig eingeteilten Wahlkreisen, sondern nach bestimmten Grafschaften und Städten gewählt, so dass mancher fast ausgestorbene Marktflecken über ebenso viele Parlamentssitze verfügte wie die Großstadt London, während manche aufblühende, bevölkerungsreiche Handelsstadt überhaupt keine eigenen Vertreter entsandte. Die zahlreichen Anhänger der verschiedenen nicht-anglikanischen Glaubensgemeinschaften waren überdies von politischer Partizipation offiziell nahezu völlig ausgeschlossen. Die Krone übte großen Einfluss auf die Unterhauswahlen wie auf die Kandidaten aus, so dass von einer Teilung der Gewalten zwischen Parlament und Regierung nicht die Rede sein konnte. Die Konflikte, die im Unterhaus zwischen den Parteiungen der »Whigs« und »Tories« ausgetragen wurden, waren Konflikte innerhalb der politisch-sozialen Elite, gegenüber denen das theoretisch im Parlament repräsentierte »Volk« kaum Kontrollmöglichkeiten besaß.

Schon nach dem Siebenjährigen Krieg hatte sich gegen diese Verhältnisse eine Opposition formiert, die außerhalb des Parlaments im Rahmen der neuen Medien, der Presse, Clubs und Sozietäten, agierte und den Einfluss des Hofes auf das Parlament und die allgemeine »Korruption« der herrschenden politischen Elite anprangerte. Als mit John Wilkes ein Protagonist der Reformbewegung ins Unterhaus gewählt wurde, schloss dieses ihn einfach aus und demonstrierte damit, dass es nicht gewillt war, sich der Reform zu öffnen. Nach dem amerikanischen Unabhängigkeitskrieg erfuhr diese Reformbewegung der so genannten »Radikalen« nun einen neuen Schub. Es bildeten sich überall freie Vereinigungen von Bürgern, die den Anspruch anmeldeten, als Wähler ihre gewählten Vertreter zu kontrollieren. Dass das Wahlsystem korrigiert werden müsse, darüber war man sich weithin einig; nun gingen manche so weit, ein allgemeines und gleiches Wahlrecht für alle erwachsenen Männer zu fordern. Die Forderungen stützten sich auf die naturrechtliche Theorie der Volkssouveränität und machten damit die Legitimationsgrundlage des Parlaments zum Argument gegen dieses selbst.

Die Bewegung der Radikalen war keineswegs identisch mit der breiten Masse der Bevölkerung; doch als es – aus einer Vielzahl wirtschaftlicher und politischer Gründe – 1780 in London zu wochenlang anhaltenden gewalttätigen Volksunruhen, den so genannten »Gordon Riots«, kam, wurde die Verantwortung dafür den Radikalen zugeschrieben. Infolge der britischen Niederlage gegen die Kolonisten wurde wenig später der populäre Whig-Politiker William Pitt (der Jüngere) Premierminister und brachte seinerseits in mehreren Anläufen Gesetzesanträge zur Reform des Parlaments ein, die allesamt abgelehnt wurden. Mit dem Ausbruch der Revolution in Frankreich und dem Beginn der Revolutionskriege schließlich gerieten die Radikalen endgültig als Sympathisanten des Feindes in Misskredit. Es dauerte noch über drei Jahrzehnte, bis das englische Parlamentssystem den gewandelten Verhältnissen durch eine grundlegende Reform Rechnung trug (1832).

Gleichzeitig mit den Reformforderungen in Großbritannien formierte sich auch in Irland zu Ende der 1770er Jahre eine Bewegung, die von der protestantischen anglo-irischen Oberschicht getragen wurde und sich auf amerikanische Vorbilder berief. Ursprünglich aus Furcht vor einer französischen Invasion einerseits und vor der unterdrückten katholischen Bevölkerungsmehrheit andererseits formierten sie Freiwilligenkorps, die sich allerdings nach dem Ende der äußeren Bedrohung nicht auflösten, sondern nun als Druckmittel gegen England selbst dienten. Zunächst ging es nur um die Abschaffung der englischen Handelsmonopole, die die irische Wirtschaft knebelten, doch bald wurde ganz grundsätzlich die Unabhängigkeit von London gefordert, und es kam zum Zusammentritt eines irischen »Nationalkongresses« in Dublin. Tatsächlich gelang es 1782, die formale Unabhängigkeit des irischen Parlaments von England zu erzwingen, die allerdings nur bis 1801 dauerte und an den tatsächlichen politischen Einflussstrukturen wenig änderte.

Ebenfalls zeitlich parallel entwickelte sich die so genannte »Patriotenbewegung« in den Vereinigten Niederlanden, die sich gegen die quasi-monarchische Zentralregierung des »Statthalters« Wilhelm V. von Oranien und dessen enge Anlehnung an England richtete. Die Vereinigten Niederlande waren eine wirtschaftlich immer noch mächtige Union aus sieben weitgehend selbständigen Provinzen (mit Holland an der Spitze), die ihrerseits im Innern ständisch organisiert waren. In den Provinzen teilten sich traditionelle korporative Eliten, die so genannten »Regenten«, die Herrschaft. Die Opposition gegen den »Despotismus« des Statthalters wurde zunächst von einem Teil dieser privilegierten Eliten getragen, die um ihre Handelsinteressen mit Amerika fürchteten. Dies führte zum Bruch mit dem alten Bundesgenossen England, das den Niederlanden 1780 den Krieg erklärte. Gleichzeitig formierte sich indessen eine Bewegung derjenigen bürgerlichen Schichten, die von der politischen Teilhabe ausgeschlossen waren und die nun die Gelegenheit sahen, ihre eigenen Partizipationsforderungen durchzusetzen. Sie nannten sich »Patrioten« und appellierten erstmals über alle Provinz- und Ständegrenzen hinweg an die »ganze niederländische Nation«. Über Clubs und Freiwilligenkorps verbreitete sich die Bewegung schnell in den Provinzen, insbesondere in Holland, so dass der Statthalter aus Den Haag fliehen musste. Eine »Nationalversammlung« wurde gebildet, die – ebenfalls in Anlehnung an das amerikanische Vorbild – das Prinzip der Volkssouveränität geltend machte. Spätestens jetzt wurde deutlich, dass die »Patrioten« außer der Gegnerschaft gegen den Statthalter wenig mit den oppositionellen »Regenten« gemein hatten. 1787 brach der bewaffnete Konflikt zwischen den Aufständischen und den Truppen des Statthalters aus. Während die »Patrioten« von Frankreich unterstützt wurden, erhielt der Oranier Hilfe von Preußen und setzte sich schließlich militärisch durch. Die Folge war, dass das Statthalter-Regiment erhalten blieb, die »Patrioten« vertrieben wurden, die Niederlande mächtepolitisch wieder an die Seite der Briten traten und sich an den traditionellen ständischen Strukturen nichts änderte. Schon acht Jahre später allerdings, 1795, marschierten französische Revolutionstruppen in den Niederlanden ein und wurden von der Anhängerschaft der ehemaligen »Patrioten« als Befreier begrüßt.

In mancher Hinsicht vergleichbar war die Revolte in den Habsburgischen Niederlanden, dem späteren Belgien. Auch hier handelte es sich um eine Reihe von Provinzen mit autonomen Ständeversammlungen, die von städtischen und kirchlichen Korporationen dominiert wurden. Im Gegensatz zu den Vereinigten Niederlanden waren sie mehrheitlich papsttreu katholisch; ihre vom Atlantikhandel abgeschnittene Wirtschaft war mit der der blühenden Nordprovinzen nicht zu vergleichen. Sie unterstanden zwar der habsburgischen Herrschaft und besaßen nicht das republikanische Selbstverständnis der nördlichen Nachbarn, genossen aber traditionell einen hohen Grad an ständischer Autonomie. In ihre jahrhundertealten »Rechte und Freiheiten« griff nun Joseph II. mit seinen zentralistischen Verwaltungs- und Justizreformen, seiner Kirchenpolitik und seiner Liberalisierung von Handel und Gewerbe massiv ein. 1788 formierte sich gegen diesen »Despotismus« allgemeiner Widerstand unter Führung der Provinz Brabant, 1788 wurden die Steuern verweigert und schließlich ein »Nationalkonvent« gebildet. Man berief sich darauf, dass Joseph den althergebrachten Herrschaftsvertrag zwischen Monarch und Ständen gebrochen habe, das Volk sich also im Naturzustand befinde, und proklamierte die nationale Unabhängigkeit von der österreichischen Fremdherrschaft. Ähnlich wie die niederländische Patriotenbewegung setzte sich auch der belgische Aufstand aus sehr heterogenen Bewegungen zusammen. Die einen, die »Aristokraten«, meinten mit der Freiheit, die es gegen Josephs Angriffe wiederherzustellen galt, die ständischen Rechte und Privilegien; die anderen zielten auf Abschaffung eben dieser Privilegien und auf eine grundlegende Neuordnung der Verfassungsverhältnisse. Damit scheiterten sie: Der neue Kaiser Leopold II. setzte sich 1790 militärisch gegen die Aufständischen durch. Er machte allerdings einen Großteil der josephinischen Reformen wieder rückgängig, so dass sich an der hergebrachten Privilegienstruktur zunächst wenig änderte. Auch hier waren es die französischen Revolutionstruppen, die wenig später der Sache der »Demokraten« zum Sieg verhalfen.

Als letztes Beispiel für die Verbindung von Altem und Neuem in den politischen Konflikten des ausgehenden 18. Jahrhunderts soll die Adelsrepublik Polen angeführt werden, die die erste moderne, geschriebene Verfassung in Europa hervorgebracht hat. Die Republik Polen (verbunden mit dem Großfürstentum Litauen) war aufgrund ihrer inneren Strukturschwäche unter den beherrschenden Einfluss fremder Monarchen geraten; die Besetzung des polnischen Königsthrons war zum mächtepolitischen Spielball geworden (vgl. Kap. 1). Der Bürgerkrieg (1768–72), in dem sich ein Teil der polnischen Magnaten in der so genannten Konföderation von Bar gegen die russische Dominanz und deren polnische Klientel zur Wehr setzte, führte schließlich zur ersten Teilung des Landes, der der militärisch unter Druck gesetzte und bestochene Reichstag selbst zustimmte. Der Schock der Teilung löste indessen eine entschlossene Reformpolitik aus. Eine neue zentrale Regierungsinstanz wurde etabliert, Armee, Steuerverwaltung und Erziehungswesen von Grund auf neu organisiert – all das zunächst unter der Aufsicht der Teilungsmächte. Die polnische Öffentlichkeit diskutierte die Naturrechtstheorien der Zeit und nahm sie zur unmittelbaren Anleitung für die Lösung der politischen Strukturprobleme; Jean-Jacques Rousseau selbst mischte sich mit seinen *Considérations sur le gouvernement de Pologne* (1772) in die Debatte ein. Der Reichstag, der 1788 zusammentrat, blieb vier Jahre bestehen und erarbeitete eine Verfassung für die Republik Polen, das »Regierungsgesetz«, das am 3. Mai 1791 – noch vor der ersten französischen Revolutionsverfassung – in Kraft trat.

Dieses Werk zog die Lehren aus der polnischen Vergangenheit und orientierte sich an den politischen Ideen der Aufklärung. Die Verfassung übertrug die »Souveränität der Nation« dem Reichstag und machte diesen zu einem starken und einigen Gesetzgebungsorgan, indem sie das Mehrheitsprinzip als Verfahrensform festlegte, so dass die Versammlung nicht mehr durch den partikularen Willen jedes einzelnen Mitglieds gelähmt werden konnte. Sie folgte dem Prinzip der Gewaltenteilung und vertraute die Exekutive einer Regierung an, die dem Parlament gegenüber verantwortlich war. Die Königswürde wurde nicht abgeschafft, sondern sogar in ein Erbkönigtum umgewandelt, um sie gegen den Einfluss der auswärtigen Mächte abzuschirmen. Mit alldem wurde übergeordnetes, geschriebenes Verfassungsrecht geschaffen – durchaus im modernen Sinne. Dabei wurde aber dennoch eines nicht angetastet: das ständische Prinzip. Die politische »Nation«, die hier als Träger der Souveränität in Erscheinung trat, war nicht das ganze Volk, sondern die traditionelle »Adelsnation«, die sich aus wenigen reichen Magnatenfamilien und einem überaus zahlreichen Mittel- und Kleinadel zusammensetzte. Zwar konnten die Städte, angespornt vom französischen Vorbild, 1789 ebenfalls ihre Vertretung im zukünftigen Parlament durchsetzen, doch die politische Rechtlosigkeit der Bauern, ja selbst die Leibeigenschaft, wurde von der Verfassung nicht angetastet. Die »Adelsnation« beanspruchte dennoch für sich, die modernen, naturrechtlich fundierten Verfassungsprinzipien von Volkssouveränität und Nationalfreiheit realisiert zu haben. Den Nachbarmächten und einigen polnischen Magnaten ging dies schon erheblich zu weit, so dass es 1793 zur zweiten und 1795 zur vollständigen Aufteilung des Landes kam.

Nicht auf alle Verfassungskonflikte und Revolten dieser Zeit kann hier einzeln eingegangen werden – auch die Adelsopposition in Böhmen und Ungarn oder die Bürgeraufstände in Genf, Lüttich und Aachen zeugen von der allgemeinen Krisenatmosphäre des ausgehenden Jahrhunderts. Zwar hatte es ähnliche Konflikte auch früher schon gegeben, doch die politische Sprache, mit der die Auseinandersetzungen nun geführt wurden, hatte sich grundlegend verändert, und die Medien und Kommunikationsformen, mit denen Forderungen nun geltend gemacht werden konnten, waren andere geworden. Allenthalben formierten sich Volkskomitees und patriotische Clubs, »Nationalmilizen« und schließlich »Nationalversammlungen«. Bei vielen dieser Konflikte standen einander nicht einfach Privilegierte und Nichtprivilegierte gegenüber. Vielmehr ging die Opposition der ständischen Korporationen gegen die Reformbürokratie mit neuen »demokratischen« Bewegungen vorübergehend Hand in Hand, und beide Seiten suchten einander für ihre jeweiligen Ziele zu vereinnahmen. Erleichtert wurde das dadurch, dass Begriffe wie »Freiheit«, »Nation« und »Verfassung« so vieldeutig waren.

Die Vorgeschichte der Revolution in Frankreich

Ganz besonders deutlich zeigt sich das schließlich in der Vorgeschichte der Revolution in Frankreich. Dort war es den höchsten Gerichtshöfen, also dem Amtsadel, weitgehend gelungen, sich der Öffentlichkeit als Anwalt der »Nation« zu präsentieren und ihre Opposition gegen die Krone als Kampf um die Freiheit und gegen höfischen Despotismus auszugeben. Da in Frankreich die États généraux als Vertretungskörperschaft des ganzen Königreichs seit 1614 vom König nicht mehr einberufen worden waren, argumentierten die Parlements, sie selbst seien an deren Stelle als Repräsentanten der Nation getreten. Große Teile des französischen Publikums akzeptierten diesen Anspruch deshalb so bereitwillig, weil die Reformpolitik der Krone so undurchsichtig, schwankend und inkonsequent war und sich auf den neuen öffentlichen Diskurs lange Zeit nicht einließ.

Oben war schon davon die Rede (Kap. 8), dass die krisenhafte Lage des Jahrhundertendes manche Regierungen dazu veranlasste, nach neuen Formen für eine breitere politische Partizipation zu suchen, um notwendige Modernisierungsmaßnahmen gegen den Widerstand der privilegierten Körperschaften durchsetzen zu können. So führte schließlich auch die französische Regierung, die vor der fast unlösbaren Aufgabe stand, die Staatsfinanzen grundlegend zu sanieren. Mit Hilfe neuer Repräsentationsmodelle versuchte sie, die Parlements zu unterlaufen und die Akzeptanz der Öffentlichkeit für Reformen zu erhöhen. Zunächst einmal machte der Finanzminister Jacques Necker, ein Schweizer Bankier, den spektakulären Schritt, den französischen Staatshaushalt – in beschönigter Form – zu veröffentlichen, was allerdings die Krisenstimmung in der Bevölkerung nur noch steigerte (*Compte rendu au Roi*, 1781). Durch Kürzungen bei den Hofausgaben und durch die Übernahme verschiedener Steuern und Zölle in staatliche Hand machte er sich Höflinge und Steuerpächter zu Feinden und musste sein Amt niederlegen. Indessen stiegen die Staatsschulden durch Anleihen im In- und Ausland stetig weiter. Neckers Nachfolger Calonne veranlasste den König, eine Versammlung ausgewählter »Notabeln« (angesehene Kleriker, Adlige und Amtsträger) einzuberufen, um deren Zustimmung zu einer radikalen Neuregelung des Steuerwesens zu gewinnen (1787). Dazu war die mehrheitlich adlige Versammlung nicht bereit. Auch der Versuch von Calonnes Nachfolger Loménie de Brienne, die Steuerreform durch das Pariser Parlement registrieren zu lassen, scheiterte. Dieses widerrief die wichtigsten Steuergesetze und forderte stattdessen die Einberufung der Generalstände als der traditionellen Repräsentativversammlung des ganzen Königreiches, der »Nation«, wie es nun hieß. Als der Finanzminister daraufhin das Parlement auflöste, kam es zu ersten Unruhen. Die Provinzparlements und zahlreiche öffentliche Amtsträger solidarisierten sich mit dem Pariser Gerichtshof. Unwetterbedingte Missernten und die darauf folgenden Preissteigerungen taten ein Übriges; im Herbst 1787 brachen erste blutige Straßenkämpfe aus. Die Regierung kapitulierte und holte die Parlamentsräte zurück. Die Privilegierten verstanden es erfolgreich, die Krisenstimmung der Bevölkerung von sich selbst abzulenken. Sie profitierten von dem massiven Legitimitätsverlust der Zentralgewalt und der verbreiteten Furcht vor erhöhten Steuern; ihr Widerstand gegen die Reformen erschien als Verteidigung der Rechte und Freiheiten des Volkes.

In der Folgezeit spitzte sich der Machtkampf zwischen Regierung und Parlements immer weiter zu: Der König suchte mehrfach durch sein feierliches persönliches Erscheinen im Pariser Gerichtshof (»lit de justice«) die Registrierung von Reformgesetzen zu erzwingen – unter anderem einer Justizreform, die die alten Gerichtshöfe entmachten sollte –, doch er scheiterte damit immer aufs Neue. Es zeigte sich, dass die Krongewalt sich keinerlei Geltung mehr verschaffen konnte, ja nicht einmal mehr in der Lage war, ihren Zahlungsverpflichtungen nachzukommen. Immer deutlicher erwies sich die Versammlung der traditionellen Generalstände als einziger Ausweg, um eine tragfähige Grundlage für Reformen zu gewinnen.

Im Sommer 1788 berief der König sie zum 1. Mai des kommenden Jahres ein. An dieser Einberufung schieden sich nun die Geister: Sollte die Versammlung wie traditionell üblich nach Ständen getrennt tagen, so dass die Dominanz von Klerus und Adel gewahrt blieb, oder sollte sie nach ganz anderen Prinzipien strukturiert werden, um dem »Dritten Stand« ein seinem zahlenmäßigen Bevölkerungsanteil angemessenes politisches Gewicht zu verschaffen? Ähnlich wie zuvor in den Niederlanden erwies sich jetzt,

Das Erwachen des Dritten Standes
Zeitgenössische Radierung

dass die politischen Ziele der Parlamentsopposition und die der Bevölkerungsmehrheit keineswegs übereinstimmten. Die Parlements sowie eine zweite, Ende 1788 einberufene Notabelnversammlung versagten sich jeder Verfahrensänderung und diskreditierten damit ihren Anspruch, das Interesse des ganzen Volkes zu vertreten. Eine neue Bewegung von »Patrioten« formierte sich gegen sie und gewann die Meinungsführerschaft in dem nun ausbrechenden beispiellosen Flugschriftenkampf.

Im Verlauf der Wahlen zu den Generalständen, an denen immerhin alle erwachsenen männlichen Steuerzahler im Rahmen ihrer jeweiligen Gemeinde oder Korporation teilnahmen, wurde der Regierung in rund 40 000 Beschwerdeschriften, den traditionellen »cahiers de doléances«, eine umfassende Bestandsaufnahme aller Missstände und Reformforderungen vorgelegt. Als die Stände schließlich 1789 zusammentraten, kam eine revolutionäre Dynamik in Gang, deren Verlauf und Folgen für keinen der Beteiligten absehbar oder gar kontrollierbar waren. Viele Faktoren wirkten dabei zusammen: die krisenhafte wirtschaftliche Lage und die Ängste breiter Schichten, der fundamentale Glaubwürdigkeitsverlust der Regierung und die entschiedene Reformbereitschaft einer Mehrheit der Delegierten, die bis dahin unvorstellbare Offenheit der politischen Diskussion, aber auch die Handlungsbedingungen des einmal in Gang gekommenen revolutionären Prozesses selbst – all das führte dazu, dass von den aufklärerischen Theorien schließlich in einer Weise Gebrauch gemacht wurde, wie sich das vermutlich keiner ihrer Protagonisten je hatte träumen lassen.

Die Geschichte der Revolution in Frankreich ist nicht mehr Gegenstand dieses Buches; sie bedarf einer eigenen Darstellung. Das gilt umso mehr, als man die Revolution nicht einfach als Umsetzung der aufklärerischen Theorien in die Praxis betrachten kann, wie das lange Zeit getan worden ist – ebenso wenig, wie man sie nur als zwangsläufige

Folge der wirtschaftlichen und sozialen Entwicklungen des 18. Jahrhunderts verstehen kann. Die Ereignisse folgten vielmehr einer eigenen Dynamik und lassen sich nicht mit logischer Folgerichtigkeit aus ihrer Vorgeschichte herleiten. Das heißt auch, dass die Französische Revolution und die damit verbundenen revolutionären Prozesse in Europa die Epoche der Aufklärung nicht einfach fortsetzten, sondern sie zugleich auch beendeten.

II
Aspekte
Widersprüche und Ambivalenzen
der Aufklärung

1
Die Debatte über den Gang der Geschichte
und die Natur des Menschen

Die meisten gebildeten Zeitgenossen des 18. Jahrhunderts waren sich darüber einig, in einem Zeitalter des Fortschritts zu leben. Sie fühlten sich als Akteure in einem kontinuierlichen, gesetzmäßig ablaufenden, aber prinzipiell unabgeschlossenen Prozess: Wissenschaftliche Erkenntnis und technische Naturbeherrschung nahmen zu, die materiellen Lebensbedingungen von immer mehr Menschen wurden immer besser, die Sitten wurden zivilisierter und menschlicher, und nicht zuletzt die politische Ordnung wurde gerechter und vernünftiger – so meinte man. Ebenso wie das einzelne Individuum einer schier unendlichen Vervollkommnung fähig schien, so auch die Menschheit, »das Menschengeschlecht« als ganzes. Da man den Verlauf des Prozesses zu kennen glaubte, besaß man zugleich einen Maßstab, an dem sich die noch unvollkommenen gegenwärtigen Verhältnisse kritisieren ließen.

Kaum jemand brachte diesen Optimismus klarer zum Ausdruck als der hochadlige französische Amateurphilosoph und Konventsabgeordnete Jean-Antoine Marquis de Condorcet, der eine Skizze des welthistorischen Fortschrittsprozesses entwarf (vgl. Quelle 26). Der Prozess der stetigen Vervollkommnung des Menschengeschlechts erschien ihm von derart naturgesetzlicher Folgerichtigkeit, dass er sogar den zukünftigen Verlauf vorhersagen zu können glaubte: Er war überzeugt, dass schließlich die »vollkommene Gleichheit« aller Menschen – der Individuen wie der Völker – herbeigeführt werde. Condorcet schrieb seinen Entwurf des Menschheitsfortschritts im Jahre 1793, noch voller Zuversicht, dass die Revolution diesen Prozess weiter beschleunigen werde – zu einem Zeitpunkt, als er selbst bereits als Feind der Revolution verfolgt wurde und sich versteckt halten musste. Im Jahr darauf kam er in der Haft vermutlich durch Selbstmord ums Leben.

Diese Geschichte in ihrer tragischen Ironie erscheint wie eine Metapher für das gebrochene Verhältnis zwischen Aufklärung und Revolution. Doch nicht erst die Revolution mit ihrer gewaltsamen Eigengesetzlichkeit irritierte die Überzeugung von einer linearen, folgerichtigen und vorhersagbaren Entwicklung zum Besseren. Condorcets lineare Sicht der Geschichte erscheint nicht erst aus der Rückschau fragwürdig, sondern weckte schon im 18. Jahrhundert Widerspruch.

Im Folgenden sollen an zwei Beispielen die Ambivalenzen der Aufklärung thematisiert werden: zum einen anhand der Debatte über den Gang der Geschichte und die Natur des Menschen, zum anderen anhand der Debatte über Menschen- und Bürgerrechte von Sklaven, Juden und Frauen.

Fortschrittsoptimismus

Condorcet erblickte im Siegeszug der Vernunft, in den Fortschritten des menschlichen Geistes also, die Triebkraft des unendlichen Vervollkommnungsprozesses der Menschheit. Andere Denker des 18. Jahrhunderts sahen andere Gesetzmäßigkeiten am Werk. So lehrten etwa die schottischen Moralphilosophen, die Menschheitsgeschichte sei eine regelhafte Abfolge ökonomischer Entwicklungsstufen, von der Jäger- über die Hirten- und die Ackerbaukultur bis hin zur modernen arbeitsteiligen Marktgesellschaft. So unterschiedlich diese und andere Entwicklungskonzepte im Einzelnen waren – sie beruhten alle auf der Erfahrung eines Prozesses, der erstens nicht zufällig und regellos ablief und deshalb grundsätzlich durchschaubar schien, der zweitens eine unumkehrbare Richtung hatte und der drittens nicht nur einzelne Völker oder nur Europa betraf, sondern die ganze Menschheit umschloss.

Die Sicht der Geschichte als eines einzigen großen innerweltlichen Fortschrittsgeschehens war keineswegs selbstverständlich, sondern sie war ein Spezifikum der Aufklärung. Das traditionelle christliche Geschichtsdenken hatte die Einheit der Geschichte in einem göttlichen Heilsplan erblickt, der mit der Erschaffung des ersten Menschen begonnen habe, im Alten und Neuen Bund Gottes mit den Menschen fortgeführt worden sei und mit der Wiederkehr Christi am Jüngsten Tage sein Ende finden werde. Alles diesseitige Geschehen zwischen den Polen dieses Heilsplans erschien als eitles Auf und Ab willkürlicher menschlicher Handlungen in einem Rahmen unveränderlicher göttlicher Normen. Die diesseitige Welt der Menschen blieb sich nach dieser Sicht immer gleich; deshalb konnte die Geschichte als Schatz zeitlos gültiger moralischer Exempel dienen. Gegenüber der christlichen Geschichtstheologie stellten die aufklärerischen Geschichtskonzepte eine radikale Veränderung dar. Der Rahmen der Heilsgeschichte wurde gesprengt; das zu erwartende Heil wurde nun in den innerweltlichen Geschichtsverlauf und in eine offene Zukunft verlegt. Dem Handeln der Menschen, der Entfaltung der menschlichen Natur selbst wurden nun heilvolle Wirkungen zugeschrieben, wie man sie zuvor allein von Gott und vom Jenseits erwartet hatte.

Im Hintergrund dieser Neubewertung der Geschichte als eines universalen diesseitigen Entwicklungszusammenhangs mit einem einheitlichen Subjekt – dem »Menschengeschlecht« als einem Ganzen nämlich – standen neuartige Erfahrungen: der zunehmende Verlust vertrauter Selbstverständlichkeiten, der rasche Wandel der materiellen Lebensbedingungen zumindest in den gehobenen Ständen, das Zusammenwachsen entfernter Erdteile zu einem wirtschaftlichen Wirkungszusammenhang unter europäischer Kolonialherrschaft. Ein wesentlicher Impuls des veränderten Geschichts- und Selbstbildes war nicht zuletzt die immer genauere Bekanntschaft mit fremden außereuropäischen Kulturen.

Das 18. Jahrhundert war fasziniert vom Exotischen. Zum einen bewunderte man alte Hochkulturen wie Ägypten, Persien und vor allem China als Inbegriffe verfeinerter Zivilisation und weiser politischer Ordnung. Zum anderen fand man in Kulturen der indianischen und pazifischen »Naturvölker« einen Schlüssel zum Ursprung der eigenen Geschichte – hier glaubte man den Naturzustand vor Augen zu haben, auf dessen hypothetischer Annahme die Naturrechtstheoretiker ihre philosophischen Systeme errichtet hatten. »Am Anfang war alles Amerika«, so formulierte es Locke. Die Sitten der fremden Völker wurden mit den verschiedenen Stadien der europäischen Zivilisation auf eine Stufe gestellt, so dass ein Weltreisender gleichsam die ganze Menschheitsgeschichte durchwandern konnte. Friedrich Schiller brachte das auf den Punkt: Die Entdeckungen fremder Erdteile, so schrieb er, »zeigen uns Völkerschaften, die auf den mannigfaltigsten Stufen der Bildung um uns herum gelagert sind, wie Kinder verschiedenen Alters um einen Erwachsenen herumstehen und durch ihr Beispiel ihm in Erinnerung bringen, was er selbst vormals gewesen und wovon er ausgegangen ist« (*Was heißt und zu welchem Ende studiert man Universalgeschichte?*, 1789). Diese Analogie zwischen der Entwicklung des Individuums und der des ganzen Menschengeschlechts begegnet im 18. Jahrhundert in unzähligen Varianten. Nicht zufällig war Daniel Defoes *Robinson Crusoe* (1719) einer der erfolgreichsten Romane dieser Zeit: eine Geschichte, deren Held die Zivilisation aus eigener Kraft heraus noch einmal erschafft.

Durch die verschiedenen Konzepte von »Menschheitsgeschichte« wurde die Vielfalt der ständig anwachsenden Kenntnisse über andere Weltgegenden und Zeiten geordnet und zu einem zielgerichteten Gesamtverlauf, einem einheitlichen Ganzen zusammengefügt. Die Konzepte waren in der Regel gespeist von dem Stolz der Zeitgenossen auf die eigenen zivilisatorischen Errungenschaften, auch wenn sie sich darum bemühten, die Beiträge anderer Völker zum universalen Menschheitsfortschritt angemessen zu würdigen. Die Geschichtsschreiber handelten nun von all dem, was zu den materiellen und geistigen Umwälzungen der Menschheit beigetragen hatte. Sie interessierten sich für die Erfindung des Feuermachens, des Brotes, der Druckerpresse, des Wechselbriefes oder der Taschenuhr mehr als für Kriege und Eroberungen – also für die Errungenschaften aller Zeiten und Völker, die wie viele kleine Bäche zu dem breiten Strom des Zivilisationsgeschehens zusammenflossen. Was aus dem Rahmen dieser »Universalgeschichte« herausfiel, waren die Kulturen und Völker, die zum großen Ganzen nichts eigenes beigesteuert hatten und deshalb nicht »merkwürdig« erschienen.

Zivilisationskritik

Die neue »Geschichtsphilosophie« (den Begriff prägte Voltaire) war im Besitz eines sicheren Maßstabs, an dem die einzelnen Kulturen gemessen werden konnten – ihr Maßstab war die eigene, mitteleuropäische Zivilisation, die eben im Begriff war, sich weltweit als Hegemonialkultur durchzusetzen. Doch diese Sicht war nicht die einzig mögliche. Das Fremde konnte vielmehr auch dazu dienen, der eigenen Kultur kritisch den Spiegel vorzuhalten. In den schon genannten *Perserbriefen* Montesquieus zum Beispiel schlüpfte der Autor in die Rolle eines ausländischen Reisenden, der staunend von den unerklärlichen Sitten der Europäer berichtet. Voltaires Figur des »ingénu«, des naiven nordamerikanischen Huronen in Europa (1767), diente einem ähnlichen Zweck: Er verkörperte den natürlichen Menschen in seiner unverbildeten Einfachheit und Bildungsfähigkeit, der die Vorzüge und die Mängel der europäischen Kultur aus der Distanz vorurteilslos zu durchschauen vermochte. Solche Figuren exotischer Fremder dienten den Europäern als Kunstmittel, sich mit ihrer eigenen Kultur auseinanderzusetzen, indem sie sie scheinbar aus fremder Perspektive betrachteten. Es ging dabei allerdings noch nicht darum, in der fremden Kultur selbst einen neuen Maßstab des Guten und Richtigen zu finden.

Den bedeutendsten Schritt in diese Richtung machte erst Jean-Jacques Rousseau in seinen beiden kulturkritischen »Discours« (*Discours sur les sciences et les arts*, 1750, *Discours sur l'origine de l'inégalité parmi les hommes*, 1755). Dabei handelte es sich beide Male um Antworten auf Preisfragen, die die Akademie von Dijon ausgeschrieben hatte, und beide Male enttäuschten Rousseaus Antworten die Erwartungen des Ausschreibungskomitees. Auf die Frage, ob die Fortschritte der Künste und Wissenschaften zur Reinigung der Sitten beigetragen hätten, antwortete er nämlich, dass das Gegenteil der Fall sei, anstatt, wie erwartet, den hohen Stand der erreichten zivilisatorischen Vollkommenheit zu beschreiben. Dass er für seine Schrift trotzdem den Preis erhielt, löste geradezu einen gesellschaftlichen Eklat aus. Und auf die Frage, worauf die Ungleichheit zwischen den Menschen beruhe und ob sie dem natürlichen Recht entspreche, entfaltete er eine grundsätzliche Theorie der sozialen Ungleichheit und beschrieb sie als Folge der Korruption der ursprünglichen menschlichen Natur. Die fortschreitende Zivilisation erschien ihm als fortschreitende Entfremdung des Menschen von sich selbst, seiner natürlichen Güte, Bedürfnislosigkeit, Unabhängigkeit und Stärke, oder umgekehrt: als Versklavung des Menschen durch die Erzeugung künstlicher Bedürfnisse und Abhängigkeiten. Rousseaus Motto »Zurück zur Natur« ist allerdings nicht so zu verstehen, als habe er eine schlichte Rückkehr zum Naturzustand für möglich gehalten. Unter den Bedingungen der korrupten Kultur seiner Zeit waren seiner Ansicht nach vielmehr höchst künstliche Konstruktionen – pädagogischer oder politischer Art – nötig, um die Menschen auf einer höheren Ebene wieder zu sich selbst finden zu lassen; diese Konstruktionen entfaltete er im *Émile* einerseits und im *Contrat social* andererseits.

Rousseaus Kulturkritik stieß, wie oben schon ausgeführt, bei den gebildeten Ständen seiner Zeit weithin auf große, wenn auch nicht einstimmige Resonanz (vgl. Kap. 6). In dem Ideal der »Natürlichkeit« konnten viele das finden, was sie suchten, es war ein weites Gefäß für all das, was man etwa an der französisch dominierten Hofkultur des Rokoko oder an der modernen großstädtischen Zivilisation vermisste. Die Hochschätzung des »Naturzustandes« trug dazu bei, dass die exotischen Naturvölker, von denen in den zeitgenössischen Reiseberichten die Rede war, zunehmend in einem neuen Licht erschienen: nicht mehr als unzivilisierte, bemitleidenswerte Barbaren auf einer niederen Stufe menschlicher Vollkommenheit, sondern als »edle Wilde«, die noch dem ursprünglichen Paradieszustand nahe waren.

Einen mächtigen neuen Impuls erhielt diese Auffassung vom »edlen Wilden« durch die Forschungsreisen der zweiten Jahrhunderthälfte, insbesondere durch James Cooks und Louis-Anne de Bougainvilles Entdeckungen und Beschreibungen der südpazifischen Inselwelt. Diese Reisen

hatten einen anderen Charakter als die Eroberungs- und
Kolonisierungsfahrten früherer Jahrhunderte. Sie dienten
nicht der Heidenmission und führten auch zunächst nicht
zur wirtschaftlichen Ausbeutung, politischen Unterdrückung oder gar physischen Ausrottung der einheimischen
Bevölkerung. Die Kolonisierungsabsicht stand zumindest
nicht im Vordergrund; es ging vielmehr primär um die wissenschaftliche Erforschung des Fremden, der Landschaften,
Tiere und Pflanzen ebenso wie der Menschen. Man musste die Eingeborenen nun nicht mehr als Barbaren verteu-
feln, um eigenes barbarisches Verhalten ihnen gegenüber zu
rechtfertigen. Vielmehr wurde dem Fremden als solchem
eine neuartige, im Vergleich zu früheren Epochen unvorein-
genommene Neugier zuteil. Sowohl Cook als auch Bougainville brachten von ihren Reisen nicht nur unzählige
Zeichnungen, naturgeschichtliche Sammelstücke und Beschreibungen mit und verfassten nicht nur Reisejournale,
die zu Bestsellern wurden und das Publikum faszinierten.
Sie brachten beide auch Eingeborene aus dem neu entdeck-
ten Tahiti nach Europa: Bougainville stellte 1769 seinen
Reisegefährten Aotourou in den Pariser Salons vor, nicht
ohne sich dafür zu rechtfertigen, dass er den Insulaner aus
seiner angestammten Umgebung herausgerissen hatte, und
James Cook führte 1772 einen Insulaner namens Omai in
der Londoner Gesellschaft ein. Die Reaktionen der gebildeten Europäer waren gemischt. Einerseits besichtigten und
bestaunten viele die Insulaner wie andere exotische Sehens-
würdigkeiten auch – so wie es seit langem an Höfen und in
Salons Mode war, sich einen schwarzen Lakaien als »Kam-
mermohren« zu halten. Viele Europäer wunderten sich,
warum die »Wilden« Schwierigkeiten hatten, sich mit ihnen
zu verständigen, und erkannten nicht, dass das umgekehrt
für sie selbst ebenso zutraf. Andererseits ließen sich manche
Aufklärer aber auch auf die Fremden ein und bemühten
sich darum, sie in ihrer Eigenart zu verstehen. Der Bericht
Bougainvilles über den Besuch Aotourous in Paris enthält

ein bemerkenswertes Beispiel dafür, dass man begann, ein neues Verständnis für das fremde Denken, einen »ethnologischen Blick« zu entwickeln: Er weist dort darauf hin, wie schwer es sei, eine Sprache zu lernen, die auf einer völlig anderen Erfahrungswelt und einem anderen Begriffssystem beruht als die eigene (vgl. Quelle 27).

Hinter solchen Einsichten stand ein intensives, um Vorurteilslosigkeit zumindest bemühtes anthropologisches Interesse, die Hoffnung, durch die Erforschung fremder Kulturen etwas über die Menschennatur selbst zu erfahren. Es war eine von den meisten Aufklärern geteilte Überzeugung, dass die Menschheit *ein* Geschlecht sei – nicht nur im Sinne der Abstammung von dem biblischen Urelternpaar, sondern auch im Sinne der allen Menschen gemeinsamen physischen und moralischen Natur. Die Frage, worauf die Vielfalt der Unterschiede zwischen den Menschen zurückzuführen sei, wurde äußerst unterschiedlich beantwortet. Es gab dafür noch keine allgemein akzeptierte wissenschaftliche Theorie, sondern eine Vielzahl konkurrierender Hypothesen und unterschiedlicher Klassifikationsversuche. Man war sich noch keineswegs so sicher wie später im 19. Jahrhundert, welche Unterscheidungsmerkmale substantiell, welche nur akzidentiell, welche Ursachen und welche Wirkungen seien. Vor allem hatte sich noch nicht die Überzeugung durchgesetzt, dass die Menschheit nach angeborenen und unveränderlichen körperlichen Unterschieden in bestimmte Rassen zerfalle, denen bestimmte kulturelle und geistige Vorzüge und Mängel entsprächen. Vielmehr dominierte eine gewisse Offenheit gegenüber der Vielfalt der beobachtbaren Unterschiede, die man zu einer fast ebenso großen Vielfalt äußerer Faktoren in Beziehung zu setzen suchte. Natürliche und kulturelle Umstände wie Klima, Landschaft, Ernährung, Wirtschaftsweise, Sitten, Erziehung usw. prägten, so nahm man an, nicht nur die geistigen, sondern auch die körperlichen Eigenschaften der Menschen. Zwei besonders einflussreiche Autoren verschafften dieser Sicht im 18. Jahrhundert breite Geltung. Zum einen war das der Baron de Montesquieu, der in seinem *Esprit des lois* (1748) nach gesetzmäßigen Relationen zwischen all den genannten Faktoren und den Gesetzen der verschiedenen Völker in Vergangenheit und Gegenwart suchte. Zum anderen war es der Comte de Buffon, der in seiner 36bändigen *Histoire naturelle* (1749–1804) erstmals auch die Menschen als Gegenstand der Naturgeschichte behandelte und sie nach einer Vielzahl von physischen *und* kulturellen Kriterien in »Rassen, Arten und Varietäten« klassifizierte. Wenn man von einer gemeinsamen Menschennatur ausging, so bedeutete das zugleich, dass das hervorstechendste Charakteristikum dieser Natur gerade ihre wesensmäßige Unbestimmtheit, ihre Offenheit für Einflüsse aller Art, für Bildung und Selbstbildung sei. Das galt nicht nur für die Unterschiede zwischen den Völkern, sondern auch für die Unterschiede zwischen den Ständen und den Geschlechtern (vgl. Kap. 6), sie alle erschienen durch äußere Umstände geprägt und damit auch durch Änderung der Umstände veränderbar.

Die intensive Beschäftigung mit der Variabilität der Lebensformen, Sitten und Gesetze anderer Völker rief bei manchen Zeitgenossen des 18. Jahrhunderts ein grundsätzliches Umdenken hervor. Die Wahrnehmung des Fremden führte nämlich dazu, auch die eigene europäische Kultur mit fremden Augen zu sehen, auch sie »relativ«, d. h. als Ergebnis spezifischer Umstände, wahrzunehmen. Verband sich dies mit der zivilisationskritischen Einstellung, wie sie Rousseau populär gemacht hatte, so konnte man zu dem Schluss kommen, dass die eigene Kultur nicht fraglos als Maßstab für alle anderen dienen könne. Das galt nicht nur für die fremden Völker anderer Weltgegenden, sondern ebenso für die vergangenen Epochen der europäischen Geschichte.

Von dieser Warte aus ließ sich der Fortschrittsoptimismus eines Condorcet nicht mehr aufrechterhalten. Es war vor allem der Theologe Johann Gottfried Herder, der die aufklä-

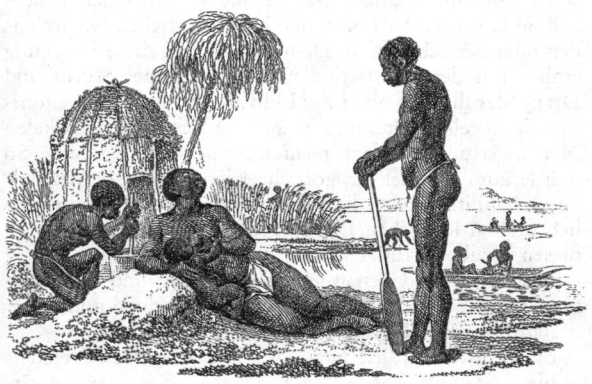

»Menschen-Varietäten«
Radierungen von Daniel Chodowiecki, 1782

rerische Geschichtskonzeption grundsätzlich in Frage stellte und seinen Zeitgenossen vorwarf, sie spielten sich zu Unrecht als allwissende Richter über alle früheren Generationen auf. Es sei vermessen, so argumentierte er, sich über die Menschen anderer Zeiten zu erheben und sie zu Wegbereitern und Dienern der Späteren zu degradieren. Jedes Zeitalter, so führte er weiter aus, trage vielmehr seinen Maßstab in sich selbst und dürfe nicht an einer Elle gemessen werden, über die es noch gar nicht habe verfügen können (vgl. Quelle 28).

Ein wesentlicher Impuls zu dieser neuen, im engeren Sinne *historischen* Sichtweise, die sich dann im 19. Jahrhundert mit Romantik und Historismus auf breiter Grundlage durchsetzte, war die Ablehnung der französischen Kulturhegemonie und die Formulierung eines neuen, »nationalen« kulturellen Selbstbewusstseins, wie es sich in vielen europäischen Ländern gegen Ende des 18. Jahrhunderts (aus jeweils ganz unterschiedlichen Gründen) feststellen lässt – z. B. in Ungarn oder Polen, den Habsburgischen Niederlanden oder der Schweiz. In Deutschland ging diese Strömung einher mit der künstlerischen Bewegung des Sturm und Drang, der die Genialität des Individuums über alle kanonisierten Regeln stellte, und es äußerte sich in der radikalen Neubewertung bisher verachteter Epochen und Stile. So wurde zum Beispiel der gotische Kirchenbau des Mittelalters rehabilitiert oder die Wiederentdeckung des vermeintlich uralten keltischen Dichters Ossian gefeiert. Hinter all diesen Neubewertungen stand die Ablehnung einer als tyrannisch empfundenen universellen Norm und die Berufung auf die Autonomie des einzelnen Individuums oder des einzelnen Volkes.

Es lag in der Konsequenz des aufklärerischen Denkens selbst, dass es schließlich auch vor den eigenen Glaubenssätzen nicht Halt machte. Daher erscheint es nur folgerichtig, dass auch der optimistische Glaube an den stetigen Fort-

schritt des Menschengeschlechts dem Geist der Kritik zum
Opfer fiel. Das 18. Jahrhundert erweist sich also als ambivalent: Es hat nicht nur das eurozentrische Konzept der
Menschheitsgeschichte als fortschreitende Vervollkommnung formuliert, sondern auch die ersten Ansätze dazu hervorgebracht, diese Sicht zu kritisieren, das Fremde als etwas
Eigenwertiges wahrzunehmen und sich um ein Verständnis
seiner Andersartigkeit zu bemühen. Damit wurde allerdings zugleich der Weg dafür bereitet, die Aufklärungsprin-
zipien selbst wiederum in Frage zu stellen.

2
Grenzen der Menschen- und Bürgerrechte

Zurück zum eingangs zitierten Condorcet. Für ihn und
viele seiner Zeitgenossen schien – im Licht der inzwischen
ausgebrochenen Revolution – die Aufklärung von Anfang
an auf die Befreiung der Individuen aus den Fesseln der
rechtlichen Ungleichheit hinausgelaufen zu sein. Fortschreitende Aufklärung der Menschen hieß aus dieser Sicht nicht
nur kritisches Selbstdenken und zunehmend vorurteilsfreie,
klare Erkenntnis, nicht nur praktische Verbesserung der
materiellen Lebensbedingungen, sondern auch die Durchsetzung allgemeiner Menschen- und Bürgerrechte. Gerade
weil diese Forderung bis heute nicht eingelöst ist, erblickt
man darin das bedeutendste und wertvollste Vermächtnis
des 18. Jahrhunderts. Das ist sicher gerechtfertigt, urteilt
man aus der rückblickenden Perspektive der heutigen Zeit.
Es verzerrt aber den Blick auf das Denken und Handeln
im 18. Jahrhundert selbst, wenn man unterstellt, die Zeitgenossen hätten immer schon dieses Ziel vor Augen gehabt.

Vielmehr kristallisierten sich die Konzepte der allgemeinen staatsbürgerlichen Rechtsgleichheit und der Existenz universeller Menschenrechte erst allmählich im Laufe des 18. Jahrhunderts heraus (vgl. Kap. 9). Wie konsequent die Aufklärer in ihren Forderungen waren – oder auch nicht, soll im Folgenden für drei Gruppen von Menschen skizziert werden: für die Juden, die Sklaven und die Frauen.

Die Juden

Die Juden und ihre Religion wurden auch im Zeitalter der Aufklärung von ihrer christlichen Umwelt nicht geschätzt. Allerdings war das 18. Jahrhundert für sie keine Zeit extremer Bedrohung ihrer physischen Existenz mehr; schwere Pogrome wie im Spätmittelalter gab es nun nicht mehr. Die Juden waren im 15. Jahrhundert aus ihren angestammten iberischen und mitteleuropäischen Siedlungsgebieten nach Osteuropa und nach Oberitalien vertrieben worden, hatten sich aber allmählich wieder in Mitteleuropa angesiedelt. Im Laufe des 17. Jahrhunderts, als es in der Ukraine wiederum zu grausamer Verfolgung kam, hatten sie begonnen, sich auch in Frankreich und England niederzulassen. Im 18. Jahrhundert gab es fast überall in Europa wieder jüdische Gemeinden, so in Frankfurt und Worms, London und Amsterdam, Bordeaux und Metz, Wien und Prag, Venedig und Livorno, und es gab »Landjudenschaften«, in denen sich die auf dem Land verstreut wohnenden Juden organisiert hatten. Überall waren sie indessen stets nur geduldete, jederzeit von Ausweisung bedrohte Außenseiter ohne sicheren rechtlichen Status. Die Obrigkeiten duldeten sie als so genannte Schutzjuden, wenn sie in der Lage waren, regelmäßig hohe Schutzgelder zu zahlen.

Wie andere Korporationen in der ständischen Gesellschaft, so waren auch die jüdischen Gemeinden bzw. Landjudenschaften mit einer gewissen korporativen Autonomie ausgestattet, die es ihnen ermöglichte, die Steueraufbringung selbst zu organisieren und das Alltagsleben selbst zu regeln. Diese weitgehende korporative Autonomie lag nicht nur im Interesse der Obrigkeiten, weil sie ihnen den Zugriff auf das Vermögen der Juden erleichterte, sondern sie lag auch in hohem Maße im Interesse der Juden selbst, die auf diese Weise ihre kulturell-religiöse Identität wahren konnten. Das gesamte jüdische Alltagsleben war von einer Vielzahl von Religionsgesetzen geprägt, die nur durch eine eigene rabbinische Gerichtsbarkeit aufrechterhalten werden konnten. Zugleich ließ sich die jüdische Schriftgelehrsamkeit, das Studium von Thora und Talmud, nur in eigenen Schulen und Lehrhäusern pflegen und weitergeben. Die Gemeinden besaßen Synagogen, rituelle Badehäuser, koschere Backhäuser, eigene Fürsorgeeinrichtungen und Friedhöfe. Sie wurden geleitet von selbstgewählten Vorstehern, die von der christlichen Obrigkeit bestätigt werden mussten. Die kollektive Solidarität der Gemeinden war traditionell groß, weil von der pünktlichen Steuerleistung an die Obrigkeit die Aufenthaltserlaubnis aller Mitglieder abhing.

Die Kehrseite der jüdischen Gemeindeautonomie war die traditionelle Ausgrenzung der Juden durch die christliche Umwelt. Juden durften keine Christen heiraten, sie besaßen kein Bürgerrecht in Städten oder Territorien, sie durften keinen zünftisch organisierten Handwerken und Gewerben nachgehen und keine öffentlichen Ämter bekleiden, und sie durften keinen Grund und Boden besitzen – kurz, sie waren von den allermeisten Erwerbsmöglichkeiten ausgeschlossen und daher seit dem Mittelalter auf Handel, Wechselgeschäfte, Geld- und Pfandleihe und ein paar andere Nischenerwerbszweige angewiesen. Auch im 18. Jahrhundert mussten sich die Juden in der Öffentlichkeit noch durch sichtbare äußere Zeichen wie einen gelben Ring an Mantel oder Hut als Außenseiter zu erkennen geben.

Seit dem 17. Jahrhundert war eine Entwicklung in Gang gekommen, die die Judenschaften in Europa immer stärker sozial polarisierte: Auf der einen Seite stieg eine kleine Gruppe reicher und hochprivilegierter jüdischer Großkaufleute, Bankiers und Hofjuden auf, auf der anderen Seite bildete sich eine stetig wachsende Menge völlig recht- und mittelloser jüdischer Unterschichten – eine Entwicklung, die die Integrationskräfte der Judengemeinden langfristig überforderte. Als Hoffaktoren, -bankiers und -lieferanten waren einzelne jüdische Familien den europäischen Monarchen für den Ausbau ihrer Staaten und den Glanz ihrer Höfe überaus wertvoll. Sie verschafften ihnen, was sonst nicht leicht zu bekommen war, wie Geld, Juwelen oder Pelze, vermittelten Subsidiengeschäfte, übernahmen inoffizielle Gesandtenfunktionen, pachteten das staatliche Münzregal usw. Dafür genossen sie eine privilegierte Stellung und wurden von den meisten Verboten, die sonst für Juden galten, ausgenommen. Ihre herausgehobene soziale Stellung blieb aber stets prekär: Da Privilegien jederzeit widerrufen, fürstliche Schulden jederzeit mit einem Federstrich annulliert werden konnten, waren sie bei allem Reichtum doch immer völlig von der Gunst der Monarchen abhängig und wurden gerade deshalb von diesen als zuverlässige Werkzeuge hoch geschätzt. Bis weit ins 18. Jahrhundert hinein blieben die Hofjuden trotz ihrer sozialen und rechtlichen Sonderstellung mit ihren Gemeinden oft eng verbunden und vermittelten zwischen ihnen und der christlichen Obrigkeit. Erst gegen Ende des 18. Jahrhunderts wurden Übertritte zum Christentum häufiger und kulturelle Assimilierungsbestrebungen stärker.

Auf der anderen Seite verschärfte sich das soziale Elend der großen Masse der jüdischen Bevölkerung in Europa immer mehr. Da die meisten Obrigkeiten nur den finanziell leistungsfähigen Juden gegen hohe Abgaben Aufenthalt

(»Geleit«) und Gewerbe in ihrem Land gewährten und die Bedingungen dafür stetig höher schraubten, blieb einer immer größeren Zahl von Familien, die diese Bedingungen nicht erfüllten, weder Lebensgrundlage noch Aufenthaltsrecht. Die notwendige Folge war, dass immer mehr Juden aus dem Gemeindeleben herausgerissen wurden und als heimatlose Bettler und Vaganten im Zustand permanenter Illegalität lebten. Insgesamt liefen beide Entwicklungen – sowohl die Assimilation der jüdischen Oberschichten als auch die Verelendung der Unterschichten – darauf hinaus, die traditionelle jüdische Gemeindeorganisation auszuhöhlen.

Die Haltung der Aufklärung gegenüber den Juden war keineswegs einheitlich und eindeutig. Viele Aufklärer teilten die alten antisemitischen Stereotype der Bevölkerung; sie hatten überdies besonders wenig Sympathie für die rituelle Strenge der jüdischen Religionsgesetze (vgl. Kap. 4) und verurteilten die jiddische Sprache als ungebildetes Kauderwelsch. Auch unter Aufklärern galten die Juden als »sittlich verderbt«, habgierig und betrügerisch. Aber während die christliche Tradition den Juden als »Christusmördern« eine unabänderliche heilsgeschichtliche Sonderrolle zugewiesen hatte, fing man jetzt an, ihre »Verdorbenheit« auf ihre rechtliche Lage und ihre niedrigen und verachteten Tätigkeiten zurückzuführen – Umstände also, die man verändern konnte. Mit dem charakteristischen volkspädagogischen Eifer der Aufklärung wollte man nun auch die Juden vor allem »bessern« und erziehen.

Die Toleranz- und Bürgerrechtsforderungen der Aufklärung schlossen auch die Juden nicht aus. Vor allem in England, wo sie von der allgemeinen Toleranzgesetzgebung ebenso profitierten wie christliche Dissenters, gestaltete sich ihre Lage wesentlich günstiger als auf dem Kontinent. Sie genossen dort Freiheit der Berufswahl und des Wohnsitzes und lebten nicht in so strenger Abgrenzung von der christlichen Umwelt, pflegten aber auch keine so große Gemeindeautonomie. Im Jahr 1753 wurde vom Parlament sogar ein Gesetz verabschiedet, das allen Juden die Möglichkeit eröffnete, nach drei Jahren Aufenthalt in England das volle Bürgerrecht zu beantragen (*Naturalization Bill*). Dieses in ganz Europa beispiellose Gesetz löste allerdings in der Öffentlichkeit quer durch alle Stände einen unerhörten Aufruhr aus und musste wieder aufgehoben werden.

Es dauerte eine ganze Weile, bis auf dem Kontinent ebenso weitreichende rechtliche Gleichstellungsforderungen erhoben wurden – auch hier aus dem Kreis der aufgeklärten bürokratischen Elite. Der preußische Regierungsbeamte Christian Wilhelm Dohm, der in der Berliner »Mittwochsgesellschaft« mit Moses Mendelssohn verkehrte, prangerte in der Schrift *Über die bürgerliche Verbesserung der Juden* 1781 zum ersten Mal offen das jahrhundertealte christliche Unrecht gegenüber den Juden an, forderte ihre Gleichberechtigung und löste damit eine europaweite Debatte aus. In der Schrift, die noch heute als »Bibel der Judenemanzipation« gilt, widerlegte er im Geist der aufklärerischen Vorurteilskritik die gängigen antisemitischen Stereotype und führte sie auf ihre historischen Ursachen zurück. Anschließend formulierte er sein Reformprogramm, das gleichermaßen die Glückseligkeit der Juden selbst wie die Wohlfahrt des ganzen Staates im Auge hatte: Sie sollten die gleichen Rechte genießen wie alle Untertanen; sie sollten ihre Religion frei ausüben können und uneingeschränkten Zugang zu allen Berufen, Handwerken, Gewerben, Künsten, Wissenschaften und besonders zur Landwirtschaft erhalten. Nur den Handel, die Grundlage ihres gegenwärtigen verachteten Zustands, sollte man ihnen eher erschweren. Schließlich forderte Dohm zugleich ausdrücklich, dass die jüdische Gemeindeautonomie erhalten bleiben solle (vgl. Quelle 29).

Dohms ganze Schrift war um ein angemessenes theologisches und historisches Verständnis des Judentums selbst bemüht und nicht nur vom Geist der Staatsräson inspiriert.

Sie erfuhr heftigen Widerspruch ebenso wie große Zustimmung. Allerdings wurde nirgends in Europa sein Programm vollständig realisiert. Die schon ein Jahr später einsetzende Judenpolitik Josephs II. hob zwar Berufs- und Wohnbeschränkungen auf und suchte die Juden vor allem zu Landwirtschaft und Handwerk zu ermuntern, behielt aber das Schutzgeldprinzip bei. Andere Obrigkeiten folgten mit ähnlichen Reformansätzen, die vor allem auf die Erziehung der Juden zu nützlichen Untertanen – Bauern und Handwerkern – zielten und damit nicht selten auf deren Widerstand trafen. Die Französische Revolution machte die Juden zwar 1791 mit einem Federstrich zu französischen Bürgern mit allen Rechten und Pflichten. Das bedeutete aber zugleich, dass sie auch ihren korporativen Sonderstatus verloren und ihre religiös-kulturelle Identität nicht mehr durch eigene Gerichtsbarkeit und Selbstverwaltung aufrechterhalten konnten, wie Dohm es noch gefordert hatte.

Insgesamt stellt sich also die Wirkung der Aufklärung für die Juden in Europa durchaus ambivalent dar. Die Ausgrenzung durch die feindliche christliche Außenwelt hatte ihre Abschließung nach innen gefördert und strenges Traditionsbewusstsein, hohes Zusammengehörigkeitsgefühl und die Wahrung der kulturellen Identität über Jahrhunderte hinweg ermöglicht. Der soziale Aufstieg einer schmalen jüdischen Elite, ihre Teilhabe an den Medien und Kommunikationsformen der Öffentlichkeit hatten hingegen intellektuellen Austausch zwischen Juden und Christen eröffnet, die jüdische Bildungselite selbst zur Aufklärung beitragen lassen (vgl. Kap. 4) und den Gedanken an eine völlige rechtliche Gleichstellung angebahnt. Als es zur Gleichberechtigung dann tatsächlich kam, stellte sich aber heraus, dass sie nur um den Preis der jüdischen Autonomie zu haben war. Die Struktur der jüdischen Gemeinden entsprach den Rechtsverhältnissen der alten ständisch-korporativen Gesellschaft; in der modernen Staatsbürgergesellschaft verstieß die Gemeindeautonomie als jüdischer »Staat im Staat«

seinerseits wiederum gegen das Prinzip der bürgerlichen
Gleichheit und wurde nicht mehr toleriert. Die jüdische Religion sollte wie jede andere nur mehr reine Privatangele-
genheit ihrer Anhänger sein und konnte damit keinen
rechtlichen Autonomiestatus mehr rechtfertigen. Das aber
musste letztlich die traditionelle jüdische Identität im Kern
bedrohen.

Die Sklaven

»Sklaverei« war im späten 18. Jahrhundert der Inbegriff all
dessen, wogegen die Aufklärer kämpften: erzwungene Unmündigkeit, Ausbeutung und Unterdrückung. Der Begriff
stand nicht nur für den Handel mit afrikanischen Sklaven,
sondern für alle Formen illegitimer Herrschaft – auch und
vor allem in Europa selbst. Dass Menschen Eigentum an der
Person anderer Menschen hatten, erschien mit den Grundsätzen allgemeiner, gleicher, unveräußerlicher Menschenrechte völlig unvereinbar. Das war nicht immer so.

In der europäischen Geschichte hatte persönliche Unfreiheit in verschiedenen Formen, etwa der Schuldknechtschaft
oder Leibeigenschaft, eine lange Tradition, und ebenso lang
war die Tradition ihrer Rechtfertigung. Die von Aristoteles
ausgehende antike Tradition nahm einen natürlichen We-
sensunterschied zwischen Freien und Sklaven an; Völker-
rechtler führten sie auf das Recht der Eroberung im Krieg
zurück, das dem Sieger erlaubte, die am Leben gelassenen
Gefangenen einschließlich ihrer Nachkommen zu verskla-
ven. In der christlichen Tradition erschien persönliche Unfreiheit als eine der üblen, aber unvermeidlichen Folgen des
menschlichen Sündenfalls, der Herrschaft und Knechtschaft
zur Bändigung der menschlichen Schwäche erforderlich gemacht habe.

Gegenüber den europäischen Formen der persönlichen Unfreiheit bedeutete die Plantagenwirtschaft mit afrikanischen Sklaven, auf der die florierende Weltwirtschaft des 18. Jahrhunderts unter anderem beruhte, etwas Neues. Europäische, vorwiegend britische Unternehmer kauften von Händlern und Stammesfürsten der afrikanischen Küstengebiete in großer Zahl Menschen aus dem Binnenland und setzten dafür billige Massenwaren wie Baumwollstoffe, Rum oder auch Feuerwaffen ab. Sie verschifften die Menschen nach Amerika und in die Karibik und verkauften sie den dortigen Plantagenbesitzern mit einer Profitrate von bis zu 300 %. Die Arbeitskraft dieser Sklaven war die Grundlage für den weltweiten Handel mit Waren wie Zucker, Tabak, Baumwolle, Reis und Indigo. Bei der Plantagenwirtschaft handelte es sich um eine extreme Form der Ausbeutung menschlicher Arbeitskraft, die bis zur Vernichtung der physischen Existenz ging. Die äußerst niedrige Fortpflanzungsrate der Sklaven in den Kolonien erforderte stetig neuen Nachschub und hielt den Sklavenhandel in Gang. Diese Form der Plantagenwirtschaft war allerdings langfristig extrem unwirtschaftlich, weil sie die natürlichen Ressourcen ebenso wie die menschliche Arbeitskraft vernichtete. Sobald die Preise für afrikanische Sklaven stiegen, wie es in der zweiten Jahrhunderthälfte der Fall war, wurde daher die Humanisierung ihrer Lebensbedingungen auch aus ökonomischem Kalkül sinnvoll.

Die europäischen Aufklärer standen der Sklaverei durchaus nicht von vornherein eindeutig kritisch gegenüber. Vielmehr stellte gerade die Naturrechtstheorie verschiedene Argumentationsmuster bereit, Eigentum von Menschen an anderen Menschen zu rechtfertigen. Für die Naturrechtsschule Pufendorfs und seiner Nachfolger war das kein Problem; sie vermochte jede noch so strenge Form von Knechtschaft mit der stillschweigenden vertraglichen Übereinkunft der Beteiligten zu erklären. Doch selbst Locke, dessen Naturrechtstheorie doch die Grundlage für die Forderung nach universellen und unveräußerlichen Menschenrechten legte, vermochte die Sklaverei mit seiner Lehre zu vereinbaren, indem er sie schon im fiktiven Naturzustand verankerte und damit wie jedes andere Privateigentum unantastbar machte. Locke selbst hatte in die Königliche Afrika-Kompanie investiert; es lag überhaupt nicht in seinem Horizont, an eine allgemeine Sklavenbefreiung zu denken. Sogar Benjamin Franklin, der Held der amerikanischen Unabhängigkeitsbewegung, hatte 1750 noch selbst Sklaven besessen. Während in Amerika immerhin vereinzelt von radikalen religiösen Gruppen – etwa den Quäkern – grundsätzliche Kritik am Sklavenhandel geübt wurde, gab es in Europa zunächst kaum Rechtfertigungsdruck: Die afrikanischen Sklaven waren fern, man war zunächst kaum mit ihrem Schicksal konfrontiert. Die wenigen Schwarzen, die es hier überhaupt gab, waren vor allem relativ gut gestellte Lakaien der aus den Kolonien zurückgekehrten britischen Unternehmer, die Sklavenhandel und Plantagenwirtschaft hinter sich gelassen hatten, um in England das Leben von reichen Landedelleuten zu führen.

Erst in der zweiten Jahrhunderthälfte mehrte sich die Kritik an der Sklavenwirtschaft. Dabei flossen ökonomische mit humanitären Motiven zusammen. Zum einen zeichnete sich für Wirtschaftstheoretiker wie Adam Smith und die Physiokraten bereits ab, dass die Sklaverei die unproduktivste und teuerste Form der Arbeit überhaupt war. Da man das Eigeninteresse als mächtigste Triebkraft des menschlichen Handelns entdeckt hatte, erschienen nun Produktionsverhältnisse als irrational, unter denen die Arbeiter von bloßem physischen Zwang anstatt von eigenen wirtschaftlichen Interessen angetrieben wurden. Die extreme Form der Sklaverei, wie sie in der Plantagenwirtschaft betrieben wurde, so sah man nun ein, rechnete sich auf die Dauer nicht.

Zum anderen machte sich im Laufe der zweiten Jahrhunderthälfte neben der wirtschaftlichen die sehr viel grundsätzlichere humanitäre Argumentation immer stärker geltend, dass Sklaverei ein krasser Verstoß gegen die Allgemeinheit, Gleichheit und Unveräußerlichkeit der Menschenrechte sei. Da Menschen als Menschen einander prinzipiell gleich, eben »Brüder« seien, könne nicht ein Mensch rechtmäßig Eigentum an einem anderen erwerben. Rebellionen der schwarzen Sklaven, so hielt Voltaire seinen Zeitgenossen vor, seien nicht weniger legitim als Freiheitskämpfe unterdrückter Völker in Europa. Erst jetzt wurde die Naturrechtslehre Lockes, die bisher vor allem Argumente für die Freiheitsrechte der englischen Bürger gegenüber der Krone bereitgestellt hatte, radikal universalisiert und zum Argument gegen die Sklaverei gemacht. Auch die Rechtfertigung von Knechtschaft durch einen unterstellten freiwilligen Vertrag zwischen Herr und Knecht wurde nun grundsätzlich abgelehnt. Alle Menschen, so lehrte vor allem Rousseau, seien nicht nur frei und gleich geboren, ihre Freiheit und Gleichheit seien auch absolut unveräußerlich. Verzichteten sie darauf, so verzichteten sie darauf, Menschen zu sein.

In der französischen Aufklärung diente »Sklaverei« als Metapher für Unterdrückung und Knechtschaft schlechthin. Aufklärern wie Voltaire und Rousseau ging es nicht in erster Linie um die Plantagensklaverei, sondern um die europäischen Formen illegitimer Herrschaft und persönlicher Unfreiheit. Erst in den 1770er Jahren gerieten die Lebensumstände der Schwarzen in den Kolonien tatsächlich in das Blickfeld des europäischen Publikums, nämlich durch das Erscheinen des sensationellen, in fast alle europäischen Sprachen übersetzten Werkes *Histoire des deux Indes* von Guillaume-Thomas Raynal, an dem auch Diderot anonym mitgearbeitet hatte (vgl. Quelle 30). Das in seiner endgültigen Ausgabe 10 Bände umfassende Werk war nicht nur, wie der Titel vermuten ließe, eine Geschichte Ostasiens und der Karibik, sondern eine aus zahlreichen unterschiedlichen Quellen zusammengestellte monumentale Darstel-

lung Asiens, Afrikas, Süd-, Mittel- und Nordamerikas –
eine Beschreibung alles dessen, was die Europäer dort entdeckt hatten, aber zugleich auch eine Anklageschrift gegen
alles das, was sie dort durch die koloniale Expansion ange-
richtet hatten. Die Beschreibung der amerikanischen Revolution bildete den verheißungsvollen Abschluss des Ganzen. Das Verbot durch die französische Zensur 1781 konnte
nicht verhindern, dass das enzyklopädische Werk zu einem
der meistverkauften Bücher des ganzen Jahrhunderts wurde. Die Autoren präsentierten dem europäischen Publikum
darin unter anderem eine ausführliche Beschreibung des
Elends, unter dem die schwarzen Plantagensklaven litten,
und riefen eine Welle der Empörung hervor. Die Bewegung
des Abolitionismus, also für die Abschaffung der Sklaverei,
erhielt einen großen Schub; 1788 wurde die Gesellschaft der
»Amis des Noirs« gegründet. In den Anfangsjahren der
Französischen Revolution galt Raynal – zusammen mit
Montesquieu, Voltaire, Rousseau und Mably – sogar als einer derjenigen Autoren, deren Schriften das meiste zum Re-
volutionsausbruch beigetragen hätten.

In dem sehr heterogenen Werk wird allerdings die ambi-
valente Haltung der Aufklärung zum Thema Sklaverei
deutlich. In vielen Passagen wird mit großem Pathos ganz
allgemein das Abschütteln aller Ketten beschworen und die
Befreiung von aller Unterdrückung prophezeit. Andere
Passagen beschränken sich hingegen – ganz im Sinne der
europäischen Wirtschaftsinteressen – auf die Forderung, die
Lebensbedingungen der Sklaven zu verbessern. Man solle
die Sklavenhalter wirksam kontrollieren, um despotische
»Missbräuche« abzustellen, und die Arbeitsbedingungen
der Sklaven stattdessen so einrichten, dass sie aus eigenem
Interesse zur Arbeit angereizt würden. Schwarze, deren Arbeit sich für sie selber lohne und die mit ihrem Los zufrieden seien, drohten nicht mit Flucht oder Aufstand, arbeiteten fleißiger, gründeten Familien und dienten so auch
dem Plantagenbesitzer und seinen Handelspartnern besser.

Denn dass der Handel ganz allgemein – auch der Kolonial-handel – dem menschlichen Fortschritt, dem Frieden und der Verständigung zwischen den Völkern diene, davon war man im 18. Jahrhundert weithin überzeugt.

Die Programme zur Verbesserung der Lage der Sklaven, wie sie von Raynal und anderen Aufklärern vertreten wur-den, weisen gewisse Parallelen auf zum Umgang mit dem »gemeinen Volk« in Europa selbst (vgl. Kap. 2 und 5). Auch hier war der Aufruf zur Befreiung aus der Unmündigkeit keineswegs allzu wörtlich gemeint. Das Verhältnis der Auf-klärer zur ländlichen Bevölkerung und zu den städtischen Unterschichten war meist von Befremden und Unverständ-nis, oft sogar von Verachtung geprägt. Auch engagierte Volksaufklärer vermochten meist nicht nachzuvollziehen, wieso das »Volk« seiner eigenen Aufklärung und seinem wirtschaftlichen Fortschritt so zähen Widerstand entgegen-setzte. Sie reagierten darauf mit Erziehungsbemühungen, die oft unwirksam blieben, weil sie die andersartigen Regeln und Zwänge des bäuerlichen oder unterständischen Lebens und Wirtschaftens nicht in Rechnung stellten.

Andererseits befürchteten nicht wenige Volkspädagogen auch, dass ein Zuviel an Aufklärung schaden könne, weil es Bauern, Manufakturarbeiter und Handwerker mit den Grenzen ihres Standes unzufrieden machen könne. Denje-nigen, die sich die allgemeine Volksaufklärung zum Ziel ge-setzt hatten, ging es in der Regel darum, die Menschen aus Elend, Not und Aberglauben zu befreien, nicht aber aus ih-rem angeborenen Stand. Ihre Wirtschaftsweise und damit ihre Lebensbedingungen sollten so verbessert werden, dass sie mit ihrem Los zufrieden sein konnten, denn von ihrem Fleiß hing schließlich das Wohlergehen des ganzen Gemein-wesens ab. Sehr behutsam und »verhältnismäßig« müsse man daher bei der Volksaufklärung zu Werke gehen. Die Berliner Akademie der Wissenschaften stellte dieses Grund-problem 1780 ausdrücklich zur Debatte und schrieb auf Vorschlag d'Alemberts die Preisfrage aus, ob es nicht durch-

aus nützlich sein könne, das Volk zu täuschen. Der Enzy-
klopädist d'Alembert selbst war zwar leidenschaftlich vom
Gegenteil überzeugt, aber Friedrich der Große, mit dem er
darüber korrespondierte, teilte wie viele andere Zeitgenossen diese Auffassung keineswegs. Es gebe vielmehr gewisse
nützliche Vorurteile, insbesondere religiöser Art, die dem
Volk sein grundsätzlich unabänderliches Schicksal leichter
erträglich machten. Sie durch radikale Aufklärung zu besei-
tigen sei sowohl unbarmherzig als auch für die Harmonie
des Gemeinwesens äußerst gefährlich. Die optimistischeren
Volksaufklärer hielten dagegen, dass gerade umgekehrt die
Aufklärung das Volk wohlhabend, stolz auf seine wichtige
Funktion für das Gemeinwesen und zugleich zufrieden mit
seinem Stand machen werde. Freiheit hieß auch für sie
nämlich keineswegs, sich aller Zwänge zu entledigen, sondern vielmehr, sie aus eigener Einsicht desto williger zu
tragen.

An eine tatsächlich unmittelbar bevorstehende völlige
Auflösung der ständischen Ordnung, eine völlige Egalisie-
rung der Gesellschaft, dachten bis zur Revolution nur wenige, ebenso wenig wie an eine restlose Abschaffung der
Sklaverei. Die Aufklärung war – das ist bei all ihrer Frei-
heitsrhetorik nicht zu vergessen – die Bewegung einer relativ schmalen Bildungselite, die in ihrer Mehrzahl von der
geistigen Unterlegenheit der europäischen Bauern ebenso
überzeugt war wie von der der »primitiven« Völker.

Die Frauen

Schließlich stieß das Freiheits- und Gleichheitsideal der
Aufklärung aber an eine weitere, unausgesprochene Grenze. Selbst diejenigen, die – wie Rousseau – die radikalsten

sozialen Utopien formulierten, blieben nämlich in einem Punkt von der fundamentalen natürlichen Ungleichheit der Menschen und der daraus notwendig resultierenden *rechtlichen* Ungleichheit überzeugt: der zwischen Mann und Frau nämlich.

Während in der politischen Welt des Ancien Régime, wo Herrschaft auf Geburt und Erbfolge gründete, Frauen als Gattinnen, Mütter oder Witwen Regentschaftspflichten übernehmen konnten und in manchen Ländern sogar eigene Thronfolgerechte besaßen, wurden sie in allen auf Wahlen beruhenden politischen Ordnungen von der Partizipation grundsätzlich ausgeschlossen – das galt für die alten Stadtrepubliken ebenso wie für die neuen republikanischen Verfassungen in Amerika, Frankreich und anderswo. Wenn von den gleichen Rechten aller Menschen – »rights of man«, »droits de l'homme« – die Rede war, so handelte es sich in der Tat allenfalls um die Rechte aller Männer (wenn überhaupt, volles Bürgerrecht hatten in den meisten revolutionären Verfassungen nur die wirtschaftlich selbständigen erwachsenen Männer mit einem bestimmten Einkommen). Dass Frauen in den Verfassungstexten nicht mitgemeint waren, bedurfte gar keiner ausdrücklichen Erwähnung, es verstand sich vollkommen von selbst. Frauen kam weder Freiheit der Person noch Freiheit des Eigentums noch gar ein Recht zur politischen Teilhabe zu.

Aber immerhin erkannten manche Aufklärer(innen), dass solche Forderungen in der Logik der naturrechtlichen Argumentation durchaus angelegt waren. Sie beriefen sich darauf, dass »die Vernunft kein Geschlecht habe«, was manche Rationalisten schon im 17. Jahrhundert festgestellt hatten (vgl. Kap. 6), und suchten im Zeitalter der Revolution auch für die Frauen die allgemeinen Menschen- und Bürgerrechte geltend zu machen – so Mary Wollstonecraft in England, Theodor Gottlieb von Hippel in Deutschland, Jean-Antoine de Condorcet und einige wenige Revolutionärinnen wie Olympe de Gouges in Frankreich. Obwohl Frauen aller

Stände in den verschiedenen Phasen der Revolution durchaus wesentliche Rollen spielten, setzten sich diese Forderungen letztlich nirgendwo durch – ganz im Gegenteil. Gerade die Jakobiner waren vielmehr der Familienideologie Rousseaus verpflichtet, die auf eine klare rechtliche Unterordnung der Frauen hinauslief.

An diesem Punkt zeigt sich, dass es falsch wäre, dem Zeitalter der Aufklärung einen linearen Fortschritt zu immer mehr Gleichheit und Freiheit zu bescheinigen. Vielmehr war es umgekehrt eher so, dass die zunehmende Rechtsgleichheit der Männer in der bürgerlichen Gesellschaft des 19. Jahrhunderts, die von der Revolution auf den Weg gebracht wurde, zunächst gerade mit einer desto schärferen Ausgrenzung der Frauen vom politischen Leben einherging. Erst rund hundert Jahre später formierte sich eine neue Frauenbewegung, deren Forderung nach rechtlicher Gleichstellung mehr Aussicht auf Erfolg haben sollte.

* * *

Den ungebrochenen Fortschrittsoptimismus der meisten Aufklärer teilt heute kaum mehr jemand. Längst ist allzu deutlich geworden, welche Kosten die Errungenschaften des 18. Jahrhunderts mit sich gebracht haben: der wissenschaftlich-technische Fortschritt, die weltweite Verflechtung des Marktes, der Verlust der kleinräumigen, überschaubaren Lebenswelten und so fort. Andererseits: Dasselbe Jahrhundert, in dem die Ausbeutung der Natur und der außereuropäischen Völker eine neue Qualität annahm, hat doch zugleich auch die Argumente dazu hervorgebracht, diese Entwicklungen zu kritisieren. Deshalb können sich die Opfer von Unterdrückung und Ausbeutung auch heute noch der gleichen Argumente bedienen, die man im 18. Jahrhundert erfunden hat. Bei allen Gegensätzen und Ambivalenzen des 18. Jahrhunderts – immerhin ist seither die Forderung nach allgemeinen und gleichen Rechten aller Menschen *als Menschen* in der Welt, und ein solcher Gedanke – um eine Formulierung Kants zu gebrauchen – »vergisst sich nicht mehr«. Das allein sollte Grund genug sein, sich mit diesem Jahrhundert auch heute noch aufmerksam zu beschäftigen.

Quellen

Die Texte (bzw. Übersetzungen) folgen den angegebenen
Druckvorlagen (D), dabei wurde die Orthographie der aus
älteren Vorlagen entnommenen Texte dem heutigen Gebrauch behutsam angeglichen. Zeitgenössische Übersetzungen wurden mit dem Original verglichen; wo Ergänzungen
notwendig waren, stehen diese in [eckigen Klammern]. –
Überschriften, die für den Abdruck im vorliegenden Band
neu formuliert wurden, sind mit einem Sternchen* versehen.

1

IMMANUEL KANT: Beantwortung der Frage:
Was ist Aufklärung? (1784)

*In einem Artikel der »Berlinischen Monatsschrift« war 1783
beklagt worden, dass noch niemand diese so wichtige Frage
zu beantworten versucht habe. Das provozierte zuerst Moses Mendelssohn zu einer Antwort und löste in der Folge
eine Grundsatzdebatte aus. Die klassische Antwort Kants ist
für das Verständnis des Aufklärungszeitalters bis heute prä-
gend geblieben.*

*Aufklärung ist der Ausgang des Menschen aus seiner selbst-
verschuldeten Unmündigkeit. Unmündigkeit* ist das Unver-
mögen, sich seines Verstandes ohne Leitung eines anderen
zu bedienen. *Selbstverschuldet* ist diese Unmündigkeit,
wenn die Ursache derselben nicht am Mangel des Verstandes, sondern der Entschließung und des Mutes liegt, sich
seiner ohne Leitung eines andern zu bedienen. Sapere aude!

Habe Mut, dich deines *eigenen* Verstandes zu bedienen! ist
also der Wahlspruch der Aufklärung.

Faulheit und Feigheit sind die Ursachen, warum ein so
großer Teil der Menschen, nachdem sie die Natur längst von
fremder Leitung freigesprochen (naturaliter majorennes),
dennoch gerne zeitlebens unmündig bleiben; und warum es
anderen so leicht wird, sich zu deren Vormündern aufzuwerfen. Es ist so bequem, unmündig zu sein. Habe ich ein
Buch, das für mich Verstand hat, einen Seelsorger, der für
mich Gewissen hat, einen Arzt, der für mich die Diät beurteilt u. s. w., so brauche ich mich ja nicht selbst zu bemühen. Ich habe nicht nötig zu denken, wenn ich nur bezahlen kann; andere werden das verdrießliche Geschäft schon
für mich übernehmen. Daß der bei weitem größte Teil der
Menschen (darunter das ganze schöne Geschlecht) den
Schritt zur Mündigkeit außer dem, daß er beschwerlich ist,
auch für sehr gefährlich halte: dafür sorgen schon jene Vormünder, die die Oberaufsicht über sie gütigst auf sich genommen haben. Nachdem sie ihr Hausvieh zuerst dumm
gemacht haben und sorgfältig verhüteten, daß diese ruhigen
Geschöpfe ja keinen Schritt außer dem Gängelwagen, darin
sie sie einsperreten, wagen durften, so zeigen sie ihnen
nachher die Gefahr, die ihnen drohet, wenn sie es versuchen,
allein zu gehen. Nun ist diese Gefahr zwar eben so groß
nicht, denn sie würden durch einigemal Fallen wohl endlich
gehen lernen; allein ein Beispiel von der Art macht doch
schüchtern und schreckt gemeiniglich von allen ferneren
Versuchen ab.

Es ist also für jeden einzelnen Menschen schwer, sich aus
der ihm beinahe zur Natur gewordenen Unmündigkeit herauszuarbeiten. Er hat sie sogar liebgewonnen und ist vorderhand wirklich unfähig, sich seines eigenen Verstandes zu
bedienen, weil man ihn niemals den Versuch davon machen
ließ. Satzungen und Formeln, diese mechanischen Werkzeuge eines vernünftigen Gebrauchs oder vielmehr Mißbrauchs seiner Naturgaben, sind die Fußschellen einer im-

merwährenden Unmündigkeit. Wer sie auch abwürfe, würde dennoch auch über den schmalesten Graben einen nur unsicheren Sprung tun, weil er zu dergleichen freier Bewegung nicht gewöhnt ist. Daher gibt es nur wenige, denen es gelungen ist, durch eigene Bearbeitung ihres Geistes sich aus der Unmündigkeit herauszuwickeln und dennoch einen sicheren Gang zu tun.

Daß aber ein Publikum sich selbst aufkläre, ist eher möglich; ja es ist, wenn man ihm nur Freiheit läßt, beinahe unausbleiblich. Denn da werden sich immer einige Selbstdenkende, sogar unter den eingesetzten Vormündern des großen Haufens, finden, welche, nachdem sie das Joch der Unmündigkeit selbst abgeworfen haben, den Geist einer vernünftigen Schätzung des eigenen Werts und des Berufs jedes Menschen, selbst zu denken, um sich verbreiten werden. Besonders ist hiebei: daß das Publikum, welches zuvor von ihnen unter dieses Joch gebracht worden, sie hernach selbst zwingt, darunter zu bleiben, wenn es von einigen seiner Vormünder, die selbst aller Aufklärung unfähig sind, dazu aufgewiegelt worden; so schädlich ist es, Vorurteile zu pflanzen, weil sie sich zuletzt an denen selbst rächen, die, oder deren Vorgänger, ihre Urheber gewesen sind. Daher kann ein Publikum nur langsam zur Aufklärung gelangen. Durch eine Revolution wird vielleicht wohl ein Abfall von persönlichem Despotism und gewinnsüchtiger oder herrschsüchtiger Bedrückung, aber niemals wahre Reform der Denkungsart zustande kommen; sondern neue Vorurteile werden, ebensowohl als die alten, zum Leitbande des gedankenlosen großen Haufens dienen.

Zu dieser Aufklärung aber wird nichts erfordert als *Freiheit*; und zwar die unschädlichste unter allem, was nur Freiheit heißen mag, nämlich die: von seiner Vernunft in allen Stücken *öffentlichen Gebrauch* zu machen. Nun höre ich aber von allen Seiten rufen: *räsoniert nicht!* Der Offizier sagt: räsoniert nicht, sondern exerziert! Der Finanzrat: räsoniert nicht, sondern bezahlt! Der Geistliche: räsoniert nicht, sondern glaubt! (Nur ein einziger Herr in der Welt sagt: *räsoniert*, soviel ihr wollt und worüber ihr wollt; *aber gehorcht!*) Hier ist überall Einschränkung der Freiheit. Welche Einschränkung aber ist der Aufklärung hinderlich? welche nicht, sondern ihr wohl gar beförderlich? – Ich antworte: der *öffentliche* Gebrauch seiner Vernunft muß jederzeit frei sein, und der allein kann Aufklärung unter Menschen zustande bringen; der *Privatgebrauch* derselben aber darf öfters sehr enge eingeschränkt sein, ohne doch darum den Fortschritt der Aufklärung sonderlich zu hindern. Ich verstehe aber unter dem öffentlichen Gebrauche seiner eigenen Vernunft denjenigen, den jemand *als Gelehrter* von ihr vor dem ganzen Publikum der *Leserwelt* macht. Den Privatgebrauch nenne ich denjenigen, den er in einem gewissen ihm anvertrauten *bürgerlichen Posten* oder Amte von seiner Vernunft machen darf. Nun ist zu manchen Geschäften, die in das Interesse des gemeinen Wesens laufen, ein gewisser Mechanism notwendig, vermittelst dessen einige Glieder des gemeinen Wesens sich bloß passiv verhalten müssen, um durch eine künstliche Einhelligkeit von der Regierung zu öffentlichen Zwecken gerichtet oder wenigstens von der Zerstörung dieser Zwecke abgehalten zu werden. Hier ist es nun freilich nicht erlaubt zu räsonieren; sondern man muß gehorchen. Sofern sich aber dieser Teil der Maschine zugleich als Glied eines ganzen gemeinen Wesens, ja sogar der Weltbürgergesellschaft ansieht, mithin in der Qualität eines Gelehrten, der sich an ein Publikum im eigentlichen Verstande durch Schriften wendet, kann er allerdings räsonieren, ohne daß dadurch die Geschäfte leiden, zu denen er zum Teile als passives Glied angesetzt ist. [...]

D: Kant / Erhard / Hamann / Herder / Lessing / Mendelssohn / Riem / Schiller / Wieland: Was ist Aufklärung? Thesen und Definitionen. Hrsg. von Ehrhard Bahr. Stuttgart: Reclam, 1974. (Universal-Bibliothek. 9714.) S. 9–12.

2

JEAN LE ROND D'ALEMBERT: Der Geist des
18. Jahrhunderts*   (1758)

*Der Philosoph und Mathematiker d'Alembert, führendes
Mitglied der Pariser Aufklärungszirkel und Präsident der
Académie des sciences, versucht in diesem Auszug aus seinem »Essai sur les éléments de philosophie, ou sur les princi-
pes des connaissances humaines« das Jahrhundert zu cha-
rakterisieren, in dem er lebt – ähnlich wie der Göttinger
Philosoph und Mathematiker Lichtenberg im nächstfolgen-
den Text, der gegen Ende des Jahrhunderts eine Summe der
Errungenschaften zieht.*

[...] Sobald man das Jahrhundert, in dessen Mitte wir stehen, aufmerksam betrachtet, sobald man sich die Ereignisse,
die sich vor uns abspielen, die Sitten, in denen wir leben, die
Werke, die wir hervorbringen, ja die Unterhaltungen, die
wir führen, vergegenwärtigt, so wird man ohne Mühe ge-
wahr, daß sich in allen unseren Ideen ein bemerkenswerter
Wandel vollzogen hat: ein Wandel, der durch seine Schnel-
ligkeit noch eine weit größere Umwälzung für die Zukunft
verspricht. Erst mit der Zeit wird es möglich sein, den Gegenstand dieser Umwälzung genau zu bestimmen und ihre
Natur und ihre Grenzen zu bezeichnen – und die Nachwelt
wird besser als wir ihre Mängel und ihre Vorzüge zu erkennen vermögen. Unser Zeitalter liebt es, sich vor allem das
Zeitalter der Philosophie zu nennen. In der Tat kann man,
wenn man den gegenwärtigen Zustand unserer Erkenntnis
ohne Vorurteil prüft, nicht leugnen, daß die Philosophie
unter uns bedeutende Fortschritte gemacht hat. Die Wissenschaft der Natur gewinnt von Tag zu Tag neuen Reichtum;
die Geometrie erweitert ihre Grenzen und hat ihre Fackel
in die Gebiete der Physik, die ihr am nächsten lagen, vorgetragen; das wahre System der Welt ist endlich erkannt, wei-
terentwickelt und vervollkommnet worden. Von der Erde

bis zum Saturn, von der Geschichte der Himmel bis zu der der Insekten hat die Naturwissenschaft ihr Gesicht gewandelt. Und mit ihr haben alle anderen Wissenschaften eine neue Form angenommen. Das Studium der Natur scheint freilich, für sich allein betrachtet, kalt und ruhig zu sein; es ist kaum dazu geeignet, die Leidenschaften zu erregen, vielmehr scheint die Befriedigung, die es in uns erweckt, in einem stillen, stetigen und gleichförmigen Gefühl zu bestehen. Aber die Entdeckung und der Gebrauch einer neuen Methode des Philosophierens erweckt nichtsdestoweniger durch den Enthusiasmus, der alle großen Entdeckungen begleitet, einen allgemeinen Aufschwung der Ideen. Alle diese Ursachen haben dazu beigetragen, eine lebhafte Gärung der Geister zu erzeugen. Diese Gärung, die nach allen Seiten hin wirkt, hat alles, was sich ihr darbot, mit Heftigkeit ergriffen, gleich einem Strom, der seine Dämme durchbricht. Von den Prinzipien der Wissenschaften an bis zu den Grundlagen der offenbarten Religion, von den Problemen der Metaphysik bis zu denen des Geschmacks, von der Musik bis zur Moral, von den theologischen Streitfragen bis zu den Fragen der Wirtschaft und des Handels, von der Politik bis zum Völkerrecht und zum Zivilrecht ist alles diskutiert, analysiert, aufgerührt worden. Neues Licht, das über viele Gegenstände verbreitet wurde; neue Dunkelheiten, die entstanden, waren die Frucht dieser allgemeinen Gärung der Geister: wie die Wirkung von Ebbe und Flut darin besteht, manches Neue ans Ufer zu spülen und wieder anderes von ihm loszureißen. [...]

D: Ernst Cassirer: Die Philosophie der Aufklärung. Tübingen: Mohr, 1932. S. 1–3. – Mit Genehmigung der Felix Meiner Verlag GmbH, Hamburg.

3

Georg Christoph Lichtenberg: Errungenschaften des
18. Jahrhunderts*   (1783)

Der Göttinger Professor und Hofrat Lichtenberg, als Ma-
thematiker und Experimentalphysiker ebenso renommiert
wie als satirischer Schriftsteller, legte dem gebildeten Pu-
blikum in zahlreichen Zeitschriftenaufsätzen wie diesem
die wissenschaftlichen Probleme der Zeit vor. Der Aufsatz
(»Vermischte Gedanken über die aerostatischen Maschi-
nen«), dessen Anfang hier zitiert wird, beschäftigt sich mit
dem Ballonflug, der durch die aufsehenerregende Erfindung
der Brüder Montgolfier 1783 zum Modethema wurde und
die Zeitgenossen von der Grenzenlosigkeit der menschlichen
Erfindungskraft überzeugte.

Unser achtzehntes Jahrhundert wird sich sicherlich nicht zu
schämen haben, wenn es dereinst sein Inventarium von neu
erworbnen Kenntnissen und angeschafften Sachen an das
neunzehnte übergeben wird, auch selbst wenn die Überrei-
chung morgen geschehen müßte. Wir wollen einmal einen
ganz flüchtigen Blick auf dasjenige werfen, was es seinem
Nachfolger antworten könnte, wenn es morgen von ihm gefragt würde: was hast du geliefert und was hast du Neues
gesehen? Es könnte kühn antworten: Ich habe die Gestalt
der Erde bestimmt; ich habe dem Donner Trotz bieten ge-
lehrt; ich habe den Blitz wie Champagner auf Bouteillen
gezogen; ich habe Tiere ausgefunden, die an Wunder selbst
die Fabel der Lernäischen Schlange übertreffen; Fische entdeckt, die, was der olympische Jupiter nicht konnte, die
schwächern, selbst unter dem Wasser, mit unsichtbarem
Blitz töden; ich habe durch Linné das erste brauchbare Inventarium über die Werke der Natur entwerfen lassen; ich
habe einen Kometen wiederkehren sehen, als der Urlaub
aus war, den ihm mein Halley gegeben hatte, und in meinem 89sten Jahr erwarte ich den zweiten; statt einer einzi-

gen Luft, die meine Vorfahren kannten, zähle ich dreizehn
Arten; ich habe Luft in feste Körper und feste Körper in
Luft verwandelt; ich habe Quecksilber geschmiedet; ungeheure Lasten mit Feuer gehoben; mit Wasser geschossen
wie mit Schießpulver; ich habe die Pflanzen verführt, Kinder außer der Ehe zu zeugen; Stahl mit brennendem Zun-
der wie Butter fließen gemacht; ich habe Glas unter dem
Wasser geschmolzen; das Gold von seinem Thron, den es
als schwerster Körper Jahrtausende usurpierte, herunterge-
schmissen und ein weißes Metall eingesetzt; ich habe eine
neue Art vortrefflicher Fernröhre angegeben, die selbst
Newton für unmöglich hielt; ich habe die Pole des natürlichen Magneten in einer Sekunde umgekehrt und wieder
umgekehrt; ich habe Eier ohne Henne und ohne Brütwärme
ausgebrütet. Ich habe gemacht, daß man jetzt einen Bischof
zu Rom hat so gut wie zu Hildesheim. Ich habe einer mächtigen und gefährlichen Ordens-Hydra den Kopf zertreten;
Und was ich gesehen habe? O genug. Ich habe Peter den Ersten gesehen, und Katharina und Friederich und Joseph und
Leibniz und Newton und Euler und Winckelmann und
Mengs und Harrison und Cook und Garrick. Bist du damit
zufrieden? Gut. Aber sieh noch hier ein paar Kleinigkeiten:
Hier habe ich einen neuen ungeheuren Staat, hier einen
fünften Weltteil, da einen neuen Planeten, und ein kleines
überzeugendes Beweischen, daß unsere Sonne ein Trabant
ist, und sieh hier endlich habe ich in meinem 83sten Jahr ein
Luftschiff gemacht [...].

D: G. Chr. L.: Schriften und Briefe. Hrsg. von Wolfgang Promies.
Bd. 3. München: Hanser, 1972. S. 63 f.

4

VOLTAIRE: Europa im Zeitalter Ludwigs XIV.* (1751)

*Voltaire, unbestrittenes Haupt und prominentester Wort-
führer der französischen Aufklärung, schreibt in »Le siècle*

*de Louis XIV«, diesem Hauptwerk der Aufklärungshistorie,
die französische Geschichte des 17. Jahrhunderts als Geschichte der Blüte von Kultur und Zivilisation. Im vorliegenden Auszug bringt er den Europabegriff seiner Zeit auf
den Punkt.*

Schon seit langem durfte man das christliche Europa – Rußland ausgenommen – für eine Art großer Republik ansehen,
die in mehrere teils rein monarchische, teils konstitutio-
nelle, teils aristokratische, teils demokratische Staaten zer-
fiel, welche jedoch sämtlich miteinander harmonierten,
sämtlich, wenn auch in verschiedenen Sekten zersplittert,
dieselbe religiöse Grundlage hatten und sich sämtlich zu
denselben völkerrechtlichen und politischen Grundsätzen
bekannten, die den übrigen Erdteilen noch fremd waren.
Diesen Grundsätzen nach machen die europäischen Völker
ihre Kriegsgefangenen nicht zu Sklaven, achten sie die Gesandten ihrer Feinde, gestehen sie einmütig gewissen Fürsten, wie dem Kaiser, den Königen und andern geringern
Potentaten, den Vorrang und gewisse Vorrechte zu, namentlich aber stimmen sie in der klugen Politik überein, daß sie
soviel als möglich ein Gleichgewicht an Macht unter sich erhalten, indem sie beständig, sogar mitten im Kriege, das
Mittel der Unterhandlung anwenden und eines beim andern
Gesandte oder minder ehrenwerte Spione unterhalten, die
alle Höfe von den Plänen eines einzigen in Kenntnis zu setzen, ganz Europa mit einem Schlage in Aufregung zu bringen und die Schwächern vor den Einfällen zu bewahren vermögen, zu denen der Stärkere stets bereit zu sein pflegt.

D: Voltaire: Das Zeitalter Ludwigs XIV. Dt. von Robert Habs.
   2 Bde. Leipzig: Reclam, 1887. (Universal-Bibliothek. 2271–78.)
   Bd. 1. Kap. 2. S. 25 f.

5

JEAN-JACQUES ROUSSEAU: Auszug aus dem Plan des Ewigen Friedens des Herrn Abbé de Saint-Pierre (1713/61)

Der Abbé de Saint-Pierre, ein überzeugter Rationalist, der mit Reformvorschlägen aller Art an die Öffentlichkeit trat, publizierte 1712/13 das »Projet pour rendre la paix perpétuelle en Europe«, das er bis zu seinem Tod 1743 immer wieder modifizierte. Er war nicht der erste, der einen solchen Plan entwarf, aber er stieß damit im 18. Jahrhundert auf besonders große öffentliche Resonanz – nicht zuletzt dadurch, daß Rousseau 1761 einen kurzgefaßten Auszug aus dem umfangreichen Werk verfaßte. Aus diesem »Extrait« wird hier zitiert.

[...] Geben wir doch zu, daß das Verhältnis der europäischen Mächte untereinander eigentlich ein Kriegszustand ist und daß alle Teilverträge mit irgendeiner seiner Mächte viel mehr nur zeitlich begrenzte Waffenstillstände sind als ein wirklicher Frieden, sei es, weil diese Verträge gewöhnlich keine anderen Bürgen haben als die vertragschließenden Parteien, sei es, weil die Rechte der einen wie der anderen niemals endgültig festgelegt sind, sei es, daß diese ungetilgten Rechte oder die Ansprüche, die an ihrer Stelle zwischen den Mächten entstehen, die keine Oberhoheit anerkennen, unausbleiblich Quellen für neue Kriege geben, sobald eine Veränderung der Verhältnisse den Berechtigten neue Kräfte verleiht.

Da übrigens das öffentliche Recht von Europa nicht durch allgemeine Übereinkunft eingesetzt oder anerkannt ist und da es keine allgemeingültigen Grundsätze hat und sich beständig nach Zeit und Ort verändert, ist es erfüllt von einander widersprechenden Vorschriften, die sich nicht anders regeln lassen als durch das Recht des Stärkeren. Daher beugt sich die Vernunft ohne sichere Führung in zweifelhaften Fällen stets dem persönlichen Interesse, und der Krieg wäre selbst dann unvermeidlich, wenn jeder gerecht sein wollte. Das einzige, das man mit gutem Willen tun kann, ist, Angelegenheiten dieser Art durch die Waffen entscheiden zu lassen oder sie durch zeitlich begrenzte Verträge einzuschläfern. Aber bei Gelegenheiten, die dieselben Streitigkeiten neu entfachen, kommen bald andere hinzu, die sie einschränken; kurzum, alles verwickelt und verwirrt sich so, daß niemand mehr den Dingen auf den Grund schauen kann. Gewaltsame Besitzergreifung gilt für Recht, Schwäche für Unrecht, und inmitten dieser fortgesetzten Unordnung findet sich jeder unversehens am unrechten Platz, so daß es in Europa wenige Herrscher geben würde, die nicht alles zurückerstatten müßten, was sie besitzen, wenn man zu dem festen, ursprünglichen Recht zurückkehren würde. [...]

Aus dieser Darlegung ergeben sich drei unbestreitbare Folgerungen. Erstens, daß, mit Ausnahme der Türken, zwischen allen europäischen Völkern eine zwar unvollständige, aber doch engere Verbindung besteht als in den losen und unverbindlichen Beziehungen der Menschheit. Zweitens, daß die Unvollkommenheit dieser Gemeinschaft die Lage derer, aus denen sie besteht, mehr verschlechtert, als das völlige Fehlen einer wechselseitigen Verbindung es tun könnte. Drittens, daß gerade Beziehungen, die dieser Gemeinschaft schaden, gleichzeitig ihre Vervollkommnung erleichtern können, so daß alle ihre Glieder ihr Glück dem verdanken, was gegenwärtig ihr Unglück ist, und den Kriegszustand, der zwischen ihnen herrscht, in einen ewigen Frieden verwandeln könnten.

Sehen wir nun, auf welche Weise dieses große Werk, welches der Zufall begonnen hat, durch die Vernunft vollendet werden kann und wie die auf Freiheit und Freiwilligkeit beruhende Gemeinschaft, die alle europäischen Staaten miteinander verbindet, die Kraft und Stabilität eines echten politischen Körpers gewinnen und sich so in ein wirkliches Bündnis verwandeln kann. Es ist nicht zu bezweifeln, daß eine solche Einrichtung, die diesem Zusammenschluß die Vollkommenheit verleiht, welche ihm fehlte, Mißbrauch unmöglich machen, Vorteile erweitern und alle Teile zwingen wird, sich zum gemeinsamen Wohl zusammenzuschließen. Aber dazu ist es unerläßlich, daß der Bund so allumfassend ist, daß keine größere Macht sich von ihm ausschließt; daß er einen obersten Gerichtshof besitzt, der Gesetze und Weisungen gibt, die für alle Teile verbindlich sind; daß er eine starke und zwingende Kraft besitzt, um jeden Staat dahin zu bringen, sich den gemeinsamen Beschlüssen zu fügen, sei es zur Mitwirkung, sei es zur Enthaltung; endlich, daß er so fest und dauerhaft ist, um verhindern zu können, daß sich die Mitglieder nach Belieben von ihm lossagen, sobald sie glauben, daß ihr persönliches Interesse im Gegensatz zum allgemeinen steht. Dies sind die sicheren Merkmale, an denen man erkennen wird, daß die Einrichtung eine weise, nützliche und unerschütterliche ist. Es handelt sich jetzt darum, diese Behauptung umfassender darzulegen und durch genaue Untersuchung zu erfahren, welche Wirkungen sie hervorruft und welche Mittel zu ihrer Durchführung geeignet sind und welch vernünftige Hoffnung man haben kann, sie zu verwirklichen.

Es bilden sich bei uns von Zeit zu Zeit unter dem Namen eines Kongresses gewisse Generalversammlungen, zu denen man sich feierlich aus allen Staaten Europas begibt, um von ihnen ebenso feierlich zurückzukehren; auf denen man sich versammelt, um nichts zu sagen; wo alle öffentlichen Angelegenheiten im geheimen behandelt werden, wo man gemeinsam überlegt, ob der Tisch rund oder eckig sein soll, ob der Saal mehr oder weniger Türen haben soll, ob dieser Bevollmächtigte dem Fenster den Rücken oder das Gesicht zuwenden soll oder ob jener bei einem Besuche zwei Zoll des Weges mehr oder weniger zurücklegen soll, und über tausend Fragen von gleicher Wichtigkeit, die seit drei Jahrhunderten nutzlos behandelt werden und gewiß würdig sind, die Staatsmänner unseres eigenen zu beschäftigen. Es

kann vorkommen, daß Mitglieder einer dieser Versammlungen einmal mit gesundem Menschenverstand begabt sind.
Es ist sogar nicht ausgeschlossen, daß sie aufrichtig das öffentliche Wohlergehen erstreben; und aus Gründen, die hier
später noch dargelegt werden sollen, kann man überdies annehmen, daß sie nach Überwindung ziemlicher Schwierigkeiten von ihren Herrschern die Anweisung erhalten werden, den Vertrag der Bundesakte zu unterzeichnen, die, wie
ich glaube, in den fünf folgenden Artikeln zusammengefaßt
enthalten ist:

1. Die vertragschließenden Herrscher werden untereinander einen ewigen und unwiderruflichen Bund schließen
und Bevollmächtigte ernennen, um an einem festgelegten
Ort einen ständigen Bundestag oder Kongreß zu halten, auf
dem alle Streitigkeiten der vertragschließenden Parteien auf
dem Wege des Schiedsspruchs oder des Urteils geregelt oder
beigelegt werden.

2. Man soll die Zahl der Souveräne bezeichnen, deren
Bevollmächtigte auf dem Bundestag eine Stimme erhalten
werden; wer eingeladen werden soll, dem Vertrage beizutreten, die Reihenfolge, die Zeit und die Art und Weise,
nach welcher der Vorsitz von dem einen auf den anderen in
gleichen Abständen übergehen soll; und schließlich, den un-
gefähren Anteil der Abgaben für die gemeinsamen Ausgaben und wie sie erhoben werden sollen.

3. Der Bund soll jedem seiner Mitglieder das Eigentum
und die Regierung aller Staaten, die er gegenwärtig besitzt,
verbürgen, ebenso wie die Wahl oder Erbrechtsfolge, entsprechend den Grundgesetzen eines jeden Landes, und um
mit einem Schlage die Ursache der Streitigkeiten zu beseiti-
gen, die unaufhörlich von neuem entstehen, wird man übereinkommen, den gegenwärtigen Besitz und die letzten Verträge zur Grundlage aller gegenseitigen Rechte der vertragschließenden Mächte zu machen und für immer gegenseitig
auf jeden anderen, früheren Anspruch verzichten, die alle
durch Schiedsspruch des Bundestages geregelt werden sol-

len, ohne daß es erlaubt wäre, sich mit Gewalt Genugtuung zu verschaffen oder die Waffen zu erheben, unter welchem Vorwand es auch sei.

4. Man wird die Fälle einzeln verzeichnen, in denen jeder vertragsbrüchige Verbündete mit dem Banne Europas belegt und als öffentlicher Feind geächtet werden soll, so zum Beispiel, wenn er sich weigern sollte, die Schiedssprüche der großen Allianz anzuerkennen, wenn er Vorbereitungen zum Kriege träfe und über Verträge verhandelte, die sich gegen den Bund richten, oder zu den Waffen griffe, ihnen Widerstand zu leisten oder irgendeinen der Verbündeten anzugreifen.

Man wird in dem gleichen Artikel übereinkommen, daß man gegen einen im europäischen Bann befindlichen Staat gemeinsam und auf allgemeine Kosten rüsten und offensiv vorgehen wird, bis er die Waffen niederlegt, die Schiedssprüche und Weisungen der Bundesversammlung ausgeführt, die Ungerechtigkeiten wieder gutgemacht, die Kosten zurückerstattet und selbst für die vertragswidrigen Kriegsvorbereitungen Genugtuung geleistet hat.

Endlich 5. Die Abgeordneten des europäischen Bundes werden stets ermächtigt sein, auf dem Bundestag gemäß den Anweisungen ihrer Höfe die Regelungen zu treffen, die sie für wichtig halten, um der europäischen Republik und jedem ihrer Mitglieder alle nur möglichen Vorteile zu verschaffen; und zwar mit Stimmenmehrheit im vorläufigen Urteil und fünf Jahre später mit drei Vierteln der Stimmen bei der endgültigen Urteilsfällung. An diesen fünf Grundartikeln jedoch wird man nur mit gemeinsamer Zustimmung aller Verbündeten etwas ändern dürfen. [...]

D: Kurt von Raumer: Ewiger Friede. Friedensrufe und Friedenspläne seit der Renaissance. Freiburg i. Br. / München: Alber, 1953. S. 348 f., 353–355. [Übers. von Gertrud von Raumer.] – Mit Genehmigung der Verlag Karl Alber GmbH, Freiburg i. Br.

6

ULRICH BRÄKER: Meine Hungerjahre* (1789)

*Der Schweizer Kleinbauer, Salpetersieder und Garnhändler
Bräker war einer der ganz wenigen Leute aus dem »gemeinen Volk«, die an der Schriftkultur der Aufklärung teilhatten. Er war Mitglied einer Lesegesellschaft und Verfasser
mehrerer autobiographischer Zeugnisse, die zum Teil schon
zu seinen Lebzeiten veröffentlicht wurden. Der Auszug aus
seiner »Lebensgeschichte und Natürliche Ebenteuer des Armen Mannes im Tockenburg« vermittelt einen Eindruck davon, was die große Hungersnot der 1770er Jahre im Alltag
bedeutete.*

Mein erstes Hungerjahr
(1770)

Während diesem meinem neuen Planmachen und Projekte-
schmieden rückten die heißhungrigen siebenziger Jahre
heran, und das erste brach ein, ganz unerwartet wie ein
Dieb in der Nacht, da jedermann auf ganz andre Zeiten hoff-
te. Freilich gab's seit dem Jahre 1760 in unsern Gegenden
kein recht volles Jahr mehr. Die Jahre 68 und 69 fehlten gar
und gänzlich, hatten nasse Sommer, kalte und lange Winter,
großen Schnee, so daß viel Frucht darunter verfaulte und
man im Frühling aufs neue pflugen mußte. Das mögen nun
politische Kornjuden wohl gemerkt und der nachfolgenden
Teurung vollends den Schwung gegeben haben. Dies konnte
man daraus schließen, daß ums Geld immer Brot genug
vorhanden war; aber eben jenes fehlte, und zwar nicht bloß
bei dem Armen, sondern auch bei dem Mittelmann. Also
war diese Epoche für Händler, Becken und Müller eine göl-
dene Zeit, wo sich viele eigentlich bereicherten oder wenigstens ein Hübsches auf die Seite schaffen konnten. Hinwie-
der fiel der Baumwollengewerb fast gänzlich ins Kot, und

aller diesfällige Verdienst war äußerst klein, so daß man freilich Arbeiter genug ums bloße Essen haben konnte. Ohne dies wäre der Preis der Lebensmittel noch viel höher gestiegen und hätte die teure Zeit wohl bald gar kein End' genommen. [...]

Und abermals zwei Jahre! (1771 und 1772)

Nun brach der große Winter ein, der schauervollste, den ich erlebt habe. Ich hatte itzt fünf Kinder und keinen Verdienst, ein bißchen Gespunst ausgenommen. Bei meinem Händelchen büßt' ich von Woche zu Woche immer mehr ein. Ich hatte ziemlich viel vorrätig Garn, das ich in hohem Preis eingekauft und an dem ich verlieren mußte, ich mocht' es nun wieder roh verkaufen oder zu Tüchern machen. Doch tat ich das letztre und hielt mit dem Losschlagen derselben zurücke, mich immer meines Weidspruchs getröstend: »Es wird schon besser werden!« Aber es ward immer schlimmer den ganzen Winter durch. Inzwischen dacht' ich so: »Dein kleiner Gewerb hat dich bisher genährt, wenn du damit gleich nichts beiseite legen konntest. Du magst und kannst's also nicht aufgeben. Tätest du's, müßtest du gleich deine Schulden bezahlen, und das wär' dir itzt pur unmöglich.« Auch in andern Punkten ging's mir nicht besser. Mein kleiner Vorrat von Erdapfeln und anderm Gemüs' aus meinem Gärtchen, was mir die Diebe übriggelassen, war aufgezehrt; ich mußte mich also Tag für Tag aus der Mühle verproviantieren; das kostete mich am End' der Woche eine hübsche Handvoll Münze, nur vor Rotmehl[1] und Rauchbrot[2]. Dennoch war ich noch immer guter Hoffnung, hatte auch nicht e i n e s chlaflose Nacht und sagte alleweil: »Der

---

1 Mehl, mit Kleie vermengt.   2 Schwarzbrot

Himmel wird schon sorgen und noch alles zum besten lenken!« »Ja!« rispostierte dann meine Jöbin[1]: »Wie du's verdient; ich bin unschuldig. Hättst du die gute Zeit in Obacht genommen, du Schlingel! und deine Hände mehr in den Teig gesteckt als deine Nase in die Bücher.« – »Sie hat recht!« dacht' ich dann; »aber der Himmel wird doch sorgen« – und schwieg. Freilich konnt' ich meine schuldlosen Kinder unmöglich Hunger leiden sehn, solang ich noch Kredit fand. Die Not stieg um diese Zeit so hoch, daß viele eigentlich blutarme[2] Leute kaum den Frühling erwarten mochten, wo sie Wurzeln und Kräuter finden konnten. Auch ich kochte allerhand dergleichen und hätte meine jungen Vögel noch immer lieber mit frischem Laub genährt, als es einem meiner erbarmungswürdigen Landsmänner nachgemacht, dem ich mit eignen Augen zusah, wie er mit seinen Kindern von einem verreckten Pferd einen ganzen Sack voll Fleisch abgehackt, woran sich schon mehrere Tage Hunde und Vögel satt gefressen. Noch itzt, wenn ich des Anblicks gedenke, durchfährt Schauer und Entsetzen alle meine Glieder. [...]

D: U. Br.: Lebensgeschichte und natürliche Ebenteuer des Armen Mannes im Tockenburg. Mit einem Nachw. Hrsg. von Werner Günther. Stuttgart: Reclam, 1965. (Universal-Bibliothek. 2601.) S. 162, 164–166.

7

ADAM SMITH: Wert der Arbeitsteilung* – Aufgaben des Staates* (1776)

In dem ersten Auszug aus dem klassischen Werk der modernen Nationalökonomie und des Liberalismus »An Inquiry Into the Nature and Causes of the Wealth of Nations« geht

1 Hiob (frz. Job).   2 sehr arme

es um die ökonomischen und sozialen Auswirkungen der Arbeitsteiligkeit; im zweiten um die Beschränkung der Staatsgewalt auf die Sicherung der gesellschaftlichen Rahmenbedingungen.

Es leuchtet ohne weiteres ein, wie sehr der Einsatz geeigneter Maschinen die Arbeit erleichtert und verkürzt, so daß ich auf Beispiele verzichten kann. Ich möchte lediglich bemerken, daß es vermutlich die Arbeitsteilung war, die den Anstoß zur Erfindung solcher Maschinen gab. Jemand, der ausschließlich mit einem einzelnen Gegenstand befaßt ist, wird wahrscheinlich eher einfachere und geeignetere Methoden entdecken, um ein bestimmtes Ziel zu erreichen, als wenn seine Aufmerksamkeit auf viele Dinge gerichtet ist. Als Folge der Arbeitsteilung konzentriert sich nun jeder ganz von selbst auf einen verhältnismäßig einfachen Gegenstand, weshalb man auch erwarten kann, daß der eine oder andere bei einer bestimmten Arbeit bessere Wege herausfinden sollte, die seine Tätigkeit erleichtern, wo immer dies möglich ist. Viele Maschinen, die in ausgesprochen arbeitsteiligen Gewerben verwendet werden, sind ursprünglich von einfachen Arbeitern erfunden worden. [...]

Natürlich haben keineswegs nur Arbeiter Maschinen verbessern und weiterentwickeln helfen, die sie bedient haben. In vielen Fällen verdanken wir den technischen Fortschritt der Erfindergabe der Maschinenbauer, nachdem der Maschinenbau ein selbständiges Gewerbe geworden war. Andere Entdeckungen machten sogenannte Philosophen oder Theoretiker, deren Aufgabe es weniger ist, die Dinge zu verändern als sie zu beobachten. Sie sind auf Grund ihrer Spekulationen häufig imstande, Phänomene, die sehr verschieden sind und wenig Bezug zueinander haben, sinnvoll zu verknüpfen. Mit der Entwicklung einer Gesellschaft werden auch Wissenschaft und Forschung, wie jede andere Beschäftigung, zum Hauptberuf oder zur ausschließlichen Tätigkeit einer bestimmten Schicht von Bürgern.

Wie jede andere Beschäftigung, so spaltet sich auch die Wissenschaft in verschiedene Zweige. Auf diese Weise entstehen Spezialisten für die einzelnen Wissens- und Forschungsgebiete. Und wie in allen Berufen fördert die Arbeitsteilung auch hier die Fertigkeit und erspart Zeit. Jeder sammelt Erfahrung und wird Fachmann in seiner Disziplin, alles in allem wird mehr geleistet, und der Wissensstand wächst beträchtlich.

Und dieses ungeheure Anwachsen der Produktion in allen Gewerben, als Folge der Arbeitsteilung, führt in einem gut regierten Staat zu allgemeinem Wohlstand, der selbst in den untersten Schichten der Bevölkerung spürbar wird. Wer arbeitet, verfügt über ein Leistungspotential, das größer ist als das, welches er zum eigenen Leben benötigt, und da alle anderen in genau der gleichen Lage sind, kann er einen großen Teil der eigenen Arbeitsleistung gegen eine ebenso große Menge Güter der anderen oder, was auf das gleiche hinauskommt, gegen den Preis dieser Güter eintauschen. Er versorgt die anderen reichlich mit dem, was sie brauchen, und erhält von ihnen ebenso reichlich, was er selbst benötigt, so daß sich von selbst allgemeiner Wohlstand in allen Schichten der Bevölkerung ausbreitet.

Man braucht sich nur die Ausstattung eines ganz gewöhnlichen Handwerkers oder Tagelöhners in einem entwickelten und aufstrebenden Land anzusehen, um sofort zu erkennen, daß die Zahl derer, die an seiner Versorgung beteiligt sind, wie klein auch immer ihr Beitrag sein mag, alle Schätzungen übertrifft. So ist die Wolljacke, die der Tagelöhner trägt, so grob und derb sie auch aussehen mag, das Werk der Arbeit vieler. Der Schäfer, der Wollsortierer, der Wollkämmer oder Krempler, der Färber, der Hechler, der Spinner, der Weber, der Walker, der Zuschneider und viele andere mußten zusammenwirken, um auch nur dieses anspruchslose Produkt zuwege zu bringen. Wie viele Kaufleute und Fuhrleute waren außerdem mit dem Transport des Materials von dem einen Handwerker zum anderen beschäftigt, der häufig weit entfernt lebt! Wieviel Handel und namentlich wieviel Schiffahrt, wie viele Schiffsbauer, Seeleute, Segelmacher und Seiler mußten eingesetzt werden, damit der Färber seine verschiedenen Rohstoffe bekommt, die oft aus den entlegensten Ländern der Welt stammen! Wievielerlei Arbeiten sind außerdem nötig, um das Werkzeug für das einfachste dieser Handwerke herzustellen, von so komplizierten Maschinen wie einem Schiff, einer Walkmühle oder selbst einem Webstuhl ganz zu schweigen! Bedenken wir nur, welch vielfältige Arbeiten erforderlich sind, um ein so gewöhnliches Werkzeug wie die Schere des Schäfers anzufertigen. Der Bergmann, der Erbauer des Schmelzofens für das Erz, der Holzverkäufer, der Köhler, der die Holzkohle für die Schmelzhütte brennt, der Ziegelbrenner, der Maurer, die Arbeiter, die den Ofen bedienen, der Metallwalzer, der Grobschmied und der Feinschmied, sie alle müssen zusammenwirken, um die Schere des Schäfers zustande zu bringen. Wir könnten ähnliche Überlegungen auch für andere Kleidungsstücke und Haushaltsgeräte unseres Tagelöhners anstellen: Sein grobes Leinenhemd, das er auf dem Leib trägt, die Schuhe an seinen Füßen, das Bett, in das er sich legt und das aus vielen Teilen besteht, der Herd in der Küche, auf dem er sein Essen zubereitet; die Kohlen, die er dazu verwendet, stammen aus dem Innern der Erde und erreichen ihn vielleicht erst nach einem langen Transport mit Schiff oder Wagen. Zu denken ist auch an alle Küchengeräte, den Tisch, die Messer und Gabeln, die irdenen Teller oder das Geschirr aus Zinn, auf denen er seine Speisen aufträgt und zerteilt, ferner an alle, die mitgearbeitet haben, um sein Brot zu backen und sein Bier zu brauen. Wieviel Kenntnis und Fertigkeit waren nötig, um das Glasfenster herzustellen, das Wärme und Licht einläßt und Regen und Wind abhält und ohne das man in den nördlichen Breitengraden kaum angenehm und behaglich wohnen könnte, nicht zu vergessen die Werkzeuge, mit denen alle ausgestattet sind, die diese angenehmen Dinge des Lebens hergestellt

haben. Wenn wir uns alle diese Gegenstände vor Augen halten und bedenken, welch eine Vielfalt von Arbeit auf jeden
einzelnen von ihnen verwandt ist, wird uns bewußt, daß
ohne Mithilfe und Zusammenwirken Tausender von Menschen in einem zivilisierten Land nicht einmal der allereinfachste Mann selbst mit jenen Gütern versorgt werden
könnte, die wir gewöhnlich, fälschlicherweise, grob und anspruchslos nennen. Natürlich muß sein Besitz äußerst bescheiden und ärmlich anmuten, vergleicht man ihn mit dem
überfeinerten Luxus der Reichen. Doch sollte man bedenken, daß die Lebenshaltung eines Fürsten in Europa sich
von der eines fleißigen und genügsamen Bauern vielleicht
weniger unterscheidet, als die des letzteren von dem manches Herrschers in Afrika, der uneingeschränkt über Leben
und Freiheit von zehntausend nackten Wilden gebietet.

* * *

Gibt man daher alle Systeme der Begünstigung und Beschränkung auf, so stellt sich ganz von selbst das einsichtige
und einfache System der natürlichen Freiheit her. Solange
der einzelne nicht die Gesetze verletzt, läßt man ihm völlige
Freiheit, damit er das eigene Interesse auf seine Weise verfolgen kann und seinen Erwerbsfleiß und sein Kapital im
Wettbewerb mit jedem anderen oder einem anderen Stand
entwickeln oder einsetzen kann. Der Herrscher wird dadurch vollständig von einer Pflicht entbunden, bei deren
Ausübung er stets unzähligen Täuschungen ausgesetzt sein
muß und zu deren Erfüllung keine menschliche Weisheit
oder Kenntnis jemals ausreichen könnte, nämlich der Pflicht
oder Aufgabe, den Erwerb privater Leute zu überwachen
und ihn in Wirtschaftszweige zu lenken, die für das Land
am nützlichsten sind. Im System der natürlichen Freiheit
hat der Souverän lediglich drei Aufgaben zu erfüllen, die sicherlich von höchster Wichtigkeit sind, aber einfach und
dem normalen Verstand zugänglich: Erstens die Pflicht, das

Land gegen Gewalttätigkeit und Angriff anderer unabhängiger Staaten zu schützen, zweitens die Aufgabe, jedes Mitglied der Gesellschaft soweit wie möglich vor Ungerechtigkeit oder Unterdrückung durch einen Mitbürger in Schutz zu nehmen oder ein zuverlässiges Justizwesen einzurichten, und drittens die Pflicht, bestimmte öffentliche Anstalten und Einrichtungen zu gründen und zu unterhalten, die ein einzelner oder eine kleine Gruppe aus eigenem Interesse nicht betreiben kann, weil der Gewinn ihre Kosten niemals decken könnte, obwohl er häufig höher sein mag als die Kosten für das ganze Gemeinwesen.

D: A. S.: Der Wohlstand der Nationen. Eine Untersuchung seiner Natur und seiner Ursachen. Aus dem Engl. übertr. und mit einer Würdigung von Horst Claus Recktenwald. München: Beck, 1974. 1. Buch. Kap. 1. S. 13–15. 4. Buch. Kap. 9. S. 582. – © 1974 C. H. Beck'sche Verlagsbuchhandlung, München.

8

CARL FRIEDRICH BAHRDT: Die Schädlichkeit des Luxus* (1789)

Der umstrittene Theologe, Schriftsteller und Radikalaufklärer Bahrdt entwirft in seinem »Handbuch der Moral für den Bürgerstand«, aus dem hier zitiert wird, einen Tugendkatalog für den gebildeten bürgerlichen Mittelstand. Sparsamkeit, Fleiß und praktische Wohltätigkeit stehen dabei an erster Stelle.

[...] Das allerwichtigste, insonderheit für den Bürgerstand, ist *Vermeidung des Luxus*. Und hier ist der Ort, wo ich euch darüber etwas genauer belehren muß. *Luxus* heißt ein solcher Aufwand, der keinen der eigentlichen Zwecke des Aufwandes befördert, sondern bloß für Eitelkeit und Veränderlichkeit des Geschmacks geschieht. Nämlich, die ei-

gentlichen *Zwecke*, warum ich etwas kaufe und anschaffe,
sind doch entweder mein *wahrer Nutzen* (Unterhalt, Bequemlichkeit, Lebenserleichterung –) oder ein *reelles Vergnügen*, das ich dabei genieße.

Und nun wendet dies auf die vier Hauptartikel an, wo
der so schädliche Luxus stattzufinden pfleget, so werdet ihr
das Charakteristische desselben sehr leicht entdecken können.

a) Der erste ist die *Kost*. Was ist der Zweck eurer Speise
und Getränke? Sättigung, Lebenserhaltung, Kraftstärkung
und – das Vergnügen des Wohlgeschmacks? Wodurch werden nun wohl diese Zwecke erreicht? Durch Menge, Varia-
tion und Kostbarkeit der Speisen? Nimmermehr. Oder werdet ihr mehr satt, wenn ihr an einer Schüssel euch satt esset,
als wenn ihr von sechsen genießt? Oder bekommt ihr mehr
Kraft davon, wenn die Schüssel Essen einen Speziestaler
kostete, oder wenn ihr für einige Groschen sie erzeugtet?
Und das Vergnügen? O ihr Toren! Fragt doch den Armen,
was seine Speise würzt? Sehet doch, wie herzlich es ihm
schmeckt, wie vergnügt er ist, wenn der Hunger ihn einla-
det, und seine Kinder um ihn her fröhlich sind, und sich's
mit ihm wohlschmecken lässet? Wahrlich, eine einfache,
reinlich und kräftig zubereitete Kost, die der durch Arbeitsamkeit erweckte Hunger würzt, und zu welcher man einen
gesunden Magen und fröhliches Herz mitbringt, schafft
mehr wahres Vergnügen und Kraftstärkung, als die reichbe-
setzteste Tafel der Schlemmer, die so selten aus Hunger, und
fast immer nur aus Lüsternheit essen.

b) So ist's mit *Wohnung* und *Kleidung*. Ihr Zweck ist, neben dem Vergnügen, Schutz vor den Unfällen der Witte-
rung, des Regens, der Hitze und des Frostes etc. Und wisset
ihr, was diesen Zweck erreicht? Nichts als guter *Geschmack*,
Reinlichkeit und *Bequemlichkeit*. Menge und Pracht trägt
auch nicht das geringste dazu bei. Selbst der Zweck des *Ge-
fallens* gewinnt nichts. Denn eine Person, die an sich schön
ist, wird bloß und allein dadurch gefallen, wenn ihr Anzug
reinlich, nett, und mit Geschmack gemacht ist. Die kostba-

ren Spitzen, das Gold, die Farben u. d. helfen gar nichts, als
daß etwa eine neidische Frau Nachbarin stehen bleibt, und
sich darüber ärgert.

c) Das gilt auch von der Art, wie wir unsere *Gäste* bei
freundschaftlichen Zusammenkünften *bewirten*. Denn auch
hier wird der Zweck der Fröhlichkeit, weder durch Pracht
noch Menge der Dinge erreicht. Ich habe Freunde bei einem
einfachen Braten herzlich vergnügt, und andere bei zehn
Schüsseln gähnen gesehn.

d) Und das ist endlich auch der Fall bei euren *Ergötzlich-
keiten*. Daß der Bürger da großen Aufwand macht, in einer
Kutsche fährt, wo ihm bei seiner sitzenden Lebensart ein
Spaziergang zu Fuße dienlicher war; daß er im Wirtshause
brav aufgehen läßt, hilft ebenso wenig seiner Gesundheit,
als es die wahre Fröhlichkeit und Aufheiterung seines Ge-
müts befördert.

Warum wollet ihr also, liebe Mitbürger, so unnützen
Aufwand machen, da eure wahren Zwecke und selbst euer
Vergnügen nichts dabei gewinnen? Ich weiß wohl, was ihr
wollt. Man soll's euch *ansehen*, daß ihr *Geld habt*. Aber
warum wünscht ihr denn das? Ist denn, Geld *haben*, eine
Ehre? Gibt euch das einen wahren Wert, daß euch einige
Hufen Acker oder ein paar Häuser durch den Tod eurer
Eltern zugefallen waren? Ich denke, viel Geld haben, ist
nur dann eine Ehre, wenn man's gut und lobenswürdig *an-
wendet*.

Doch ich will eurer Eitelkeit einmal nachgeben. Ich will
euch den Wunsch verzeihen, daß man's euch ansehen möge,
daß ihr Geld habt. Aber nun laßt mich fragen, warum man's
euch denn gerade an euren *Kleidern* oder an einer Menge
aufgetragener *Eßwaren* ansehen soll, die man nicht genießen kann, ohne sich zu überladen? Warum wollt ihr euch
denn *gerade da* sehen lassen, wo der kluge Mann gar nicht
hinsieht, sondern vielmehr euch als schwache Toren bemit-
leidet, und wo nur der Narr oder der Neidische stehen
bleibt, und euch angafft.

Liebe Mitbürger, wenn euch Gott mit einigem Überfluß segnet (und denket ja, daß ihr nicht eher Überfluß habet, als bis jene ersten Ausgaben in obiger Rangordnung bestritten sind), und ihr wollet euch gern *sehen lassen*, warum laßt ihr euch denn nicht da sehen, wo kein Neid euch verfolgt, wo alle Tugendhafte euch segnen, wo ihr öffentliches Lob erntet? – bei Ausgaben für's gemeine Beste – bei Unterstützung der Armenanstalten – bei Rettung der Unglücklichen?

Ich kannte einen Bürger, der jahraus, jahrein in einem simpeln Tuchrock einherging, welcher gut gemacht und stets reinlich war, wovon aber die Elle nur einen Taler kostete, und wo kein massiver Knopf prahlte: und dessen Weib und Töchter stets nett und sauber gingen, aber keine Brabanter Spitzen, keine seidnen Kleider, keine brokatnen Mützen im Hause hatten. Dieser Bürger hörte, daß ein andrer armer Bürger seit einem halben Jahre Schulden halber im Gefängnisse saß, daß seine Familie dadurch zugrunde ging, weil nichts verdient wurde, und daß die ganze Summe, womit der arme Mann zu retten und wieder in Brod und Ruhe zu setzen war, 100 Taler betrug. Er ging ganz kalt an seinen Schrank, nahm hundert Taler, schlich sich auf's Rathaus und machte seinen Mitbürger damit los, ohne das Geld je wieder zu verlangen. – Was meinet ihr, hat der Mann sich's hier nicht *ansehen lassen*, daß er Geld hatte, und – auf eine edlere und ihm selbst genießbarere Art? Muß der Mann von diesem »*sich sehen lassen*« nicht Himmelswonne gehabt haben? – Lernet von ihm!

Nur diese vernünftige Art von Sparsamkeit und Wirtschaftlichkeit, die ich euch bisher empfohlen habe, wird euch – nach und nach zu wohlhabenden Bürgern machen – euch in den Stand setzen, die Freuden der Wohltätigkeit zu genießen – eure Kinder einst desto besser zu versorgen – wird euch die Achtung aller Rechtschaffnen, und selbst eurer Obrigkeit erwerben – wird eure Kinder durch euer Beispiel für ihre Lebenszeit belehren – und euch wahre Zufriedenheit verschaffen.

D: C. Fr. B.: Handbuch der Moral für den Bürgerstand. Halle 1789. Faks.-Neudr. Mit einer Einl. von Gernot Koneffke. Vaduz: Topos-Verlag, 1979. Tl. 2. Kap. 4. S. 202–205.

9

John Locke: Ein Brief über Toleranz   (1689)

In dieser Grundschrift des modernen Toleranzgedankens aus dem Geist der Naturrechtslehre spricht Locke der Obrigkeit sowohl das Recht als auch die Fähigkeit ab, sich um das Seelenheil ihrer Untertanen zu kümmern.

[...]   Das gemeine Wesen scheint mir eine Gesellschaft von Menschen zu sein, deren Verfassung lediglich die Befriedigung, Wahrung und Beförderung ihrer bürgerlichen Interessen bezweckt.

Bürgerliche Interessen nenne ich Leben, Freiheit, Gesundheit, Schmerzlosigkeit des Körpers und den Besitz äußerer Dinge wie Geld, Ländereien, Häuser, Einrichtungsgegenstände und dergleichen.

Es ist die Pflicht der staatlichen Obrigkeit, durch die unparteiische Ausführung von Gesetzen, die für alle gleich sind, allgemein dem ganzen Volke und jedem ihrer Untertanen im besonderen den gerechten Besitz dieser Dinge, die zu seinem Leben gehören, zu sichern. Wenn einer sich herausnehmen wollte, die Gesetze der öffentlichen Gerechtigkeit und Billigkeit zu verletzen, die für die Erhaltung dieser Dinge festgelegt sind, so muß seine Anmaßung durch die Furcht vor einer Bestrafung gehemmt sein, die ihn derjenigen bürgerlichen Interessen oder Güter beraubt oder sie vermindert, die er sonst genießen könnte und müßte. Aber man sieht, daß kein Mensch freiwillig eine Strafe duldet, die ihn irgendeines Teils seiner Güter oder gar seiner Freiheit oder seines Lebens beraubt. Daher ist die Obrigkeit mit der Kraft und Stärke aller ihrer Untertanen bewaffnet, um diejenigen zu bestrafen, die die Rechte eines andern verletzen.

Daß nun die ganze Rechtsgewalt der Obrigkeit sich nur auf diese bürgerlichen Anliegen erstreckt, und daß alle staatliche Gewalt, ihr Recht und ihre Herrschaft durch die alleinige Sorge für die Beförderung dieser Dinge gebunden und begrenzt ist, daß sie in keiner Weise auf das Heil der Seelen ausgedehnt werden kann noch darf – das scheinen mir die folgenden Betrachtungen im Überfluß zu beweisen.

Erstens, weil die Sorge für die Seelen um nichts mehr der staatlichen Obrigkeit als andern Menschen übertragen ist. Ich meine, sie ist ihr nicht übertragen von Gott, weil es nicht den Anschein hat, als hätte Gott jemals einem Menschen eine derartige Autorität über einen andern gegeben wie die, irgend jemanden zu seiner Religion zu zwingen. Auch kann eine solche Macht nicht auf die Obrigkeit durch Zustimmung des Volkes übertragen werden, weil kein Mensch die Sorge für sein eignes Heil so weit aufgeben kann, daß er es blindlings der Wahl eines anderen, sei es Fürst oder Untertan überließe, ihm vorzuschreiben, welchen Glauben oder Gottesdienst er annehmen solle. Denn niemand kann, selbst wenn er wollte, seinen Glauben dem Diktate anderer anpassen. Alles Leben und alle Macht wahrer Religion besteht in der inneren und vollkommenen Gewißheit des Urteils, und kein Glaube ist Glaube ohne Fürwahrhalten. Was immer wir für ein Bekenntnis ablegen, welchem äußeren Gottesdienste wir uns anschließen, wenn wir nicht in unserm eignen Urteil völlig darüber beruhigt sind, daß jenes wahr ist und dieser Gott wohlgefällig, so sind solches Bekenntnis und solches Tun, weit entfernt uns zu fördern, in Wahrheit große Hindernisse für unsere Seligkeit. Denn indem wir auf diese Weise, anstatt andere Sünden durch die Ausübung der Religion zu sühnen – ich meine, indem wir dem allmächtigen Gott auf diese Weise eine Verehrung darbringen, die wir als ihm mißfällig erachten, so fügen wir zur Zahl unserer andern Sünden noch die der Heuchelei und der Verachtung seiner göttlichen Majestät hinzu.

An *zweiter* Stelle kann die Sorge für die Seelen deswegen nicht der staatlichen Obrigkeit obliegen, weil deren Macht nur im äußeren Zwange liegt; aber die wahre und heilbringende Religion liegt in der inneren Gewißheit des Urteiles, ohne die nichts für Gott annehmbar sein kann. Und solcherart ist die Natur des Urteilsvermögens, daß es nicht zum Glauben von etwas mit Gewalt gezwungen werden kann. Konfiskation der Güter, Kerker, Tortur, nichts von der Art kann irgendeine Wirksamkeit für die Änderung des Urteils haben, das Menschen sich über die Dinge gebildet haben.

Man könnte sich darauf berufen, daß die Obrigkeit von Beweisgründen Gebrauch machen und dadurch die Andersgläubigen auf den Weg der Wahrheit bringen und ihnen die Seligkeit verschaffen könnte. Ich gebe es zu. Aber das ist ihr mit andern Menschen gemein. Durch Belehrung, Unterrichtung und Zurechtsetzung der Irrenden mittels der Vernunft kann sie sicherlich das tun, was jedem guten Manne wohl ansteht. Behördliche Gewalt verpflichtet sie nicht, Menschlichkeit oder Christlichkeit abzulegen; aber überzeugen ist nicht befohlen, der Druck von Gründen nicht der von Strafen. Zu letzteren hat allein die Staatsgewalt ein Recht; für das andere genügt guter Wille als Autorität. Jeder Mensch hat eine Befugnis, einen andern zu ermahnen, aufzufordern, des Irrtums zu überführen und ihn durch Vernunftgründe auf die Seite der Wahrheit zu ziehen; aber Gesetze zu geben, Gehorsam zu empfangen und mit dem Schwerte zu zwingen, kommt niemandem zu als der Obrigkeit. Und aus diesem Grunde behaupte ich, daß die Macht der Obrigkeit sich nicht auf die Festsetzung irgendwelcher Glaubensartikel oder gottesdienstlicher Formen durch den Zwang ihrer Gesetze erstreckt. Denn Gesetze haben keinerlei Kraft ohne Strafen, und Strafen sind in diesem Falle absolut ungehörig, weil sie nicht geeignet sind, im Innern Überzeugung her-

vorzubringen. Weder das Bekenntnis irgendeines Glaubens-
artikels, noch die Anpassung an irgendeine äußere gottes-
dienstliche Form kann für das Seelenheil von Nutzen sein,
wenn nicht die Wahrheit von jenem und die Gottwohlgefäl-
ligkeit von dieser innerlichst von denen geglaubt wird, die
solches bekennen und solches tun. Strafen aber sind kein
Mittel, das im Stande wäre, solchen Glauben zu bewirken.
Nur Einleuchtendes und Augenscheinliches kann einen
Wechsel in menschlichen Meinungen bewerkstelligen; und
solche Erleuchtung kann in keiner Weise vom körperlichen
Leiden oder irgendeiner andern äußeren Strafe ausgehen.

An *dritter* Stelle könnte die Sorge für menschliches Seelenheil selbst dann nicht der Obrigkeit obliegen, wenn die
Strenge der Gesetze und der Zwang von Strafen im Stande
wären, zu überzeugen und die Ansichten der Menschen zu
ändern. Denn das würde trotzdem ihrem Seelenheile ganz
und gar nicht dienen. Da es nämlich nur eine Wahrheit, nur
einen Weg zum Himmel gibt – welche Hoffnung besteht
denn, daß mehr Menschen dahin geführt würden, wenn sie
kein anderes Gesetz hätten als die Religion des Hofes, und
in die Notwendigkeit versetzt würden, das Licht ihrer eignen Vernunft aufzugeben, den Vorschriften ihres eignen
Gewissens zu widerstehen und sich blindlings zufrieden zu
geben mit dem Willen ihrer Herrscher und der Religion, die
Unwissenheit, Ehrsucht oder Aberglaube zufällig in den
Ländern festgesetzt haben, wo sie geboren sind? Bei der
Vielfalt und dem Widerspruch religiöser Meinungen, in denen die Fürsten der Welt ebenso gespalten sind wie in ihren
weltlichen Interessen, würde der enge Weg noch sehr ver-
engt werden. Ein Land allein würde im Rechte sein und die
ganze übrige Welt unter der Verpflichtung stehen, ihren
Fürsten auf den Wegen zu folgen, die zum Verderben führen. Und was die Absurdität noch steigert und dem Begriffe
einer Gottheit sehr schlecht ansteht: Menschen würden ihre
ewige Seligkeit oder Unseligkeit ihren Geburtsplätzen verdanken.

Diese Betrachtungen – um viele andere zu übergehen, auf
die man zu demselben Ende dringen könnte – scheinen mir
ausreichend, um zu schließen, daß sich alle Macht der
Staatsgewalt nur auf die bürgerlichen Interessen der Menschen bezieht, daß sie auf die Sorge für die Dinge dieser
Welt beschränkt ist und nichts mit der zukünftigen zu tun
hat. [...]

D: J. L.: Ein Brief über Toleranz. Engl./Dt. Übers., eingel. und in
Anm. erl. von Julius Ebbinghaus. Hamburg: Meiner, 1996. (Phi-
losophische Bibliothek. 289.) S. 13–19. – Mit Genehmigung der
Felix Meiner Verlag GmbH, Hamburg.

10

MATTHEW TINDAL: Christentum als Vernunftreligion*
(1730)

*In seinem einflussreichen Traktat »Christianity as old as the
creation, or the Gospel a republication of the law of nature«
versucht der anglikanische Jurist Tindal, die christliche Of-
fenbarungsreligion mit den Grundsätzen der kritischen Vernunft zu harmonisieren, indem er das Christentum auf wenige universelle moralische Grundsätze reduziert.*

Da die Wege Gottes allezeit sich selbst ähnlich sind, und
derselbe, zu einer Zeit so wohl als zu der andern, beständig
einerlei gnädige Absicht für die Menschenkinder in Ansehung ihrer ewigen Seligkeit heget: wie können wir nun
glauben, daß derselbe das ganze menschliche Geschlecht so
lange Zeiten hindurch, und den größten Teil derselben noch
bis auf den heutigen Tag, in einem höchst elenden Zustande
von lauter Zweifel und Ungewißheit wegen der Vergebung
der Sünden und folglich auch wegen der Möglichkeit, ob
auch jemand selig werden könne, sollte gelassen haben?
Wenn ein solcher Einfall, daß auch die Besten und Verstän-

digsten unter den Menschen nicht allein gänzlich, sondern auch im höchsten Grad und auf alle Weise unwissend gewesen wären (in einer Sache, welche vor allen Dingen dem menschlichen Geschlechte zu wissen am höchsten daran gelegen gewesen), nicht mit der Gütigkeit Gottes streitet: so kann ich mir nichts einbilden, welches sonst dagegen streiten sollte.

Da die Absicht Gottes, indem er den Menschen etwas von sich mitteilen wollte, ihre Glückseligkeit gewesen ist: sollte nun nicht diese Absicht denselben dazu vermocht haben, da er zu allen Zeiten auf gleiche Weise ihre Glückseligkeit suchet, daß er auch zu allen Zeiten auf gleiche Weise ihnen dieselbe mitgeteilet hätte? Da Gott beständig zum Besten seiner Geschöpfe beschäftiget ist: was könnte man wohl für eine Ursache angeben, daß derselbe nicht gleich im Anfange ihnen dasjenige sollte bekannt gemacht haben, was zu ihrem Besten dienet, sondern dieses bis auf die Zeiten *Tiberius* verschoben hätte? da doch seine Gütigkeit sich um so viel größer würde geoffenbaret haben, je eher solches geschehen wäre. Ja, es reimet sich auch im geringsten nicht mit einem unendlich geneigten Willen, daß derselbe lange Zeiten hindurch etwas verborgen halten sollte, wovon er weiß, daß es ebenso nützlich gewesen wäre, einer Sache, welche ihm mißfallen, gleich anfangs dadurch vorzukommen, als es nachgehends sein konnte, derselben Einhalt zu tun.

Und in der Tat, wenn wir nicht leugnen wollen, daß Gott zu allen Zeiten diejenige Glückseligkeit für die Menschen bestimmet habe, deren ihre Natur fähig ist: so müssen wir auch zugeben, daß derselbe zu allen Zeiten ihnen die Mittel verliehen habe, dazu zu gelangen, und dieses durch die Regeln, welche er denselben wegen ihres Verhaltens vorgeschrieben hat; und folglich müssen diese Regeln zu allen Zeiten von ihnen haben können entdecket werden. Denn, da Gott nach vernünftigen Bewegungsgründen handelt: müssen nun nicht eben diese Bewegungsgründe, welche ihn dahin gebracht, ein Stück bekannt zu machen, welches zum

Besten des menschlichen Geschlechts dienete; denselben auf
gleiche Art vermocht haben, alles bekannt zu machen, was
dahin gehöret, und dieses noch dazu auf einerlei deutliche
Weise? Und er würde nicht solches gleichsam mit Unwillen
und stückweise getan haben, hier ein Bißchen und dort ein
Bißchen: und dieses bloß gegen ein einziges geliebtes Volk,
und nur hinter dem Vorhange der Vorbilder, Allegorien,
u. s. w. Ob auch gleich derselbe zuletzt einige Dinge etwas
deutlicher geoffenbaret hat: so geschahe doch dieses nur einem geringen Teil des menschlichen Geschlechts; und der
größte Haufen von denselben ist bis auf den heutigen Tag in
einer bedauernswürdigen Unwissenheit geblieben.

D: [M. T.:] Beweis, daß das Christenthum so alt als die Welt sey,
nebst Herrn Jacob Fosters Widerlegung desselben. Beydes aus
dem Englischen übersetzt. Frankfurt a. M. / Leipzig: [o. V.],
1741. S. 689–691.

11

MELCHIOR GRIMM: Der Salon der Mlle de Lespinasse*
(1776) – Die Partei der Philosophen*   (1779)

*Der Deutsche Melchior Grimm gehörte zu dem Pariser Auf-
klärungszirkel um die Enzyklopädisten. Er belieferte einen
ausgewählten Kreis interessierter Abnehmer in den europäischen Residenzstädten mit handgeschriebenen Nachrichten
über das Pariser Gesellschaftsleben, die wichtigsten neuen
Bücher, Theateraufführungen, Kunstausstellungen, Akade-
miesitzungen usw. und trug damit wesentlich zur Ausbreitung der französischen Ideen in ganz Europa bei. Die beiden Auszüge aus seiner »Correspondance littéraire, philoso-
phique et critique« vermitteln einen Eindruck von dem
Innenleben der Pariser Aufklärungszirkel.*

Obwohl Fräulein von Lespinasse kein Buch hinterlassen
hat, wenigstens keins, das uns bekannt wäre, ist ihr Tod in
unserer Literatur ein Ereignis und darf in diesen Denkwür-
digkeiten nicht übergangen werden. Ohne Vermögen, ohne
Adel, ohne Schönheit, hatte sie es doch verstanden, in ihrem
Hause eine sehr zahlreiche, sehr verschiedenartige und sehr
anhängliche Gesellschaft zu versammeln. Der Kreis fand
sich täglich von fünf bis neun Uhr abends zusammen. Man
war sicher, dort Männern aus allen Bereichen des staatlichen
Lebens, Männern der Kirche, des Hofes und des Militärs,
dazu den hervorragendsten Ausländern und Schriftstellern
zu begegnen. Bekanntlich hatte zunächst alle Herrn d'Alemberts Name angezogen, mit dem Fräulein von Lespinasse
seit einigen Jahren zusammen wohnte, doch sie allein hatte
sie gehalten. Sie hatte sich einzig dem Fortbestand dieser
Gesellschaft gewidmet, deren Seele und Reiz sie war, und
ihr alle ihre Neigungen und persönlichen Beziehungen untergeordnet. Sie ging fast nie ins Theater oder aufs Land,
und wenn sie einmal von dieser Regel abwich, war das ein
Ereignis, wovon ganz Paris im voraus wußte. Ihre Feinde
warfen ihr höchst lächerlicherweise vor, sie habe sich in unzählige Dinge eingemischt, die sie nichts angingen, und vor
allem durch ihre Intrigen jenen philosophischen Despotismus begünstigt, den Herr d'Alembert in der Académie aus-
übt, wie ihm die Sippschaft der Frömmler vorwirft. Warum
sollten die Frauen, die in Frankreich alles bestimmen, nicht
auch über die Ehren in der Literatur entscheiden? Ist es
schwerer, jemanden zum Mitglied der Académie als zum
Minister oder Armeegeneral zu machen? Und warum soll
man der alleinstehenden Frau, die ihre Macht und ihr Ansehen nur der Gewandtheit und den Kräften ihres Geistes
verdankt, seine Bewunderung versagen?   [...]
   Alle Gerüchte, die Neid und Bosheit über Fräulein von
Lespinasse verbreitet haben, konnten dem Ruf ihres Geistes
nichts anhaben. Nie war jemand ein begabterer Gesellschaf-
ter. Sie beherrschte in höchstem Grade die so schwere und

edle Kunst, den Geist der anderen zur Geltung zu bringen, ihn scheinbar zwang- und mühelos zu beteiligen und aufzubieten. Sie verstand es, die verschiedensten, ja manchmal die gegensätzlichsten Geister miteinander auszusöhnen. Anscheinend ohne alle Mühe, nur durch ein geschickt eingeworfenes Wort hielt sie die Unterhaltung in Fluß, belebte und wechselte sie nach Belieben. Es gab nichts, das ihre Fassungskraft zu übersteigen schien, nichts, das ihr nicht gefallen und das sie den andern nicht angenehm zu machen gewußt hätte; Politik, Religion, Philosophie, Geschichten, Neuigkeiten, nichts war aus ihren Unterhaltungen verbannt, und dank ihren Gaben fand auch die kleinste Anekdote auf die natürlichste Weise von der Welt den Platz und die Beachtung, die sie verdiente. Man griff jede Neuigkeit so früh wie möglich auf. Die allgemeine Unterhaltung wurde nie schleppend, und ohne etwas zu fordern, sprach man beiseite, wenn man es für angebracht hielt; Fräulein von Lespinasses Genius aber war allgegenwärtig, und es schien, als drängte der Zauber einer unsichtbaren Macht alle Sonderinteressen unaufhörlich zu einer gemeinsamen Mitte hin.

* * *

Wichtiger und bemerkenswerter ist die Umwälzung, die sich vor einigen Jahren in der Partei der Philosophen vollzog. Man kann ihnen das Verdienst nicht absprechen, der Literatur zumindest für einige Zeit die höchste Geltung seit je verschafft zu haben. Als diese Partei, zugleich von den Priestern verfolgt und von den Mächtigen umworben, von mehreren Fürsten gefördert und von den führenden Geistern ganz Europas durch Achtung und Freundschaft öffentlich geehrt, zu ihren Häuptern die durch Genie, Gaben und Kenntnisse hervorragendsten Männer zählte und, bedeckt mit dem Ruhm Voltaires, Montesquieus, Rousseaus, das erhabenste Denkmal in Angriff nahm, das zu Ehren der

Literatur je errichtet worden ist[1], wie gewaltig war da ihr
Einfluß! Mehrere Umstände trafen zusammen und begünstigten ihren Siegeslauf. Die Regierung hatte wenig Macht,
die öffentliche Meinung dafür um so mehr. Da sich ein Teil
der Geistlichkeit bei Hofe verdächtig und verhaßt gemacht
hatte, duldete man desto lieber eine Lehre, die der Herrschaft der Priester ein Ende bereiten wollte oder sie wenigstens zwang, sich in angemessenen Grenzen zu halten;
nachdem die Obrigkeit fast alle Stände im Staate unterworfen hatte, war es ihr im stillen recht, wenn der einzige, den
sie vielleicht noch fürchten mußte, gedemütigt wurde. Man
wollte die Jesuiten vernichten. Hierfür war die Hilfe, die
man sich von der Philosophie und ihren Jüngern versprach,
nicht zu verachten. Die im »Geist der Gesetze« dargelegten
Grundsätze hatten sich in mehr als einem Kopf festgesetzt.
Bei einer unschlüssigen, schwachen Verwaltung wird der
Kastengeist stets versuchen, seine Ansprüche und Vorrechte
zu erweitern. Durch die Wörter »Patriotismus« und »Freiheit« war die ganze Obrigkeit in Wallung geraten. Die Wil-
lensträger des Herrschers[2] wären auch gern seine Richter,
die Beamten des Fürsten auch gern Vertreter und Gesetzgeber der Nation geworden. Einen Augenblick lang fielen die
Belange der Philosophie, der Jansenisten und des Parlements sozusagen zusammen. Man verbrannte zwar weiterhin die Bücher der Philosophen, konnte aber nicht umhin,
nützliche Grundsätze und Wahrheiten darin zu erkennen,
und das führte zu der seltsamen Mischung von Gunst und
Verfolgung, der sich ihre Partei immer wieder ausgesetzt
sah, die aber oft nur dazu diente, die ganze Achtung, die sie
sich erworben hatte, um so offensichtlicher zu machen.

Dank fünfzig Jahren Arbeit und Erfolg nahm der Patri-
arch der Philosophie[3] in einer Art Exil, doch überhäuft von
der Gunst des Ministers[4] die Huldigung Frankreichs und

---

1 Gemeint ist die »Enzyklopädie«.   2 Ludwig XV.   3 Gemeint ist
Voltaire.   4 Choiseul.

ganz Europas entgegen. Sozusagen zum Gegenstand eines neuen Kults geworden, verschaffte sich sein Genie aus der Zurückgezogenheit heraus Gehör bei Königen und Völkern. Die Gunst und Bewunderung der Öffentlichkeit hatten ein Tribunal für ihn errichtet, vor dem die unterdrückte Unschuld und Menschlichkeit von allen Tribunalen der Welt Gerechtigkeit heischten. Mehr als einmal ließ er Gerechtigkeit und Vernunft triumphieren, die ohne seine Hilfe erlegen wären. Die öffentliche Meinung, die stärkste Macht der Welt, gefiel sich darin, seine Urteile zu besiegeln, und Schande oder Lächerlichkeit, welch letztere vielleicht noch empfindlicher wirkt, waren die Strafe für jeden, der seine Herrschaft zu mißachten wagte. Mußte Voltaires persönlicher Ruhm nicht das hellste Licht über die ganze Partei breiten, deren Führer sich zu nennen er geruht hatte? [...]

Was dann nicht wenig dazu beitrug, das Ansehen der Partei der Philosophen weiter zu verringern, war der Verlust ihrer Haupttreffpunkte wie des Salons Fräulein von Lespinasses, Frau von Trudaines und Frau Geoffrins. Das waren Sammelplätze, Arsenale der Armee, die ihr das Schicksal binnen wenigen Monaten geraubt hat.

D: M. Gr.: Paris zündet die Lichter an. Literarische Korrespondenz. Aus dem Frz. von Herbert Kühn. Mit Einl. hrsg. von Kurt Schnelle. Erl. von Kurt Schnelle und Rolf Müller. München: Hanser, 1977. S. 378–380, 407 f., 411. – © Sammlung Dieterich Verlagsgesellschaft mbH, Leipzig 1977, 1992.

12

JAMES ANDERSON: Verfassung der Londoner Freimaurer* (1723)

»The Charges of a Free-Mason«, die Statuten der Londoner Großloge, von dem schottisch-presbyterianischen Prediger James Anderson im Jahre 1723 formuliert, wurden als »Alte

Pflichten« zum Vorbild der späteren Logengründungen auf dem Kontinent. Sie geben einen Eindruck sowohl von den moralischen Zielen als auch von den Umgangsformen der Freimaurerei.

Die Schuldigkeit und Pflichten eines
Frei-Mäurers,
aus denen alten glaubwürdigen Urkunden der
Logen über dem Meere, und derer, so sich in
Engeland, Schottland und Irland befinden,
herausgezogen, zum Gebrauch der Brüderschaften
und Logen in London.
Damit selbige bei der Aufnahme der Neuen Brüder,
oder wenn es der Meister verordnet,
gelesen werden können.

I. GOtt und die Religion betreffend.

Ein *Mäurer* ist verbunden, nach seinem Stande, dem Moral-Gesetz zu folgen; und wenn er die Kunst wohl versteht, wird er kein tummer Atheist, noch ein eitler Libertiner sein.

Und obwohl in denen alten Zeiten die *Mäurer* verbunden waren, zu der Religion eines jeden Landes, darinne sie sich aufhielten, zu bekennen; so hat man doch anitzo vor gut befunden, daß es dienlicher sein würde, sie nur dahin zu verbinden, daß sie sich zu derjenigen Religion hielten, welcher alle rechtschaffene Leute beitreten, und darinne bestehet, einem jeden frei zu stellen, denen Meinungen Beifall zu geben, die er am heilsamsten und vernünftigsten zu sein erkennet; Solche Meinungen nämlich, die einen Menschen fromm, billig, redlich und milde gegen seinen Nächsten machen, er sei wes Volkes und Glaubens er wolle.

Solchergestalt, daß durch einen so allgemeinen Grund-Satz die *Mäurerei* der Mittelpunkt zur Vereinigung der Menschen, und das einzige Mittel werden möge, eine feste und gründliche Freundschaft unter Leuten aufzurichten, die in Ansehung des Unterschieds ihrer Meinungen niemals friedlich untereinander leben können.

II. Von denen Weltlichen, Höchsten und
     Unter-Obrigkeiten.

Ein *Mäurer* ist ein friedfertiger Untertan der bürgerlichen Gewalt, an dem Ort seines Aufenthalts, und wo er arbeitet; Daher soll er sich wohl in Obacht nehmen, daß er sich in keine Zusammenrottierung, oder Verschwörung, die dem Ruhestand, und der Wohlfahrt desselben Volkes entgegen stehen sollte, einlasse; Er soll sich auch gegen die Unter-Obrigkeiten niemals halsstarrig und ungehorsam bezeigen; Denn wie die *Mäurerei* jederzeit durch Krieg, Mord, und Unfriede, viel Schmach und Not gelitten; Also haben auch die alten Könige und Prinzen oder Fürsten sich allezeit geneigt gefunden, die *Mäurer*-Arbeiter, wegen ihrer friedlichen Natur und Treue, wodurch sie alle schlimme Griffe und Streiche ihrer Widersacher abgeschlagen, und die Ehre der ganzen Brüderschaft, welche zu Friedens-Zeiten in besten Wachstum gestanden, vermehret haben, mit ihrem Schutz und Schirm aufzumuntern.

Sollte es aber wider Verhoffen geschehen, daß einer von den Brüdern sich wider den Staat empörete, soll man demselben in seiner Rebellion durchaus nicht beistehen, ob man wohl Mitleiden, als mit einem Unglückseligen haben kann; Es soll auch die treue Brüderschaft verbunden sein, ihm seinen Aufstand wider den Regenten ernstlich und nachdrücklich zu verweisen, und ihm niemals zu der versammleten Brüderschaft oder Loge einen Zutritt verstatten, damit man der Regierung keine Staats-Eifersucht und Mißtrauen erwecke, ob er sonst gleich in allen andern Fällen ganz unauflöslich verbunden bleibet.

III. Von der brüderlichen Versammlung oder Logen.

Eine Loge ist der Ort, wo die *Mäurer* sich versammlen und
arbeiten, daher wird eine solche rechtmäßig eingerichtete
Versammlung und Gesellschaft der *Mäurer* eine Loge ge-
nennet, und ein jeder Bruder muß ein Glied einer solchen
Gesellschaft sein, sich auch denen Satzungen und allgemeinen Ordnungen derselben unterwerfen.

   Die Logen sind entweder *besondere*, oder *allgemeine*,
man wird hiervon einen gründlichern Begriff erlangen,
wenn man oft dabei sich einfindet, und die Einrichtung der
allgemeinen und großen Loge, so hier beigefüget, sich bekannt machet: Vor Zeiten durfte kein *Meister* oder *Geselle*,
ohne einen starken Verweis zu erhalten, wegbleiben, sonderlich wenn er zu der Brüderschaft berufen worden war,
wenn er nicht dem *Meister* oder *Ober-Aufsehern* eine gültige Entschuldigung seines Außenbleibens anzeigen lassen.

   [Die Personen, die als Mitglieder einer Loge zugelassen
werden, müssen gute und wahrhafte Männer sein, frei geboren, und von gereiftem und verständigem Alter, keine Leibeigenen, keine Frauen, keine sittenlosen oder ehrlosen Männer, sondern von gutem Ruf.]

IV. Von Meistern, Ober-Aufsehern, Gesellen und Lehrlingen.

Alle Vorzüge unter den *Mäurern* sein einzig und allein
auf die Wichtigkeit der persönlichen vortrefflichen Verdienste und wirklichen guten Eigenschaften gegründet; Damit
die Herren des Baues wohl bedient, die Brüder nicht be-
schämt, und das königliche Werk nicht verächtlich gemacht
werde.

   Dannenhero siehet man keinesweges aufs Alter, sondern
einzig und allein auf gute Verdienste einer Person, wenn
man einen Meister oder Ober-Aufseher erwählet; allein dieses läßt sich nicht in Schriften verfassen, sondern es kann

solches ein jeder Bruder, wenn er seine Schuldigkeit beobachten wird, bei seiner eignen Brüderschaft erkundigen. Die Candidaten sollen aber wissen, daß nämlich kein Meister einen Lehrling annehmen werde, den er nicht zu etwas zu gebrauchen wissen sollte, wenigstens soll es kein gar zu junger und schöner Jüngling, jedoch auch am Leibe nicht zerstümmelt oder ungestalt sein, noch einen Leibes-Fehler an sich haben, der ihm die Kundschaft zu lernen hinderlich wäre, vielmehr soll er geschickt sein dem Herrn und seinem Meister Dienste zu tun, und so beschaffen, daß er zur Brüderschaft aufgenommen, auch mit der Zeit, und wenn er die nach des Orts Gewohnheit erforderliche Jahre ausgestanden, zum *Gesellen* angenommen werden könne:

Dergestalt, daß er auch, wenn er die behörige Eigenschaften besitzet, und von guten ehrbarn Geschlecht ist, zur Ehre eines *Ober-Aufsehers*, mit der Zeit auch *Meister* der Loge, *Groß-Ober-Aufseher*, und endlich *Groß-Meister* aller Logen nach Verdienst, gelangen könne. Es soll kein *Bruder* zum *Ober-Aufseher*-Amt gelassen werden, er habe denn seine Zeit, als Geselle, ausgehalten; desgleichen kann er auch nicht Meister werden, wenn er nicht vorher *Ober-Aufseher* gewesen, auch nicht *Groß-Ober-Aufseher*, ohne vorher *Meister* einer Loge gewesen zu sein, wie nicht weniger *Groß-Meister*, woferne er nicht, vor seiner Erwählung, wenigstens *Geselle* gewesen; Über dem muß er von vornehmen Geschlecht, und wenigstens ein guter Edelmann, oder großer Gelehrter, oder auch ein geschickter Baumeister und Künstler sein, der von ehrlichen Eltern abstammet, und dessen große und besondere Eigenschaften denen Logen nicht unbekannt sind: Damit er auch sein Amt desto besser und leichter führen möge, kann sich der *Ober-Meister* einen untergeordneten *Groß-Meister* erwählen, welcher aber *Meister* von einer besondern Loge ist, oder vormals dergleichen gewesen; Dieser kann sodann alles dasjenige tun, und verrichten, was sein Principal der *Groß-Meister* tun kann, es sei denn daß es der Principal selbst verrichte,

oder mit seiner Autorität, durch ein Schreiben, darzwischen
käme.

Diesen vornehmsten, und nach der Ordnung unter einander stehenden *Häuptern* und *Vorstehern* der alten *Loge*,
sollen alle *Brüder*, zufolge der alten *Satzungen* und *Verord-
nungen*, mit Demut, Respekt, Liebe, und möglichen Eifer
Gehorsam leisten.

V. Von der Aufführung bei der Kunst im Arbeiten.

Alle *Mäurer* sollen an Werkel-Tagen gut und fleißig arbeiten, damit sie an Fest-Tagen desto ehrbarer und rühm-
licher leben können, sie sollen auch hierbei die durch
Gesetz oder Gewohnheit des Landes geordnete Zeit beobachten.

Der geschickteste und erfahrenste *Geselle* soll zum *Meister* oder Aufseher bei dem Werke des Bau-Herrn gewäh-
let, auch von den Arbeitenden davor erkannt und genen-
net werden. Die Arbeiter sollen sich unter einander nicht
schimpfen, oder gehässige und unanständige Bei-Namen
geben; Vielmehr sollen sie sich allezeit *Brüder* oder *Gesellen*
nennen, und über dieses sowohl in- als außer der Loge sich
wohl vertragen. Der *Meister*, welcher sich vor tüchtig erkennet, mag eines Herrn Arbeit übernehmen, doch muß er sich
hierbei auf eine rechtschaffene Art verhalten, und dessen
Vermögen anwenden, als wenn es sein eigenes wäre, er soll
auch denen Gesellen und Lehrlingen nicht mehr auszahlen,
als was sie verdienen.

Der *Meister* so wohl, als die *Mäurer*, sollen, wenn sie
richtig bezahlt werden, dem Herrn redlich dienen, und das
Werk wohl zu Stande bringen, es mag nun überhaupt, oder
Tage-weise, bedungen sein; Sie sollen aber nichts überhaupt
bedingen, was sonst Tage-weise gewöhnlich ist.

Niemand soll über seines *Bruders* Wohlstand eifersüchtig
und neidisch sein, vielweniger denselben ausstechen, oder
vom Werke abdringen, wenn er es zu Ende zu bringen ge-

schickt ist; Denn es kann niemand eines andern Werk, zum Vorteil des *Herrn*, zu Stande bringen, wenn er nicht eine vollkommene Wissenschaft von dem Plan und Riß desjenigen hat, der es angefangen.

Wenn ein *Geselle* zum Aufseher eines Werks, unter einem *Meister*, bestellet wird, soll er diesem und seinem Gesellen getreu sein, das Werk in Abwesenheit des Meisters zum Vorteil des *Herrn* untersuchen; dagegen sollen ihm auch die *Brüder* gehorchen.

Alle arbeitende *Mäurer* sollen ihren Lohn friedlich, ohne Murren, und schiedlich annehmen; und ihren *Meister* sowenig als das *Werk* vor seiner Endschaft verlassen.

Der jüngste *Bruder* soll dergestalt beim *Werke* angewiesen werden, daß er die Materialien nicht etwan aus Unverstand verschütte, sondern damit die *brüderliche Liebe* erhalten, und vermehret werden möge.

Kein Handlanger soll zum rechten *Mäurer-Werk* zugelassen werden; auch sollen die *Frei-Mäurer* mit keinem andern, der nicht in der Gesellschaft ist, ohne die größte Not, arbeiten; vielweniger die Arbeiter und Mäurer, so noch nicht angenommen, dergestalt, wie etwa einen *Bruder* oder *Gesellen* unterrichten.

VI. Von der Aufführung der Mäurer bei versammleter Brüderschaft.

1.) Ihr sollet, ohne des *Meisters* Erlaubnis, keine besondere Zusammenkünfte halten, auch nicht von unanständigen Dingen sprechen, ihr sollet auch nicht dem *Meister*, noch einem *Bruder*, wenn er mit dem *Meister* redet, ins Wort fallen: Ihr sollet nicht scherzen oder spielen, wenn die *Brüderschaft* mit ernsthaften oder wichtigen Dingen beschäftiget ist, noch, unter keinerlei Vorwand, üble Reden führen und Gespräche halten; sondern ihr sollet eurem *Meister*, *Ober-Aufseher*, und *Gesellen* gehorsam sein und in allen Ehren halten. Wenn über jemanden Klage geführet

wird, soll der schuldige *Bruder* sich dem Urteil der Mit-
Glieder von der Loge, so die ordentliche Richter in diesen
Fällen sind, unterwerfen, damit sie nicht genötiget werden,
vor der großen Loge zu erscheinen, es sei denn, daß des
Herrn Werk dadurch nicht aufgehalten, oder behindert
werde, auf diesen Fall kann es angebracht werden, doch soll
es vor kein *Gesetz* in dem, was die *Mäurerei* betrifft, anzusehen sein, man müßte es denn der Loge anzeigen, daß solches die höchste Not erfordere.

2.) Wenn die Loge geendiget, und die Brüderschaft noch
nicht auseinander gegangen.

Ihr könnet lustig und mit aller Wohlanständigkeit vergnügt sein, auch miteinander nach Vermögen essen und
trinken; doch soll aller Überfluß hierbei vermieden werden:
Daher soll man einen *Bruder*, wider Willen, nicht zum über-
mäßigen Essen und Trinken zwingen, ihn auch nicht abhalten, wenn er anders wo etwas zu verrichten hat; Ihr sollet
auch nichts Anstößiges reden, oder tun, dadurch ein ange-
nehmer und lustiger Umgang gestöret werden möchte:
Denn anderer Gestalt könnte das gute Vernehmen unter
uns, und unsere Lob-würdige Unternehmungen nicht befördert werden. Dahero muß man vor Eingang in die Loge
allen Streit und Zwistigkeiten bei Seite setzen, sonderlich
die, so die Religion, oder die Verdienste eines Volks, oder
auch Regierungs-Sachen betreffen; Denn weil wir *Mäurer*
von der obangeführten uralt-Catholischen, oder allgemeinen Religion, sein wollen, so müssen wir es auch von allen
Völkern, Zungen, und Geschlechtern sein; Und wir sind
entschlossen, allen Staats-Maximen entgegen, keiner Partie
beizutreten, die der Brüderschaft nicht zum Vorteil gereichen sollte. Diese Pflicht ist allezeit wohl eingeschärft, und
genau beobachtet worden, sonderlich aber von der Zeit an
der Reformation in Engeland, und der Absonderung derer-
jenigen Völker, welche denen Meinungen der *Römischen
Gemeine* widerstanden haben.

3.) Wie sich die Brüder aufzuführen, wenn sie einander außer der Loge, und da kein Fremder dabei ist, begegnen.

Ihr sollet einer den andern auf höfliche Art, und wie ihr unterrichtet worden, begrüßen, auch euch untereinander Brüder nennen, wie nicht weniger sollet ihr, wie ihr es vor gut befindet, ohne gesehen oder gehört zu werden, einander unterrichten, keiner den andern hintergehen, oder die Achtung, so er einem *Bruder* schuldig ist, wenn er auch kein *Mäurer* mehr sein sollte, verletzen. Denn obwohl alle *Mäurer* gleich durch *Brüder* sind; so benimmt doch die *Mäurerei* der Ehre nichts, die ein Mensch einmal erhalten, vielmehr leget sie ihm deren noch mehr bei, sonderlich wenn er sich die Gewogenheit der *Brüderschaft* zuwege gebracht, die allen denenjenigen Ehre erweiset, die es verdienen, und alle unanständige Art zu vermeiden suchet.

4.) Wie sich die Brüder in Beisein fremder Personen, so nicht Mäurer sind, zu verhalten.

Gebet auf eure Reden und Gebärden wohl Achtung, damit der allerverschlagenste Fremde nicht einsehen und entdecken möge, was nicht kund getan werden soll; zu solchem Ende verändert die Unterredung bei aller Gelegenheit auf eine gute Art, und führet euch hierbei so klug auf, daß es der *löblichen Brüderschaft* zur Ehre gereichen möge.

5.) Wie sich die Brüder zu Hause und bei der Nachbarschaft aufzuführen.

Ihr werdet auf eine anständige Art, wie es einem wackern und klugen Mann gebührt, verfahren, wenn ihr insonderheit die Angelegenheiten der Loge weder jemanden aus eurer Familie, noch eurem Nachbar oder Nachbarin etc. entdecket; vielmehr aber hierbei eure eigne, und der alten *Brüderschaft* Ehre, davon man die Ursachen hier nicht anführen kann, in reifliche Betrachtung ziehen. Hiernächst werdet ihr auch eurer Gesundheit zu raten wissen, damit ihr nicht allzulange, oder allzuspät, ohne nach Hause zu gehen, versammlet bleibet, wenn zumal die geordnete Logen-Zeit verflossen sein sollte; wobei ihr euch auch vor Fressen und Saufen zu hüten habt, damit euer Hauswesen nicht verabsäumet und in Schaden gebracht, ihr aber ferner zu arbeiten unfähig gemacht werden möget.

6.) Wie sich ein Mäurer gegen einen fremden Bruder zu verhalten.

Ihr sollet euch, selbigen auszuforschen, weislich und nach derjenigen Methode, die euch eure Klugheit an die Hand geben wird, verhalten, damit euch nicht etwan ein Ungelehriger durch falsches Vorgeben hinter das Licht führen möge; vielmehr sollt ihr euch bemühen, im Stande zu sein, euch zu hüten, damit er von euren Geheimnissen nichts erfahre, und sich in seinem Unternehmen abgewiesen und betrogen zu sein erkennen möge.

Woferne ihr aber erkennen werdet, daß er wahrhaftig zur Brüderschaft gehöret, seid ihr alsdenn verbunden, demselben gebührende Hochachtung zu erweisen; und wenn er es benötiget, nach Vermögen beizustehen, allenfalls auch Mittel und Wege zu zeigen, wie ihm zu helfen sein möchte: Ihr könnet selbigen etliche Tage brauchen, oder besorgt sein, ihn unterzubringen: Doch dürfet ihr nicht über Vermögen tun, nur dahin müsset ihr bedacht sein, einem rechtschaffenen armen *Bruder* eher, als einem andern Armen in gleichen Umständen förderlich zu sein.

Schließlich sollet ihr alle diese Pflichten nebst denenjenigen, welche euch durch einen andern Weg wissend gemacht werden, fleißig beobachten; die *brüderliche Liebe*, als welche der vornehmste Grund-Stein, die Befestigung und Ehre dieser *alten Brüderschaft* ist, beständig ausüben, alle Feindschaft, Widerwillen, Zänkereien, Streitigkeiten, Verläumdungen und üble Nachreden vermeiden, auch nicht gestatten, daß andere einen rechtschaffenen Bruder auf solche Art angreifen mögen; vielmehr seid ihr verbunden, seine Ehre und guten Leumund zu verteidigen, und ihm alle guten Dienste zu leisten, so viel es ohne Gefahr eurer eignen Ehre geschehen mag; Daferne euch auch ein *Bruder* von einer andern Loge beleidigen sollte, seid ihr schuldig, solches entweder bei eurer eignen Loge, oder bei der seinigen anzugeben: Von daher könnt ihr sodann an die *große Loge*, die sich, nach löblicher Gewohnheit unserer *Vorfahren*, von allen *Völkern*, alle Viertel-Jahr versammlet, euch berufen, oder appellieren; niemals aber zu den Landes-Gesetzen eher Zuflucht nehmen, bis die Sache anders nicht ausgemacht werden könne, indessen sollet ihr die gütlichen Vorschläge und den Rat des *Meisters* und der *Gesellen* mit Geduld anhören, wenn sie euch etwan Processe mit Fremden anzufangen widerraten, oder, die ihr schon auf euch habt, auf einmal zu Ende zu bringen, bereden wollen, damit ihr euch mit mehrerm Fleiß und Fortgang auf die Verrichtungen in der Mäurerei legen könnet.

Was aber die *Meister* und *Gesellen*, welche mit Processen beschweret sein, betrifft, sollen *Meister* und *Brüder* ihre Vermittelung höflich antragen, die streitenden *Brüder* aber sich ihnen unterwerfen, und davor danken; wenn aber dieses nicht verfangen wollte, mögen die *Brüder* ihren Proceß, jedoch ohne Zorn und Bitterkeit (und nicht nach der gemeinen Weise) fortführen, dabei auch nichts reden oder tun, was die *brüderliche Liebe* vermindern, und den Lauf der Liebes-Dienste aufhalten möge; damit jedermann erkennen möge, wie süße, milde und angenehm der Einfluß der Mäurerei sei, und wie die wahren Mäurer vom Anfang der Welt gehandelt haben, und bis an das Ende derselben handeln werden.

Amen, es sei also.

D: Neues Constitutionen-Buch der Alten und Ehrwürdigen Brüderschafft der Frey-Maurer, worin die Geschichte, Pflichten, Reguln etc. derselben, auf Befehl der Grossen Loge, aus ihren alten Urkunden, glaubwürdigen Traditionen und Loge-Büchern, zum Gebrauch der Logen verfasset worden von Jacob Anderson, D. D. Aus dem Englischen übersetzt. Frankfurt a. M.: Andreä, 1741. S. 85, 88–104.

13

JOSEPH ADDISON: Programm des »Spectator«* (1711)

Die Zeitschrift »The Spectator« begründete die Gattung der
»Moral Weeklies« oder Moralischen Wochenschriften, ein
für die Frühaufklärung äußerst kennzeichnendes Medium.
Die Vorrede des Herausgebers zu Nr. 10 vom 12. März 1711
zeugt von dem ungeheuren Erfolg schon zu Beginn des Er-
scheinens (erstmals war der »Spectator« am 1. März erschie-
nen). Joseph Addison formuliert hier das Programm des
ganzen Unternehmens.

Ich höre mit vielem Vergnügen, daß diese große Stadt Tag
vor Tag nach meinen Papieren fraget, und meine Morgen-
lectionen mit einer gebührenden Ernsthaftigkeit und Aufmerksamkeit fordert. Mein Verleger erzählet mir, daß bereits dreitausend Stücke täglich ausgeteilet werden; so daß,
wenn ich zwanzig Leser zu einem jeden Blatte nehme, welches ich für eine bescheidene Rechnung ansehe, ich ungefähr
sechzigtausend Schüler in Londen und Westmünster rechnen mag, welche, wie ich hoffe, bedacht sein wollen, sich
selbst von der gedankenlosen Herde ihrer unwissenden und
unachtsamen Brüder abzusondern. Nachdem ich mir nun
selbst so viele Zuhörer verschafft habe: so will ich keine
Mühe sparen, ihre Unterweisung angenehm, und ihren
Zeitvertreib nützlich zu machen. Dieser Ursachen wegen
muß ich suchen, die Sittenlehre durch Witz zu beleben, und
den Witz mit der Sittenlehre zu vermischen; damit meine
Leser, wenns möglich ist, auf beiderlei Art ihre Nachricht in
der Betrachtung des Tages finden mögen. Und damit ihre
Tugend und ihre Vorsichtigkeit nicht sogleich vorüberge-
hen, und die Anfälle von Gedanken nachlassen mögen: so
habe ich zu dem Ende mir vorgenommen, ihr Gedächtnis
von Tage zu Tage zu erneuern, bis sie aus dem gefähr-
lichsten Zustande des Lasters und der Torheit wieder heraus
gerissen habe, worein die gegenwärtige Zeit gefallen ist. Die

Seele, welche einen einzigen Tag brach liegt, bringt Torheiten hervor, welche einzig und allein durch eine beständige und fleißige Wartung ausgerottet werden. Vom Sokrates wurde gesagt, er hätte die Philosophie vom Himmel gebracht, um unter den Menschen zu wohnen; und ich möchte wohl wünschen, daß von mir gesagt würde, ich hätte die Philosophie aus den Studierstuben u. Büchersälen, Schulen u. Collegien gebracht, damit sie in den Gesellschaften u. Versammlungen, an den Teetischen u. in Caffeehäusern wohnen möchte.

Ich wollte derowegen auf eine ganz besondere Art diese meine Betrachtungen allen wohleingerichteten Familien anpreisen, welche alle Morgen eine besondere Stunde zum Tee und zum Frühstücke aussetzen; und wollte sie ernstlich erinnern, zu ihrem Besten anzuordnen, daß dies Blatt ordentlich gebracht, und als ein Teil des Teegeräts aufgesetzet würde.

Herr *Franciscus Baco* bemerket, daß ein wohlgeschrieben Buch, in Vergleich mit seinen Mitbuhlern und Gegnern, Mosis Schlange gleich ist, welche der Ägyptier ihre ohne Verzug verschlang und auffraß. Ich will nicht so eitel sein, und denken, daß, weil der *Zuschauer* erscheint, die andern öffentlich gedruckten Sachen verschwinden werden; sondern ich will es meinen Lesern zu erwägen überlassen, ob es nicht besser ist, von sich selbst einige Kenntnis zu haben, denn zu vernehmen, was in Moscau oder Polen vorgeht; und uns selbst mit solchen Schriften zu unterhalten, welche zur Ausrottung der Unwissenheit, Leidenschaft und Vorurteile abzielen, als mit solchen, die natürlicher Weise dienen, Haß zu erregen, u. unversöhnliche Feindschaft zu machen.

Hiernächst wollte ich diese Blätter denen Herren zum täglichen Lesen anbefehlen, die ich nicht anders als meine guten Brüder u. Bundesgenossen, ansehen kann: ich meine die Brüderschaft der Zuschauer, welche in der Welt leben, ohne daß sie etwas darinnen zu tun haben; und entweder wegen des Überflusses in ihren Gütern, oder aus Trägheit in ihren Verrichtungen, nichts weiter mit den übrigen Menschen zu tun haben, als daß sie dieselben ansehen. Unter diese Classe Menschen werden begriffen, alle nachsinnende Handelsleute, Titular-Doctores, Mitglieder der königlichen Societät, Advocaten, die keine Rechtshändel haben, und Staatsleute, die außer Geschäften sind; kurz, ein jeder, der die Welt als eine Schaubühne ansieht, u. ein richtiges Urteil von denen zu fällen begehret, welche die Spieler darinnen sind. [...]

Niemanden aber werden diese Blätter nützlicher sein, als der weiblichen Welt. Ich habe oftmals gedacht, man habe sich nicht genugsame Mühe gegeben, eigentliche Verrichtungen und Ergetzungen für das schöne Geschlecht auszufinden. Ihre Zeitvertreibe scheinen für sie, viel eher insoweit sie Weiber, als insoweit sie vernünftige Geschöpfe sind, erfunden zu sein, und schicken sich mehr für das weibliche als menschliche Geschlecht. Der Nachttisch ist der große Schauplatz ihrer Geschäfte, und eine gute Einrichtung ihrer Haare die vornehmste Verrichtung ihres Lebens. Die Sortierung einer Schachtel mit Bändern wird als eine sehr gute Morgenarbeit angerechnet; und wenn sie einmal in einen Seitenladen, oder zum Galanteriehändler laufen: so machet eine so große Arbeit sie den ganzen Tag über zu allen andern Sachen untüchtig. Ihre ernstlichsten Beschäftigungen sind nähen und sticken, und ihre allermühsamste Arbeit ist die Zubereitung der Gallerten und des Zuckergebackens. Dies, sage ich, ist ordentlich der Zustand der meisten Frauenspersonen; ob ich wohl weiß, daß viele unter ihnen von einer erhabenen Lebensart und von edlerm Umgange sind; daß sie sich in einer höhern Sphäre der Wissenschaft und Tugend bewegen; daß sie alle Schönheiten der Seele zu den Zierraten des Putzes setzen, und sowohl eine Art von Furcht und Hochachtung als Liebe, ihren Beschauern einflößen. Ich hoffe, diese Anzahl durch die Herausgebung dieser täglichen Blätter zu vermehren. Daher will ich stets dahin sehen, solche zu einem unschuldigen, wo nicht erbau-

lichen Vergnügen zu machen, und dadurch wenigstens die
Gemüter meiner Leserinnen von größern Kindereien abzu-
ziehen. Zu eben der Zeit, da ich gern die letzte Hand an diejenigen legen wollte, welche bereits die schönsten Stücke
der menschlichen Natur sind, will ich mich auch bemühen,
sowohl alle Unvollkommenheiten, welche die Schandflecke,
als auch alle Tugenden, welche die Auszierungen des weiblichen Geschlechts sind, zu zeigen. Inzwischen hoffe ich, es
werden diese meine geneigten Leser, welche so viel Zeit übrig haben, nicht unwillig werden, eine Viertelstunde des Tages auf diese Blätter zu verschwenden; weil sie es ohne Ver-
hinderung in ihren Geschäften tun können.

D: Der Zuschauer. Aus dem Engländischen übersetzet. Erster
   Theil. Zweyte verbesserte Auflage. Leipzig: Breitkopf, 1750.
   S. 45–48.

14

CHRÉTIEN GUILLAUME DE LAMOIGNON DE MALESHERBES:
Das Richteramt der Öffentlichkeit* (1775)

Lamoignon de Malesherbes, ein typischer Vertreter des auf-
geklärten hohen Beamtentums, führte die staatliche Auf-
sicht über das gesamte Druckwesen in Frankreich, stand
aber selbst den von ihm kontrollierten Aufklärerzirkeln sehr
wohlwollend gegenüber. In diesem Auszug aus seiner im
Februar 1775 vor der Académie française gehaltenen Rede
bringt er den zeitgenössischen Begriff von Öffentlichkeit auf
den Punkt.

Die Öffentlichkeit bringt Gegenständen, die früher zu den
gleichgültigsten zählten, ein begieriges Interesse entgegen.
So hat sich ein Gericht gebildet – unabhängig von allen Gewalten, und doch von allen Gewalten geachtet –, das alle Talente würdigt und über alle Menschen von Verdienst sein

Urteil abgibt. Und in einem aufgeklärten Jahrhundert, einem Jahrhundert, da jeder Bürger vermittels des Buchdrucks zur gesamten Nation sprechen kann, sind diejenigen, die die Fähigkeit besitzen, die Menschen zu belehren, und die Gabe, sie zu bewegen – sind also, mit einem Wort: die Gelehrten inmitten der weit verstreuten Öffentlichkeit, was die Redner Roms und Athens inmitten der versammelten Öffentlichkeit waren. Diese Wahrheit, die ich der Versammlung der Gelehrten darlege, ist schon Magistratspersonen vorgetragen worden, und keiner hat es abgelehnt, dieses Gericht, das die Öffentlichkeit bildet, als obersten Richter über alle Richter der Erde anzuerkennen. [...]

Heute sind die Geheimnisse aller Künste enthüllt oder werden es sein. Man hat gefunden, wonach man in den vergangenen Jahrhunderten vergeblich gesucht hätte: Künstler, die fähig sind, sie niederzuschreiben, und Leser, die fähig sind, sie zu begreifen. [...]

Wir wollen gar zu behaupten wagen, daß eine glückliche Begeisterung alle Geister erfaßt hat und daß die Zeit gekommen ist, da jeder Mensch, der fähig ist zu denken, und vor allem zu schreiben, sich verpflichtet fühlt, sein Sinnen und Denken dem öffentlichen Wohl zu widmen.

D: Sources d'Histoire de la France moderne. XVIᵉ, XVIIᵉ, XVIIIᵉ siècle. Sous la dir. de Jean-François Solnon. Paris: Larousse, 1994. S. 801. – Übers. von Karl Meier.

15

WILLIAM ALEXANDER: Die Geschichte der Frauen (1779)

Unter dem Pseudonym William Alexander sammelt der Autor in seinem umfangreichen Werk »The History of Women, from the earliest antiquity to the present time; giving some account of almost every interesting particular concerning that sex, among all nations, ancient and modern« alle mög-

lichen Daten über andere Zeiten und fremde Völker, um
die Lage der Frauen dort mit denen seiner eigenen Zeit, sei-
nes Landes und seines sozialen Standes zu vergleichen. Ein
wesentliches Ergebnis dieses Vergleichs formuliert er hier.

[...]

    Daß der Unterschied zwischen beiden Geschlechtern im
Zustande der Wildheit, in Rücksicht auf körperliche Stärke
und Tätigkeit, nicht sehr groß gewesen ist, haben wir be-
merkt. Aber, so wie der Zustand des geselligen Lebens weiter rückt, wird dieser Unterschied immer größer; und in
Ländern, wo es mit der Verfeinerung am weitesten gekommen ist, ist er so augenscheinlich, daß er auch dem flüchtig-
sten Beobachter nicht entgeht. In solchen Ländern ist das
weibliche Geschlecht gewöhnlich schwach und zart; aber
diese Eigenschaften sind nur das Werk der Kunst, sonst
würden sie allgemein das weibliche Geschlecht, in welcher
Lage es auch wäre, auszeichnen. Und da dieses nun der Fall
nicht ist, so müssen wir diese Schwachheit und Zartheit der
sitzenden Lebensart, einer schlechten enthaltsamen Diät,
und der Entfernung von der frischen Luft zuschreiben. Und
nicht allein jene Wirkungen werden hierdurch hervorgebracht, ihr Einfluß reicht auch weiter, und bringt jene
Erschlaffung der weiblichen Fibern und Reizbarkeit ihrer Nerven hervor, woraus nicht allein die Hälfte ihrer
Schwachheiten, sondern auch eben so viele feine und zarte
Gefühle entstehen, um welcher willen wir das weibliche
Geschlecht schätzen und bewundern, und deren ein festerer
Körper und stärkere Nerven gänzlich unfähig sind. So para-
dox dieses auch denen scheinen mag, welche diese Materie
nicht aufmerksam erwogen haben: so machen wir uns dennoch kein Bedenken, zu behaupten, daß die Wirkungen des
Mangels an Bewegung, der eingesperrten Luft, und einer
schlechten Diät von der Art sind, daß sie nicht allein den
stärksten Körper, sondern auch den entschlossensten Geist
einer ganzen Reihe von Schwachheiten und Gefühlen unter-

werfen, die den Gefühlen und Schwachheiten des zartesten und furchtsamsten Frauenzimmers ähnlich sind. Und wenn dieses zugestanden werden muß: so können wir es als einen Grundsatz annehmen, daß dem Unterschiede in der Erziehung, und der verschiedenen Lebensart, welche die beiden Geschlechter führen, ein großer Teil des körperlichen Unterschiedes sowohl, als die Verschiedenheit ihrer Geistesfähigkeiten und ihrer Gefühle zuzuschreiben sind; und wir sind überzeugt, daß die Natur, bei Bildung des Körpers und des Geistes beider Geschlechter, so ziemlich gleich freigebig gegen beide gewesen, und daß jeder scheinbare Unterschied in der Stärke des erstern, und in der Gründlichkeit des andern mehr das Werk der Kunst, als der Natur ist.

Es ist uns bekannt, daß man es als ausgemacht ansieht, daß das männliche Geschlecht dem weiblichen, sowohl an Stärke des Geistes, als des Körpers weit überlegen ist; eine Meinung, auf welche man nur hat verfallen können, weil man nicht die, jedem Geschlecht durch den Urheber der Natur erteilten Neigungen und angewiesenen Pfade, und die, zu Befriedigung dieser Neigungen, und zu Betretung dieser Pfade gegebenen Kräfte gehörig in Erwägung gezogen hat. Das männliche Geschlecht ist mit Kühnheit und Mut ausgestattet worden; das weibliche nicht: die Ursache davon ist klar; diese Eigenschaften sind Schönheiten in dem männlichen Charakter; in dem weiblichen würden sie Mängel sein. Unser Genius treibt uns zu dem Großen und Beschwerlichen; der Genius des weiblichen Geschlechts treibt sie zu dem Sanften und Gefälligen: wir wenden unsre Gedanken auf das, wodurch das Leben bequem und anständig gemacht wird; und das Frauenzimmer sinnt darauf, es leicht und angenehm zu machen. Sollte es dem weiblichen Geschlecht schwer fallen, diejenigen Gaben zu erlangen, die uns von der Natur erteilt worden sind? uns würde es ebenso schwer werden, diejenigen Eigentümlichkeiten zu erwerben, welche die Natur ihm erteilt hat. Sind wir ihm in dem überlegen, was zum männlichen Charakter gehört? es

ist es uns in dem, was dem weiblichen Charakter zukommt.
Aber welches sind die nützlichern Gaben für das Leben: die
männlichen? oder die weiblichen? Dieses getrauen wir uns
nicht zu entscheiden; und bis dieses nicht entschieden ist,
läßt es sich nicht festsetzen, ob das männliche oder das
weibliche Geschlecht Anspruch auf die höhere Vortrefflich-
keit machen kann. Aber – um diese Idee ein wenig mehr
auszuspinnen – würde es nicht höchst lächerlich sein, die
Schnecke tadelhaft zu finden, weil sie nicht schnell ist wie
der Hase? oder das Lamm, weil es nicht so kühn ist wie der
Löwe? Würde dieses nicht von jedem eine Äußerung von
Kräften, welche die Natur nicht gegeben hat, fordern, und
ihren Wert, durch Vergleichung mit einem falschen Maß-
stabe, entscheiden heißen? Würde es nicht possierlich lau-
ten, wenn man sagen wollte, eine Mannsperson wäre nur
mit geringern Fähigkeiten begabt, weil sie nicht in Pflege
und Wartung der Kinder, und in Betreibung der verschie-
nen weiblichen Geschäfte, um derer willen wir ein Frauenzimmer liebenswürdig finden, geschickt sei? Würde es vernünftig sein, sie aus diesen Gründen herabzusetzen? Ebenso vernünftig ist es, das weibliche Geschlecht für geringer,
als das männliche zu halten, weil seine Talente, im Ganzen,
nicht zu Betretung der fürchterlichen Pfade des Krieges,
noch zur Erforschung der Labyrinthe der Wissenschaften
eingerichtet sind. *Horaz*, ein Dichter, den alle für einen Ad-
epten in der Kenntnis der menschlichen Natur halten, sagt:
»daß wir vergeblich uns bestreben, das auszurotten, was die
Natur in uns gepflanzt hat«; und wir können hinzusetzen:
»vergeblich bemühen wir uns, etwas anbauen zu wollen,
das die Natur nicht gepflanzt hat.« Ebenso ungereimt ist es,
das weibliche Geschlecht mit dem männlichen zu vergleichen, und jenes für geringer auszugeben, weil es nicht
eben die Eigenschaften, und in eben der Vollkommenheit
hat, als dieses.

Wir wollen diese Materie mit der Bemerkung schließen,
daß, wenn das weibliche Geschlecht wirklich geringer ist

als das männliche, so findet dieses vorzüglich nur unter
den verfeinertsten und cultiviertesten Völkern statt; unter
diesen steht es wirklich, und aus den vorhin angeführten
Gründen, in Rücksicht auf körperliche Stärke, ganz gewiß
unter dem männlichen; und der Einfluß des Körpers auf
die Seele ist so groß, daß wir aus dieser Schlaffheit des Körpers ganz augenscheinlich verschiedene, wenn nicht alle,
Schwachheiten, die wir als Flecken in dem weiblichen Charakter ansehen, herleiten können. Diejenigen, welche beständig mit einer starken Leibesbeschaffenheit, und einer
nicht so zarten reizbaren Seele beglückt gewesen sind, mögen über diese Behauptung, als eine Ungereimtheit, lachen;
aber denjenigen, welche durch zufällige Schwäche des Körpers mit allerhand Nervenzufällen behaftet worden sind,
mit welchen sie vorher niemals bekannt waren, wird die Sache in einem andern Lichte erscheinen. Doch es gibt auch
noch einen andern Grund, aus welchem der Unterschied
zwischen den beiden Geschlechtern im gesitteten Leben
größer ist, als in dem Zustande der Wildheit; und dieser
Grund ist – verschiedene Erziehung. Die Geisteskräfte des
männlichen Geschlechtes werden, durch Cultur, allmählig
in eine Mannichfaltigkeit von Formen entwickelt und ausgebildet; und die Geisteskräfte des weiblichen werden entweder der Natur überlassen, oder, was noch schlimmer ist,
durch Lappereien und Torheiten, welchen man den Namen
Erziehung gibt, verzogen, und in eine falsche Richtung gebracht. [Zu diesem Grund können wir einen anderen hin-
zufügen: Die Männer, die allerorten die Gesetzgeber sind,
haben allerorten den Frauen Regeln vorgeschrieben, welche
– statt schwacher Naturen und weniger folgsamer Leidenschaften – vollkommenere Naturen und gezügeltere Leidenschaften verlangen; und weil die Frauen diese Regeln
nicht immer beachtet haben, haben die Männer sie als
schwach, als schlecht, und als unbezähmbar in ihrem Streben nach sinnlicher Befriedigung angesehen.]

[...]

D: W. A.: Geschichte des weiblichen Geschlechts von dem frühesten Alterthum an bis auf gegenwärtige Zeiten. 2 Bde. Aus dem Englischen übersetzt und mit einigen Anmerkungen versehen [von Friedrich von Blankenburg]. Leipzig: Weidmann/Reich, 1780–81. Bd. 2. S. 50–54.

16

CHRISTIAN GOTTHILF SALZMANN: Erziehung zum Bürger*
(1784)

Der Theologe und Pädagoge Salzmann, zunächst Lehrer am berühmten Dessauer Philanthropin, warb mit seiner Schrift »Noch etwas über die Erziehung« für seine eigene Erziehungsanstalt Schnepfenthal, die er 1784 eröffnet hatte und 28 Jahre lang führte. Einleitend skizziert er die Grundsätze seines reformpädagogischen Programms für die Kinder der gebildeten Stände, die zukünftigen Kaufleute, Offiziere und Gelehrten, die eine »natürliche« Erziehung im Geist Rousseaus erhalten sollen.

Die Leibesstrafen, unter denen sonst die jungen Weltbürger seufzten und die man zu ihrer Erziehung für unumgänglich nötig hielt, werden seltener. Man kann bereits Erziehungsanstalten und Schulen aufzeigen, wo wirklich gute Kinder erzogen werden und wo man weder Stock noch Rute kennt. Und auch da, wo diese traurigen, die Pädagogik entehrenden Werkzeuge noch gebraucht werden, scheint es doch, als wenn man sich derselben zu schämen anfinge und geneigt wäre, sie zu zerbrechen, sobald man ein wirksamer Mittel zur Lenkung der jugendlichen Neigungen hätte kennenlernen. Wieviel die Menschheit dabei gewinnen werde, vermag ich nicht zu berechnen. Der Starrsinn, die Tücke und Bosheit, diese bejammernswürdigen Gebrechlichkeiten der menschlichen Natur, die gewiß mehr durch Verwahrlosung als durch die Erzeugung entstehen und die so manche

Vater-, Mutter- und Lehrerträne auspreßten, werden sich
nach und nach verlieren, das Gefühl für Recht und Unrecht,
die Tätigkeit des allen Menschen verliehenen Verstandes
wird mehr befördert werden, wenn man nicht mehr durch
Schläge die Kinder zum Zorne reizt, sondern sie durch gelindere Mittel zur Überzeugung von der Häßlichkeit ihrer
Fehler zu bringen sucht. Bei dieser Methode werden die Erwachsenen selbst ungemein viel gewinnen. Die gelindere
Behandlung ihrer Kinder, das stetige Bestreben, ihren Unwillen bei der Kinder Fehler zu mäßigen, das beständige
Nachdenken, die geradesten Wege zu finden, ihre Herzen
zu gewinnen, wird sie immer sanfter und weiser machen,
und die Sanftheit, die sie sich in Behandlung der Kinder erwerben, wird sich in ihrem Umgange, in Behandlung ihrer
Nebenmenschen, in Widerwärtigkeiten und Verfolgungen
äußern. Wer seinen Unwillen gegen die Fehler eines wehr-
losen Kindes bis zum Schlagen treibt, wozu ist der nicht
aufgelegt, wenn er wirklich vom Erwachsenen beleidigt
wird! Wer hingegen sich gewöhnt, mit Sanftmut und Geduld kindische Kräfte zu entwickeln und die langsame Wirkung seiner Bemühungen gelassen zu erwarten, wird auch
leicht bei andern mühsamen Unternehmungen aushalten
und bei fehlgeschlagenen Wünschen und Widerwärtigkeiten sich zu fassen wissen. Wenn wir erst die Kinder recht
lieben, so werden sie uns wieder lieben, und wir werden uns
auch geneigter fühlen, rechtschaffne Menschenliebe gegen
Erwachsene auszuüben [...].

Ich suche früh bei meinen Zöglingen die Begierde, sich
ein Eigentum zu erwerben, zu erregen. Dies ist, wenn ich
nicht ganz irre, von großer Wichtigkeit. Denn durch die
Anfachung dieser Begierde werden eine Menge unedle, tie-
rische, die menschliche Natur entkräftende Begierden er-
stickt. Dabei hat man Gelegenheit, der Erwerbungsbegierde
die gehörige Richtung zu geben, die Kinder vor Nieder-
trächtigkeit, Kargheit und Verschwendung zu bewahren;
dadurch erzeugt man in ihnen die edle Neigung, durch sich

(Handschriftliche Randnotiz:) Kinder erziehen zu einem selbst Willen?

selbst zu bestehen, zu wirken und Gutes zu stiften. Die Erwerbungsbegierde, wenn sie die gehörige Richtung hat, setzt alle Kräfte des Menschen in Tätigkeit und ist ein Sporn zu den mühsamsten und anhaltendsten Unternehmungen. Durch sie werden wahre Männer gebildet, die in jedem Falle die Mittel aufzubringen wissen, den Wohlstand und die Sicherheit ihrer Familie zu befördern und jede gute Absicht zu erreichen, ohne nötig zu haben, durch kriechende Schmeichelein anderer wohltätige Unterstützung zu erbitten. Ein Mann, bei dem diese Begierde früh ist angefacht, gehörig gerichtet, und der so ist geleitet worden, daß sich seine Erwerbungskraft in eben dem Verhältnisse wie seine Erwerbungsbegierde vergrößerte, handelt, macht Aufwand, rettet, unterstützt, vergrößert seinen Wirkungskreis, setzt Hunderte in Tätigkeit, da, wo ein anderer duldet, spart, lamentiert, bedauert und sich zurückzieht. Dies sind die Gründe, durch die ich bin überzeugt worden, daß es gut sei, bei Kindern früh die Begierde rege zu machen, sich Eigentum zu erwerben.

D: Chr. G. S.: Pädagogische Weisheiten. Ausgew. und eingel. von Helmut König. Berlin: Volk und Wissen, 1961. S. 76 f., 119.

17

ANTHONY EARL OF SHAFTESBURY: Über die Tugend (1711)

Der hochadlige englische Salonphilosoph Shaftesbury trug mit seiner Lehre, daß es ein unzerstörbares, »natürliches« Gefühl für Recht und Unrecht gebe, wesentlich zu dem optimistischen Natur- und Menschenbild der Aufklärung bei.

[...] Da die Natur der Tugend (wie oben ausgeführt worden) in einer gewissen richtigen Gesinnung oder angemessenen Neigung eines vernünftigen Geschöpfs gegen die moralischen Gegenstände des Rechts und Unrechts bestehet, so kann nichts bei einem solchen Geschöpf die Tugend zerstören oder sie unwirksam machen, als was

1. Entweder das natürliche und richtige Gefühl von Recht und Unrecht zerstört,

2. Oder ein verkehrtes Gefühl desselben hervorbringt,

3. Oder verursacht, daß sich dem richtigen Gefühl widerstrebende Neigungen entgegensetzen.

[...]

1. Der erste Fall war: die Zerstörung des natürlichen Gefühls von Recht und Unrecht.

Nun wird gewiß keiner denken, daß hiedurch die Zerstörung des Begriffs von dem, was für die ganze Gattung oder Gesellschaft gut oder böse ist, verstanden werde. Denn daß ein solches Gutes und Böses wirklich stattfinde, muß notwendig jedes vernünftige Geschöpf erkennen. Keiner zweifelt, daß es ein allgemeines Bestes gebe, das seiner Gesellschaft in manchem vorteilhaft, in manchem nachteilig sei. Sagen wir daher von jemanden, er habe alles Gefühl von Recht und Unrecht verloren, so ist unsre Meinung, daß er – ungeachtet seiner Fähigkeit, das Gute und Böse in Beziehung auf seine Gattung zu unterscheiden – doch für beides ganz gleichgültig ist, das Vortreffliche oder Schändliche einer moralischen Handlung in Rücksicht auf das eine oder andre nicht fühlt. Außer den engen Schranken seines eignen Privatinteresses also nehmen wir an, daß bei einem solchen kein Wohlgefallen oder Mißfallen an Sitten, keine Bewunderung oder Liebe gegen irgend etwas moralisch Gutes, kein Haß gegen irgend etwas moralisch Böses, sei es noch so unnatürlich oder schändlich, stattfinde.

In der Tat gibt es durchaus kein vernünftiges Geschöpf, welches nicht wissen sollte, daß, wenn es vorsätzlich jemanden beleidigt oder Schaden tut, dadurch notwendig Besorgnis vor gleicher Beleidigung und folglich auch Unwillen und Feindseligkeit bei jedem andern, der es beobachtet, entstehen müsse. Der Beleidiger muß sich also notwendig bewußt sein, daß er von jedem eine gleiche Behandlung zu gewarten habe, gleich als hätt er gewissermaßen alle beleidigt.

Solchergestalt wird Beleidigung und zugefügtes Unrecht immer von jedermann für strafbar und ein billiges Verhalten (welches daher Verdienst genannt wird) für allgemein verbindlich und belohnenswert erkannt. Hiervon muß selbst das allerverderbteste Geschöpf ein Gefühl haben. Soll also dies Gefühl von Recht und Unrecht noch etwas mehr sagen, gibt es in der Tat ein Gefühl dieser Art, welches ein durchaus verderbtes Geschöpf nicht hat, so muß es in einer wahren Antipathie oder Verabscheuung gegen Unbilligkeit oder Unrecht und in einer wahren Zuneigung und Liebe gegen Billigkeit und Recht, und zwar um ihrer selbst, ihrer eignen natürlichen Schönheit und Würde willen, bestehen.

Unmöglich kann man sich ein bloß empfindendes Geschöpf denken, welches ursprünglich so verkehrt und unnatürlich eingerichtet worden, daß es von dem ersten Augenblick an, da sinnliche Gegenstände auf dasselbe wirken, ganz und gar keine gute Neigung gegen seinesgleichen, keine Anlage zu Mitleiden, Liebe, Wohlgewogenheit oder Geselligkeit haben sollte. Ebenso unmöglich läßt sich's denken, daß ein vernünftiges Geschöpf, wenn es zuerst von vernünftigen Gegenständen gerührt wird und die Bilder oder Vorstellungen von Gerechtigkeit, Edelmut, Dankbarkeit oder andern Tugenden in seiner Seele aufnimmt, gar kein Wohlgefallen an diesen oder Mißfallen an den entgegengesetzten Lastern fühlen, sondern gegen alles, was es von dieser Art wahrnimmt, durchaus gleichgültig bleiben sollte. Es ließe sich wirklich ebensogut annehmen, daß eine Seele die Dinge, welche sich ihr darstellen, gar nicht empfände, als daß sie gleichgültig dabei bliebe. Sobald sie also fähig wird, auf diese neue Art zu sehen und zu fühlen, so muß sie notwendig ebensowohl in Handlungen, Gesinnungen und Gemütsarten Schönheit und Häßlichkeit finden als in Figuren, Tönen oder Farben. Gäb es keine wirkliche Liebenswürdigkeit oder Häßlichkeit in moralischen Handlungen, so gibt es doch wenigstens eine eingebildete darin, welche stark genug auf uns wirkt.

Gesetzt, die Sache selbst fände sich nicht in der Natur, so kann man doch nicht leugnen, daß die Vorstellung oder Einbildung davon bloß aus der Natur herrühre. Auch vermag nichts außer Kunst und starkes Bestreben vermittelst langer Übung und Meditation dieses natürliche Vorurteil, wovon die Seele zugunsten dieses moralischen Unterschiedes eingenommen ist, zu überwältigen.

Da also Gefühl von Recht und Unrecht uns ebenso natürlich ist als natürliche Neigung selbst und ein Hauptprinzipium unsrer ganzen Konstitution und Einrichtung ausmacht, so gibt es keine spekulative Meinung, Überredung oder Glaubenslehre, welche vermögend wäre, es unmittelbar oder geradezu aufzuheben oder zu vertilgen. Was ursprüngliche, reine Natur ist, kann durch nichts als entgegengesetzte Fertigkeit und Gewohnheit (diese andre Natur) verdrängt werden. Und da dies Gefühl eine ursprüngliche Neigung ist, die sich am frühesten im Herzen regt, so vermag nur entgegengesetzte Neigung durch häufigen Zwang und Widerstand so stark auf sie zu wirken, daß sie dadurch entweder zum Teil vermindert oder gänzlich ausgerottet wird.

Bei unserm Körper ist es offenbar, daß keine ungereimte Miene oder Gebärde, sie sei uns natürlich oder zufällig und aus Gewohnheit entstanden, alsobald durch unser Mißfallen oder ein entgegengesetztes Bestreben unsers Willens, sollt es auch noch so ernstlich sein, abgelegt werden kann. Eine solche Veränderung wird nicht anders als durch außerordentliche Mittel, durch Kunst und Übung, strenge Wachsamkeit und wiederholten Zwang bewirkt. Und selbst dann hält es noch hart, der Natur ganz Meister zu werden; sie liegt noch immer tückisch im Hinterhalt und ist bereit, bei der ersten Gelegenheit sich zu empören. Viel mehr verhält sich's so mit der Seele in Ansehung jener natürlichen Neigung und antizipierenden Empfindung, die das Gefühl von

Recht und Unrecht ausmacht. Unmöglich kann man dies mit einemmal und ohne ihr die größte Gewalt anzutun aus dem Herzen vertilgen. Selbst der ausschweifendste Glaube, die ungereimtesten Meinungen vermögen dieses nicht.

Da nun weder Theismus noch Atheismus, noch Dämonismus, noch sonst irgendein religiöser oder irreligiöser Glaube fähig ist in diesem Fall unmittelbar oder geradezu zu wirken, sondern nur mittelbar, insofern nämlich ein solcher Glaube zufälligerweise entgegengesetzte oder vorteilhafte Neigungen entflößt, so können wir die Prüfung dieser Wirkung bis dahin versparen, wo wir die Übereinstimmung oder Nichtübereinstimmung andrer Neigungen mit dieser natürlichen und moralischen Neigung in Absicht auf Recht und Unrecht untersuchen werden. [...]

D: A. Earl of Sh.: Der gesellige Enthusiast. Philosophische Essays. Aus dem Engl. übertr. von Ludwig Heinrich Hölty und Johann Lorenz Benzler. Hrsg. von Karl-Heinz Schwabe. München: Beck / Leipzig/Weimar: Gustav Kiepenheuer, 1990. (Bibliothek des 18. Jahrhunderts.) S. 234–237.

18

CHRISTIAN THOMASIUS: Der richtige Gebrauch der Vernunft* (1691)

Der Jurist Christian Thomasius, 1690 zum Professor an der neu zu gründenden brandenburgischen Universität Halle bestellt und eine der einflussreichsten Gestalten der deutschen Frühaufklärung, erklärt in dieser Widmungsvorrede, warum es sich bei seiner »Vernunftlehre« um eine ganz neue Art zu philosophieren handelt.

Die wahre Logic soll nichts anders sein als eine Lehre, wie man seine Vernunft recht brauchen solle. Was ist aber Nötigers und Nützlichers in der Welt? Und wie kann der Mensch, der diese Lehre nicht begriffen hat, in einiger

menschlichen Gesellschaft, geschweige denn bei Hofe fort-
kommen? [...] Ich habe dannenhero in dem ersten Teile
meiner Vernunft-Lehre gezeiget, wie so gar leichte die Erkenntnis der Wahrheit, und die Erfindung neuer Wahrheiten in allen Disciplinen sei, wenn man nur sein Gemüte von
dem hochschädlichen Vorurteile menschlicher Autorität
saubern, und die dadurch eingewurzelten allgemeinen Irrtümer bei Seit zu legen sich resolvieren, auch sich das Leben
mit der leidigen Syllogismus-Kunst, und der ohne Not ver-
wirreten allgemeinen Lehre von der Demonstration nicht
sauer machen lassen wolle. So gar daß auch Leute von einem solchen Stande, der sonst in gemeinen Wesen zu denen
Ständen der so genannten Gelehrten nicht gehöret, ohne
Mühe und Kopfbrechen, und ohne Behuf der Lateinischen
Sprache, der Weisheit so wohl als die, so man Gelehrte nennet, können fähig werden. Meine Vernunft-Lehre lieget für
jedermanns Augen, und habe ich nicht Ursache diesfalls viel
weitere Worte zu machen. In diesem andern Teil aber habe
ich mir angelegen sein lassen, vielfältige allgemeine Irrtümer, die man in der Praxi der Logic zu begehen pfleget, an-
zudeuten, und zu beweisen, wie man dieselben vermeiden
solle, auch die nötigsten und auf allen Universitäten bisher
nicht getriebenen Lehren zu supplieren, durchgehends aber
mich als einen freien Philosophum, der sich zu keiner Secte
schlägt, sondern bloß nach der Erkenntnis seiner Vernunft
gehet, aufzuführen. [...] Hiernächst erkenne ich auch gar
wohl, daß ich ganz nicht Ursache habe mit meiner Philosophie mich als einen gelehrten Mann für andern Gelehrten
zu rühmen, nachdem ich in der Tat an mir selbst erfahren,
daß die Gelahrheit, die man von denen Gelehrten lernet, an
der Wahrheit und Weisheit mehr hinderlich als beförderlich
sei, und daß, wie man in Erforschung der Weisheit alle seine
Locos Communes, seine Eltern und Praeceptores vergessen, und nichts als seinen eigenen Verstand als eine Gabe
GOttes gebrauchen und anwenden müsse; also auch ein un-
studierter Mann, er möge nun ein Soldate, Kaufmann,

Haus-Wirt, ja gar ein Handwerks-Mann oder Bauer, oder eine Weibes-Person sein, wenn sie nur die Praejudicia von sich legen wollen, noch viel bessere Dinge in Vortragungen der Weisheitwerden tun können, als ich oder ein anderer, die wir wegen der allzulangen Gewohnheit uns von dem Abwege der Autorität, und der leidigen Bücher-Sucht wie gerne wir auch wollen, nicht sofort loszureißen vermögend sind. Und dieser Unvollkommenheit wird man verhoffentlich die wider meinen Willen annoch in dieser meiner Vernunft-Lehre zurückgebliebenen irrigen Meinungen, das darinnen enthaltene Gute aber nächst der Gnade GOttes der von *Seiner Chur-Fürstlichen Durchlauchtigkeit* durch Eurer Excellenz Intercession mir Gnädigst verstatteten Freiheit, der Wahrheit ungehindert und ohne Furcht nach zu trachten zuschreiben.

D: Chr. Th.: Ausübung der Vernunftlehre. Halle 1691. Faks.-Neudr. Mit einem Vorw. von Werner Schneiders. Hildesheim: Olms, 1968. Widmung [o. P.].

19

RUDOLF ZACHARIAS BECKER: Von Gewittern, und wie man sich dabey verhalten soll – Vom Behexen, Zaubern und Vergiften   (1788)

Beckers »Not- und Hülfsbüchlein« war ein zeitgenössischer Bestseller, ein Klassiker der deutschen Volksaufklärung. In eine Erzählhandlung sind einzelne Lektionen für die Landbevölkerung eingebettet, die ihnen schädliche Vorurteile austreiben und moderne Erkenntnisse für die Praxis vermitteln sollen. Der Kampf gegen den Hexenglauben und die Propagierung des Blitzableiters waren wesentliche Schritte auf dem Weg zur Entzauberung der Welt.

> Gott zürnet nicht mit uns in schweren Ungewittern;
> Er tut uns wohl dadurch: was sollten wir denn zittern,
> Wenn Stürme brausen und in schöner Pracht
> Die Blitze leuchten und der Donner kracht?

Wenn man ein Stück Agtstein (Bernstein), oder Siegellack auf wollenem Zeuge reibt, so zieht es leichte Sachen, als Pflaumenfedern, kleine Stückchen Papier und dergleichen an sich, daß sie darauf zufliegen und ein Weilchen daran hängen bleiben: und reibt man unterdessen ein ander Stück Siegellack, so bläset dieses die Papierchen von sich weg, welche das erste an sich zog. Dieses kann jeder selbst probieren. [...] Jenes Anziehen und Wegstoßen und diese Funken kommen von einer besondern Art von Feuer her, welches man das *elektrische Feuer* nennt. Manche Dinge, z. E. Pech, Siegellack, Schwefel und Glas, haben davon sehr viel in sich: dagegen Eisen, Kupfer und andere Metalle, auch das Wasser und die Luft sehr wenig davon in sich haben. Nun hat dieses *elektrische Feuer* die besondere Eigenschaft, daß wenn viel davon in einem Dinge beisammen ist, und solches kommt einem andern, worinne wenig oder nichts ist, nahe: so fährt das überflüssige hinüber in das leere; und wenn es dabei einen Sprung tun muß, so gibt es ein Flämmchen mit einem Stoß und Knall, wie wenn Schießpulver abgebrannt wird. Ferner geht dieses Feuer, wenn es in Bewegung ist, gern aus andern Dingen in spitziges Metall hinüber, und läuft schnell durch das Metall durch, solange es währt; so daß es sich durch Stangen oder Ketten von Eisen oder andern Metall *leiten* läßt, wohin man will. Diese Eigenschaften hat man durch besondere Maschinen erkannt, welche dazu erfunden worden, die Natur dieses Feuers zu erforschen, und die man *Elektrisier-Maschinen* nennt. Wer irgend Gelegenheit hat, eine solche zu sehen, der gehe gern ein Paar Stunden darnach: es wird ihm nicht gereuen, so wunderbare Kunststücke werden damit gemacht. Der größte Nutze dieser Maschinen ist aber der: daß man durch die damit angestellten Proben erfahren hat, daß ein solches *elektrisches* Feuer überall in der ganzen Welt und in allen Dingen vorhanden ist, ob man es gleich nicht sieht, und daß dasselbe von Gott dazu erschaffen ist, die Fruchtbarkeit der Erde und die Gesundheit der Menschen und Tiere zu befördern. Man hat auch entdeckt, daß dieses Feuer, ebenso wie das Wasser, immer im Gleichgewicht zu schweben sucht, und dahinwärts strömt, wo es Raum findet: und dadurch ist man dahinter gekommen, wie die Gewitter entstehen und beschaffen sind. Das *elektrische Feuer* sammelt sich nämlich gern in den Wolken: weil die Wolken feuchte Dünste sind, die für sich wenig davon haben. Ist nun eine Wolke damit angefüllt, so bekommt sie davon die Eigenschaft, daß sie andere kleine und leichtere Wolken an sich zieht. Wenn ihr nun solche nahe kommen, so fährt das Feuer schnell in sie hinein und gibt eine Flamme und einen Knall, welches wir *Blitz* und *Donner* nennen. [...] Die heftige Erschütterung, welche dabei in der Luft geschieht und das mit dem Gewitter-Regen in die Erde herabkommende elektrische Wesen selbst, welches man oft in den Tropfen ordentlich funkeln sieht, macht aber die Erde fruchtbar und erquicket Vieh und Menschen; wie jedermann nach einem Gewitter an sich selbst spüren kann. Wenn daher in mehrern Jahren keine Gewitter wären, würde die Erde bald nichts mehr zur Reife bringen, und ein ungesunder Wohnplatz für uns werden. Die Gewitter sind also eine Wohltat von Gott, wie Tau und Regen, und wir sollten ihm für jedes billig danken: wenn auch einiger Schade dadurch geschehen wäre. Wer hingegen meint, der Vater im Himmel zürne mit den Menschen, und wolle sie in Furcht jagen oder gar strafen durch die schönen Blitze und den prächtigen Donner: der kennt den Vater im Himmel nicht. [...]

Die Gebäude zu verwahren, daß der Blitz keinen Schaden daran tue, hat *Benjamin Franklin* die *Blitz-Ableiter* erfunden. Diese bestehen aus einer eisernen Stange mit scharfen vergoldeten oder kupfernen Spitzen, welche auf dem Forst des Daches oder auf der Turm-Spitze aufgerichtet wird. Ans

Ende dieser Stange wird ein kupferner Streif oder Draht angeniedet, der auswendig am Gebäude herunter geht, bis in die Erde. Wenn nun eine Gewitter-Wolke eben über dem Hause ihr elektrisches Wesen ausgießt: so fließt es gleichsam an dem Metall sacht herunter bis in die Erde, und tut dem Gebäude keinen Schaden. Mehr als hundert Exempel haben es klärlich dargetan, daß sich dieses so verhält, und es sind schon sehr viele Türme, Kirchen und Schlösser mit solchen Blitz-Ableitern versehen; ja der *Durchlauchtige Churfürst von Sachsen* hat sogar verordnet, daß künftig kein neues Haus ohne *Ableiter* gebaut werden soll, und er ist so gnädig, daß er den Untertanen einen Zuschuß aus seiner Bau-Casse dazu gibt. Diese Erfindung ist ein gar schönes Exempel davon, daß es auf der Erde *immer besser* mit den Menschen wird und werden muß, wenn sie ihren Verstand immer mehr gebrauchen. Vor hundert Jahren hätte man noch nicht geglaubt, daß es möglich wäre, den Schaden der Gewitter abzuwenden, und nur das Gute anzunehmen, das uns Gott durch sie erweiset. [...]

* * *

Es überfallen die Menschen zuweilen Krankheiten und Zufälle, von denen man die Ursache nicht ergründen kann, oder die sehr wunderlich sind [...]. Auch machen sich manche Kranke allerhand Einbildungen: wie z. E. einer geglaubt, er sei von Glas; ein anderer, er habe eine Katze, eine Maus, ein Knauel Zwirn und dergleichen im Leibe. Bei Kindern geschieht es oft, daß sie viel essen und doch nicht zunehmen: woran meistenteils die Würmer schuld sind. Ebenso verliert auch zuweilen eine Kuh auf einmal die Milch, wenn sie schädliche Kräuter frißt: oder Pferde fallen plötzlich, wenn sie von unverständigen Knechten verwahrloset werden. In solchen Fällen meinen einfältige Leute: es werde dem kranken Menschen oder Vieh, von bösen Leuten oder Hexen oder Zauberern etwas *angethan*, das ist, solche

Leute brächten durch Hülfe des Teufels diese Zufälle zu Wege. Nun gibt es listige Leute, welche sich die Gelegenheit zu Nutze machen und sagen: sie könnten *davor tun*, oder die Hexerei wieder vertreiben. Sie geben nämlich dem Kranken gute Kräuter ein, oder machen nur allerhand Possen, welche nicht helfen und nicht schaden. Wenn nun unterdessen die Natur sich selbst hilft, so heißt es, der oder die hat *davor gethan*: und kommen solche listige Leute in den Ruf, als wären sie Meister über die Hexen und den Satan selbst, und lassen sich ihre Künste von den betrogenen Bauersleuten tüchtig bezahlen. Und dieser alberne Glaube an *Hexen, Druden* und wie die Dinger heißen, tut noch oft Schaden, daß ein Mensch den andern darüber verläumdet und daß schwere Feindschaften, Processe, ja wohl Mord und Todschlag daraus entstehen. Er stammet aber aus dem Heidentum und Judentum her, und beruht auf lauter Lug und Betrug. [...] Und dieser falsche Glaube ging darauf von einem Ort zum andern immer weiter. Der Pabst, die Bischöfe und andere Geistlichen, welche davon hörten, meinten endlich auch, es sei wahr, und verboten das Hexen und Zaubern, weil dabei die christliche Religion verläugnet würde, bei Lebensstrafe. Sie reitzten auch die weltliche Obrigkeit an, daß sie die angeblichen Hexen und Hexenmeister lebendig verbrennen ließ. Wenn daher eine solche unglückliche Person in den Verdacht kam, daß sie eine Hexe sei, so marterte man sie auf der Tortur so lange, bis sie sagte: Ja, sie wäre eine. Dann wurde sie wieder gemartert, bis sie ihre Bekannten angab, die mit ihr auf dem Teufels-Schmaus gewesen sein sollten. Da nannte denn die arme Gemarterte in der Angst eine Menge Leute, die ihr eben einfielen. Diese wurden auch gefangen genommen und gemartert, bis sie sich schuldig bekannten, um nur von der Marter durch den Tod erlöst zu werden: und dann ging's mit ihnen allen auf den Scheiterhaufen. Eine und die andere Frau, welche die Hexensalbe gebraucht hatte, sagte auch wohl ohne Marter aus, was die Richter wissen wollten, und bestärkte diese in der

Einbildung, daß etwas Wahres daran sei. Auf solche Art haben christliche Obrigkeiten und Priester, wegen dieser grundfalschen und lächerlichen Meinung von Teufelsbindnissen und Hexen, vor Zeiten viele Tausend unschuldiger Menschen gequält und ums Leben gebracht. Und dieses grausame Unglück hat in *Deutschland* gedauert bis vor 30 Jahren, da in *Wirzburg* die Äbtissin *Renate* als die letzte Hexe verbrannt worden ist. Nun nehmen aber die Gerichte, Gott sei Lob und Dank! gar keine Klage wegen Hexerei mehr an: sondern strafen vielmehr denjenigen, der jemanden derselben beschuldiget, als einen Verläumder. Denn man weiß ganz gewiß, daß es niemals eine wirkliche Hexe gegeben hat, und nun und nimmermehr keine geben wird; ob es gleich allerhand *natürliche* Kunststücke gibt, Menschen und Vieh krank zu machen, oder sonst Schaden anzurichten. [...]

D: R. Z. B.: Noth- und Hülfsbüchlein für Bauersleute. Gotha/Leipzig 1788. Faks.-Neudr. Hrsg. und mit einem Nachw. von Reinhart Siegert. Dortmund: Harenberg, 1980. Kap. 52. S. 375–380. Kap. 50. S. 361–366.

20

DENIS DIDEROT: Ankündigung der letzten Bände der »Encyclopédie« (1765)

Das Erscheinen der »Encyclopédie, ou dictionnaire raisonné des sciences, des arts et des métiers«, des klassischen Gemeinschaftswerks der französischen Aufklärer, war nach den ersten sieben Bänden verboten worden. Trotzdem wurde die Arbeit im Geheimen fortgesetzt. Das Verbot ließ sich angesichts des überwältigenden Publikumsinteresses im In- und Ausland auf die Dauer nicht durchsetzen. Der Herausgeber und Hauptautor Diderot nimmt in dieser Vorrede zum Erscheinen der weiteren Bände Stellung zu der wechselvollen Geschichte des Werkes und zu seinem Anliegen.

[...] Landsleute und Zeitgenossen, so streng ihr dieses Werk auch beurteilen mögt, bedenkt dabei doch, daß es von einer kleinen Anzahl vereinzelter Männer unternommen, durchgeführt und vollendet worden ist, daß sie in ihren Absichten gestört, unter den gehässigsten Gesichtspunkten gebrandmarkt, auf abscheulichste Weise verleumdet und beschimpft wurden, daß sie keinen anderen Ansporn als die Liebe zum Guten hatten, keine andere Stütze als einige Zustimmung, keinen anderen Beistand als die Hilfe, die sie in dem Vertrauen von drei oder vier Buchhändlern fanden!

Unser Hauptzweck bestand im Sammeln der Entdeckungen der vergangenen Jahrhunderte. Obwohl wir diese erste Absicht nicht vernachlässigt haben, übertreiben wir wohl nicht, wenn wir das, was wir dem Bestand der früheren Kenntnisse an neuen Schätzen hinzugefügt haben, auf mehrere Foliobände veranschlagen. Sollte eine Umwälzung, deren Keim vielleicht in einem unbekannten Winkel der Erde erst entsteht oder vielleicht im Zentrum der gesitteten Länder schon heranreift, im Laufe der Zeit eintreten, die Städte begraben, neue Völker zerstreuen und wieder Unwissenheit und Finsternis bringen, so wird doch, wenn ein einziges vollständiges Exemplar dieses Werkes erhalten bleibt, nicht alles verloren sein.

Man kann uns, denke ich, wenigstens nicht abstreiten, daß unsere Arbeit auf der Höhe unseres Jahrhunderts steht, und dies bedeutet immerhin etwas. Der aufgeklärteste Mensch wird darin Ideen finden, die ihm neu sind, und Tatsachen, die er nicht kennt. Möge die allgemeine Bildung so schnell fortschreiten, daß es nach zwanzig Jahren in tausend Seiten von uns kaum noch eine Zeile gibt, die nicht etwas überall Bekanntes sagt! Es ist Sache der Herrscher der Welt, diese glückliche Umwälzung zu beschleunigen; denn sie können den Kreis der Aufklärung erweitern oder einschränken. Gelobt sei die Zeit, in der sie alle begriffen haben, daß ihre Sicherheit darin besteht, über gebildete Menschen zu gebieten! Große Attentate sind immer nur von blinden Fanatikern begangen worden. Würden wir noch wagen, über unsere Leiden zu seufzen und die Jahre unserer Arbeit zu bedauern, wenn wir hoffen könnten, daß wir diesen blinden und dem Frieden der Gesellschaft so feindlichen Wahnwitz abgeschwächt und unsere Mitmenschen soweit gebracht haben, sich zu lieben, sich zu dulden und endlich die Überlegenheit der allumfassenden Moral über alle jene Formen der Privatmoral anzuerkennen, die Haß und Zwietracht schüren und den allgemeinen Zusammenhalt zerstören oder lockern?

So sah unser Ziel stets aus. So groß und selten auch die Ehre sein mag, die unsere Feinde nur dadurch geerntet haben, daß sie uns Hindernisse in den Weg stellten: das Unternehmen, das sie mit solcher Erbitterung zu durchkreuzen versuchten, ist dennoch vollendet worden! Wenn in ihm etwas Gutes enthalten ist, dann wird man dafür nicht unsere Feinde loben, wird sie aber vielleicht für seine Mängel verantwortlich machen. Wie dem auch sei, wir fordern sie auf, die letzten Bände zu durchblättern. Mögen sie an ihnen die ganze Schärfe ihrer Kritik erschöpfen und an uns die ganze Bitterkeit ihrer Galle auslassen, so sind wir doch bereit, ihnen hundert Beschimpfungen um einer guten Bemerkung willen zu vergeben. Wenn sie anerkennen, daß sie uns den zwei Dingen, die das Glück der Gesellschaft bedeuten und die allein wirklich verehrungswürdig sind, nämlich der Tugend und der Wahrheit stets ergeben gefunden haben, dann sollen sie uns allen ihren Bezichtigungen gegenüber gelassen finden. [...]

D: D. D.: Philosophische Schriften. [Hrsg. und aus dem Frz. übers. von Theodor Lücke.] 2 Bde. Berlin: Aufbau-Verlag, 1961. Bd. 1. S. 144–146. – © Aufbau-Verlag, Berlin und Weimar 1969.

21

MELCHIOR GRIMM: Mesmer in Paris* (1778)

Grimm berichtet in seinen Pariser Gesellschaftsnachrichten
von dem Wirken des umstrittenen Wiener Arztes Franz An-
ton Mesmer, der mit seinen spektakulären Heilerfolgen in
den Pariser Salons großes Aufsehen erregte. Mesmers Er-
folge, die Grimm herunterspielt, erscheinen symptomatisch
für die Begeisterung der Spätaufklärung für das Okkulte
und Geheimnisvolle.

Seitdem die Priester keine Wunder mehr tun, befassen sich
die Philosophen damit. Der eine behauptet, er könne Tote
mit ein bißchen Alkali zum Leben erwecken und aus ein
paar Schaufeln Gartenerde Gold machen. Der andere will
Wahnsinnige und Rasende mit einem Schlaftrunk heilen.
Ein dritter verspricht noch mehr, indem er seine Finger-
spitze auf jemand richtet oder, wenn er das lieber hat, ihm
auf seiner Harmonika vorspielt; es gibt keine Krankheit, die
er einem, je nach Wahl, nicht anhext oder nimmt. Letzterer,
Herr Doktor Mesmer, der schon in Deutschland viel von
sich reden gemacht hat, hatte hier anfangs großes Aufsehen
erregt; doch sein Erfolg war nicht von Dauer. Viele Leute,
begierig, die Wirkung seiner Geheimmittel am eigenen
Leibe zu erfahren, wollten das Experiment über sich erge-
hen lassen, haben aber von allem, was ihnen verheißen worden war, nichts verspürt. Weiterhin hat dem Ruf dieses
neuen Wundertäters geschadet, daß er in der Gesellschaft
wenig Geist und Phantasie bewies: nun, dies Jahrhundert ist
so verderbt, so übersättigt, daß heute nicht einmal die Wundertäter ohne eine andere, früher so überflüssige Empfeh-
lung mehr hoffen dürfen, ihr Glück zu machen. In ein paar
Worten gebe ich hier die Grundgedanken wieder, auf denen
die Lehre Doktor Mesmers beruht. Er glaubt, in der Natur
gebe es einen bisher unbekannten Grundstoff, der auf die
Nerven einwirkt; auch gebe es durch diesen Stoff und be-

sonderen mechanischen Gesetzen gemäß eine wechselseitige Beeinflussung zwischen den beseelten Körpern einerseits und der Erde und den Himmelskörpern andererseits, und demzufolge träten in den Lebewesen, besonders im Menschen, Eigenschaften zutage, die denen des Magneten gleichen. In diesem »tierischen Magnetismus« hat er die geheime Kraft entdeckt, die auf Krankheiten einwirkt, und fast alle behauptet er mit dieser Methode zu heilen. Die magnetische Kraft kann von anderen Körpern mitgeteilt und fortgepflanzt werden. Diese feine Materie durchdringt Wände, Türen, Gläser, Metalle, ohne merklich an Kraft zu verlieren; sie kann in Wasser und in Gläsern gespeichert, verdichtet und befördert werden und wird von Spiegeln reflektiert. Auch wird sie durch Töne fortgepflanzt, übertragen und verstärkt. All das ist vielleicht nicht von höchster Klarheit; was aber klar und deutlich alle Erfahrungen, die man der Lehre unseres Doktors entgegenhalten könnte, widerlegt und was er bei der Darlegung seiner Grundsätze immer wieder anführt, ist, daß manche Körper nicht nur unempfänglich sind für den »tierischen Magnetismus«, sondern sogar eine völlig entgegengesetzte Eigenschaft haben, durch die sie alle Wirkung auf andere Körper zerstören, da diese Kraft sich ebenso mitteilen kann wie die ihr widerstreitende. Der Herr Doktor hat sich beklagt, daß er gerade in Paris viele derartige Körper vorgefunden habe, und das scheint in der Tat zu stimmen. Sind Körper von so wenig empfänglicher Natur nicht gerade dazu angetan, sich mit kalten, selbstsüchtigen, egoistischen Seelen zu verbinden, an denen diese riesige Metropole sicherlich weit reicher ist als jeder andere Ort der Welt?

D: M. Gr.: Paris zündet die Lichter an. Literarische Korrespondenz. Aus dem Frz. von Herbert Kühn. Mit Einl. hrsg. von Kurt Schnelle. Erl. von Kurt Schnelle und Rolf Müller. München: Hanser, 1977. S. 397 f. – © Sammlung Dieterich Verlagsgesellschaft mbH, Leipzig 1977, 1992.

22

Projekt eines Katasters in Frankreich*   (1763)

Voraussetzung für eine grundlegende Sanierung des Steuerwesens, vor allem für die genaue Bemessung der Grundsteuer, war eine allgemeine staatliche Bestandsaufnahme des Grundbesitzes, ein Kataster. Nach dem Ende des Siebenjährigen Krieges nahm in Frankreich der Generalkontrolleur der Finanzen, Bertin, ein solches Projekt in Angriff und versandte den hier abgedruckten Fragebogen an die Intendanten in den einzelnen Provinzen (»Lettre de M. le controleur général à MM. les intendants et questions à eux faites«). Das Projekt scheiterte am erbitterten Widerstand der Gerichtshöfe, die die ständischen Rechte und Privilegien bedroht sahen.

Der König hat mit seinem Edikt vom vergangenen April verfügt, unverzüglich eine Zählung und Schätzung aller im Königreich gelegenen Güter vorzunehmen, die als Grundlage für die Verteilung der Steuerlast dienen soll. Es ist notwendig, Regeln und Prinzipien aufzustellen, denen gemäß dieses Gesetz auf einfachste und schnellste Weise durchgeführt werden kann. Deshalb bitte ich Sie, mir Ihre Meinung mitzuteilen sowohl in bezug auf das angestrebte allgemeine Ziel, Gleichförmigkeit in der Ausführung herzustellen, wie hinsichtlich möglicher Besonderheiten in Ihrer Provinz. Unter dem einen wie dem anderen Gesichtspunkt ist es angebracht, die Fragen, die ich meinem Brief beilege, zu untersuchen und zu diskutieren. Und obgleich ich Ihre Antwort gern so schnell wie möglich hätte, vernachlässigen Sie bitte keine Überlegung und keine Beobachtung, die diese interessante Sache möglicherweise erhellen könnten.

    Wenn Sie Zweifel hegen, legen Sie mir diese dar, besonders wenn Sie vorab einige Informationen wünschen, von denen die Bildung Ihrer Meinung abhängen könnte. Ich werde die Anfragen, die Sie in dieser Hinsicht an mich stel-

len, genauestens beantworten, damit nichts den Fortgang
verzögert. Da die Ausarbeitung der Regelung in hohem
Maße vom Zusammenspiel der Meinungen der Herren Intendanten abhängt, ersuche ich sie alle um die gleiche Sorgfalt, die ich Ihnen empfehle.

Fragen:

1. Was sind die sichersten und zugleich einfachsten Mittel, um eine exakte Zählung und genaue Schätzung aller in
Ihrer Provinz liegenden Güter durchzuführen?

2. Auf welche Art und Weise soll man vorgehen bei der
Ernennung der Landvermesser, Gutachter und Informanten
sowie bei der Untersuchung und Entscheidung von Fragen,
die sich bei diesen Ernennungen und bei der Errichtung des
Katasters ergeben können?

3. Könnte man nicht, wie in der Mehrzahl der mit einem
Kataster ausgestatteten Provinzen, Gemeinden bilden, die
sich aus mehreren Pfarrgemeinden zusammensetzen? Und
welche Regeln sollte man beim Zusammenschluß der Pfarrgemeinden und der Bildung dieser Gemeinden befolgen?

4. Wenn das allgemeine Kataster unveränderlich ist, mit
welchen Mitteln würde man den Grundbesitzern, die durch
höhere Gewalt Schaden genommen hätten, die nötigen Er-
leichterungen verschaffen und die Landwirte, die bei ihren
Ernten oder ihrem Vieh beträchtliche Verluste erlitten hätten, unterstützen?

5. Da die Erfahrung lehrt, daß sich im Laufe einer gewissen Zahl von Jahren Veränderungen im Wert des Grundbesitzes einstellen, die das Maß durcheinander bringen können, nach dem jeder derjenigen, die im Kataster erfaßt sind,
seinen Beitrag leisten muß, wäre es, um die Gleichheit best-
möglich zu wahren, angebracht, zu verfügen, daß bei jeder
Veränderung durch Tod, Verkauf oder anderes das Gut, das
eine Veränderung erfährt, neu geschätzt wird, und zu diesem Zweck in den Gemeinden einen ständigen Ausschuß
einzurichten, dessen Mitglieder, die von den verschiedenen

Pfarrgemeinden, die diese Gemeinden bilden, ernannt und vom Intendanten zugelassen werden, mit der Pflege des Katasters beauftragt würden?

6. Da die Verteilung der Steuerlast durch die Kataster, die das Maß festlegen, nach dem jede Immobilie besteuert werden soll, nicht mehr derartige Schwierigkeiten bereitet, kann man dann nicht den Einsatz von Steuereinnehmern, wie er heute besteht, abschaffen und die Eintreibung auf eine einfachere Weise durchführen lassen, ohne dabei jedoch der Genauigkeit und Sicherheit zu schaden?

7. Mit welchen Mitteln könnte man dem Mißbrauch vorbeugen, der mit den Privilegien des Adels, des Klerus und anderer Personen, die solche für sich beanspruchen können, getrieben werden könnte?

8. Wäre es nicht angebracht, die Erklärungen von 1723 und 1728 sofort zu widerrufen und zu verfügen, daß alle Eigentümer am Ort des Eigentums besteuert werden?

D: Sources d'Histoire de la France moderne. XVIᵉ, XVIIᵉ, XVIIIᵉ siècle. Sous la dir. de Jean-François Solnon. Paris: Larousse, 1994. S. 631 f. – Übers. von Anke Beck.

23

JOSEPH II.: Aufhebung der Leibeigenschaft*   (1781)

Dieses Patent war das erste einer Reihe von Gesetzen, die nach und nach in den verschiedenen habsburgischen Ländern die Leibeigenschaft aufhoben, d. h. den Bauern Freizügigkeit, Freiheit der Berufswahl und der Eheschließung gewährten. Sie stehen im Kontext einer umfassenden Agrargesetzgebung zur Einschränkung der bäuerlichen Abgaben und Dienste sowie zur Vereinheitlichung des Steuerwesens. Joseph II. verfuhr darin wesentlich radikaler als sein Vorbild Friedrich II. von Preußen, der das System der Adelsherrschaft auf dem Land nicht antastete.

1. November 1781

[...]

Da wir in Erwägung gezogen, daß die Aufhebung der Leibeigenschaft und die Einführung einer gemäßigten nach dem Beispiele Unserer Oesterreichischen Erblande eingerichteten Untertänigkeit auf die Verbesserung der Landeskultur und Industrie den nützlichsten Einfluß habe, und daß die Vernunft und Menschenliebe für diese Änderung das Wort sprechen; so haben Wir Uns veranlaßt gefunden, von nun an die Leibeigenschaft gänzlich aufzuheben, statt derselben eine gemäßigte Untertänigkeit einzuführen, und hierunter den Grundobrigkeiten und ihren Beamten, dann den Untertanen folgendes zur genauesten Nachachtung gesetzmäßig vorzuschreiben:

1. Ist jedem Untertan blos gegen vorherige Anzeige und unentgeltliche Meldzettel sich zu verehelichen berechtigt; so wie

2. jedem Untertan frei steht, unter Beobachtung dessen, was das Werbbezirks-System vorschreibet, auch von der Herrschaft hinwegzuziehen und inner Landes anderswo sich niederzulassen oder Dienste zu suchen. Nur haben jene Untertanen, die von ihren Herrschaften hinwegziehen und sich anderswo häuslich oder inwohnungsweise niederlassen wollen, ebenfalls den unentgeltlichen Entlaßschein, den sie auch der neuen Grundobrigkeit aufzuweisen, und anmit daß sie von der vorigen grundobrigkeitlichen Pflicht entlassen seien, zu bewähren hätten, anzubegehren.

3. Können die Untertanen nach Willkür Handwerke und Künste etc. erlernen und ohne Losbrief, welche ohnehin schon gänzlich aufhören, ihrem Nahrungsverdienste, da wo sie ihn finden, nachgehen.

4. Sind die Untertanen künftig einige Hofdienste zu verrichten nicht mehr schuldig: Nur haben

5. jene, die beider Eltern verwaist sind, wegen der von der Obrigkeit unentgeltlich besorgenden Obervormundschaft die üblichen Waisenjahre, welche jedoch nirgends drei Jahre

zu übersteigen haben, und nur jener Orten, wo sie Herkommens sind, auf dem Hof abzudienen. Und da endlich

6. alle übrige auf dem untertänigen Gründen haftende Roboten, Natural- und Geld-Praestationen, zu welchen die Untertanen auch nach aufgehobener Leibeigenschaft verbunden bleiben, in Unseren Böhmischen Erblanden durch die Urbarial-Patenten ohnehin bestimmt sind; so kann außer diesen den Untertanen ein Mehreres nirgends auferleget, am wenigstens aber, da sie anjetzo als nicht mehr leibeigene Menschen anzusehen sind, unter der Rubrik der vorigen Leibeigenschaft von ihnen mehr etwas abgefordert werden.

Übrigens verstehet sich von selbst, daß die Untertanen ihren Obrigkeiten auch nach aufgehobener Leibeigenschaft vermög der diesfalls ohnehin bestehenden Gesetzen mit Gehorsam verpflichtet bleiben. Wornach sich also in Hinkunft zu achten, Unsere Vorgesetzten Kreisämter und Stellen aber in vorkommenden Fällen dieses Gesetz zur unabweichlichen Richtschnur zu nehmen, auch auf dessen Befolgung genaueste Obsicht zu tragen haben werden. Denn hieran geschiehet Unser höchster, auch ernstlicher Wille und Befehl.

D: Der Josephinismus. Ausgewählte Quellen zur Geschichte der theresianisch-josephinischen Reformen. Hrsg. von Harm Klueting. Darmstadt: Wissenschaftliche Buchgesellschaft, 1995. S. 258 f.

24

Carl Gottlieb Svarez: Allgemeine Grundsätze des Rechts (1791/92)

Der Textauszug stammt aus den Vorträgen, die der Hauptautor der preußischen Gesetzeskodifikation in den Jahren 1791/92 vor dem Kronprinzen gehalten hat. Svarez' rechts-

staatliche Grundsätze gipfelten in der Forderung, daß der Monarch sich selbst den Gesetzen und dem ordentlichen Rechtsweg unterordnen müsse. Dieser Grundsatz fand als »Machtspruchverbot« Eingang in das 1791 der Öffentlichkeit vorgelegte »Allgemeine Gesetzbuch«, wurde aber in der späteren, rechtskräftigen Fassung, dem »Allgemeinen Landrecht für die preußischen Staaten«, wieder gestrichen.

[...] Machtsprüche wirken weder Rechte noch Verbindlichkeiten. Es kann also weder irgendein Minister noch der Souverän selbst Machtsprüche tun.

1. Diese Sätze sind die Schutzwehr der bürgerlichen Freiheit eines preußischen Untertanen. Sie unterscheiden den Bürger der preußischen Monarchie von dem Sklaven eines orientalischen Despoten. Sollte es je so weit kommen, daß diese Grundsätze in der Regierung des Staats nicht mehr respektiert würden, daß der Souverän, in dessen Händen die ganze gesetzgebende Macht des Staats beruht, zugleich auch der unmittelbaren Ausübung des Richteramts sich anmaßte oder daß er seinen Ministern oder Günstlingen gestattete, streitige Rechtsangelegenheiten den Gerichten, welche zu deren Untersuchung und Entscheidung bestellt sind, zu entziehen, sich dieser Entscheidung selbst anzumaßen oder dieselbe andern selbst gewählten Werkzeugen ihres Willens und ihrer Leidenschaft zu übertragen, so würde die größte Verwirrung im ganzen Staat, die äußerste Unzufriedenheit der Nation und zuletzt die Zerrüttung aller bürgerlichen Ordnung die gewisse und unvermeidliche Folge davon sein. Der Richter ist den Gesetzen unterworfen, er ist schuldig, nur sie zur Richtschnur seiner Entscheidung anzunehmen. Nie kann und darf er seine Willkür an die Stelle der Gesetze unterschieben oder seine Erkenntnisse nach seinen Privateinsichten, Neigungen oder eigennützigen Absichten einrichten. Gibt er nur im geringsten zum Verdacht Anlaß, daß er sich in seinen Amtshandlungen

von den Vorschriften des Gesetzes entferne, so steht einem
jeden der Weg der Beschwerden bei den unmittelbaren Vorgesetzten eines solchen Richters, bei dem Ministerio und
zuletzt bei dem Souverän selbst offen. Hier kann er versi-
chert sein, eine unparteiische Untersuchung seiner Beschwerden und, wenn sie gegründet sind, die vollständigste
Remedur derselben zu erhalten. Aber bei wem soll sich der
beschweren, wo soll der Hilfe suchen, dem durch unmittelbare Entscheidung des Souveräns selbst oder seiner alles
vermögenden Günstlinge Gewalt und Unrecht widerfahren
ist? Es ist einmal in der Natur des Menschen begründet,
daß, je größer der Umfang von Macht ist, die jemand besitzt, je weniger Schranken er dabei hat, je weniger er durch
eine sichtbare Obergewalt in seinen Handlungen gezügelt
wird, desto stärker der Hang bei ihm werde, sich bei der
Anwendung dieser seiner Macht der Willkür und den Ein-
drücken des Moments zu überlassen. Was kann also einem
Souverän, der sich selbst zum Richter in den Streitigkeiten
seiner Untertanen macht, leichter begegnen, als daß er seinen Willen an die Stelle des Gesetzes zur Richtschnur der
Entscheidung nimmt, daß er nicht mehr auf die Stimme des
Rechts und der Wahrheit hört, sondern daß die bessere Einkleidung, die einer oder der andre Teil seiner Sache zu geben weiß, daß die persönliche Zu- oder Abneigung, die er
gegen einen oder den andern hegt, daß die künstlichen
Schlingen, die man seinen Privatleidenschaften zu stellen
weiß, daß Intrigen und Kabalen mächtiger, angesehener
oder verschlagener Parteien seine Entscheidung bestimmen.
Und gegen diese Entscheidung gibt es alsdann keine Hilfe
mehr. Es gibt keinen Weg, auf welchem eine von dem Souverän selbst begangene Ungerechtigkeit wiedergutgemacht
werden könnte, anstatt daß es deren hundert gibt, auf welchen eine Partei sich gegen das Unrecht, das ihr von dem
Richter widerfährt, retten kann.

2. Daher ist es ein ebenso weiser als für die Sicherheit des Eigentums und der Freiheit der preußischen Untertanen höchst wohltätiger Grundsatz, daß die Rechtsangelegenheiten derselben nur nach den Gesetzen des Staats von den vom Staat bestellten Gerichten untersucht und entschieden werden, daß Machtsprüche nie eine rechtliche Wirkung haben sollen und daß der Souverän dergleichen weder selbst tun noch es seinen Ministern gestatten wolle. Durch diese Verordnung wird der preußischen Staatsverfassung, so uneingeschränkt monarchisch sie an sich ist, der einzige Vorzug, den man sonst den republikanischen Staatsverfassungen beizulegen pflegt, nämlich die mehrere Sicherheit der bürgerlichen Freiheit gegen willkürliche Gewalt, zugeeignet und einem der vornehmsten Gründe zu Revolutionen, welche den Thron des Monarchen erschüttern könnten, auf immer vorgebeugt. Nächst den Unordnungen in den Finanzen waren es hauptsächlich die berüchtigten lettres de cachet, welche die jetzige Revolution in Frankreich und durch sie den Umsturz der königlichen Gewalt veranlaßt haben. Diese lettres de cachet waren aber nichts anderes als Machtsprüche, wodurch der König oder vielmehr unter Mißbrauchung seines Namens die Minister über die Freiheit, die Rechte und das Eigentum der Untertanen eigenmächtig und ohne gesetzmäßiges Verfahren zu disponieren pflegten.

[...]

D: C. G. S.: Vorträge über Recht und Staat. 1746–1798. Hrsg. von Hermann Conrad und Gerd Kleinheyer. Köln/Opladen: Westdeutscher Verlag, 1960. S. 236 f.

25

Die Grundrechte von Virginia, 12. Juni 1776

Der »Zweite Kontinentalkongress« der aufständischen amerikanischen Kolonien in Philadelphia ermächtigte im Mai

1776 die einzelnen Provinzen, eigene Regierungen zu bilden und republikanische Verfassungen zu erarbeiten. Die erste Einzelverfassung, die verkündet wurde, war die Virginias; sie ist zugleich die erste moderne geschriebene Verfassung, die einen Katalog allgemeiner Menschen- und Bürgerrechte enthält.

Eine von den Vertretern des guten Volkes von Virginia, versammelt in vollem und freiem Konvent, abgegebene Erklärung der Rechte, die ihnen und ihrer Nachkommenschaft als Basis und Grundlage der Regierung zukommen.

Artikel 1

Alle Menschen sind von Natur aus gleichermaßen frei und unabhängig und besitzen gewisse angeborene Rechte, deren sie, wenn sie den Status einer Gesellschaft annehmen, durch keine Abmachung ihre Nachkommenschaft berauben oder entkleiden können, und zwar den Genuß des Lebens und der Freiheit und dazu die Möglichkeit, Eigentum zu erwerben und zu besitzen und Glück und Sicherheit zu erstreben und zu erlangen.

Artikel 2

Alle Macht kommt dem Volke zu und wird folglich von ihm hergeleitet. Beamte sind seine Treuhänder und Diener und ihm jederzeit verantwortlich.

Artikel 3

Die Regierung ist oder sollte eingerichtet sein für das gemeinsame Beste, für den Schutz und die Sicherheit des Volkes, der Nation oder Allgemeinheit; von all den verschiedenen Arten und Formen der Regierungen ist die die beste, die fähig ist, den höchsten Grad von Glück und Sicherheit zu erzielen, und die am wirksamsten gegen die Gefahr einer Mißwirtschaft gesichert ist; und wenn irgendeine Regierung sich diesen Zwecken nicht gewachsen oder feindlich zeigt, so hat eine Mehrheit der Gemeinschaft ein unbezweifelbares, unveräußerliches und unverletzbares Recht, dieselbe zu reformieren, umzugestalten oder abzuschaffen, so wie es für das allgemeine Wohl am nützlichsten zu erachten ist.

Artikel 4

Kein Mensch und kein Verband von Menschen hat ein Recht auf alleinige oder besondere Zuwendungen oder Vergünstigungen seitens der Allgemeinheit außer in Ansehung öffentlicher Dienstleistungen; da diese nicht übertragbar sind, sollten auch die Beamten-, Gesetzgeber- oder Richterstellen nicht erblich sein.

Artikel 5

Die gesetzgebenden und ausführenden Gewalten des Staates sollen von der richterlichen getrennt und klar geschieden sein; die Mitglieder der beiden ersteren sollen von dem Geiste der Bedrückung abgehalten werden, dadurch daß sie die Lasten des Volkes verspüren und an ihnen teilhaben; sie sollen zu bestimmten Zeiten in den Privatstand entlassen werden, in die Gemeinschaft zurückkehren, der sie ursprünglich entnommen wurden, und die freigewordenen Stellen sollen durch häufige, bestimmte und regelmäßige Wahlen wieder besetzt werden, bei denen alle oder ein Teil der früheren Mitglieder wieder wählbar oder unwählbar sind, wie es die Gesetze bestimmen.

Artikel 6

Die Wahlen für die Vertretung des Volkes in der Volksversammlung sollen frei sein; alle Männer, die ihr dauerndes Interesse an der Gemeinschaft und ihre dauernde Anhänglichkeit an sie hinlänglich erhärtet haben, haben das Recht abzustimmen und können nicht zugunsten der öffentlichen Hand ohne ihre oder die Einwilligung ihrer so gewählten Vertreter oder ihres Eigentums beraubt noch durch irgendein Gesetz verpflichtet werden, dem sie nicht in gleicher Weise für das öffentliche Wohl zugestimmt haben.

Artikel 7

Jegliche eigenmächtige Suspendierung von Gesetzen oder ihrer Durchführung seitens irgendeiner Autorität ohne Zustimmung der Volksvertreter ist den Rechten des Volkes abträglich und soll nicht ausgeübt werden.

Artikel 8

Bei allen Anklagen wegen Kapitalverbrechen oder sonstiger krimineller Handlungen hat ein Mensch das Recht, Grund und Art der Anschuldigung zu erfahren, Anklägern und Zeugen gegenübergestellt zu werden, Entlastungszeugen zu benennen, und das Recht auf ein baldiges Verhör vor einem unparteiischen Gerichtshof von zwölf Männern aus seiner Gegend, ohne deren einstimmigen Spruch er nicht als schuldig befunden werden kann; auch kann er nicht gezwungen werden, gegen sich selbst auszusagen; kein Mensch kann seiner Freiheit beraubt werden außer auf Grund des Landesgesetzes oder des Urteilsspruchs von seinesgleichen.

Artikel 9

Übermäßige Kaution soll nicht gefordert, übermäßige Geldstrafen sollen nicht auferlegt, grausame und ungewöhnliche Strafen nicht verhängt werden.

Artikel 10

Allgemeine Vollziehungs- oder Verhaftungsbefehle, durch die ein Beamter oder ein Bote beauftragt wird, verdächtige Plätze ohne den Beweis für eine begangene Tat zu durchsuchen oder irgendeine nicht benannte Person oder Personen oder solche, deren Vergehen nicht genau beschrieben und durch Beweis erhärtet ist, zu verhaften, sind kränkend und bedrückend und sollen nicht ausgestellt werden.

Artikel 11

Bei Streitigkeiten bezüglich des Eigentums und bei Klagen persönlicher Art ist das althergebrachte Verfahren vor dem Geschworenengericht jedem anderen vorzuziehen und sollte heiliggehalten werden.

Artikel 12

Die Freiheit der Presse ist eines der großen Bollwerke der Freiheit und kann niemals, außer durch despotische Regierungen, eingeschränkt werden.

Artikel 13

Eine gut geschulte Miliz, dem Volke entnommen und in den Waffen geübt, ist der eigentliche, natürliche, sichere Schutz eines freien Staates; stehende Heere sollten in Friedenszeiten, als der Freiheit gefährlich, nicht zugelassen sein; in allen Fällen aber sollte das Militär der Zivilgewalt strikt untergeordnet und von ihr beherrscht werden.

Artikel 14

Das Volk soll ein Recht auf eine einheitliche Regierung haben; und darum sollte keine Regierung neben oder unabhängig von der Regierung von Virginia innerhalb dessen Bereich errichtet oder eingesetzt werden.

Artikel 15

Keine freie Regierung oder die Segnungen der Freiheit können einem Volke erhalten bleiben außer durch ein festes Anhalten an Gerechtigkeit, Mäßigung, Enthaltsamkeit, Genügsamkeit und Tugend und durch häufiges Zurückgehen auf grundlegende Prinzipien.

Artikel 16

Religion oder die Pflicht, die wir unserem Schöpfer schulden, und die Art, wie wir ihr nachkommen, kann lediglich durch Vernunft oder Überzeugung geleitet werden, nicht durch Zwang oder Gewalt, und deshalb haben alle Menschen gleichen Anspruch auf freie Ausübung der Religion gemäß den Geboten des Gewissens; es ist eine gegenseitige Pflicht aller, christliche Geduld, Liebe und Güte im Verkehr untereinander zu üben.

D: Die Menschenrechte. Erklärungen, Verfassungsartikel, Internationale Abkommen. Mit einer Einf. hrsg. von Wolfgang Heidelmeyer. Paderborn: Schöningh, 1972. (Uni-Taschenbücher. 123.) S. 54–57. – Mit Genehmigung der Verlag Ferdinand Schöningh GmbH, Paderborn.

26

Marie Jean Antoine de Condorcet:
Der Fortschritt des menschlichen Geistes* (1794)

Der Marquis de Condorcet, einer der ganz wenigen großen französischen Aufklärer, die die Revolution noch erlebten, fiel ihr 1794 selbst zum Opfer; er beging in der Kerkerhaft wahrscheinlich Selbstmord, um der Guillotine zu entgehen. Kurz zuvor hatte er seine »Skizze« verfaßt, in der er die bisherige Menschheitsgeschichte als fortschreitenden Aufklärungsprozeß rekonstruierte und daraus Prognosen künftig zu erwartender »Revolutionen« ableitete.

[...]
Ein allgemeines Wissen von den natürlichen Rechten des Menschen; selbst die Ansicht, daß diese Rechte weder abgeschafft werden können noch einer besonderen Vorschrift bedürfen; der nachdrücklich geltend gemachte Wunsch nach Freiheit des Denkens und Schreibens, Freiheit des Handels und der Industrie, nach Erleichterung der Lasten des Volkes, nach Ächtung jedes Strafgesetzes gegen andersgläubige Religionen sowie nach Abschaffung der Folter und barbarischer Hinrichtungsarten; der Wunsch nach einer milderen Strafgesetzgebung, einer Rechtspflege, die den Unschuldi-

gen volle Sicherheit gewährt, nach einem einfacheren, der
Vernunft und der Natur gemäßeren bürgerlichen Gesetzbuch; die Gleichgültigkeit gegenüber den Religionen, die
endlich dem Aberglauben und den politischen Erfindungen
zugezählt werden; der Haß gegen Heuchelei und Fanatismus; die Verachtung der Vorurteile; der Eifer für die Verbreitung der Aufklärung – all diese grundsätzlichen Dinge
gingen nach und nach aus den Werken der Philosophen in
alle Gesellschaftsklassen ein, innerhalb derer der Unterricht
über das Erlernen des Katechismus und des Schreibens hin-
ausging; sie wurden zum allgemeinen Bekenntnis, zum
Symbol all derer, die weder Machiavellisten noch Schwach-
köpfe waren. In einigen Ländern brachten diese Grundsätze
eine öffentliche Meinung zustande, die so weit sich verbreitete, daß sogar die Masse des Volkes anscheinend bereit war,
sich von ihr leiten zu lassen und ihr zu gehorchen. Das Gefühl der Menschlichkeit, will sagen das Gefühl zarten, tätigen Mitleidens mit dem ganzen Elend, das die menschliche
Gattung bedrückt, des Abscheus vor allem, was durch die
öffentlichen Einrichtungen, die Handlungen der Regierungen, die Taten von Privatleuten den unvermeidlichen natürlichen Leiden neue hinzufügte – dies Gefühl der Menschlichkeit war eine natürliche Folge solcher Grundsätze; es at-
mete in allen Schriften, in allen Reden, und längst war sein
glücklicher Einfluß in den Gesetzen und öffentlichen Einrichtungen sogar jener Völker offenkundig geworden, die
dem Despotismus unterworfen waren.

Die Philosophen der verschiedenen Nationen bezogen
die Interessen der gesamten Menschheit in ihre Betrachtungen ein, ohne Unterschied des Landes, der Rasse oder der
Religion; trotz der Verschiedenheit ihrer rein spekulativen
Ansichten bildeten sie eine einheitliche, starke Phalanx gegen alle Irrtümer, gegen jede Art von Tyrannei. Beseelt von
dem Gefühl einer allumfassenden Menschenliebe bekämpften sie die Ungerechtigkeit, selbst dann, wenn diese, fern
von ihrem Vaterland, sie nicht bedrohen konnte; sie be-

kämpften die Ungerechtigkeit auch dann, wenn es ihr eigenes Vaterland war, das sie an anderen Völkern beging; in Europa erhoben sie sich gegen die Verbrechen, durch welche die Habgier die Küsten Amerikas, Afrikas und Asiens noch immer schändet. Die Philosophen Englands und Frankreichs machten es sich zur Ehre, den Namen und die Pflichten von *Freunden* jener Schwarzen zu übernehmen, deren stupide Tyrannen es verschmähten, sie unter die Menschen zu rechnen. Dem Zugeständnis der Toleranz in Rußland und Schweden zum Lohne stimmten die französischen Schriftsteller ihr Loblied an, indes Beccaria in Italien die barbarischen Maximen der französischen Rechtsprechung widerlegte.

In Frankreich suchte man England von seinen Vorurteilen, den Handel betreffend, und von dem abergläubischen Respekt vor den Mängeln seiner Verfassung und seiner Gesetze zu heilen, während der ehrwürdige Howard die Franzosen auf die barbarische Unbekümmertheit hinwies, mit der man in ihren Gefängnissen und Hospitälern so viele Menschen hinopferte.

Die Gewalttaten oder Verführungskünste der Regierungen, die Unduldsamkeit der Priester und selbst die nationalen Vorurteile hatten nicht mehr die verderbliche Macht, die Stimme der Wahrheit zu ersticken, und da war nichts mehr, was die Feinde der Vernunft und die Unterdrücker der Freiheit vor einer Verurteilung bewahren konnte, die bald von ganz Europa ausgesprochen werden sollte.

Endlich sah man eine neue Lehre sich entwickeln, die dem schon schwankenden Gebäude der Vorurteile den letzten Stoß versetzen sollte: die Lehre von der Möglichkeit unbegrenzter Vervollkommnung des Menschengeschlechts. [...]

Vermag der Mensch die Phänomene, deren Gesetze er kennt, nahezu sicher vorauszusagen; vermag er selbst dann, wenn er sie nicht kennt, anhand der Erfahrung der Vergangenheit die Ereignisse der Zukunft mit großer Wahrschein-

lichkeit vorherzusehen: warum sollte man es dann noch
für ein phantastisches Unterfangen halten, das Bild der
künftigen Geschicke des Menschengeschlechts nach den Er-
gebnissen seiner bisherigen Geschichte mit einiger Wahrscheinlichkeit zu entwerfen? Die einzige Grundlage für die
Glaubwürdigkeit der Naturwissenschaften ist die Idee, daß
die allgemeinen Gesetze, welche die Erscheinungen im Universum bestimmen, ob man sie kennt oder nicht, notwendig
und beständig sind; und aus welchem Grunde sollte dies
Prinzip für die Entwicklung der intellektuellen und moralischen Fähigkeiten des Menschen weniger Gültigkeit haben
als für die anderen Vorgänge in der Natur? Und da endlich
alle die Ansichten über Gegenstände von der gleichen Ordnung, die aus der Erfahrung der Vergangenheit gewonnen
sind, die einzige Verhaltensregel der weisesten Menschen
abgeben: warum sollte man es dem Philosophen verbieten,
seine Mutmaßungen auf die gleiche Grundlage zu stellen,
vorausgesetzt, daß er ihnen keine höhere Gewißheit bei-
mißt als die, welche auf der Zahl, der Beständigkeit und Genauigkeit der Beobachtungen beruht?

Was wir uns für den künftigen Zustand des Menschengeschlechts erhoffen, läßt sich auf folgende drei wichtige
Punkte zurückführen: die Beseitigung der Ungleichheit
zwischen den Nationen; die Fortschritte in der Gleichheit
bei einem und demselben Volke; endlich die wirkliche Vervollkommnung des Menschen. Müssen sich alle Nationen
eines Tages dem Zustand der Zivilisation nähern, den die
aufgeklärtesten, freiesten und vorurteilslosesten Völker, wie
die Franzosen und die Anglo-Amerikaner, erreicht haben?
Muß der gewaltige Abstand nach und nach verschwinden,
der diese Völker von der Knechtschaft der von Königen beherrschten Nationen trennt; der zwischen ihnen und dem
Barbarei der afrikanischen Stämme, der Unwissenheit der
Wilden klafft?

Gibt es Gegenden auf unserem Planeten, deren Bewoh-

ner von Natur dazu verurteilt sind, niemals der Freiheit sich
zu erfreuen, niemals ihre Vernunft zu gebrauchen?

Indem wir eine Antwort auf diese drei Fragen suchen,
werden wir finden, daß in der Erfahrung, die die Menschheit in der Vergangenheit gemacht hat, in der Beobachtung
der Fortschritte, welche Wissenschaften und Zivilisation
bisher gemacht haben, in der Analyse des Ganges des
menschlichen Geistes, der Entwicklung seiner Fähigkeiten
die stärksten Beweggründe zu der Überzeugung liegen, daß
die Natur unseren Hoffnungen keine Grenzen gesetzt hat.

D: J. A. de C.: Entwurf einer historischen Darstellung der Fortschritte des menschlichen Geistes. [Esquisse d'un tableau historique des progrès de l'esprit humain. Frz./Dt.] Hrsg. von Wilhelm Alff. Frankfurt a. M.: Europäische Verlagsanstalt, 1963.
S. 283 f., 345 f. – Mit Genehmigung der Europäische Verlagsanstalt Rotbuch Verlag GmbH & Co. KG, Hamburg.

27

Louis Antoine de Bougainville:
Ein edler Wilder in Paris*   (1771)

*Bougainville umsegelte im Auftrag des französischen Königs
die Erde und erforschte die Inselwelt des Pazifischen Oze-
ans. Sein Bericht über diese Reise »Voyage autour du monde
sur la frégate du roi La Boudeuse et la flûte L'Étoile en
1766, 1767, 1768 et 1769« erregte größtes Aufsehen, denn im
Leben der »Wilden« glaubte man den Naturzustand der
Menschheit wiederzufinden. Aus Tahiti brachte Bougainville den Eingeborenen Aotourou (so die französierte Na-
mensform) mit nach Paris, dessen Begegnung mit der Gesellschaft der Salons er in diesem Auszug beschreibt.*

Ich will am Ende dieses Kapitels mich noch deswegen rechtfertigen – ich sage rechtfertigen, weil man diesen Ausdruck
von mir verlangt –, warum ich mir die Neigung des Aoturu,

eine Reise mit uns zu tun, die seiner Meinung nach nicht so
lange währen sollte, zunutze gemacht habe, und ich will zugleich anführen, was ich während der Zeit, die er bei mir gewesen, über sein Land habe in Erfahrung bringen können. [...]

Ich habe weder Sorge noch Kosten gespart, um ihm seinen Aufenthalt in Paris so angenehm und nützlich wie
möglich zu machen. Er hat während seines Aufenthaltes
von 11 Monaten auch keine Spur von Langeweile gezeigt.
Man ist sehr neugierig gewesen, ihn zu sehen. Da die meisten Leute leere, aber ihrer Einbildung nach kluge Köpfe
waren, die nach vorgefaßten Meinungen urteilen und gleichwohl in einem entscheidenden Tone reden, wenn sie gleich
nie etwas außer Paris gesehen, so hat ihre unnütze Neu-
gierde zu nichts anderem beigetragen, als ihnen neue Vorurteile und Irrtümer beizubringen. Einige fragten mich wohl
gar, ob man in dem Lande dieses Wilden weder französisch
noch englisch, noch spanisch redete. Was konnte ich darauf
antworten? Indes war es nicht die Verwunderung über diese
einfältigen Fragen, die mich stumm machte; ich war an dergleichen gewöhnt, weil bei meiner Rückkunft einige, die
gleichwohl als unterrichtet und als kluge Leute angesehen
sein wollten, behaupteten, daß ich die Welt nicht umsegelt
hätte, da ich nicht in China gewesen.

Andere Klüglinge hatten von diesem armen Insulaner einen schlechten Begriff, und zwar aus keinem anderen
Grunde als dem, daß er nach einem zweijährigen Zusam-
mensein mit Franzosen kaum ein paar französische Wörter
aussprechen konnte. Lernen doch, sagten sie, Italiener, Engländer und Deutsche, wenn sie 1 Jahr lang in Paris gewesen,
die französische Sprache. Ich hätte ihnen darauf mit Grund
antworten können, daß es dem Insulaner schon physisch
wegen der Beschaffenheit seiner Sprachorgane unmöglich
wäre, viele unserer Wörter auszusprechen (auf dieses Hindernis gehe ich weiter unten noch ausführlich ein), und daß
er 30 Jahre erreicht, ohne daß er sein Gedächtnis auf irgend-

eine Art geübt noch daß er seine Verstandeskräfte auf eine Arbeit verwandt hätte, daß ein Italiener, ein Engländer, ein Deutscher zwar in 1 Jahr leidlich französisch reden lernen, daß sie aber eine der französischen Sprache ähnliche Grammatik und gleiche Begriffe wie wir von Moral, Physik, Politik, Gesellschaft haben, die sie in ihrer Sprache so gut ausdrücken können wie wir in unserer, und daß sie gleichsam nur die Übersetzung dieser Begriffe ihrem Gedächtnis einprägen müssen. Der Tahitier dagegen hatte nur eine geringe Anzahl von Begriffen zur Verfügung, wie man es von einer Nation, welche so einfach und beschränkt lebt und so wenige Bedürfnisse hat, nicht anders erwarten kann. Man hätte also einem bisher gar nicht geübten Verstand erst einmal unzählige Grundbegriffe von Dingen beibringen müssen, ehe er die Worte, die diese in unserer Sprache ausdrücken, hätte lernen können. So ungefähr hätte ich antworten können; allein dazu wären einige Minuten nötig gewesen, und ich bemerkte, daß diejenigen leichtsinnigen Köpfe, die mich mit ihren Fragen am meisten quälten, allgemein schon wieder den Rücken wandten, ehe ich auch nur mit meiner Antwort beginnen konnte. Es finden sich in den Hauptstädten nämlich üblicherweise Leute, die nicht Fragen stellen, um sich zu unterrichten, sondern um Richter zu spielen, die ein Urteil fällen; sie urteilen in jedem Falle, ob sie die Antwort nun hören oder nicht.

D: L. A. de B.: Reise um die Welt. [Nach einer Übers. von 1772 überarb. und erg. von Irene Wardega und Klaus-Georg Popp.] Hrsg. von Klaus-Georg Popp. Stuttgart: Parkland-Verlag, 1980. S. 210–212. – Mit Genehmigung der Rütten & Loening Berlin GmbH, Berlin.

28

JOHANN GOTTFRIED HERDER: Die Torheit des Zeitalters*
(1774)

Der Theologe Johann Gottfried Herder, einer der bedeu-
tendsten deutschen Schriftsteller des späten 18. Jahrhunderts
und von großem Einfluss auf die Literatur des Sturm und
Drang, greift in seinem ersten geschichtsphilosophischen
Hauptwerk »Auch eine Philosophie der Geschichte zur Bil-
dung der Menschheit« den Hochmut seiner Zeitgenossen an
und wirft ihnen vor, sich mit ihrem Fortschrittsoptimismus
zu Unrecht über andere Epochen zu erheben. Es sei töricht,
so lautet sein zentrales Argument, die Kulturen früherer
Zeiten an den Maßstäben der späteren zu messen; jede Zeit
und jede »Nation« seien vielmehr nur aus ihren eigenen
Voraussetzungen zu verstehen.

Der Mensch *staunt* alles an, ehe er *sieht*: kommt nur durch
Verwunderung zur *hellen Idee* des Wahren und Schönen;
nur durch *Ergebung und Gehorsam* zum ersten Besitz des
Guten – so gewiß auch das menschliche Geschlecht. Hast
du je einem Kinde aus der philosophischen *Grammatik*
Sprache beigebracht? aus der abgezogensten *Theorie* der
Bewegung es gehn gelernt? hat ihm die leichteste oder
schwerste Pflicht aus einer *Demonstration* der Sittenlehre
begreiflich gemacht werden müssen? und dürfen? und können? Gottlob eben! daß sie's *nicht dürfen* und *können!*
Diese zarte Natur, *unwissend* und dadurch auf alles begierig, *leichtgläubig* und damit alles *Eindrucks fähig*, *zu-*
trauend-folgsam, und damit geneigt, auf alles Gute geführt
zu werden, alles mit Einbildung, Staunen, Bewundrung er-
fassend, aber eben damit auch alles *um so fester und wun-*
derbarer sich zueignend – »Glaube, Liebe und Hoffnung in
seinem zarten Herzen, die einzigen Samenkörner aller
Kenntnisse, Neigungen und Glückseligkeit« – tadelst du die
Schöpfung Gottes? oder siehst du nicht in jedem deiner so-

genannten Fehler Vehikulum, einziges Vehikulum alles
Guten? Wie töricht, wenn du diese Unwissenheit und Bewundrung, diese Einbildung und Ehrfurcht, diesen Enthusiasmus und Kindessinn mit den schwärzesten Teufels-
gestalten deines Jahrhunderts, *Betrügerei* und *Dummheit,
Aberglaub'* und *Sklaverei* brandmarken, dir ein Heer von
Priesterteufeln und Tyrannengespenstern erdichten willt,
die nur in deiner Seele existieren! Wie tausendmal mehr töricht, wenn du einem Kinde deinen *philosophischen Deis-
mus*, deine *ästhetische Tugend* und *Ehre*, deine *allgemeine
Völkerliebe* voll toleranter *Unterjochung, Aussaugung* und
Aufklärung nach hohem Geschmack deiner Zeit großmütig
gönnen wolltest! Einem *Kinde*? O du das ärgste, törichtste
Kind! und raubtest ihm damit seine *beßre* Neigungen, die
Seligkeit und *Grundfeste* seiner Natur; machtest es, wenn
dir der unsinnige Plan gelänge, zum unerträglichsten Dinge
in der Welt – einem *Greise von drei Jahren.*

[...] – wie elend werden »manche Modeurteile unsres
Jahrhunderts über Vorzüge, Tugenden, Glückseligkeit so
entfernter, so abwechselnder Nationen, aus bloß allgemeinen Begriffen der Schule!«

Ist die menschliche Natur keine im Guten selbständige
Gottheit: sie muß alles *lernen*, durch Fortgänge *gebildet*
werden, im *allmählichen Kampf* immer weiterschreiten;
natürlich wird sie also von den Seiten am meisten oder
allein gebildet, wo sie dergleichen *Anlässe* zur Tugend, zum
Kampf, zum Fortgange hat – in gewissem Betracht ist also
jede menschliche Vollkommenheit *national, säkular* und,
am genauesten betrachtet, *individuell.* Man bildet nichts
aus, als wozu *Zeit, Klima, Bedürfnis, Welt, Schicksal* Anlaß
gibt: vom übrigen abgekehrt: die Neigungen oder Fähigkeiten, im Herzen schlummernd, können nimmer Fertigkeiten
werden; die Nation kann also bei Tugenden der erhabensten
Gattung von einer Seite, von einer *andern* Mängel haben,
Ausnahmen machen, *Widersprüche* und Ungewißheiten zeigen, die in Erstaunen setzen; aber niemanden, als der sein

idealisch Schattenbild von Tugend aus dem Kompendium seines Jahrhunderts mitbringt und Philosophie gnug hat, um auf einem Erdenfleck die ganze Erde finden zu wollen, sonst keinen! Für jeden, der menschliches Herz aus dem *Elemente seiner Lebensumstände* erkennen will, sind dergleichen *Ausnahmen* und *Widersprüche* vollkommen menschlich: Proportion von Kräften und Neigungen zu einem gewissen Zwecke, der ohne jene nimmer erreicht werden könnte; also gar keine Ausnahmen, sondern *Regel*.

D: J. G. H.: Auch eine Philosophie der Geschichte zur Bildung der Menschheit. Hrsg. von Hans Dietrich Irmscher. Stuttgart: Reclam, 1990. (Universal-Bibliothek. 4460.) S. 13 f., 31 f.

29

CHRISTIAN WILHELM DOHM: Über die bürgerliche Verbesserung der Juden   (1781)

Der preußische Staatsbeamte Dohm war von Moses Mendelssohn auf die Probleme der Juden aufmerksam gemacht worden und hatte auf dessen Bitte eine Denkschrift zur Verbesserung der wirtschaftlichen und rechtlichen Situation der elsässischen Judenschaft verfaßt. Als Anhang zu diesem Memorandum veröffentlichte er eine grundsätzliche Auseinandersetzung mit der jüdischen Frage, aus der hier zitiert wird. Er setzte sich darin nicht nur mit den antisemitischen Vorurteilen seiner Zeitgenossen auseinander, sondern forderte auch erstmals in Deutschland die völlige Aufhebung der rechtlichen Sonderstellung der Juden. Die Schrift löste eine breite öffentliche Debatte über diese Frage aus und lieferte die Argumente für die in verschiedenen Staaten in Gang kommende Reformgesetzgebung.

[…]   Die Juden halten natürlich noch itzt ihr Gesetz für das erste und vollkommenste, und haben es nur desto lieber, weil es ohngeachtet so vieler Verfolgungen sich noch immer erhalten hat; sie müssen sich noch itzt für die ersten der Menschen halten, weil sie bei dem Haß aller Nationen, fast durch ein größeres Wunder, als die ihrer alten Geschichte, noch da sind; sie müssen Abneigung für andre Nationen empfinden, die ihre heiligen Lehren von den ihrigen ableiten, und sie doch in allen Teilen der Welt verfolgen.

Sehr natürlich werden sich bei den Juden unserer Zeit die Empfindungen des Drucks, in dem sie leben, mit denen durch ihr Gesetz geheiligten feindseligen Gesinnungen ihrer Vorfahren gegen die Völker, deren Land sie ehmals erobern sollten, vermischen, und vielleicht halten es manche derselben sich erlaubt, Menschen, die ihnen kaum das Dasein in ihren Gesellschaften bewilligen, wie Cananiter zu hassen. Diese Gesinnungen sind aber unstreitig nur Folgerungen aus ihrem alten Gesetz, welche die natürlichen Empfindungen des Gedruckten und Beleidigten zu rechtfertigen scheinen. Gewiß aber enthält die itzige Religion der Juden kein Gebot des Hasses und der Beleidigung fremder Glaubensgenossen. Der Mord, der Diebstahl, der Betrug, auch an diesen begangen, bleibt nach ihrem Gesetz immer ein gleiches Verbrechen.* Folgerungen der Art aber, wie die

---

* Man findet vielleicht im Talmud Stellen, wo einzelne Rabbinen sich bemüht haben, durch sophistische Folgerungen zu beweisen, daß es kein so großes Verbrechen sei, einen nicht zum Israelitischen Volk gehörigen Menschen zu hintergehen. Von der Art ist z. B. die Erklärung des Gesetzes, »den *Nächsten* zu lieben, ihn nicht zu beleidigen etc., daß unter dem *Nächsten* nur der *Israelite* verstanden werde.« Einige den Juden abgeneigte Schriftsteller, und besonders *Eisenmenger*, haben diese Stellen mit vielen Vorwürfen gegen die jüdische Nation gesammelt, und den Haß und die Verfolgung derselben dadurch rechtfertigen wollen. Wenn aber (wie es unstreitig ist) diese Behauptungen einzelner Lehrer nie von der Nation anerkannt sind; wenn sowohl das *mosaische Gesetz* als der *Talmud* und ihre *größten Lehrer* durchaus keinen Unterschied zwischen *Laster* und *Verbrechen*, es sei begangen, an wem es wolle, erkennen; so würde es sehr ungerecht sein, die Vorurteile einiger wenigen Rabbinen der ganzen Nation beizumessen, und ihr ganzes Religionssystem danach zu beurteilen; gerade ebenso ungerecht, als wenn man nach den Behauptungen mancher Kirchenväter (die oft ungereimt und menschenfeindlich genug sind) die christliche Religion beurteilen, und von ihnen auf die sittlichen Grundsätze der itzigen Christen schließen wollte.

obenerwähnten, lassen sich bei allen Religionen ableiten, und werden auch wirklich abgeleitet. Jede derselben rühmt sich der einzige, oder doch wenigstens der sicherste und geradeste Weg zum Wohlgefallen der Gottheit, zu dem Genuß der Seligkeit eines zweiten Lebens zu sein; jede behauptet ihre Wahrheit durch so deutliche, unwidersprechliche Beweise gegründet zu haben, daß nur vorsetzliche Verblendung die Augen vor ihrem gleich der Sonne leuchtenden Lichte schließen könne. Jede Religion flößet also ihren Anhängern eine Art von Abneigung gegen die aller übrigen ein, eine Abneigung, die bald mehr an Haß, bald an Verachtung grenzt, und die nach mannichfachen Stufen gestärkt und geschwächt erscheint, je nachdem die politischen Verhältnisse der verschiednen religiösen Gesellschaften ihre Empfindungen gegen einander bestimmen, und je nachdem die übrige Cultur, der Einfluß der Philosophie und der Wissenschaften die Eindrücke der geheiligten Meinungen schwächer oder stärker gelassen haben. Wenn also jede Religion mehr oder weniger die natürlichen Bande der Menschheit zerreißt, und dieser Gefühle und Rechte nicht in gleichem Grade denen bewilligt, die durch verschiedne Meinungen getrennt sind, wenn dieses eine natürliche Folge des behaupteten Vorzugs jeder Religion ist; so kann es nicht für einen Grund gelten, deshalb den Anhängern irgend eines Glaubens die Rechte der Bürger zu versagen. Denn sonst würde der Staat keine oder nur eine einzige Religion dulden müssen. *Beides* ist nach der itzigen Lage der Welt nicht tunlich, *beides* würde dem wahren Wohl des Staats widersprechen, und ein Eingriff in die natürlichen Rechte des Menschen sein, die er sich auch als Bürger vorbehält, und zu denen besonders die Freiheit gehört, die Glückseligkeit eines andern Lebens auf dem, nach seiner Meinung sichersten Wege zu suchen, und *das erste der Wesen* auf die Art zu verehren, die er ihm die würdigste und gefälligste glaubt. Die Verschiedenheit der Grundsätze und die Trennung nach derselben ist eine natürliche und unvermeidliche Folge dieser Freiheit, aber sie ist aus dem richtigen Gesichtspunkt betrachtet und behandelt, nicht so nachteilig für den Staat, wie es oft geglaubt worden. Diese durch die Religion bewirkte *Trennung* ist *nicht die einzige* in der bürgerlichen Gesellschaft. Alle Glieder derselben sind nach mannichfachen Beziehungen in verschiedne abgesonderte Verbindungen und einzelne kleinere Gesellschaften vereint; jede derselben hat ihre eigentümliche Grundsätze, flößt den Ihrigen eigne Gesinnungen und Vorurteile ein, gibt ihnen, eignen Kreis und besondere Beweggründe der Tätigkeit und Ausbildung. Jede dieser Verbindungen legt sich selbst höhere Vorzüge bei, und unterscheidet sich von den Menschen außer derselben auf eine für diese mehr oder wenige nachteilige Art. So trennt sich Adel, Bürger und Bauer; Städter und Landmann; Krieger und Unbewaffneter; Gelehrter und Laie; Künstler und Ungeweihter. So scheidet eine Zunft, ein Gewerbe, ein Geschäft im Staat, seine Genossen von allen übrigen ab, und so scheiden sich Christ, und Jud und Muselmann, die Anhänger des Ali und des Osmann, die Verehrer des Pabsts und Luthers, Socins und Calvins, die portugiesischen und die polnischen Hebräer.

Das große und edle Geschäft der Regierung ist, die ausschließenden Grundsätze aller dieser verschiednen Gesellschaften so zu mildern, daß sie der großen Verbindung, die sie alle umfaßt, nicht nachteilig werden, daß jede dieser Trennungen nur den Wetteifer und die Tätigkeit wecken, nicht Abneigung und Entfernung hervorbringen, und daß sie sich alle in der großen Harmonie des Staats auflösen. Sie erlaube jeder dieser besondern Verbindungen ihren Stolz, auch sogar ihre nicht schädliche Vorurteile; aber sie bemühe sich jedem Gliede noch mehr Liebe für den Staat einzuflößen, und sie hat ihre große Absicht erreicht, wenn der Edelmann, der Bauer, der Gelehrte, der Handwerker, der Christ und der Jude noch mehr als alles dieses, *Bürger* ist. [...] Das einzige Geschäft der Regierung hiebei müßte sein, zuförderst jene Grundsätze, oder vielmehr nur jene Folgerungen

aus religiösen Grundsätzen und ihren würklichen Einfluß
in die Handlungen, genau zu kennen. Und dann müßte sie
sich bemühen, diesen Einfluß dadurch zu schwächen, daß
sie die allgemeine Aufklärung der Nation und ihre von der
Religion unabhängige Sittlichkeit, und die Verfeinerung ihrer Empfindungen beförderte. Vorzüglich aber würde der
Genuß der bürgerlichen Glückseligkeit in einem wohlge-
ordneten Staat, und der so lange versagten Freiheit, die un-
geselligen Religionsgesinnungen verscheuchen. Der Jude ist
noch mehr Mensch als Jude, und wie wäre es möglich, daß
er einen Staat nicht lieben sollte, in dem er ein freies Eigentum erwerben, und desselben frei genießen könnte, wo
seine Abgaben nicht größer als die andrer Bürger wären,
und wo auch von ihm Ehre und Achtung erworben werden
könnte? Warum sollte er Menschen hassen, die keine krän-
kende Vorrechte mehr von ihm scheiden, mit denen er gleiche Rechte und gleiche Pflichten hätte? Die Neuheit dieses
Glücks, und leider! die Wahrscheinlichkeit, daß man es ihm
noch nicht so bald in allen Staaten bewilligen werde, würden es dem Juden nur noch desto kostbarer machen, und
schon die Dankbarkeit müßte ihn zum patriotischen Bürger bilden. Er würde das Vaterland mit der Zärtlichkeit eines bisher verkannten und nur nach langer Verbannung in
die kindlichen Rechte eingesetzten Sohns ansehen: Diese
menschlichen Gefühle würden in seinem Herzen lauter reden, als die sophistische Folgerungen seiner Rabbinen.

[…]

Alles, was man den Juden vorwirft, ist durch die politische Verfassung, in der sie itzt leben, bewirkt, und jede andre Menschengattung, in dieselben Umstände versetzt,
würde sich sicher eben derselben Vergehungen schuldig machen. Denn jene übereinstimmende Eigenheiten der Denk-
art, der Gesinnungen und Leidenschaften, die man bei dem
größern Teil der einzelnen Glieder einer Nation findet, und
die man ihren *bestimmten Charakter* nennt, sind nicht un-
terscheidende und unabänderliche Eigenschaften einer ih-

nen eignen Modification der menschlichen Natur; sondern,
wie man in unsern Zeiten deutlich anerkannt hat, teils des
Himmelsstrichs, der Nahrungsmittel etc., teils und vornehmlich aber der politischen Verfassung, in der sich eine
Nation befindet. Wenn also der Jude in Asien von dem in
Deutschland verschieden ist, so wird man dieses für eine
Folge der verschiednen physischen Situationen ansehen
müssen; wenn er aber in Cracau wie in Cadix des Betrugs
im Handel etc. angeklagt wird, so muß dieses eine Folge der
gleichen Drückung sein, die er an den entferntesten Enden
von Europa erfährt. Die Beschuldigung, daß die itzigen Juden noch mit eben dem schwärmerischen Haß die Christen
verabscheuen, mit dem einige ihrer Vorfahren vor achtzehn
Jahrhunderten Christum kreuzigten, verdient kaum eine
ernsthafte Beantwortung. Nur in dem Zeitalter der Barbarei
konnte man die entferntesten Nachkommen in Frankreich
und Deutschland noch zur Rechenschaft wegen eines Ver-
gehens ziehn, daß vor so vielen Jahrhunderten an der asiati-
schen Küste des mittelländischen Meers begangen worden.*

* In diesen Zeiten, vom Ende des eilften bis ins funfzehnte Jahrhundert,
wurde sehr oft neben den Beschuldigungen des Brunnenvergiftens, der verrä-
terischen Correspondenz mit den Saracenen etc. auch die *Creutzigung Christi
durch Juden des ersten Jahrhunderts*, zum Vorwand gebraucht, in einem wü-
tenden Auflauf des Pöbels ihre späten Enkel umzubringen, oder mit mehr
Ordnung, sie alles ihres Eigentums und aller ihrer rechtmäßigen Forderungen
an ihre rechtgläubigen Schuldner verlustig zu erklären, um sie ganz nackt über
die Grenze in ein andres Land zu verjagen, wo sie gleich unmenschlich empfangen, vor Hunger und Elend umkommen mußten. Um einer dieser Verfolgungen im J. 1348 zu entgehn, behaupteten die Juden in Worms, Ulm und Regensburg, daß ihre Vorfahren schon nach der Zerstörung des ersten Tempels
lange vor Christo, sich in Deutschland niedergelassen, und ihr ganzes Geschlecht also an den Handlungen der palästinäischen Juden keinen Anteil habe.
Zum Beweise zeigten sie einen Brief, den die letztern an die deutschen Juden
geschrieben haben sollten, um ihnen von dem Aufstande, den Christus erregt,
und von der geschehenen Creutzigung desselben Nachricht zu geben. Von den
diplomatischen Kenntnissen dieser Zeit läßt es sich erwarten, daß man eine solche Urkunde für ächt halten, und durch sie bewogen werden konnte, über die
Juden etwas günstiger zu denken. *S. Lehmanns Speyerische Chronick*, Buch V.
Cap. 37. p. 414. Den Brief selbst findet man in *Seb. Francken Teutsche Chronick* p. 327. und in *Speidelii Speculo Juridico-Pol. etc. Observationum* p. 658.

Freilich hat sich die ungesellige Abneigung der beiden religiösen Gesellschaften, die einen gemeinschaftlichen Ursprung haben, stärker erhalten, als der Philosoph nach einem
so langen Zeitraum und bei so fortschreitender Aufklärung
vermuten und wünschen möchte. Aber gerade dieses ist der
Fehler der Regierungen, welche die trennenden Grundsätze
der Religion nicht weiser zu mildern gewußt, und nicht vermocht haben, in der Brust *des Juden* und *des Christen* ein
Gefühl des Bürgers anzufachen, das die Vorurteile beider
längst verzehren müssen. Diese Regierungen waren christliche, und *wir* können also, wenn wir unparteiisch sein wollen, den Vorwurf nicht von uns ablehnen, daß *wir* zu den un-
geselligen Gesinnungen beider Parteien das Meiste beigetragen haben. Wir waren immer die herrschenden, uns lag es
daher ob, dem Juden menschliche Gefühle dadurch einzuflößen, daß wir ihm Beweise der unsrigen gäben; wir mußten, um ihn von seinen Vorurteilen gegen uns zu heilen, die
eignen zuerst ablegen. Wenn diese also noch itzt den Juden
abhalten, ein guter Bürger, ein geselliger Mensch zu sein,
wenn er Abneigung und Haß gegen den Christen fühlt, wenn
er sich durch die Gesetze der Redlichkeit gegen ihn nicht so
gebunden glaubt; so ist dies Alles *unser Werk*. Seine Religion
gebietet ihm diese Vergehungen nicht, aber die Vorurteile, die
wir ihm eingeflößt haben, und noch immer bei ihm unterhalten, wirken stärker als die Religion. Wir sind der Vergehungen schuldig, deren wir ihn anklagen; und die sittliche Verderbtheit, in welche diese unglückliche Nation itzt durch eine
fehlerhafte Politik versunken ist, kann kein Grund sein, die
fernere Fortdauer der letztern zu rechtfertigen.

   Diese Politik ist ein Überbleibsel der Barbarei der ver-
floßnen Jahrhunderte, eine Wirkung des fanatischen Reli-
gionshasses, die der Aufklärung unsrer Zeiten unwürdig,
durch dieselbe längst hätte getilgt werden sollen.   [...]

D: Chr. W. D.: Über die bürgerliche Verbesserung der Juden. Tl. 1.
   Berlin/Stettin: Nicolai, 1781. S. 21–28, 35–39.

30

GUILLAUME RAYNAL / DENIS DIDEROT: Über die Sklaverei*
(1770/80)

*Raynals Beschreibung der »beiden Indien« (nämlich Ost-
asiens und Amerikas), ein umfangreiches Werk über die
europäische Expansion nach Übersee, entsprach der Begeisterung des Publikums für exotische Kulturen und wurde –
obwohl in Frankreich verboten – zu einem der erfolgreichsten Bestseller des 18. Jahrhunderts. An der auf 10 Bände
angewachsenen dritten Ausgabe (1780) hatte auch Denis
Diderot anonym mitgearbeitet und den kritischen Ton an
vielen Stellen deutlich verschärft. Die Darstellung der Skla-
venhaltung auf den westindischen Inseln, aus der hier zitiert
wird, entfachte eine grundsätzliche Debatte über die Sklaverei.*

Indessen ist nichts Erschrecklichers als der Zustand des
Negers im ganzen amerikanischen Archipelagus. Er wird
zuvorderst durch das unauslöschliche Siegel der Sklaverei
beschimpft, indem man mit einem glühenden Eisen den
Namen oder das Zeichen seines Tyrannen auf seinen Arm
oder seine Brüste brennt. Eine enge, ungesunde, aller Bequemlichkeit entblößte Hütte ist seine Wohnung. Sein
Bett ist eine Hürde, die den Körper eher zerschlägt, als
ihm Ruhe verschafft. Einige irdene Töpfe, einige hölzerne
Schüsseln machen seinen ganzen Hausrat aus. Die grobe
Leinwand, die einen Teil seiner Blöße deckt, schützt ihn weder vor der unerträglichen Hitze des Tages noch vor der gefährlichen Kühle der Nacht. Was man ihm an Maniok, an
gesalzenem Rindfleisch, Stockfischen, Früchten und Wurzeln gibt, ist kaum hinreichend, sein trauriges Leben zu erhalten. Von allem beraubt, ist er unter einem brennenden
Himmelsstrich und unter der immer aufgehobenen Peitsche
eines unmenschlichen Verwalters zu einer beständigen Arbeit verdammt.

Europa erschallt seit einem Jahrhundert von den gesundesten und erhabensten moralischen Grundsätzen. Die brüderliche Liebe gegen alle Menschen ist auf die rührendste Art in unsterblichen Werken vorgetragen. Man ist unwillig über die geistlichen und weltlichen Grausamkeiten unserer wilden Voreltern und wendet seine Blicke von diesen abscheulichen und blutigen Jahrhunderten ab. Diejenigen unserer Nachbarn, welche von den barbarischen Staaten mit Fesseln belegt sind, werden von uns durch Hilfe und Mitleiden unterstützt. Selbst eingebildetes Unglück entreißt uns in der Stille unsers Kabinetts und vorzüglich auf dem Theater Tränen. Nur das unglückliche Schicksal der Neger ist uns gleichgültig. Man tyrannisiert, man verstümmelt, man verbrennt, man ermordet sie, und wir hören es mit kaltem Blut und ohne Rührung sagen. Die Qualen eines Volks, dem wir unsere Wollüste zu verdanken haben, dringen nie an unser Herz.

Der Zustand dieser Sklaven ist zwar in den Kolonien überall höchst betrübt, allein mit einiger Verschiedenheit. Diejenigen, die eine große Strecke Landes besitzen, geben ihnen gemeiniglich ein Stück Landes, das zur Befriedigung aller ihrer Bedürfnisse hinreichen muß. Einen Teil des Sonntags und die wenige Zeit, die sie an den andern Tagen von der Essenszeit abbrechen können, dürfen sie zum Anbau desselben anwenden. In den enger eingeschränkten Inseln gibt ihnen der Siedler selbst die Nahrungsmittel, die größtenteils übers Meer herkommen. Unwissenheit, Geiz oder Armut haben in einigen Kolonien ein Mittel, für den Unterhalt der Neger zu sorgen, eingeführt, das für den Landbau sowohl als für die Menschen verderblich ist. Man schenkt ihnen den Sonnabend oder einen andern Tag, um sich entweder durch Arbeiten in den benachbarten Pflanzungen oder durch Plünderung derselben soviel zu verschaffen, als sie zum Unterhalt auf die ganze Woche brauchen. [...]

Der erste Schritt zu dieser Verbesserung bestünde darin, daß man den natürlichen und sittlichen Menschen kennenlernte. Diejenigen, welche die Schwarzen an barbarischen Ufern kaufen, diejenigen, welche sie nach Amerika bringen, und zumal diejenigen, welche über ihre Arbeit gebieten, glauben, von Standes und oft der eigenen Sicherheit wegen dazu verpflichtet zu sein, diese Unglücklichen zu unterdrücken. Die Seele der Verwalter ist jeder Empfindung von Mitleiden verschlossen, kennt keine anderen Triebfedern als Furcht und Gewalt und braucht sie mit aller Unmenschlichkeit einer erbettelten Herrschaft. Wenn die Eigentümer der Pflanzungen aufhörten, die Sorge für ihre Sklaven für zu gering zu achten, und sich einem Geschäft unterzögen, das in allem Betracht eine Pflicht für sie ist, so würden sie bald diese grausamen Irrtümer ablegen. Die Geschichte aller Völker würde ihnen beweisen, daß man die Sklaverei wenigstens gelinde machen muß, wenn sie einträglich sein soll, daß die Gewalt die innere Widerspenstigkeit der Seele nicht hemmt, daß der Vorteil des Herrn es erfordert, daß der Sklave Luft zum Leben habe und daß man nichts mehr von ihm zu erwarten hat, sobald er sich nicht mehr vor dem Tod fürchtet.

Dieser aus der eigenen Empfindung geschöpfte Lichtstrahl würde viele Veränderungen nach sich ziehen. Man würde der Notwendigkeit nachgeben, Wesen, die zur mühsamsten Knechtschaft verdammt sind, von der man seit dem schändlichen Ursprung der Sklaverei gehört hat, auf eine schickliche Art zu ernähren, zu kleiden und unter Dach zu bringen. Man würde einsehen, daß es der Natur nach unmöglich ist, daß diejenigen, die nicht den geringsten Nutzen von ihrem Schweiß genießen, die nur durch fremden Schweiß tätig sind, so viel Einsicht, Sparsamkeit, Tätigkeit und Kraft haben sollten als der Mensch, der das ganze Einbringen seiner Arbeit genießt und der keiner andern Leitung als seinem eigenen Willen folgt. Nach und nach käme man zu jener politischen Mäßigung, die darin besteht, die

Arbeiten zu sparen, die Strafen zu lindern, dem Menschen
einen Teil seiner Rechte wieder zu schenken, um desto sicherer den Zoll der Pflichten, die man ihm auferlegt, zu
empfangen. Der Erfolg von dieser weisen Sparsamkeit wäre
die Erhaltung einer großen Menge von Sklaven, die von den
durch Verdruß oder Betrübnis entstandenen Krankheiten
hingerafft werden.

D: G. R. / D. D.: Die Geschichte beider Indien. [Nach der Übers.
   von Johann Martin Abele, 10 Bde., 1782–88.] Ausgew. und erl.
   von Hans-Jürgen Lüsebrink. Nördlingen: Greno, 1988. (Die
   Andere Bibliothek. 42.) S. 225 f., 230 f.

Auswahlbibliographie

Zeitschriften

Das Achtzehnte Jahrhundert. Mitteilungen der Deutschen Gesellschaft für die Erforschung des Achtzehnten Jahrhunderts (DGEJ). Wolfenbüttel 1977 ff.

Aufklärung. Interdisziplinäre Halbjahresschrift zur Erforschung des 18. Jahrhunderts und seiner Wirkungsgeschichte. In Verbindung mit der DGEJ hrsg. von G. Birtsch, K. Eibl, N. Hinske, R. Vierhaus. Hamburg 1986 ff.

Dix-huitième siècle. Revue annuelle. Paris 1969 ff.

The Eighteenth Century. A Current Bibliography. Ed. by the American Society for Eighteenth Century Studies. New York 1971 ff.

Eighteenth Century Studies (Johns Hopkins University). Baltimore 1967 ff.

Studies on Voltaire and the Eighteenth Century / Travaux sur Voltaire et le dix-huitième siècle (Voltaire Foundation). Oxford 1955 ff.

Nachschlagewerke

Delon, Michel (Hrsg.): Dictionnaire européen des lumières. Paris 1997.

Reill, Peter Hans / Wilson, Ellen Judy (Hrsg.): Encyclopedia of the Enlightenment. New York 1996.

Schneiders, Werner (Hrsg.): Lexikon der Aufklärung. Deutschland und Europa. München 1995.

Allgemeines, Handbücher und Überblicksdarstellungen

Black, Jeremy: Eighteenth Century Europe 1700–1789. London 1990.

Darnton, Robert: Washingtons falsche Zähne, oder noch einmal: Was ist Aufklärung? Aus dem Engl. von H. Ritter. München 1997.

Doyle, William: The Old European Order 1660–1800. 2. Aufl. Oxford 1992.

Duchhardt, Heinz: Das Zeitalter des Absolutismus. München 1989. (Oldenbourg Grundriß der Geschichte. 11.)

– »Balance of Power« und Pentarchie. Internationale Beziehungen 1700–1785. Paderborn 1997. (Handbuch der Internationalen Beziehungen. Bd. 4.)

Dülmen, Richard van: Kultur und Alltag in der Frühen Neuzeit. Bd. 3: Magie, Religion, Aufklärung. München 1994.

Im Hof, Ulrich: Das Europa der Aufklärung. München 1993.

Kellenbenz, Hermann (Hrsg.): Europäische Wirtschafts- und Sozialgeschichte vom ausgehenden Mittelalter bis zur Mitte des 17. Jahrhunderts. Stuttgart 1986. (Handbuch der europäischen Wirtschafts- und Sozialgeschichte. Bd. 3.)

Kunisch, Johannes: Absolutismus. Europäische Geschichte vom Westfälischen Frieden bis zur Krise des Ancien Régime. 2. Aufl. Göttingen 1999.

Mandrou, Robert: Staatsräson und Vernunft. 1649–1775. Frankfurt a. M. 1976. (Propyläen Geschichte Europas. Bd. 3.)

Münch, Paul: Lebensformen in der frühen Neuzeit. Frankfurt a. M. 1992.

Outram, Dorinda: The Enlightenment. Cambridge 1995.

Porter, Roy: Kleine Geschichte der Aufklärung. Aus dem Engl. von E. Drolshagen. 2. Aufl. Berlin 1995.

Schneiders, Werner: Das Zeitalter der Aufklärung. München 1997. (Beck'sche Reihe. 2058.)

Stuke, Horst: Aufklärung. In: O. Brunner, W. Conze, R. Koselleck (Hrsg.), Geschichtliche Grundbegriffe. Historisches Lexikon zur politisch-sozialen Sprache in Deutschland. Bd. 1. Stuttgart 1972. S. 243–342.

Vovelle, Michel (Hrsg.): Der Mensch der Aufklärung. Aus dem Frz. von B. Schulze und R. Schubert, aus dem Ital. von A. Simon. Frankfurt a. M. 1996.

Wagner, Fritz (Hrsg.): Europa im Zeitalter des Absolutismus und der Aufklärung. Stuttgart 1964. (Handbuch der europäischen Geschichte. Bd. 5.)

Klassiker der Geistesgeschichte

Adorno, Theodor W. / Horkheimer, Max: Dialektik der Aufklärung. Frankfurt a. M. 1997. [Erstausg. 1944.]

Cassirer, Ernst: Die Philosophie der Aufklärung. Tübingen 1973.

Dilthey, Wilhelm: Friedrich der Große und die deutsche Aufklärung [u. a. Aufsätze]. In: W. D.: Gesammelte Schriften. Bd. 3. 4. Aufl. Göttingen 1969.

Gay, Peter: The Enlightenment. An Interpretation. 2 Bde. New York 1967–69.

Hazard, Paul: Die Krise des europäischen Geistes (1680–1715). Aus dem Frz. von H. Wegener. Hamburg 1939. [Frz. Erstausg. Paris 1935.]

– Die Herrschaft der Vernunft. Das europäische Denken im 18. Jahrhundert. Aus dem Frz. von H. Wegener und K. Linnenbach. Hamburg 1949. [Frz. Erstausg. Paris 1946.]

Troeltsch, Ernst: Die Aufklärung (1897). In: E. Tr.: Gesammelte Schriften. Hrsg. von H. Baron. Bd. 4. Tübingen 1925. S. 338–374.

Deutschland im 18. Jahrhundert

Bödeker, Hans-Erich / Herrmann, Ulrich (Hrsg.): Über den Prozeß der Aufklärung in Deutschland im 18. Jahrhundert. Göttingen 1987.

–/François, Etienne (Hrsg.): Aufklärung/Lumières und Politik. Zur politischen Kultur der deutschen und französischen Aufklärung. Leipzig 1996.

Dipper, Christof: Deutsche Geschichte 1648–1789. Frankfurt a. M. 1991. (Neue Historische Bibliothek.)

Kopitzsch, Franklin (Hrsg.): Aufklärung, Absolutismus und Bürgertum in Deutschland. München 1976.

Möller, Horst: Vernunft und Kritik. Deutsche Aufklärung im 17. und 18. Jahrhundert. Frankfurt a. M. 1986.

– Fürstenstaat oder Bürgernation. Deutschland 1763–1815. Berlin [1989].

Pütz, Peter (Hrsg.): Erforschung der deutschen Aufklärung. Königstein 1980.

Sauder, Gerhard / Schlobach, Jochen (Hrsg.): Aufklärungen. Frankreich und Deutschland im 18. Jahrhundert. Heidelberg 1985.

Schilling, Heinz: Vom Alten Reich zum Fürstenstaat. Deutschland 1648–1763. Berlin 1989.

Vierhaus, Rudolf: Deutschland im Zeitalter des Absolutismus (1648–1763). Göttingen 1978.

– Deutschland im 18. Jahrhundert. Politische Verfassung, soziales Gefüge, geistige Bewegungen. Ausgewählte Aufsätze. Göttingen 1987.

Wehler, Hans-Ulrich: Deutsche Gesellschaftsgeschichte. Bd. 1: Vom Feudalismus des Alten Reiches bis zur Defensiven Modernisierung der Reformära 1700–1815. 2. Aufl. München 1989.

Andere europäische Länder

Baker, Keith Michael (Hrsg.): The Political Culture of the Old Régime. 2 Bde. Oxford 1987.

Bálazs, Eva [u. a.] (Hrsg.): Beförderer der Aufklärung in Mittel- und Osteuropa. Berlin 1979.

Braun, Rudolf: Das ausgehende Ancien Régime in der Schweiz. Aufriß einer Sozial- und Wirtschaftsgeschichte des 18. Jahrhunderts. Göttingen 1984.

Brewer, John: The Pleasures of Imagination. Literature, the Arts, and Society in 18th Century Britain. Glasgow 1997.

Chartier, Roger: Die kulturellen Ursprünge der Französischen Revolution. Aus dem Frz. von K. Jöken. Frankfurt a. M. 1995.

Chitnis, Anand C.: The Scottish Enlightenment. A Social History. London 1976.

Donnert, Erich: Rußland im Zeitalter der Aufklärung. Wien/Köln/Graz 1984.

Gumbrecht, Hans-Ulrich (Hrsg.): Sozialgeschichte der Aufklärung in Frankreich. 2 Bde. München 1981.

Hay, Douglas / Rogers, Nicholas: Eighteenth-Century English Society, 1688–1820. Shuttles and Swords. Oxford 1997.

Jüttner, Siegfried / Schlobach, Jochen (Hrsg.): Europäische Aufklärung(en). Einheit und nationale Vielfalt. Hamburg 1992.

Langford, Paul: A Polite and Commercial People. England 1727–1783. Oxford 1989.

Lynch, John: Bourbon Spain, 1700–1808. Oxford 1989.

Mager, Wolfgang: Frankreich vom Ancien Régime zur Moderne. Wirtschafts-, Gesellschafts- und politische Institutionengeschichte 1630–1830. Stuttgart 1980.

O'Gorman, Frank: The Long Eighteenth Century. British Political and Social History, 1688–1832. London 1997.

Parker, David: Class and State in Ancien Régime France. The Road to Modernity? London / New York 1996.

Porter, Roy / Teich, Mikuláš (Hrsg.): The Enlightenment in National Context. Cambridge 1981.

Roche, Daniel: La France des Lumières. Paris 1993.

Venturi, Franco: Italy and the Enlightenment. Studies in a Cosmopolitan Century. London 1972.

Voss, Jürgen: Geschichte Frankreichs. Bd. 2: Von der frühneuzeitlichen Monarchie bis zur Ersten Republik 1500–1800. München 1980.

Gesellschaft und Wirtschaft

Böning, Holger: Die Genese der Volksaufklärung und ihre Entwicklung bis 1780. Stuttgart-Bad Cannstatt 1990. (Volksaufklärung. Biobibliographisches Handbuch zur Popularisierung aufklärerischen Denkens im deutschen Sprachraum von den Anfängen bis 1850. Bd. 1.)

Farge, Arlette: Das brüchige Leben. Verführung und Aufruhr im Paris des 18. Jahrhunderts. Aus dem Frz. von W. Kaiser. Berlin 1989.

Frühsorge, Gotthardt / Klueting, Harm / Kopitzsch, Franklin (Hrsg.): Stadt und Bürger im 18. Jahrhundert. Marburg 1993. (Das achtzehnte Jahrhundert. Supplementa. 2.)

Gall, Lothar (Hrsg.): Stadt und Bürgertum im Übergang von der traditionellen zur modernen Gesellschaft. München 1993. (Historische Zeitschrift. Beihefte. N. F. 16.)

Garnot, Benoit: Le peuple au siècle des lumières. Échec d'un dressage culturel. Paris 1990.

Herrmann, Ulrich: »Die Bildung des Bürgers«. Die Formierung der bürgerlichen Gesellschaft und die Gebildeten im 18. Jahrhundert. Weinheim 1982.

Kopitzsch, Franklin: Grundzüge einer Sozialgeschichte der Aufklärung in Hamburg und Altona. Hamburg 1982.

Kriedte, Peter: Spätfeudalismus und Handelskapital. Grundlinien der europäischen Wirtschaftsgeschichte vom 16. bis zum Ausgang des 18. Jahrhunderts. Göttingen 1980.

Maurer, Michael: Die Biographie des Bürgers. Lebenswelten und

Denkweisen in der formativen Phase des deutschen Bürgertums (1680–1815). Göttingen 1996.

McKendrick, Neil [u. a.] (Hrsg.): The Birth of a Consumer Society. The Commercialization of Eighteenth-Century England. London 1982.

Medick, Hans: Plebejische Kultur, plebejische Öffentlichkeit, plebejische Ökonomie. In: R. Berdahl [u. a.] (Hrsg.): Klassen und Kultur. Sozialanthropologische Perspektiven in der Geschichtsschreibung. Frankfurt a. M. 1982. S. 157–204.

Meier, Brigitte / Schultz, Helga (Hrsg.): Die Wiederkehr des Stadtbürgers. Städtereformen im europäischen Vergleich 1750–1850. Berlin 1994.

Ogilvie, Sheilagh C. [u. a.] (Hrsg.): European Proto-Industrialization. Cambridge 1996.

Peters, Jan (Hrsg.): Gutsherrschaft als soziales Modell. Vergleichende Betrachtungen zur Funktionsweise frühneuzeitlicher Agrargesellschaften. München 1995.

Thompson, Edward P.: Plebeische Kultur und moralische Ökonomie. Aufsätze zur englischen Sozialgeschichte des 18. und 19. Jahrhunderts. Ausgew. und eingel. von D. Groh. Frankfurt a. M. 1980.

Trossbach, Werner: Bauern 1648–1806. München 1993. (Enzyklopädie deutscher Geschichte. Bd. 19.)

Vierhaus, Rudolf (Hrsg.): Der Adel vor der Revolution. Zur sozialen und politischen Funktion des Adels im vorrevolutionären Europa. Göttingen 1971.

– (Hrsg.): Bürger und Bürgerlichkeit im Zeitalter der Aufklärung. Heidelberg 1981.

Wehler, Hans-Ulrich (Hrsg.): Europäischer Adel 1750–1950. Göttingen 1990. (Geschichte und Gesellschaft. 13.)

Einzelne Aufklärer

Baker, Keith Michael: Condorcet. From Natural Philosophy to Social Mathematics. Chicago 1975.

Besterman, Theodore: Voltaire. Aus dem Engl. von S. Schmitz. München 1971.

Dunn, John: Locke. Oxford 1984.

Fetscher, Iring: Rousseaus politische Philosophie. 3. Aufl. Frankfurt a. M. 1975.

Keane, John: Thomas Paine. Ein Leben für die Menschenrechte. Aus dem Engl. von K. Binder, J. Gaines und R. Winter. Hildesheim 1998.

Kondylis, Panajotis: Montesquieu und der Geist der Gesetze. Berlin 1996.

Lepape, Pierre: Denis Diderot. Eine Biographie. Aus dem Frz. von G. Krüger-Wirrer. Frankfurt a. M. 1994.

– Voltaire oder die Geburt der Intellektuellen im Zeitalter der Aufklärung. Aus dem Frz. von G. Krüger-Wirrer. Frankfurt a. M. 1996.

Möller, Horst: Aufklärung in Preußen. Der Verleger, Publizist und Geschichtsschreiber Friedrich Nicolai. Berlin 1974.

Pomeau, René: Voltaire. Aus dem Frz. von R. Holtz. Frankfurt a. M. 1994.

Ritzel, Wolfgang: Immanuel Kant. Eine Biographie. Berlin 1985.

Roger, Jacques: Buffon. Un philosophe au Jardin du Roi. Paris 1992.

Sauder, Gerhard: Johann Gottfried Herder 1744–1803. Hamburg 1987.

Schneiders, Werner (Hrsg.): Christian Wolff 1679–1754. Interpretationen zu seiner Philosophie und deren Wirkung. Mit einer Bibliographie der Wolff-Literatur. Hamburg 1983.

Shackleton, Robert: Montesquieu. A Critical Biography. London 1961.

Streminger, Gerhard: Adam Smith. Mit Selbstzeugnissen und Bilddokumenten. Reinbek 1989.

– David Hume. Sein Leben und sein Werk. Paderborn 1994.

Vollhardt, Friedrich (Hrsg.): Christian Thomasius (1655–1728). Neue Forschungen im Kontext der Frühaufklärung. Tübingen 1996.

Religion und Kirchen

Brecht, Martin (Hrsg.): Geschichte des Pietismus. Bd. 2: Der Pietismus im 18. Jahrhundert. Göttingen 1995.

Breuer, Mordechai / Graetz, Michael: Tradition und Aufklärung 1600–1780. München 1996. (Deutsch-jüdische Geschichte der Neuzeit. Bd. 1.)

Châtellier, Louis: L'Europe des dévots. Paris 1987.

Gericke, Wolfgang: Theologie und Kirche im Zeitalter der Aufklärung. Berlin 1989.

Grell, Ole / Porter, Roy (Hrsg.): Toleration in Enlightenment Europe. Cambridge 1999.

Kittsteiner, Heinz D.: Die Entstehung des modernen Gewissens. Frankfurt a. M. / Leipzig 1991.

Klueting, Harm (Hrsg.): Katholische Aufklärung – Aufklärung im katholischen Deutschland. Hamburg 1993.

Maurer, Michael: Kirche, Staat und Gesellschaft im 18. Jahrhundert. München 1998. (Enzyklopädie deutscher Geschichte. Bd. 51.)

Müller, Wolfgang: Die Kirche im Zeitalter des Absolutismus und der Aufklärung. Freiburg i. Br. 1970. (Handbuch der Kirchengeschichte. Bd. 5.)

Zurbuchen, Simone: Naturrecht und natürliche Religion. Zur Geschichte des Toleranzbegriffs von Samuel Pufendorf bis Jean-Jacques Rousseau. Würzburg 1991.

Kommunikationsformen und Medien

Bödeker, Hans-Erich: Aufklärung als Kommunikationsprozeß. In: Aufklärung 2/2 (1987) S. 89–111.

Chartier, Roger: Lesewelten. Buch und Lektüre in der frühen Neuzeit. Aus dem Frz. von B. Schleinitz und R. Stäblein. Frankfurt a. M. 1990.

Dann, Otto (Hrsg.): Lesegesellschaften und bürgerliche Emanzipation. München 1981.

Darnton, Robert: Glänzende Geschäfte. Die Verbreitung von Diderots Encyclopédie oder: Wie verkauft man Wissen mit Gewinn? Aus dem Engl. von H. Günther. Berlin 1993.

Dülmen, Richard van: Die Gesellschaft der Aufklärer. Zur bürgerlichen Emanzipation und aufklärerischen Kultur in Deutschland. Durchges. Neuaufl. Frankfurt a. M. 1996.

Habermas, Jürgen: Strukturwandel der Öffentlichkeit. Untersuchungen zu einer Kategorie der bürgerlichen Gesellschaft. Darmstadt/Neuwied 1962.

Harris, Bob: Politics and the Rise of the Press. Britain and France, 1620–1800. London 1996.

Im Hof, Ulrich: Das gesellige Jahrhundert. Gesellschaft und Gesellschaften im Zeitalter der Aufklärung. München 1982.

Jacob, Margaret C.: Living the Enlightenment. Freemasonry and Politics in Eighteenth-Century Europe. Oxford 1992.

Koselleck, Reinhart: Kritik und Krise. Eine Studie zur Pathogenese der bürgerlichen Welt. 3. Aufl. Frankfurt a. M. 1979.

Manheim, Ernst: Aufklärung und öffentliche Meinung. Studien zur Soziologie der Öffentlichkeit im 18. Jahrhundert. Neu hrsg. von N. Schindler. Stuttgart-Bad Cannstatt 1979.

Martens, Wolfgang: Die Botschaft der Tugend. Die Aufklärung im Spiegel der deutschen Moralischen Wochenschriften. Stuttgart 1978.

Reinalter, Helmut (Hrsg.): Aufklärung und Geheimgesellschaften: Freimaurer, Illuminaten, Rosenkreuzer. Ideologie, Struktur und Wirkungen. Bayreuth 1992.

– (Hrsg.): Aufklärungsgesellschaften. Frankfurt a. M. 1993.

Roche, Daniel: Les républicains des lettres. Gens de culture au XVIIIe siècle. Paris 1988.

–/Darnton, Robert (Hrsg.): Revolution in Print. The Press in France, 1775–1800. Berkeley / Los Angeles 1989.

Vierhaus, Rudolf (Hrsg.): Deutsche patriotische und gemeinnützige Gesellschaften. München 1980.

Philosophie und Wissenschaften

Bödeker, Hans-Erich [u. a.] (Hrsg.): Aufklärung und Geschichte. Studien zur deutschen Geschichtswissenschaft im 18. Jahrhundert. Göttingen 1986.

Darnton, Robert: Der Mesmerismus und das Ende der Aufklärung in Frankreich. Aus dem Amerikan. und Frz. und mit einem Essay von M. Blankenburg. München/Wien 1983.

Garber, Klaus / Wismann, Heinz (Hrsg.): Europäische Sozietätsbewegung und demokratische Tradition. Die europäischen Akademien der frühen Neuzeit zwischen Frührenaissance und Spätaufklärung. 2 Bde. Tübingen 1995.

Hahn, Roger: The Anatomy of a Scientific Institution. The Paris Academy of Sciences, 1666–1803. Berkeley 1971.

Hankins, Thomas L.: Science and the Enlightenment. Cambridge 1985.

Hammerstein, Notker: Aufklärung und katholisches Reich. Untersuchungen zur Universitätsreform und Politik katholischer Territorien des Heiligen Römischen Reiches Teutscher Nation im 18. Jahrhundert. Berlin 1977.

– (Hrsg.): Universitäten und Aufklärung. Göttingen 1995.

Kondylis, Panajotis: Die Aufklärung im Rahmen des neuzeitlichen Rationalismus. Stuttgart 1981.

McClellan, James E.: Science Reorganized. Scientific Societies in the Eighteenth Century. New York 1985.

Moravia, Sergio: Beobachtende Vernunft. Philosophie und Anthropologie in der Aufklärung. Aus dem Ital. von E. Piras. Frankfurt a. M. 1977.

Neugebauer-Wölk, Monika (Hrsg.): Aufklärung und Esoterik. Hamburg 1999. (Schriften zum 18. Jahrhundert. 24.)

Roche, Daniel: Le siècle des lumières en province. Académies et académiciens provinciaux 1680–1789. Paris 1978.

Rohbeck, Johannes: Die Fortschrittstheorie der Aufklärung. Französische und englische Geschichtsphilosophie in der zweiten Hälfte des 18. Jahrhunderts. Frankfurt a. M. / New York 1987.

Rüegg, Walter (Hrsg.): Geschichte der Universität in Europa. Bd. 2: Von der Reformation bis zur Französischen Revolution. München 1996.

Vierhaus, Rudolf (Hrsg.): Wissenschaften im Zeitalter der Aufklärung. Göttingen 1985.

Zelle, Carsten (Hrsg.): Das 18. Jahrhundert jenseits der Aufklärung? Wolfenbüttel 1997. (Das Achtzehnte Jahrhundert. 21/1.)

Haus, Familie, Geschlechterverhältnis

Ariès, Philippe / Duby, Georges (Hrsg.): Geschichte des privaten Lebens Bd. 3: Von der Renaissance zur Aufklärung. Frankfurt a. M. 1991.

Badinter, Elisabeth: Emilie, Emilie. Weiblicher Lebensentwurf im 18. Jahrhundert. Aus dem Frz. von Fr. Griese. Zürich 1984.

Barker-Benfield, G. J.: The Culture of Sensibility. Sex and Society in Eighteenth-Century Britain. Chicago 1992.

Berg, Christa [u. a.] (Hrsg.): Handbuch der deutschen Bildungsgeschichte. Bd. 2: 18. Jahrhundert. Vom späten 17. Jahrhundert bis zur Neuordnung Deutschlands um 1800. [i. Vorb.]

Burguière, André [u. a.] (Hrsg.): Geschichte der Familie. Bd. 3: Frühe Neuzeit. Aus dem Frz. von R. Schubert [u. a.]. Frankfurt a. M. 1998.

Christadler, Marieluise (Hrsg.): Freiheit, Gleichheit, Weiblichkeit. Aufklärung, Revolution und die Frauen in Europa. Opladen 1990.

Hausen, Karin: Die Polarisierung der ›Geschlechtscharaktere‹ – eine Spiegelung der Dissoziation von Erwerbs- und Familienleben. In: W. Conze (Hrsg.): Sozialgeschichte der Familie in der Neuzeit Europas. Stuttgart 1976. S. 367–393.

Herrmann, Ulrich (Hrsg.): Das Pädagogische Jahrhundert. Volksaufklärung und Erziehung zur Armut im 18. Jahrhundert in Deutschland. Weinheim/Basel 1981.

– Aufklärung und Erziehung. Studien zur Funktion der Erziehung im Konstitutionsprozeß der bürgerlichen Gesellschaft im 18. und frühen 19. Jahrhundert in Deutschland. Weinheim 1993.

Hill, Bridget: Women, Work, and Sexual Politics in Eighteenth-Century England. Oxford 1989.

Kleinau, Elke / Opitz, Claudia (Hrsg.): Geschichte der Mädchen- und Frauenbildung. Bd. 1: Vom Mittelalter bis zur Aufklärung. Frankfurt a. M. 1996.

Sieder, Reinhard: Sozialgeschichte der Familie. Frankfurt a. M. 1987. (Neue Historische Bibliothek.)

Spencer, Samia I.: French Women and the Age of Enlightenment. Bloomington 1984.

Steinbrügge, Lieselotte: Das moralische Geschlecht. Theorien und literarische Entwürfe über die Natur der Frau in der französischen Aufklärung. Weinheim 1987.

Weckel, Ulrike [u. a.] (Hrsg.): Ordnung, Politik und Geselligkeit der Geschlechter im 18. Jahrhundert. Göttingen 1998.

Wunder, Heide: »Er ist die Sonn', sie ist der Mond«. Frauen in der Frühen Neuzeit. München 1992.

Staat, Reformabsolutismus, Naturrecht

Aretin, Karl Otmar Freiherr von (Hrsg.): Der Aufgeklärte Absolutismus. Gütersloh 1974.

Behrens, Betty A.: Society, Government and the Enlightenment. London 1985.

Birtsch, Günter (Hrsg.): Grund- und Freiheitsrechte von der ständischen zur spätbürgerlichen Gesellschaft. Göttingen 1987.

Bödeker, Hans Erich / Herrmann, Ulrich (Hrsg.): Aufklärung als Politisierung – Politisierung der Aufklärung. Hamburg 1987.

Dann, Otto / Klippel, Diethelm (Hrsg.): Naturrecht, Spätaufklärung, Revolution. Hamburg 1995.

Demel, Walter: Vom aufgeklärten Reformstaat zum bürokratischen Staatsabsolutismus. München 1993. (Enzyklopädie deutscher Geschichte. Bd. 23.)

Fetscher, Iring / Münkler, Herfried (Hrsg.): Pipers Handbuch der politischen Ideen. Bd. 3: Neuzeit. München/Zürich 1989.

Hellmuth, Eckhart (Hrsg.): The Transformation of Political Culture. England and Germany in the Late Eighteenth Century. London 1990.

Krieger, Leonard: Kings and Philosophers 1689–1789. London 1971.

Niedhart, Gottfried: Aufgeklärter Absolutismus oder Rationalisierung der Herrschaft. In: Zeitschrift für historische Forschung 6 (1979) S. 199–211.

Palmer, Robert R.: Das Zeitalter der demokratischen Revolution. Eine vergleichende Geschichte Europas und Amerikas von 1760 bis zur Französischen Revolution. Aus dem Engl. von H. Lazarus. Frankfurt a. M. 1970. [Amerikan. Erstausg. 1959.]

Raeff, Marc: The Well-Ordered Police State. Social and Institutional Change Through Law in the Germanies and Russia. New Haven / London 1983.

Reinalter, Helmut (Hrsg.): Der Josephinismus. Bedeutung, Einflüsse und Wirkungen. Frankfurt a. M. 1993.

Reinhard, Wolfgang: Geschichte der Staatsgewalt. München 1999.

Schmale, Wolfgang / Dodde, Nan L. (Hrsg.): Revolution des Wissens? Europa und seine Schulen im Zeitalter der Aufklärung (1750–1825). Bochum 1991.

Scott, Hamish M. (Hrsg.): Enlightened Absolutism. Reform and Reforms in Later Eighteenth-Century Europe. Ann Arbor 1990.

Sellin, Volker: Friedrich der Große und der aufgeklärte Absolutismus. In: U. Engelhardt [u. a.] (Hrsg.): Soziale Bewegung und politische Verfassung. Beiträge zur Geschichte der modernen Welt. [Festschrift für Werner Conze.] Stuttgart 1976. S. 83–112.

Sikora, Michael: Disziplin und Desertion. Strukturprobleme militärischer Organisation im 18. Jahrhundert. Berlin 1996.

Stollberg-Rilinger, Barbara: Der Staat als Maschine. Zur politischen Metaphorik des absoluten Fürstenstaats. Berlin 1986.

Venturi, Franco: The End of the Old Regime in Europe, 1776–1789. Aus dem Ital. von R. Burr Litchfield. 2 Bde. Princeton (N. J.) 1991.

Vierhaus, Rudolf (Hrsg.): Das Volk als Objekt obrigkeitlichen Handelns. Tübingen 1992.

Abbildungsnachweis

153 Heyrath durch Zuneigung – Mariage par Inclination. Aus: »Beweggründe zum Heiraten und ihre Folgen«. Radierungen von Daniel Chodowiecki für den *Göttinger Taschen-Calender* 1789.

163 Die fleißige Hausfrau unter ihren wohlerzogenen und beschäftigten Kindern, die dem Nachbarn abschlägt, in Abwesenheit ihres Mannes mit ihm in die Komödie zu gehen. Radierung nach Daniel Chodowiecki aus Basedows *Elementarwerk*, Taf. LII.

172 Sir Isaac Newton. Gemälde von Godfrey Kneller, 1702.

175 Titelseite der ersten Ausgabe von Kants *Kritik der reinen Vernunft*, Riga 1781.

185 Technische Illustration (Schnitt durch ein Bergwerk) aus den Tafelbänden zur *Encyclopédie*, Bd. 6, Paris 1786.

207 Friedrich der Große besucht Voltaire in dessen Wohnung im Potsdamer Stadtschloß. Kupferstich von Pierre-Charles Baquoy (1759–1829) nach einem Gemälde von Nicolas-André Monsiau (Ausschnitt).

219 Armenpflege (Besuch in der Krankenstube). Radierung von Daniel Chodowiecki für den *Wandsbecker Boten* (Matthias Claudius, *ASMUS omnia sua SECUM portans, oder Sämmtliche Werke des Wandsbecker Bothen*), 4. Teil, 1783.

222 Vorstellung einiger öffentlicher Strafen: Die Geldstrafe vor Gericht (o.) – Das ehrliche Gassenlaufen und die unehrliche Stäupung (u.). Radierungen von Daniel Chodowiecki aus Basedows *Elementarwerk*, Taf. XXXIV.

235 Die Unterzeichnung der Unabhängigkeitserklärung der 13 amerikanischen Kolonien am 4. Juli 1776. Gemälde von Edward Hicks nach zeitgenössischen Vorlagen, um 1840.

248 Das Erwachen des Dritten Standes. Französische Radierung, 18. Jh.

261 Menschen-Varietäten. Radierungen von Daniel Chodowiecki für Johann Friedrich Blumenbachs *Beyträge zur Naturgeschichte*, 1. Teil, Göttingen 1790 (entst. 1782).

Der Verlag Philipp Reclam jun. dankt für die Nachdruckgenehmigung den Rechteinhabern, die durch den Textnachweis und einen folgenden Genehmigungs- oder Copyrightvermerk bezeichnet sind. – Alle Abbildungen (soweit nicht anders vermerkt): Verlagsarchiv.

Namenregister

Zur Autorin

BARBARA STOLLBERG-RILINGER, Studium der Geschichte und Germanistik in Köln, 1. Staatsexamen für das Lehramt an Gymnasien 1980, Promotion 1985, Habilitation im Fach Neuere Geschichte 1994. Seit 1997 Professorin für Neuere Geschichte (Schwerpunkt Frühe Neuzeit) an der Westfälischen Wilhelms-Universität Münster.

Publikationen u. a.: *Der Staat als Maschine. Zur politischen Metaphorik des absoluten Fürstenstaates* (1986); *Vormünder des Volkes? Theorien landständischer Repräsentation in der Spätphase des Alten Reiches* (1999).

Gegenwärtige Forschungsschwerpunkte: Politische Theorie- und Verfassungsgeschichte der Frühen Neuzeit; Geschichte politisch–sozialer Rituale und Symbole in der frühneuzeitlichen Ständegesellschaft.